HISTOIRE

DE

LA TERREUR

HISTOIRE
DE
LA TERREUR
1792-1794

D'APRÈS DES DOCUMENTS AUTHENTIQUES

ET INÉDITS

PAR

M. MORTIMER-TERNAUX

DE L'INSTITU

Deuxième édition

TOME SIXIÈME

PARIS

MICHEL LÉVY FRÈRES, LIBRAIRES ÉDITEURS

RUE VIVIENNE, 2 BIS, ET BOULEVARD DES ITALIENS, 15

A LA LIBRAIRIE NOUVELLE

1867

Tous droits réservés.

HISTOIRE
DE
LA TERREUR

LIVRE XXVI

LE COMITÉ DE SURETÉ GÉNÉRALE.

I.

La royauté vient d'être décapitée dans la personne de son dernier représentant. Ceux qui l'ont livrée au bourreau vont se disputer les lambeaux de sa robe sanglante, et en appeler aux jeux de la force et du hasard. Dans cette partie terrible, où se jouera dix fois dans un an le sort de la France, malheur aux vaincus! Ils paieront de leur tête la moindre faute. L'impatience ou le découragement auront pour eux un résultat également fatal.

D'abord, la lutte s'engage au milieu des cris, des hurlements, des imprécations de la place publique. Plusieurs factions y prennent part; elles se déciment et s'entre-tuent. Mais bientôt la salle de la Convention est un théâtre trop vaste pour les survivants; c'est au sein d'un ou deux comités que se concentre le combat. Les adversaires les plus acharnés y siègent côte à côte; ils se mesurent des yeux, ils se touchent du coude, ils peuvent voir, pour ainsi dire, dans le jeu les uns des autres. Les plus habiles, par un tour d'escamotage, se débarrassent des plus insouciants. Il ne s'agira plus dès lors que de savoir qui l'emportera des deux groupes entre lesquels se partagent les décemvirs du Comité de salut public. Par une singulière dérision du sort, la victoire restera aux plus vils et aux plus misérables; ils auront la chance suprême d'échapper à la guillotine et de traîner, durant de longues années, dans l'exil et la proscription, le poids écrasant du mépris public.

Mais, à l'époque où notre récit est arrivé, ces hommes, fatalement réservés au sort qui attend les joueurs de toute espèce, la mort violente ou l'ignominie, sont encore pleins de vie, de haine et de passion. Ils ne songent qu'aux nouvelles perspectives qu'ouvre devant eux la mort du roi; ils ne pensent qu'à faire tourner au profit de leurs colères les incidents qui peuvent naître des agitations intérieures, des complications européennes.

Au moment même où Louis XVI recevait, dans la tour du Temple, les dernières consolations de la religion, un de ses juges, Lepeletier de Saint-Fargeau, frappé mortellement par un assassin, devançait, au tribunal de Dieu, le juste qu'il avait condamné.

L'audace avec laquelle le meurtre avait été commis au Palais-Royal, chez Février, à l'heure où la foule affluait dans les salons de ce restaurateur en renom; l'impunité que le coupable avait trouvée dans une fuite favorisée probablement par quelques complices; la qualité d'ancien garde du corps, prise ostensiblement par l'assassin : tout devait contribuer à augmenter l'impression produite par un pareil événement [1].

Dès le 21 janvier au matin, la nouvelle de l'attentat commis sur Lepeletier est connue de tout Paris. Dans la salle de la Convention, avant l'ouverture de la séance, elle est le sujet de tous les entretiens. Les démagogues revendiquent hautement Lepeletier pour un des leurs, et demandent qu'on lui décerne les honneurs du Panthéon ; ils rappellent avec aigreur que le dernier discours de l'illustre défunt a été vivement attaqué par plusieurs orateurs de la droite ; ils font entendre, à demi-mot, que les députés qui n'ont pas condamné à mort Louis XVI sont peut-être de connivence avec celui qui a voulu le venger, ils insinuent aux membres de la Plaine, qui ont voté avec eux dans les derniers scrutins, qu'ils sont tous désignés au poi-

---

[1]. Le meurtrier de Lepeletier, Pâris, désespérant d'échapper aux poursuites, se donna la mort quelques jours plus tard dans une auberge de Forges-les-Eaux. Son identité fut reconnue par deux commissaires de la Convention. Quelques historiens ont révoqué en doute la réalité de ce suicide, sur la foi de témoins qui prétendaient avoir rencontré Pâris à Genève plusieurs années après.

Nous nous refusons à croire, à moins de preuves certaines, à ces légendes qui ne reposent d'ordinaire que sur des ressemblances fort contestables.

gard des assassins, et qu'ils n'ont de salut que dans une indissoluble union avec la Montagne.

Vergniaud prend possession du fauteuil de la présidence à l'heure même où Louis XVI monte à l'échafaud. Tous les assistants pensent au drame sanglant qui s'accomplit à quelques pas de là, mais personne n'y fait allusion ; le seul événement du jour semble être le meurtre de Lepeletier. A peine Maure, son collègue de députation, en a-t-il terminé le récit officiel, que les plus fougueux Montagnards assiégent la tribune pour exploiter ce crime au profit de leurs ressentiments particuliers. Jean-Bon-Saint-André dénonce Valady pour avoir fait imprimer et placarder sur les murs de Paris le discours qu'il a prononcé en faveur du roi. Rovère dénonce Chambon pour avoir, dans la salle du Comité de sûreté générale, tiré le sabre contre le patriote Saint-Huruge. Carrier dénonce Thibault, évêque et député du Cantal, pour avoir écrit à ses commettants une lettre où il osait dire que la Montagne était composée de scélérats. Bréard demande que l'on ordonne immédiatement des visites domiciliaires ; Osselin et Bourbotte appuient cette proposition.

« Oui, s'écrie Barère, que dans deux fois vingt-quatre heures le même échafaud, qui a servi pour le tyran, serve encore pour ses complices. La République a été décrétée le 21 septembre, mais c'est ce matin qu'elle s'est affermie. Ne donnons pas à nos adversaires le temps de se reconnaître ; prenons de nouvelles mesures contre les stipendiés de Coblentz ; accordons les honneurs du Panthéon à Lepeletier, car dans sa personne a été frappée la nation tout entière, a été violée la souveraineté nationale. »

Robespierre fait un pompeux panégyrique de Lepeletier et rappelle complaisamment qu'avant de succomber sous les coups d'un assassin, le martyr de la liberté a été en butte aux calomnies de la Gironde ; il profite de cette insinuation pour réclamer avec instance l'examen immédiat des comptes de Roland.

Pétion veut répondre à Robespierre, mais il est salué par les épithètes de lâche et de calomniateur chaque fois qu'il essaie de prendre la parole. En présence de la fureur de la Montagne et de l'effroi de la Plaine, il ne songe plus à attaquer, mais à se défendre ; il invoque les dangers de la patrie, il fait un appel à l'union et à la concorde. Une voix, partie de l'extrême gauche, y répond ; cette voix, c'est celle de Danton.

Plus qu'aucun autre de ses amis de la Montagne, il savait déguiser ses desseins sous les apparences de la générosité, et en poursuivre le succès avec une habileté que sa fougueuse nature n'aurait pu faire supposer. Le Comité de sûreté générale, le plus important, puisqu'il avait dans ses attributions toute la police de la République, était depuis douze jours entre les mains de la Gironde [1] ; la Montagne ne pouvait rien avoir de plus pressé que de l'arracher à sa rivale. A plusieurs reprises, depuis le commencement de la séance, les démagogues avaient tenté de faire mettre aux voix le renouvellement du Comité ; Robespierre

---

1. Voir tome V, p. 379.

lui-même, dans le discours qu'il venait de prononcer, en avait touché deux mots, mais l'Assemblée avait paru faire la sourde oreille.

Danton est plus adroit et plus heureux : « Citoyens, dit-il, maintenant que le tyran n'est plus, tournons toute notre énergie, toutes nos agitations vers la guerre. Combattons l'Europe, mais réorganisons le Comité de sûreté générale, afin qu'il puisse être à la hauteur de sa mission. Bannissons ce système incessant de récriminations, car la France ne saura bientôt plus à qui accorder sa confiance. Quant à moi, je suis étranger à toute passion ; j'adjure tous ceux qui me connaissent de dire si je suis un buveur de sang. Que n'ai-je pas fait pour maintenir l'esprit de paix et de conciliation dans le conseil exécutif? Je n'ai qu'un désir, celui de mourir pour mon pays. Je voudrais, au prix de mon sang, rendre à la patrie le serviteur qu'elle a perdu. J'envie sa mort, je demande pour lui les honneurs du Panthéon ; mais je vous le dis : le meilleur moyen d'honorer sa mémoire, c'est de jurer que nous ne nous séparerons pas avant d'avoir donné une Constitution à la République. »

Ce discours est vivement applaudi; le confident le plus intime de l'ex-ministre de la justice, Fabre d'Églantine, en appuie la conclusion pratique, celle sur laquelle Danton a glissé, mais qu'il s'agit d'enlever à l'enthousiasme de l'Assemblée. « Le Comité de sûreté générale, dit Fabre, est aujourd'hui composé d'un nombre de membres trop considérable; dans cet état il ne peut rien faire. Il n'a pas, d'ailleurs, la confiance de la nation. » L'orateur termine sa harangue par un apho-

risme, qui a l'air d'être profond et qui est vide de sens :
« Je ne connais qu'une sentinelle active et incorruptible,
c'est le peuple ; ce sont toujours les dénonciations du
peuple qui ont déjoué les complots. Le peuple ne se
trompe jamais [1]. »

L'Assemblée, convaincue par cette phraséologie démagogique, décrète aussitôt que le Comité de sûreté générale sera intégralement renouvelé et qu'il ne sera plus désormais composé que de douze membres. Thuriot, qu'enhardit le succès de Fabre, revient alors sur la proposition déjà faite par Robespierre. Il demande que l'on supprime le bureau destiné à former l'esprit public, et que le ministre de l'intérieur soit tenu de rendre compte immédiatement des fonds mis à sa disposition dans ce but.

La seconde motion de la Montagne passe sans plus d'opposition que la première. Depuis le jugement fatal, prononcé trois jours auparavant, la Gironde comprend qu'elle s'est rendue suspecte aux républicains par ses hésitations et ses propositions dilatoires, qu'elle a perdu à jamais l'appui des anciens constitutionnels en prêtant les mains à la condamnation de Louis XVI. Elle se laisse aller à la dérive, n'osant plus résister au courant qui entraîne la majorité vers la gauche. Quelques-uns de ses coryphées semblent n'avoir qu'une seule préoccupation, celle d'expulser du sein de l'Assemblée nationale Philippe-Égalité, l'objet spécial de sa haine et

---

1. Le discours de Fabre d'Églantine est à peine mentionné dans le *Moniteur*. On le trouve dans le *Journal des Débats et Décrets*, n° 126, page 304.

de ses craintes. Mais c'est en vain que Louvet rappelle à la Convention qu'elle a promis solennellement de s'occuper de cette question aussitôt qu'elle aurait statué sur le sort du roi; c'est en vain qu'à plusieurs reprises il s'écrie : « Chassons les Bourbons! » Ce *delenda Carthago* du commensal de Mme Roland reste sans écho. On dirait que l'Assemblée veut écarter tout ce qui, de près ou de loin, pourrait ramener sa pensée vers le drame funeste qui vient de s'accomplir sur la place de la Révolution. Aussi, lorsque le président Vergniaud lui annonce qu'il a reçu le procès-verbal de l'exécution de « Louis Capet », se hâte-t-elle de passer à l'ordre du jour et de suspendre la séance.

Les députés, qui étaient restés depuis le matin dans la salle du Manége, purent alors constater par eux-mêmes l'impression qu'avait produite, sur la population parisienne, le supplice de Louis XVI. Toute la journée, les boutiques avaient été fermées, les ateliers déserts; les femmes de la halle, en signe de respectueuse sympathie, avaient refusé d'aller occuper leurs places habituelles. Marat lui-même reconnaissait, dans sa feuille d'ordinaire si furibonde, que, le 21 janvier, Paris paraissait avoir assisté à une fête religieuse. L'*ami du peuple* ne disait que trop vrai. Ce jour-là n'avait-il pas vu s'accomplir le martyre de la victime innocente de nos discordes civiles?

L'abattement était général, l'inquiétude universelle. Chacun comprenait que la Révolution entrait dans une phase nouvelle, que les partis, qui semblaient avoir consenti à une trêve momentanée pour juger Louis XVI, allaient, sur son cadavre, se livrer un duel à mort. Le matin même, cette trêve avait été rompue par les Montagnards. Ils avaient profité de l'effroi causé par le meurtre de Lepeletier pour faire adopter, en principe, plusieurs mesures importantes ; le soir, ils en réclament impérieusement l'application.

La séance, suspendue à quatre heures, est reprise à six. A peine Vergniaud est-il remonté au fauteuil, que l'extrême gauche demande que l'on procède immédiatement au scrutin pour le renouvellement du Comité de sûreté générale. En vain quelques députés font-ils observer que, aux termes du décret [1], cette nomination ne doit avoir lieu que le lendemain. Rien ne peut calmer l'impatience de la Montagne, dont les rangs sont compactes, tandis que ceux de ses adversaires sont fort dégarnis. « Il est toujours temps de sauver la patrie, dit Choudieu ; ceux qui veulent retarder la nomination du nouveau comité ne sont que des conspirateurs. » — Oui, oui ! s'écrient en chœur tous les séides de la démagogie. Louvet proteste contre la pression tyrannique qu'on semble vouloir exercer ; les vociférations des Montagnards deviennent de plus en plus violentes. Vergniaud est contraint de mettre aux voix la proposition de Choudieu. Elle est adoptée ; puis un décret décide que : 1° chaque votant déposera dans l'urne une liste, sur laquelle il aura inscrit douze noms, et qui sera signée de lui ; 2° que tout bulletin non signé sera considéré comme nul et non avenu.

[1]. Voir le procès-verbal officiel de la Convention, séance du 21 janvier.

L'appel nominal commence par le département de la Gironde. Vergniaud et Grangeneuve déclarent que, n'étant pas préparés à une élection aussi précipitée, ils sont dans l'impossibilité d'improviser une liste. D'autres membres réclament avec une égale vivacité contre la surprise dont la minorité veut rendre la majorité victime. Mais les énergumènes de l'extrême gauche obtiennent, à force d'insistance, qu'il soit passé outre à toutes les réclamations.

294 membres sur 749, dont se compose la Convention, prennent part au vote [1]. Naturellement, la liste dressée d'avance par la Montagne passe tout entière. Les nouveaux élus sont en grande partie les fameux convives du banquet où Viard avait été admis à faire ses révélations, les signataires des ordres d'arrestation illégaux,

---

[1]. Le règlement de l'Assemblée ne déterminait pas le minimum de voix nécessaire pour la formation des comités. Les Montagnards profitèrent de cette lacune pour faire valider un scrutin auquel n'avait participé qu'un peu plus du tiers des membres de la Convention et où dix des élus sur douze n'avaient pu réunir la moitié plus une des voix émises. Voici, en effet, d'après le procès-verbal officiel, le nombre de voix obtenues par chacun des membres du nouveau Comité de sûreté générale :

	VOIX.		VOIX.
Basire	174	Ruamps	130
Lamarque	150	Maribon-Montaut	126
Chabot	146	Tallien	124
Legendre	146	Ingrand	119
Bernard de Saintes	142	Jean Debry	108
Rovère	138	Duhem	106

Jean Debry n'ayant pas accepté, Lasource, qui se trouvait à la tête de la liste formée à la hâte par la Gironde, fut appelé au Comité en qualité de 1er suppléant.

ceux-là mêmes que le scrutin épuratoire du 9 janvier avait fait sortir du Comité [1].

II.

La séance du lendemain est marquée par deux incidents qui montrent combien a été rapide, combien est profonde la chute du parti girondin.

Le 20 janvier, Kersaint, l'un des députés de la droite qui s'étaient prononcés le plus énergiquement contre la condamnation du roi, avait donné sa démission dans une lettre que l'on peut considérer, à bon droit, comme l'un des actes les plus courageux de cette époque [2].

La Montagne avait exigé que le député qui avait osé

---

[1]. Voir tome V, p. 131, 334 et 380.
[2]. La lettre de Kersaint était ainsi conçue :
« Citoyen président, ma santé depuis longtemps affaiblie me rend l'habitude de la vie d'une Assemblée aussi orageuse que la Convention, impossible. Mais ce qui m'est plus impossible encore, c'est de supporter la honte de m'asseoir dans son enceinte avec des hommes de sang, alors que leur avis, précédé de la terreur, l'emporte sur celui des gens de bien, alors que Marat l'emporte sur Pétion. Si l'amour de mon pays m'a fait endurer le malheur d'être le collègue des panégyristes et des promoteurs des assassinats du 2 septembre, je veux au moins défendre ma mémoire du reproche d'avoir été leur complice et je n'ai pour cela qu'un moment; demain, il ne sera plus temps.

« Je rentre dans le sein du peuple; je me dépouille de l'inviolabilité dont il m'avait revêtu, prêt à lui rendre compte de toutes mes actions, et, sans crainte et sans reproche, je donne ma démission de député à la Convention nationale.

« A. Guy Kersaint. »

braver ainsi les colères de la démagogie fût mandé à la barre. Kersaint se présente trois fois dans la journée du 21 ; il ne peut être reçu ; enfin, il est admis au commencement de la séance du 22. Il ne cherche pas à se mettre à couvert derrière la loi qui défend d'incriminer les représentants à raison de leurs opinions. Il ne veut rien rétracter de ce qu'il a écrit : « Oui, je l'avoue, dit-il, le plus grand sacrifice que j'aie pu faire à ma patrie a été de m'asseoir sur les mêmes bancs que Marat, cet homme qui a osé imprimer qu'il fallait égorger deux cent cinquante mille citoyens, et qui, à la tribune, n'a pas désavoué cette horrible pensée. Vous avez respecté en lui la liberté des opinions ; respectez-la également en moi. »

La droite réclame pour Kersaint les honneurs de la séance, et même quelques députés demandent qu'il soit invité à reprendre ses fonctions. Mais la gauche rappelle que la loi répute infâmes et traîtres à la patrie les fonctionnaires qui abandonnent leur poste, et, pour montrer le cas qu'elle fait de la leçon que le démissionnaire semble avoir voulu lui adresser, elle exige que l'ordre du jour soit immédiatement mis aux voix. Kersaint se retire applaudi par quelques amis, hué par la Montagne et les tribunes [1].

Une heure après éclate un autre coup de théâtre préparé par la Gironde et dont elle espérait le plus grand

---

[1]. Kersaint paya de sa tête sa courageuse démarche. Le 3 octobre 1793 il fut arrêté par les ordres du Comité de salut public dans le département de l'Eure, traduit le 5 décembre suivant devant le tribunal révolutionnaire, condamné et exécuté le même jour.

effet. C'est la démission de Roland, du ministre qui avait juré tant de fois de mourir à son poste. « Je viens, écrit-il, offrir à la Convention mes comptes et ma personne : je crois avoir rempli mes devoirs en qualité de membre du Conseil exécutif, et je n'entends pas échapper à la responsabilité des délibérations auxquelles j'ai participé effectivement ; mais je déclare que je ne signerai point le compte général qui doit être rendu au 1er février. Ce compte renferme des parties sur lesquelles je n'ai jamais pu être éclairé ni satisfait, spécialement en ce qui concerne les fournitures des armées et le nombre d'hommes qui les compose[1]. »

Après cette déclaration solennelle, Roland se livre à un long panégyrique de sa propre administration :

[1]. Dès le 26 janvier, Roland envoya à la Convention le compte des dépenses de son administration. Il y joignit celui des dépenses faites sur le crédit de 100,000 livres à lui ouvert après le 10 août pour répandre dans les départements des écrits propres à former l'esprit public ; il n'avait employé que 32,000 livres. L'Assemblée ordonna l'impression de ces comptes, mais ce fut tout. Jusqu'au 31 mai, l'ex-ministre ne cessa d'en demander l'examen et l'apurement, notamment par deux lettres du 24 février et du 28 mars ; ses ennemis surent toujours trouver des prétextes pour en ajourner l'approbation. Collot d'Herbois, qui, en mars 1792, s'était trouvé en concurrence avec Roland pour la place de ministre de l'intérieur et qui depuis cette époque s'était constitué son ennemi personnel, s'était chargé, à la Société des Jacobins, de dresser l'acte d'accusation dirigé par les frères et amis contre leur ancien affilié. Il fit paraître son factum le 3 mars 1793. Ce prétendu rapport ne contient aucun fait, ne présente aucune preuve ; il n'est qu'une violente et grossière diatribe contre le ministre tombé. Le 31 mai arriva, et la Montagne apura à sa manière les comptes de son ennemi. Elle proscrivit Roland et envoya sa femme à l'échafaud.

« Obligé de correspondre avec tous les départements, j'ai déployé une grande activité, un zèle ardent, parce que l'un et l'autre tiennent à mon caractère et à mes principes ; dévoué à la liberté sous le despotisme même, trop simple dans mes mœurs pour avoir besoin d'argent, trop vieux pour désirer autre chose que la gloire, passionné pour le bien public, dont j'ai fait mon idole, j'ai travaillé à l'opérer avec cette énergie et cette fermeté qui ne s'effraient d'aucun obstacle. La calomnie s'est déchaînée contre moi ; son absurdité ne peut se comparer qu'à son audace. J'ai tout bravé, j'ai dû le faire ; il n'est pas de dégoût, de persécution, de dangers même, que ne doive supporter celui qui se consacre à faire le bien. Son dévouement ne doit avoir de bornes que l'inutilité dont il devient quand lui-même n'inspire plus de confiance. Ce moment est arrivé pour moi ; j'avais promis de rester jusqu'à ce que la Convention prononçât mon renvoi ; mais notre situation politique est telle que tout ce qui peut entretenir la division et la défiance dans le Corps législatif est capable d'entraîner les plus grands malheurs. Il est de peu de conséquence peut-être que l'on soit injuste à mon égard, et ma perte ou celle de ma gloire ne serait pas celle de l'État. Tout ce qui peut exciter les inquiétudes, soulever les passions, doit être rigoureusement proscrit. Ce n'est pas assez qu'un homme en place soit pur, il ne faut pas qu'il soit suspecté. J'appelle sur mon administration toute la sévérité de la Convention, je n'en crains pas les effets. Je demeure pour les attendre et les subir dans les murs de Paris. Je me présente à mes contemporains, comme à la postérité, avec mes œuvres ; elles parlent pour moi[1]. »

La droite avait salué de ses applaudissements les passages les plus saillants de la lettre du ministre de l'intérieur. Elle en réclame l'impression et l'envoi aux départements. « Non, non, crie la gauche. — Roland est un scélérat, dit Robespierre jeune, j'ai en main des pièces qui le prouvent. — Il en a imposé à l'Assemblée dans l'affaire de l'armoire de fer, ajoute Thuriot. — Eh bien ! qu'on lui fasse son procès, réplique Buzot. » Après une demi-heure de tumulte et deux épreuves déclarées douteuses, la Convention finit par ordonner l'impression et l'envoi de la lettre aux départements, mais en même temps elle accepte la démission et confie provisoirement le portefeuille de l'intérieur au ministre de la justice, Garat.

Les Girondins attendaient un tout autre effet de la démarche de Roland. Ils avaient cru que l'immense majorité de l'Assemblée refuserait de se priver des services de l'homme qui, pour eux, personnifiait la vertu et la liberté ; qu'elle enverrait une députation pour le supplier de revenir sur sa démission ; que tout au moins

---

[1]. Le même jour, le ministre de l'intérieur envoie aux corps administratifs, aux sociétés populaires et à tous ses concitoyens une lettre d'adieu qui n'est que le reflet de celle qu'il vient d'adresser à la Convention. Cette seconde lettre commence ainsi : « Tant que j'ai conservé l'espoir de faire le bien dans mon poste, j'y suis resté, tout pénible et tout périlleux qu'il fût pour moi. Je n'ai plus cet espoir, je n'ai plus qu'à me retirer et à m'envelopper dans mon manteau. »

La lettre de Roland à la Convention se trouve au *Moniteur*, n° 26 ; celle aux corps administratifs, dans le même journal, n° 25.

elle déclarerait, comme l'avait fait la Législative quelques mois auparavant, que le ministre, en se retirant, emportait les regrets de la nation. Il n'en fut rien. Cinq mois de pouvoir avaient suffi pour démonétiser ce vieillard à l'intelligence médiocre, aux vues courtes et étroites, qui poussait l'entêtement jusqu'à l'absurde, l'orgueil jusqu'à la démence.

III.

Cependant, quelques jours plus tard, les membres de la Plaine voulurent consoler la Gironde des défaites successives que leur indifférence venait de lui faire subir. Il s'agissait de donner un successeur à Vergniaud, dont la présidence finissait. La gauche présentait Danton, la droite Rabaut Saint-Étienne. Le contraste ne pouvait être plus tranché; la conduite des deux concurrents, dans le jugement du roi, avait été aussi différente que possible. Danton était revenu de Belgique exprès pour voter la mort; Rabaut Saint-Étienne avait opté pour l'appel au peuple, puis pour la simple détention; il avait à cette occasion prononcé des paroles pleines de courage et d'humanité. Sur 355 votants, Rabaut obtient 179 suffrages; Danton 150 seulement.

Aussitôt le résultat du scrutin proclamé, la Montagne accuse violemment les secrétaires d'avoir mal recueilli les suffrages; elle prétend que la nomination n'est pas valable, parce qu'il ne s'est trouvé dans l'urne que 355 bulletins. Le 24, elle ne s'était fait aucun scrupule de s'emparer du plus important des comités de la Convention par un vote auquel avaient pris part moins de trois cents membres; le 24, elle veut frapper de nullité l'élection d'un président, quoique le nouveau scrutin ait réuni 60 voix de plus que le précédent. Cette fois, la majorité se montre intraitable, et repousse, par trois votes successifs, les réclamations des énergumènes de l'extrême gauche [1].

Ce succès encourage la Gironde. Elle avait juré de se venger sur Pache de la défaite de Roland; elle redouble donc ses attaques contre le ministre de la guerre.

Pache était, il faut en convenir, très-vulnérable. Chaque jour on apportait à la tribune les preuves les plus palpables de son impéritie et de son ignorance. Les plaintes arrivaient du Nord et du Midi, des généraux comme des commissaires de la Convention. Sieyès venait de faire un rapport très-savant mais très-peu pratique sur l'organisation à donner au ministère de la guerre. La Convention consacre plusieurs jours à la discussion de ce rapport et des contre-projets qu'il suscite. Invariablement, tous les orateurs déclarent qu'il est

---

[1]. Le lendemain Marat, dans sa feuille, le *Publiciste français*, se répandait en invectives contre le nouveau président, en reproches contre ses propres amis. « Ils sont, disait-il, trop sujets à s'oublier à table au lieu d'être à leur poste. »

Le *Moniteur,* fidèle à ses habitudes de prudence, glisse assez légèrement sur tous les détails de la séance du 24 janvier au soir. Il n'indique pas même quel était le concurrent de Rabaut Saint-Étienne. L'omission, certainement calculée, du nom de Danton empêche de comprendre pourquoi les Montagnards firent éclater une si vive colère à l'annonce du résultat du scrutin.

urgent de mettre fin à l'anarchie que présentent les bureaux existants, anarchie entretenue par l'ineptie du chef et par la profonde incapacité des collaborateurs dont il s'est entouré.

Douze membres avaient été, depuis plus de deux mois, adjoints au comité de la guerre pour examiner spécialement la conduite de Pache. Mais le rapport dont ils étaient chargés ne s'achevait pas, et les choses empiraient avec une effrayante rapidité. Les généraux écrivaient que leurs armées manquaient de vivres, de fourrages, de souliers. Camus déclare à la Convention que Pache, pressé par le Comité de défense générale de lui envoyer la copie des ordres qu'il a transmis aux administrations chargées de l'approvisionnement des troupes, a été obligé de reconnaître qu'en donnant ses instructions, il n'a oublié qu'une chose : y comprendre l'armée de Belgique, la plus importante de toutes.

« Pache est inepte ou criminel, s'écrie Salles; peut-être est-il l'un et l'autre! La Commission des douze, à laquelle vous avez renvoyé l'examen de tout ce qui le concerne, vous proposera un acte d'accusation, si elle a des preuves de ses intentions criminelles; mais, dès ce moment, qui doute de sa profonde incapacité? »

Marat seul, dans ce moment décisif, se porte le défenseur du ministre. Barère lui-même voit qu'il est temps de sacrifier le protégé des Jacobins. De concert avec Camus, il introduit dans le projet de réorganisation des bureaux de la guerre une disposition qui, par le caractère tout à la fois de personnalité et d'urgence qu'elle présente, est la plus sanglante condamnation que l'on puisse faire de l'administration de Pache.

Elle est ainsi conçue :

« Le ministre actuel de la guerre sera changé. L'Assemblée procédera dès demain à la formation d'une liste de candidats et après demain à l'élection d'un nouveau ministre [1]. »

Les Jacobins ne pouvaient accepter en silence la destitution brutalement prononcée contre un de leurs principaux favoris, contre un ministre qui s'était mis à leur discrétion pour toutes les créatures qu'il leur plaisait de placer, pour toutes les dilapidations qu'il leur convenait de patronner. Dès le lendemain, la Société envoie à la barre de la Convention une députation de ces prétendus Défenseurs de la République auxquels elle avait donné asile dans sa salle pour qu'ils fussent toujours à sa disposition.

La harangue des pétitionnaires est courte, mais aussi naïve qu'insolente :

« Les défenseurs de la République une et indivisible

---

[1]. Comme nous le verrons tout à l'heure, Pache fut élu peu de jours après maire de Paris. Aussi, ni le comité de la guerre, ni les douze membres qui avaient été adjoints à ce Comité, ne firent-ils leur rapport sur les accusations de dilapidation portées contre le ministre. Par trois fois, le 19 février, le 28 mars et le 28 avril, les Girondins firent décréter formellement par la Convention que le rapport tant promis serait déposé dans le plus bref délai sur le bureau du président. Ces trois décrets restèrent lettre morte. Pache devint plus puissant que jamais. Nous le verrons, le 31 mai, se présenter à la tête de la municipalité parisienne pour demander à l'Assemblée la tête de ceux qui avaient eu l'audace de lui réclamer des comptes.

ont été instruits que vous avez décrété que le ministre de la guerre serait changé. Citoyens, Pache est républicain, il a fait son devoir, il a juré de mourir à son poste, et cependant vous voulez le remplacer ! Nous avons juré de respecter vos décrets. Nous gardons le silence, mais nous vous proposons de décréter que Pache a conservé l'estime publique. »

Quelques membres de l'extrême gauche essayent de convertir en motion cette demande. Mais un *tolle* presque général s'élève. Néanmoins Prieur (de la Marne) insiste sur l'impression de la pétition et son envoi aux départements.

« Eh bien ! qu'on imprime en même temps, s'écrie Féraud, les adresses où sont consignées les plaintes des généraux et des soldats contre le ministre ! »

L'ordre du jour est mis aux voix et adopté. La Montagne proteste contre le vote, mais l'Assemblée par deux fois manifeste sa volonté formelle de le maintenir. Les pétitionnaires sont obligés de se retirer et n'obtiennent en sortant que les applaudissements de Marat et de ses amis.

Le lendemain, le général Beurnonville est élu ministre de la guerre par 386 voix sur 600 votants. Son principal concurrent, Achille Duchâtelet, en avait obtenu près de 200 ; tous deux appartenaient aux opinions modérées. La Montagne n'avait pas osé présenter un candidat. Tous les efforts du parti démagogique avaient été réservés pour une autre élection, celle du premier magistrat de la capitale.

Chambon n'avait pas reparu à l'Hôtel de Ville depuis le jour où, sortant de la représentation de l'*Ami des lois*, il avait été censuré par le Conseil général de la Commune[1]. Le 2 février, il donna sa démission, motivée sur le mauvais état de sa santé. Les sections furent convoquées pour le 11, afin de lui choisir un successeur. Les Jacobins jugèrent que celui qui avait été un détestable ministre de la guerre ferait un excellent maire de Paris; ils proposèrent Pache aux suffrages des électeurs.

Aucun concurrent sérieux ne s'avisa de braver les anathèmes que les frères et amis étaient prêts à lancer contre l'audacieux qui aurait essayé de contrecarrer leurs projets. Pache fut élu par 11,881 voix, c'est-à-dire par le quinzième à peu près des électeurs ayant droit de voter.

Le résultat du scrutin fut proclamé le 14, à neuf heures du soir. Une heure après, Pache se présentait au Conseil général de la Commune et se faisait installer au fauteuil de la présidence.

Les Jacobins étaient vengés, leur protégé était remis sur un nouveau piédestal d'où il pouvait contempler avec dédain l'abaissement définitif et sans retour de son ancien protecteur Roland.

IV.

Le Comité de sûreté générale nommé sous l'influence de la Montagne s'était tout de suite mis à l'œuvre, et n'avait pas tardé à manifester les tendances dont ses membres étaient animés.

1. Voir t. V, p. 373.

La Convention avait, sur la demande de Bréard, chargé son Comité de législation de trouver le moyen de concilier le renouvellement des fameuses visites domiciliaires avec le respect dû à la propriété et à la sûreté individuelle. La tâche était, il paraît, trop difficile, et le Comité de législation avait répondu par une prétérition habile à la mission qu'on lui avait confiée; mais Basire et ses amis, remis triomphalement en possession du pouvoir discrétionnaire qu'ils avaient si longtemps exercé, n'étaient pas hommes à s'embarrasser pour si peu.

Cinq jours après leur installation, le dimanche 27 janvier, ils ordonnent une battue générale dans les dépendances du Palais-Royal, alors appelé le palais de la Révolution, et requièrent le commandant de la force armée, Santerre, de faire investir immédiatement toute l'enceinte, « pour protéger cette opération importante de salut public. »

Cette expédition dure de huit heures du soir à quatre heures du matin et produit six mille arrestations. Mais la plupart des prisonniers sont relâchés presque immédiatement. D'un si grand déploiement de forces, le seul résultat est de montrer à la population parisienne que le régime des mesures arbitraires n'est pas encore passé, que la Commune et le nouveau Comité de sûreté générale sont disposés à renouveler les scènes des derniers jours d'août 1792, si cela peut être utile aux desseins secrets de leur politique [1].

---

1. Prudhomme, dans les *Révolutions de Paris*, journal qui n'était

Dès le lendemain, Buzot dénonce avec force le Comité de sûreté générale comme violant toutes les lois, aussi bien celles qui consacrent la liberté de la presse que celles qui sauvegardent la liberté individuelle. « On vient, dit-il, d'emprisonner Nicole, un journaliste estimable et qui n'a d'autre tort que de ne pas appartenir à un certain parti [1]. On jette dans les fers un écrivain qui prêche

pourtant pas suspect de modérantisme, s'élève avec énergie contre cette violation de la liberté individuelle. Il assure que plusieurs juges de paix, notamment celui de la section des Sans-Culottes, se sont refusés à prêter leur concours à une mesure aussi vexatoire.

[1]. Nicole avait, le matin même, adressé au président de la Convention une courageuse pétition dont voici les principaux passages :

« *Des prisons de l'Abbaye, le 27 janvier 1793.*

« Citoyen président, la liberté de la presse doit être sacrée. L'immortel Lepeletier était intimement convaincu de cette grande vérité, puisqu'il fut le premier à s'opposer à un projet de décret contre la provocation au meurtre... Eh! bien, citoyens représentants, au mépris de tous les principes, au mépris de toutes les lois, j'ai été arrêté hier à deux heures du matin, par ordre de votre Comité de surveillance; mon domicile a été indignement violé par une troupe d'hommes armés et moi-même traîné pendant la nuit de corps de garde en corps de garde. On a fini par m'envoyer à l'Abbaye, en vertu d'une lettre de cachet signée Bernard (de Saintes), Basire, Montaut, Ruamps, Duhem et Rovère.

« Quel est donc mon crime? Le voici : rédacteur du *Journal français*, je n'ai pu maîtriser mon indignation à la vue de ces êtres en qui l'audace le dispute à la nullité. J'ai versé le ridicule à pleines mains sur les coryphées de l'anarchie, sur les prédicants de la loi agraire, j'ai arraché une partie du masque dont ils se couvrent. Ils ont horreur de leur nudité, et dès lors ma perte a été jurée.

« Oh! si j'eusse, dans des feuilles incendiaires, demandé 200,000 têtes, si j'eusse provoqué au meurtre, à l'assassinat, si je me fusse rendu l'apologiste officieux des épouvantables journées des 2 et 3 septembre, si enfin je me fusse déclaré en insurrection, je marle respect des lois et de la Convention. On exerce aujourd'hui sur les ouvrages une inquisition cent fois plus odieuse que n'eût été l'application sévère de la loi contre les provocateurs au meurtre et à l'assassinat que j'avais proposée [1]. Faut-il donc faire l'apologie du crime pour vivre en liberté? »

A ces paroles courageuses un violent tumulte s'élève sur les bancs de la Montagne. Julien, Duhem, interpellent vivement l'orateur. Le tumulte devient bientôt général. Le président est obligé de se couvrir. Un décret maintient la parole à Buzot :

« Vous parlez d'union, et vous outragez vos collègues; vous parlez d'union, et vous vous calomniez sans cesse; vous parlez d'union, et les citoyens ne se regardent plus qu'avec épouvante. Tous les cœurs sont fermés, l'ami craint son ami; car aujourd'hui chacun, pour un mot, tremble d'être envoyé à l'Abbaye, où l'attendent les souvenirs terribles du 2 septembre. »

Un nouveau soulèvement de la Montagne ne fait qu'exciter l'orateur Girondin à déchirer le voile sous lequel jusqu'alors il avait dissimulé le fond de sa pensée :

« Oui, s'écrie-t-il, la liberté individuelle, base de la

cherais tranquillement dans les rues de la cité, je serais le patriote par excellence.

« Suis-je donc à Alger ou à Tripoli? Les Lenoir, les Bretouil ont-ils encore des bataillons à leur disposition? Ne veut-on donc nous représenter la République sous des formes hideuses que pour nous faire regretter le despotisme des rois? Faut-il donc briser sa plume, parce qu'on n'a pas le courage de flatter un certain parti, parce qu'on ne sait pas composer avec sa conscience?

1. Voyez t. III, p. 80, 118 et 286.

liberté publique, n'existe plus depuis que le Comité de sûreté générale a été réduit à douze membres, par une méprise indigne, dans une malheureuse circonstance dont on a trop bien su profiter, durant une séance du soir destinée aux pétitionnaires, et à laquelle n'assistait presque personne. »

En terminant, il cite ce dernier fait relatif à l'arrestation de Nicöle: un de ses collaborateurs s'étant rendu au Comité de sûreté générale pour réclamer le registre sur lequel sont inscrits les abonnés, on lui a répondu : « Nous gardons votre registre pour connaître vos abonnés; ce sont des aristocrates. »

« Le fait est faux, répond Rovère, secrétaire du Comité. On lui a seulement dit qu'il n'avait pas besoin de ce registre pour faire son journal. » — Comme cette singulière dénégation ne semble pas contenter l'Assemblée, Rovère se hâte d'ajouter : « Ce journaliste a insulté des membres de la Convention ; ainsi je lis dans son n° 72 : « Vous ne savez donc pas que le Comité de sûreté gé-
« nérale a été renouvelé et que la liste des membres qui
« le composent est encore souillée des noms des Basire et
« des Chabot, et d'autres hommes de sang qui, dans ce
« moment, disposent souverainement de l'honneur, des
« biens et de la vie des citoyens; ce Comité est le Con-
« seil des Dix de Venise; ils n'ont qu'à dire : poignardez !
« et l'on poignarde.

« — C'est vrai! crie un membre à droite. — A l'Abbaye l'insolent qui attaque l'honneur de la Convention! réplique la Montagne. — Vous voyez, dit Carrier, que Buzot est l'apologiste des assassins. »

Rovère continue : « Voici maintenant ce que ce journaliste dit de l'assassinat commis contre Lepeletier : « Saint-Fargeau a été assassiné par un homme qui lui « reprochait d'avoir voté pour la mort de Louis XVI « quoique il eût promis le contraire. »

En entendant accuser celui dont elle fait un martyr, la Montagne entre en fureur ; ses coryphées lancent à la droite ces interpellations successives :

Chabot : « Voilà le journal que Buzot appelle estimable. »

Basire : « On peut maintenant supprimer le Comité ; il a osé faire le bien, il a balayé le Palais-Royal de tous les coquins ; les complices de Pâris ont été arrêtés. »

Collot-d'Herbois : « Depuis l'assassinat du malheureux Lepeletier, nous sommes devenus sa famille ; nous devons faire ce qu'elle ferait elle-même, nous devons poursuivre ceux qui osent outrager la mémoire de ce patriote. »

A la proposition de Collot, Bailleul oppose les principes : « Que l'on poursuive, dit-il, si l'on veut le journaliste, mais je dis que le Comité de surveillance est sorti de son rôle, il doit se contenter de déjouer les complots, de découvrir les conspirations, il ne lui appartient pas de faire incarcérer des citoyens pour des délits individuels. »

Entre ces assertions contradictoires, la majorité semble indécise ; elle ajourne la mise en liberté du journaliste et, malgré l'insistance de Buzot et de Lanjuinais, maintient le nouveau Comité de sûreté générale.

Trois jours après (1er février), Lasource vient, au

nom du Comité, proposer de poursuivre Nicole devant les tribunaux, pour avoir outragé la mémoire de Lepeletier de Saint-Fargeau. Mais Lanjuinais fait observer que l'on n'a pas incriminé bien d'autres écrivains qui ont attaqué plus vivement encore des hommes que la nation, à tort ou à raison, avait *panthéonisés*. « C'est vrai ! c'est vrai ! ajoute-t-on à côté de l'orateur. Lisez donc les feuilles de Marat ! »

Plusieurs orateurs, appartenant aux diverses fractions de l'Assemblée, se succèdent à la tribune et défendent les droits de la presse. D'un commun accord l'ordre du jour est prononcé, et l'on décrète que le journaliste incriminé sortira immédiatement de l'Abbaye[1].

---

[1]. Cette question de la liberté des opinions se représentait tous les jours sous une forme ou sous une autre. Elle avait surgi d'abord à l'occasion d'une comédie; nous avons vu (t. V, p. 372) la Convention casser par un ordre du jour motivé l'arrêté de la Commune qui avait rétabli la censure théâtrale à l'occasion de l'*Ami des Lois*. Mais l'autorité municipale ne tint pas compte de ce décret; elle étendit ses proscriptions non-seulement à la pièce de Laya, mais encore à un vaudeville nommé *la Chaste Suzanne*, et bientôt à la tragédie de *Mérope*. Pourquoi ces nouvelles proscriptions? Parce que, dans la première de ces deux pièces, on voyait une jeune femme injustement accusée; parce que, dans la seconde, Voltaire avait raconté les malheurs d'une reine qui attend un héros pour venger son époux et rétablir son fils sur le trône.

La Convention, toujours à la remorque de la Commune, confirma bientôt (31 mars 1793) la sentence portée par sa rivale et inaugura le rétablissement de la censure en proscrivant l'œuvre du philosophe de Ferney. La Commune fit alors un pas de plus et demanda par une délibération formelle à la Convention de décréter :

1° Que le Comité d'instruction publique se fît représenter le réper-

Basire et ses amis ne se sentent guère atteints par le blâme indirect dont le Comité vient d'être frappé ; seulement ils changent de tactique. Au lieu d'attaquer ouvertement la Gironde et les écrivains qui la soutiennent, ils procèdent par insinuations dans les journaux, par accusations sourdes devant les magistrats dont ils disposent; ils ne reculent pas même devant un faux matériel.

Marat avait mis ses presses à la disposition de tous ceux qui voulaient calomnier ses adversaires. Il se montrait fort peu scrupuleux sur l'origine et la véracité des pièces insérées dans sa feuille. Ses affidés du Comité de sûreté générale lui communiquent une lettre empreinte des sentiments du royalisme le plus prononcé. (Elle émanait d'un ancien rédacteur de la *Gazette de France*, nommé Wadeville, et avait été saisie six mois auparavant chez Laporte, l'intendant de la liste civile.) *L'ami du peuple* n'hésite pas à l'imprimer en la faisant suivre de la signature de Brissot de Warville. Les amis du député d'Eure-et-Loir s'émeuvent. Celui-ci court au

toire des théâtres à l'effet de le purger de toutes les pièces propres à corrompre l'esprit républicain;

2° Que l'on s'occupât des moyens d'établir un spectacle destiné à l'instruction du peuple ;

3° Que, dans la nouvelle salle qui devait être construite pour le théâtre de l'Opéra, il fût réservé des places gratuites pour les citoyens peu fortunés et que ces places fussent répandues dans toutes les parties de la salle.

Le Comité de salut public, devenu tout-puissant, n'hésita pas à adopter les errements déjà suivis par la Commune et se mit à protéger à sa manière les arts et la littérature. Nous aurons occasion de parler plus tard de ce régime qui fut intronisé par la loi du 2 août 1793.

Comité, se fait montrer la pièce et n'a pas de peine à reconnaître que le nom de Brissot a été ajouté par une main étrangère, que celui de Warville a été substitué à celui de Wadeville. Il saisit la première occasion de se plaindre à la Convention de l'étrange abus que l'on a fait de son nom. « Tout notre tort dans cette affaire, répond Basire, c'est qu'en lisant cette lettre, en y reconnaissant le ton, les allures, le style d'un intrigant, il nous a paru qu'elle devait être de Brissot. » — A cette singulière confession, de violents murmures éclatent dans presque toute la salle. La droite demande de nouveau le renouvellement du Comité de sûreté générale. Mais Marat, qui dans cette occasion semble parler au nom de la Montagne, se contente de répondre : « Non! le Comité ne sera pas renouvelé; il est bon de surveiller des coquins tels que vous! » Personne ne relève l'insolence du misérable folliculaire, et la Convention, croyant avoir assez fait pour l'honneur de Brissot, renvoie la dénonciation de celui-ci au tribunal criminel en ordonnant qu'il soit informé contre le faussaire et ses complices.

A quelques jours de là, le commissaire de police de la section du Théâtre-Français écrit au président que, d'après une procédure commencée par ordre de l'accusateur public, il existe contre plusieurs membres de l'Assemblée, notamment contre Barbaroux, de fortes présomptions d'avoir voulu entraîner les fédérés Marseillais dans une conspiration contre l'inviolabilité de l'Assemblée nationale. C'était encore le Comité de sûreté générale qui avait envoyé au parquet du tribunal criminel les premiers éléments de la procédure, et qui faisait poursuivre sous main un de ses adversaires les plus redoutables.

Barbaroux demande la permission de se disculper à l'instant même. « Oui, dit-il, le jour où il a été décrété que les fédérés partageraient avec les citoyens de Paris la garde de la Convention [1], j'ai harangué le bataillon de Marseille ; je lui ai dit que, si la Convention se trouvait en péril, son premier devoir serait de l'entourer et de la défendre. Je me glorifie d'avoir donné cet avertissement à mes compatriotes, parce que je savais pertinemment qu'il se tramait un complot infernal contre la liberté de cette Assemblée; parce que je savais que le commandant de ce bataillon avait été entraîné dans un conciliabule où on lui avait fait la proposition formelle de nous égorger ; parce que j'avais en main des lettres écrites de mon département où l'on excitait nos volontaires à assassiner certains membres de la Convention. Voilà mon crime, je m'en honore. Bien loin de vouloir qu'on supprime cette procédure malgré son illégalité flagrante, puisqu'elle a été dirigée sans votre autorisation contre un membre de cette Assemblée, je demande qu'on l'apporte ici. J'appelle sur ma conduite vos investigations les plus sévères. »

Des bancs de la Montagne se lève alors un membre qui, depuis qu'il faisait partie de l'Assemblée, n'avait encore pris part à aucune discussion et qui ne devait que bien plus tard commencer à jouer un rôle important.

---

1. Voir t. V, p. 413 et 414.

« Un bon citoyen, dit Barras, doit dévoiler tout ce qui peut être utile à la République. Je ne suis qu'un soldat, mais je parlerai comme un homme d'État : je demande que notre collègue Granet, qui a entre les mains la copie d'une correspondance intéressante entre Barbaroux et la Société des amis de la République de Marseille, soit invité à déposer les pièces qu'il possède sur le bureau du président. Ensuite, je demanderai la parole, parce que j'ai des faits particuliers à ajouter. »

« C'est donc avec mes lettres, répond Barbaroux, qu'on prétend me persécuter. Ah! qu'on les publie, qu'on publie toutes celles que j'ai écrites à mes amis, aux êtres qui m'étaient chers, depuis le commencement de la Révolution. On y verra les preuves de mon patriotisme et des services que j'ai rendus à mon pays. Si je suis coupable, je provoquerai moi-même le décret d'accusation, parce que le premier devoir d'un Républicain est de courber la tête devant la loi. »

Thuriot, Couthon, Osselin, veulent défendre l'officier de police mis en avant par le Comité de sûreté générale. Tallien va jusqu'à prétendre qu'en vertu d'un décret particulier à la ville de Paris, rendu par la Législative après le 10 août, ce magistrat a eu le droit, comme délégué de la municipalité, de décerner un mandat d'amener contre Barbaroux.

Lanjuinais combat cette assertion qui, suivant lui, ne tend à rien moins qu'à changer la jurisprudence des assemblées antérieures et de la Convention elle-même, dans des circonstances analogues. Il demande que l'affaire soit renvoyée au Comité de législation. Ce renvoi est ordonné avec injonction d'en faire le rapport dans le délai de vingt-quatre heures.

Mais le Comité de sûreté générale était aussi habile à ensevelir dans ses cartons ou dans ceux des autres Comités les pièces qui pouvaient le compromettre, qu'audacieux à réclamer l'impunité en faveur de ceux qui avaient mis en pratique les doctrines de la démagogie. C'est ainsi que, pendant que Brissot et Barbaroux poursuivaient en vain le redressement de leurs justes griefs, le Comité parvenait à arracher à l'Assemblée deux décrets importants : l'un, qui suspendait indéfiniment toute procédure contre les assassins de septembre ; l'autre, qui ordonnait la mise en liberté immédiate des commissaires de la Commune envoyés dans les départements pour y prêcher le meurtre et le pillage [1].

V.

Ces triomphes successifs du parti jacobin n'étaient pas de nature à diminuer l'agitation qui, dès avant la mort du roi, s'était emparée de la capitale et que fomentaient chaque jour davantage les journaux et les clubs. L'avilissement des assignats, le renchérissement des subsistances et des principales denrées, le chômage

[1]. Dans les notes relatives à la punition des septembriseurs et aux missions des commissaires de la Commune insurrectionnelle (t. III, p. 612; t. IV, p. 452), nous avons raconté les principaux incidents des séances des 8 et 13 février dans lesquelles la Montagne obtint pour ses affidés ce double triomphe.

d'un grand nombre d'industries, surtout de celles que le luxe alimente, entretenaient le malaise et la gêne dans la plupart des ménages parisiens. Les masses étaient d'autant plus mécontentes qu'on leur avait donné plus d'espérances. Ne leur avait-on pas dit et répété sur tous les tons que la misère publique disparaîtrait comme par enchantement aussitôt que la tête du dernier tyran des Français serait tombée sous la hache révolutionnaire? L'arrêt sanglant avait reçu son exécution, et la classe laborieuse n'avait pas cessé de souffrir des mêmes chômages et des mêmes misères; bien plus, la mort de Louis XVI et quelques autres circonstances, que nous exposerons plus loin, avaient amené l'Angleterre, la Hollande et l'Espagne à se joindre à la coalition déjà formée contre nous. Les mers allaient être fermées et, par une conséquence toute naturelle mais qui échappait au vulgaire, les marchandises, dont la neutralité de ces trois puissances permettait jusqu'alors l'arrivage à des prix modérés, enchérissaient avec une rapidité étonnante.

Pendant que ces causes de trouble s'accumulaient dans la capitale, les législateurs imprévoyants en favorisaient le développement par l'impunité qu'ils assuraient aux auteurs des émeutes qui naguère avaient éclaté dans plusieurs des départements du centre de la France [1]. Le 11 février, le Comité de législation pro-

1. Voir t. IV, p. 371 et suivantes. Nous avons raconté plusieurs incidents de ces troubles. Ils furent apaisés grâce à la contenance des autorités municipales et des gardes nationales des départements de l'Orne, du Loiret et d'Eure-et-Loir. Les derniers exemples de taxa-

pose un décret prescrivant au tribunal criminel de la Sarthe de faire sans délai le procès aux auteurs et instigateurs de ces insurrections. Mais quelques députés montagnards s'empressent de plaider la cause des accusés, qui, disent-ils, étaient plus égarés que véritablement coupables, et proposent d'abolir toutes les procédures dirigées contre les fauteurs des troubles qui ont eu lieu avant le 21 janvier 1793 à l'occasion des subsistances. La Convention, heureuse de présenter au peuple français cette date funeste comme le commencement d'une ère de réconciliation et de paix, vote l'amnistie; à peine Lanjuinais et Buzot peuvent-ils obtenir qu'elle ne s'étende pas aux détenus coupables de meurtre, d'assassinat ou d'incendie.

Le commentaire du nouveau décret ne se fait pas attendre. Quelques heures après, une nombreuse députation se présente à la porte de la salle et demande à être immédiatement introduite à la barre; elle a des considérations importantes à exposer sur la question des subsistances. La Convention, fort occupée de l'organisation de l'armée, refuse d'entendre les pétitionnaires et les renvoie au Comité d'agriculture. Mais ceux-ci insistent et font parvenir au président la lettre suivante :

« Les commissaires des sections de Paris, réunis avec leurs frères des quatre-vingt-quatre départements, demandent à être entendus sans désemparer. *La faim ne s'ajourne pas.* Les représentants du peuple n'ont pas le droit de refuser de nous entendre; nous ne quitterons

tion forcée sur les marchés datent des derniers jours de décembre 1792.

pas l'enceinte de l'Assemblée à moins que nous ne soyons éloignés par un décret formel, prononcé en face du peuple de Paris, qui est tout entier debout avec nos frères des départements.

« Plaisant Lahoussaye, président,
« Heudelet, vice-président,
« Pelletier, secrétaire. »

« Quels sont ces citoyens des départements, s'écrie Chambon? Il n'y en a peut-être pas quatre dans toute cette députation. Ne nous laissons pas abuser par de semblables contes. »

Marat adjure ses collègues de ne pas s'arrêter à quelques expressions peut-être inconvenantes et de donner audience à la députation. Sur son insistance, il est décrété qu'elle sera admise le lendemain. Les pétitionnaires n'ont garde de manquer au rendez-vous et leur orateur entame ainsi sa harangue :

« Citoyens législateurs, ce n'est pas assez d'avoir proclamé la République, il faut encore que le peuple soit heureux ; il faut qu'il ait du pain, car où il n'y a pas de pain, il n'y a plus de lois, plus de liberté, plus de république... »

Le reste du discours répond au début. Après avoir reproché amèrement à la Convention d'avoir cru à la chimère de la liberté du commerce des grains, l'auteur de l'insolente adresse ajoute :

« On vous a dit qu'une bonne loi sur les subsistances est impossible, c'est-à-dire qu'il faut désespérer de votre souveraine sagesse. Eh bien, nous venons vous apporter la solution du problème. Cette solution est conforme au vœu naturel, nécessaire au salut public.

« Décrétez la peine de six années de fers pour la première fois, la peine de mort pour la récidive contre tout agriculteur ou marchand qui vendra un sac de blé du poids de 250 livres plus de 25 francs. Interdisez à toute administration de se faire marchande de grains. Adoptez une mesure uniforme qui soit la même dans toutes les parties de la République. »

A peine l'orateur a-t-il fini de parler, qu'un autre pétitionnaire s'écrie d'un ton emphatique :

« Citoyens, comme vice-président de la commission des subsistances, je viens au nom des sections de Paris, des citoyens des quatre-vingt-quatre départements... »

C'était la seconde fois que les pétitionnaires affichaient l'étrange prétention de représenter non-seulement les sections de Paris, mais la France entière. L'immense majorité de l'Assemblée ne veut pas en entendre davantage.

« Y a-t-il en France, s'écrie Louvet, deux conventions, deux représentations nationales? »

« Aucun citoyen, dit le président Bréard, n'a le droit de s'annoncer comme mandataire de ses frères des départements, s'il n'en a reçu les pouvoirs. Montrez les vôtres. »

Le pétitionnaire est obligé d'avouer qu'il n'en a pas.

Le président reprend : « Vous avez commis une grave imprudence. La Convention a entendu la pétition. Elle pèsera dans sa sagesse ce qu'elle doit aux sections de

Paris, ce qu'elle doit aux citoyens de toute la République, elle sera juste envers tous. Elle vous invite aux honneurs de la séance. »

« Non! non! » s'écrie-t-on de toutes parts. Marat lui-même demande que l'on poursuive comme perturbateurs du repos public les individus qui se sont prétendus investis de pouvoirs qu'ils n'avaient pas.

Que s'est-il donc passé depuis la veille? C'est que l'*ami du peuple* s'est aperçu que dans les rangs des pétitionnaires il s'est glissé un certain nombre d'agents royalistes, dont la présence change le caractère de la manifestation. Il s'empresse de se dégager d'une affaire compromettante pour lui en particulier et pour le jacobinisme en général. Buzot constate le revirement qui s'est opéré dans les dispositions de son adversaire habituel. « Marat, dit-il, devait parfaitement savoir à quoi s'en tenir sur les pétitionnaires, car lui et ses collègues de la députation de Paris se sont entretenus longtemps avec eux dans la salle des conférences. Ils ont dû se faire représenter leurs pouvoirs. Mais ce qu'il faut savoir, c'est comment les personnes qui sont en ce moment à la barre ont été entraînées à une démarche si contraire aux véritables intérêts de ceux qu'ils prétendent représenter. Oui, Parisiens, ne vous y trompez pas, votre sol ne produit rien; c'est le nôtre qui vous nourrit et, si vous arrêtiez la circulation des grains, *vous péririez de misère*. C'est pour vous que cette circulation a été décrétée et c'est vous qui demandez qu'on l'abolisse! Ne vous laissez pas abuser plus longtemps dans vos sections par les hypocrites en patriotisme, car

Paris, qui a été le berceau de la liberté, en deviendrait le tombeau....

« Et vous, citoyens mes collègues, souvenez-vous de ce que vous disait naguère Vergniaud : « Le pain est « cher, dit-on, la cause en est au Temple; eh bien! un « jour on vous dira de même : le pain est cher, la cause « en est dans la Convention nationale. » Ce temps est venu ; c'est avec l'arme offerte par la question des subsistances qu'on voudrait égorger les libertés publiques. »

« Les pétitionnaires, ajoute Mazuyer, ne sont pas les plus coupables. Celui même qui s'est intitulé le mandataire des quatre-vingt-quatre départements n'a été qu'imprudent. Son erreur est facile à expliquer : il existe effectivement à Paris une seconde Convention nationale. C'est une réunion de citoyens se disant défenseurs de la République, société avec laquelle les sections de Paris communiquent officiellement par délibérations et par commissaires et qui a la prétention de stipuler les intérêts des départements. La décision la plus importante à prendre, c'est de mander à la barre le maire de Paris pour qu'il donne à la Convention des renseignements sur l'existence de cette société. »

« Mazuyer vous a dit la vérité, reprend Doulcet de Pontécoulant, il existe à Paris deux Conventions nationales. L'assemblée qui vient de vous être dénoncée est une association monstrueuse, qui n'est qu'un simulacre de représentation composée d'hommes inconnus qui se disent des départements et qui n'en sont pas; car, dans les départements, il n'y a que des citoyens amis des lois, il n'y a pas de stipendiés de Coblentz. »

On exige à grands cris la lecture des noms qui se trouvent au bas de la pétition. Le président déclare que la pièce originale n'est revêtue que de cinq signatures, quoiqu'un bien plus grand nombre d'individus soient présents. On demande que chacun des membres de la députation donne ses nom, qualité et demeure. Plusieurs, pour esquiver l'interrogatoire, font un mouvement de prudente retraite; ordre est donné de fermer la barre.

Choudieu et Lamarque, l'un et l'autre fougueux montagnards, plaident les circonstances atténuantes en faveur des pétitionnaires.

« Vous avez reconnu, dit le premier, la société dont ils sont les interprètes, car vous avez déjà admis une de ses députations, vous avez accordé une mention honorable aux sentiments patriotiques qu'elle exprimait.

« Je ne nie point, ajoute l'autre, les dangers que présente pour la liberté publique l'existence de la société que l'on vous a signalée. Elle se dit composée de représentants de la République, mais ce qui excuse cette prétention, ce qui la légalise en quelque sorte, c'est que des administrations, égarées par vos décisions, ont cru devoir envoyer à Paris des citoyens des départements pour défendre la Convention nationale, en leur donnant une espèce de caractère de représentation fédérative armée. Tel a été le résultat des déclarations insensées de quelques-uns de nos collègues sur le défaut de liberté qui préside à nos délibérations. »

Malgré cette défense tant soit peu agressive, malgré les excuses présentées par le pétitionnaire qui s'est donné pour l'organe des quatre-vingt-quatre départements, un décret prononce son arrestation et refuse les honneurs de la séance à ceux qui l'ont accompagné.

VI.

Cet incident n'eut pas de suites immédiates. Durant plusieurs jours, la Convention put délibérer avec quelque calme sur la nouvelle organisation du pouvoir exécutif et entendre le rapport de Condorcet sur la Constitution. Mais le feu couvait sous la cendre. La crainte d'une disette prochaine se propageait de jour en jour dans la population parisienne ; dès la pointe du jour les portes des boulangers étaient assiégées par une multitude affamée qui, se croyant à la veille de manquer de pain, cherchait à en faire provision et contribuait ainsi à augmenter l'intensité même de la crise qu'elle redoutait. On annonçait de tous côtés que les réserves des boulangers ne suffiraient bientôt plus aux demandes toujours croissantes. Pouvait-il, du reste, en être autrement avec la méthode adoptée par la Commune pour l'approvisionnement de Paris? Afin de procurer, prétendait-elle, aux habitants les moins aisés le pain à un taux modéré, elle faisait acheter par l'intermédiaire de son Comité des subsistances toutes les farines qui se présentaient sur le carreau de la halle et les revendait aux boulangers à un prix moindre. La différence était de 8 livres par sac et constituait une perte de 12,000 livres par jour. Il était à craindre que cette perte, déjà énorme, ne s'accrût encore. En effet, quand il fut de notoriété publique que le pain se vendait dans la capitale meilleur marché que dans les communes environnantes, les habitants de la banlieue vinrent s'y approvisionner. Ce commerce s'étendit de proche en proche; bientôt quiconque à vingt lieues à la ronde pouvait disposer de la moindre charrette, accourait chercher du pain à Paris.

Certains individus accaparèrent non-seulement les voitures, mais aussi les coches d'eau. De la revente du pain on passa à la revente des farines livrées par la ville. Plusieurs boulangers exagérèrent les besoins de leur cuisson; grâce à leur connivence, une quantité considérable de farine sortait de Paris par toutes les voies que la fraude pouvait inventer. La Commune avait bien enjoint à Santerre de mettre ordre à ce trafic, en plaçant de fortes gardes aux barrières; car le mur d'enceinte, élevé par les fermiers généraux pour assurer la perception de droits actuellement abolis subsistait toujours; mais il ne servait plus qu'à enfermer les habitants de la capitale dans une vaste prison dont toutes les issues étaient gardées par les sections armées. Les hommes du poste s'occupaient bien plus à vérifier les passeports de ceux qui entraient et sortaient, à saisir toute personne tant soit peu suspecte, qu'à empêcher les exportations clandestines.

Le régime exceptionnel qui régissait l'approvisionnement de Paris créait une autre difficulté, celle de savoir qui, de l'État ou de la ville, supporterait en définitive la dépense résultant de la perte journalière faite sur les farines livrées aux boulangers. Sous le pouvoir absolu, le trésor royal, dans des circonstances analogues, avait, il est vrai, plus d'une fois comblé le déficit ; mais cette pratique de l'ancien temps devait-elle être imitée par le gouvernement républicain ? Paris pouvait-il jouir d'un privilége aussi exorbitant ? Paris, qui avait fait la Révolution, pouvait-il se refuser à subir les conséquences du principe de l'égalité, dussent ses intérêts en être quelque peu froissés, et ses habitudes modifiées ? La Commune évitait de laisser poser la question avec autant de netteté. Elle consentait bien à prendre la dépense à sa charge, mais elle déclarait qu'elle était dans le moment hors d'état d'y faire face. Elle votait des sous additionnels sur les contributions foncières et mobilières des exercices futurs, mais elle demandait que le trésor public lui fît, en attendant, les avances nécessaires au payement immédiat des indemnités dues aux boulangers ; elle se réservait *in petto* de ne jamais rembourser ces avances et de s'en faire donner quittance à la première émeute.

Cette tactique est signalée par Lanjuinais quand le Comité des finances propose d'autoriser la ville de Paris à s'imposer extraordinairement à l'occasion de la cherté des subsistances. L'orateur ne s'oppose pas à l'adoption du décret en lui-même, mais il réclame contre la faculté donnée à la ville, par l'article 6, de puiser jusqu'à concurrence de 1 million dans les caisses des percepteurs des deniers publics en attendant que les rôles supplémentaires aient pu être mis en recouvrement.

« Dès l'ouverture de votre session, je vous ai, dit-il, signalé l'abus qui donne lieu au projet de décret présenté par votre Comité Depuis lors, des semaines, des mois se sont écoulés, et les choses sont restées dans le même état. On vous propose aujourd'hui de faire de nouvelles avances à la ville de Paris, on veut donc faire considérer comme une mesure permanente une méthode qui ne peut s'accorder avec un gouvernement libre, avec les principes de l'égalité, avec ceux de l'unité de la République, avec la sûreté de Paris et même de la Convention. Cette méthode, je le sais, existe depuis longtemps, parce qu'il paraissait nécessaire au maintien du despotisme de fournir aux Parisiens le pain à plus bas prix qu'aux autres Français et de faire supporter au trésor public les frais de ce privilége. On vous dit que les sommes que l'on vous demande d'avancer seront un jour remboursées par la ville de Paris; mais on sait ce que c'est qu'une avance faite à une ville qui ne rend point de comptes et qui n'a pas remboursé celles qui lui ont été faites déjà par le trésor public. Paris, dans le moment où je vous parle, n'a payé que le quart de ses contributions de 1791; il n'a rien payé sur celles de 1792. Pendant ce temps on lui a donné 6 millions pour couvrir la faillite et les faux de ceux qui ont émis tant de billets de confiance [1]. On demande 5 millions pour pourvoir à ses approvisionnements par la voie du commerce. Mais ne savez-vous donc pas que, dans une ville où le blé se vend au-dessous de son vrai prix, il ne peut y avoir d'approvisionnement libre et naturel? Les vendeurs de blé fuient les marchés d'une telle ville; les acheteurs des campagnes et des villes voisines y viennent chercher à bas prix celui que la

---

[1]. Voir t. IV, p. 242 et suivantes.

Commune n'a pu se procurer que par une sorte d'accaparement et qu'elle ne voulait vendre à grande perte qu'aux seuls Parisiens. Ainsi la France devient tributaire non-seulement de Paris, mais de ses environs ; ainsi la Commune a toujours dans ses mains le levier de l'insurrection. Tant que durera un pareil état de choses, le Corps législatif et la liberté nationale n'auront qu'une existence précaire et toujours menacée..... Pourquoi les départements supporteraient-ils cette perte tandis qu'ils payent le pain le double de ce qu'il coûte à Paris et que les ouvriers y reçoivent un salaire moindre de moitié et des trois quarts de ce qu'il est dans cette grande ville?.... On a voulu, ces jours derniers, relever le prix du pain. La livre qui vaut 7 sols ailleurs, a été portée de 3 sols à 3 sols 3 deniers. Aussitôt les sections ont fait entendre leurs plaintes. Que dis-je les sections? C'est le centième des votants de chaque section, car les quatre-vingt-dix-neuf autres centièmes n'osent se montrer et laissent la place à cette aristocratie nouvelle qui s'élève sur les ruines de l'ancienne, à cette aristocratie qui n'est ni celle de la science ni celle de la vertu.... »

A cette sanglante ironie, la Montagne répond par ses vociférations ordinaires; sans s'en émouvoir, l'énergique Breton propose un décret ainsi conçu :

« Il est défendu à la Commune de Paris de faire
« vendre ses blés d'approvisionnement au-dessous du
« prix courant des marchés voisins. »

Quelques voix isolées appuient la motion de Lanjuinais, et demandent qu'on étende aux départements le principe des secours proposés pour la seule ville de

Paris. Mais le grand financier de la Montagne, Cambon, tranche la question, en assurant que les sommes à fournir sur les fonds du trésor public seront promptement remboursées au moyen d'un impôt largement progressif assis sur les seuls citoyens aisés de la capitale; que dès lors on doit considérer, non comme un secours, tout au plus comme une avance, le million dont parle l'article 6 du décret. Le projet est donc adopté sans plus de débats.

Quelques jours après, les membres de la députation de Paris prennent occasion et de ce vote et de la malencontreuse pétition dont nous avons parlé plus haut, pour adresser aux habitants de la capitale une longue lettre où ils leur prêchent en même temps le calme et la défiance : « le calme pour tromper les espérances de ceux qui veulent, à l'aide de nouveaux troubles, pousser le peuple au désespoir et lui faire accepter des fers et du pain; la défiance, pour déjouer les complots des aristocrates sous quelques formes qu'ils se déguisent. C'est le seul moyen de consolider la liberté et de faire renaître l'abondance[1]. »

Malheureusement le calme ne dura pas même quelques jours; la défiance, au contraire, s'enracina dans les cœurs. Quant à la liberté et à l'abondance, les violences de la place publique devaient les faire fuir pour longtemps loin de notre malheureuse patrie.

---

[1]. La lettre dont il est ici fait mention ne se trouve ni dans le *Moniteur*, ni dans presque aucun journal du temps. Robespierre, qui probablement l'inspira, et peut-être la rédigea, la donne *in extenso* dans son journal *l'Ami de la Constitution*. Buchez et Roux l'ont reproduite, dans leur Histoire parlementaire, t. XXX, p. 286.

VII.

Le million que nous venons de voir allouer à la Commune était dévoré avant qu'il eût été voté. Quelques jours après, la caisse municipale se trouvait dans les mêmes embarras; les craintes d'une disette imminente se renouvelaient; l'agitation, un instant calmée dans les faubourgs, reprenait à vue d'œil tous ses caractères alarmants.

Le dimanche 24 février, des groupes de femmes et d'enfants se forment à la porte des boulangers. On parle d'aller à la Commune et à la Convention. On passe bien vite du projet à l'exécution; on se rend auprès de Pache pour lui demander l'autorisation de se présenter à l'Assemblée, d'y solliciter la diminution du prix des comestibles et d'y dénoncer les accapareurs. Le nouveau maire se souciait peu d'inaugurer ses fonctions municipales en paraissant, à la tête d'une bande de femmes, devant ceux qui l'avaient si brutalement destitué trois semaines auparavant. Feignant donc de ne pas comprendre que les citoyennes viennent prier les magistrats du peuple de leur servir de guides et d'orateurs, il leur répond qu'elles n'ont nullement besoin d'autorisation pour faire part à la Convention de leurs plaintes et de leurs vœux; il ajoute, pour colorer son refus, quelques phrases banales sur la sollicitude de la Commune à l'égard des intérêts et des souffrances de la population parisienne. Les pétitionnaires se dirigent donc seules vers la salle du Manége.

La nouvelle de l'agitation populaire les avait précédées. Dès le commencement de la séance, Lesage (d'Eure-et-Loir) avait proposé que le maire et le procureur de la Commune fussent mandés à la barre pour rendre compte de l'état des subsistances de Paris. En réponse à cette motion, Thuriot déclare « que Paris est suffisamment approvisionné de farines. Mais il est des questions, ajoute-t-il, qui ne doivent pas être traitées à la tribune. La Convention imitera l'exemple qui lui a été donné, dans des circonstances analogues, par l'Assemblée constituante; elle renverra à ses comités le soin de pourvoir aux embarras momentanés de l'administration parisienne. Ce sont les amis du ci-devant roi qui cherchent à exciter des mouvements dans le peuple de Paris et à y répandre l'alarme. Ces alarmes, nous les calmerons; ce peuple, nous le sauverons. — Oui! oui! crie-t-on de toutes parts. — Eh! bien, reprend Thuriot, se tournant vers la droite, puisque, vous aussi, voulez le sauver, adoptez la mesure efficace qu'on vous a présentée. Avancez à Paris de nouvelles sommes pour acheter des grains. Si vous ne le faites, je dirai que vos alarmes n'ont pour but que de seconder les contre-révolutionnaires. »

Cette perfide insinuation excite les murmures de la majorité, qui consent néanmoins à charger ses Comités d'agriculture, de sûreté générale et de finances de s'entendre avec le ministre de l'intérieur et les autorités municipales pour faire un rapport exact et circonstancié sur l'état de l'approvisionnement de Paris. A peine ce décret est-il rendu, que l'on annonce l'arrivée des pétitionnaires en jupons, qui s'étaient présentées à l'Hôtel de Ville une heure auparavant.

L'Assemblée ordonne qu'elles soient introduites. Elles se divisent en deux députations. La première apporte une adresse ainsi conçue :

« Législateurs, les citoyennes blanchisseuses de Paris viennent déposer leurs alarmes dans le sanctuaire sacré des lois et de la justice. Non-seulement toutes les denrées nécessaires à la vie sont d'un prix excessif; mais encore les matières premières, qui servent au blanchissage, sont montées à un tel degré, que bientôt la classe du peuple la moins fortunée sera hors d'état de se procurer du linge blanc dont elle ne peut absolument se passer. Ce n'est pas la denrée qui manque, elle est abondante; c'est l'accaparement et l'agiotage qui la font renchérir. Vous avez fait tomber sous le glaive des lois la tête du tyran ; que le glaive des lois s'appesantisse sur la tête des sangsues publiques. Nous demandons la peine de mort contre les accapareurs et les agioteurs. »

La deuxième députation déclare être envoyée par les citoyennes de Paris réunies en société fraternelle dans le local des Jacobins. Elle propose, comme moyen de faire baisser le prix des subsistances, le rapport de la loi de l'Assemblée législative qui déclare que l'argent doit être considéré comme marchandise, et que le trafic en est libre.

A ces deux pétitions, le président Dubois-Crancé

répond : « La Convention s'occupera de l'objet de vos sollicitudes. Mais soyez persuadées qu'un des moyens de faire hausser le prix des denrées est d'effrayer le commerce, en criant sans cesse à l'accaparement. La Convention s'occupe en ce moment, dans ses Comités, de l'objet de vos demandes; elle vous invite aux honneurs de la séance. »

Les citoyennes pétitionnaires, peu empressées d'accepter ces honneurs, sortent tumultueusement et se répandent dans les couloirs et dans les vestibules en criant : « C'est une dérision; on nous renvoie à deux jours; quand nos enfants nous demandent du lait, nous ne les ajournons pas au surlendemain[1]. » Naturellement leurs récits ne contribuent pas peu à animer les fauteurs d'émeutes. Fidèles à leur tactique habituelle, ceux-ci avaient, le premier jour, mis en avant les femmes, se réservant de se montrer en temps opportun. Le lendemain paraît un article furibond de Marat : « Quand les lâches mandataires du peuple, disait le misérable folliculaire, encouragent au crime par l'impunité, on ne doit pas trouver étrange que le peuple, poussé au désespoir, se fasse lui-même justice. Laissons là les mesures répressives des lois. Il n'est que trop évident qu'elles ont toujours été et seront toujours sans effet; dans tout pays où les droits du peuple ne sont pas de vains titres constatés fastueusement dans une simple déclaration, le pillage de quelques magasins, à la porte desquels on pendrait les accapareurs, mettrait fin aux malversations. »

---

[1]. *Révolutions de Paris*, n° 190.

Cet appel au meurtre et au pillage est commenté dans plusieurs sections, notamment dans celles de l'Oratoire et des Gravilliers. On y voit des officiers municipaux en écharpe, qui semblent légaliser par leur présence tous les désordres qui vont éclater; à leur tête, se distingue Jacques Roux, le prêtre apostat qui avait conduit Louis XVI au supplice et s'était décerné à lui-même le surnom de Marat de la Commune. Il n'en fallait pas tant pour mettre le feu aux poudres; bientôt dans chaque rue, dans chaque carrefour, se forment des groupes d'hommes à figure sinistre. Des cris de : *Mort aux accapareurs!* se font entendre. La force armée ne paraît nulle part; elle semble vouloir laisser le champ libre à l'émeute; le commandant général, Santerre, suivant sa louable coutume, s'est esquivé dès la pointe du jour et est parti pour Versailles, sous prétexte d'organiser de nouveaux bataillons de gendarmerie. On commence par enlever le pain qui se trouve chez les boulangers, mais ce médiocre butin ne peut satisfaire les principaux agitateurs. Ils font circuler, parmi leurs affidés, le mot d'ordre convenu : *Mettons à la raison les épiciers!* De tous les côtés on se porte dans le quartier des Lombards, où, à cette époque plus encore qu'aujourd'hui, était concentré le commerce du savon, du sucre et des autres denrées dont le renchérissement faisait l'objet des plaintes continuelles de la population parisienne. Les marchands qui veulent s'opposer à la violation de leur domicile et de leurs propriétés sont l'objet des sévices les plus graves. Plusieurs sont menacés de la lanterne s'ils osent résister au peuple souverain. Les magasins sont envahis;

on commence par distribuer les marchandises au prix auquel les meneurs, hommes et femmes, les taxent eux-mêmes. On agit d'abord avec un certain ordre, mais les derniers arrivants écartent violemment ceux qui se trouvent déjà pourvus. Chacun prend de force et sans payer ce qui est à sa convenance. Les tonneaux de cire, de miel, de vin et d'eau-de-vie sont défoncés, tout est répandu dans le ruisseau, foulé aux pieds. Des cris de joie insensés, des hurlements féroces accompagnent ces scènes dignes de peuplades barbares.

Longtemps après que l'émeute s'est rendue complétement maîtresse du terrain, la municipalité parisienne paraît enfin se réveiller de sa léthargie. Le maire, le procureur de la Commune et plusieurs administrateurs de police se transportent sur le théâtre principal du désordre. Mais leurs efforts ne sont ni bien énergiques, ni bien puissants; ils renoncent vite à faire entendre raison à ceux avec lesquels ils sont peut-être secrètement de connivence. Ils se rendent au Comité de sûreté générale pour le consulter sur ce qu'ils ont à faire dans la conjoncture présente. Basire, au nom de ce Comité, instruit la Convention de ce qui se passe dans Paris, et propose d'autoriser, par un décret, la municipalité à prendre toutes les mesures nécessaires pour rétablir l'ordre et au besoin faire battre la générale.

Le ministre de l'intérieur, Garat, déclare que la meilleure manière de prévenir le renouvellement des troubles, c'est de faire en sorte que l'approvisionnement de la capitale soit assuré jusqu'à la récolte prochaine : « Quel que soit le sacrifice que la Commune demande, il est d'un si grand intérêt pour la République que les subsistances soient toujours abondantes à Paris, que, suivant moi, la Convention ne doit pas hésiter un instant à faire de nouvelles avances. D'ailleurs, ces avances ne sont pas un don, car, dans les sous additionnels, la Commune offre une hypothèque très-étendue. — Eh bien! s'écrie Thuriot, toujours prêt à soutenir les intérêts et à excuser les fautes de la municipalité parisienne, que le ministre indique la somme nécessaire aux besoins de la capitale, et je convertis d'avance en motion la demande qu'il fera. »

Le ministre estime que, pour assurer les subsistances de Paris, il est nécessaire de faire à la ville une nouvelle avance de trois millions sur les sous additionnels de 1792 et de quatre millions sur ceux de 1793. Un décret était préparé d'avance. Il est mis aux voix par le président Dubois-Crancé, qui le déclare adopté, malgré les très-vives réclamations qui s'élèvent des bancs de la droite.

« Vous dilapidez les finances de l'État, s'écrie Salles, je demande l'envoi du décret aux quatre-vingt-quatre départements. Tous les citoyens ont le droit de connaître ce que nous faisons des contributions publiques.

— Non, non! répond la gauche, ce serait propager les divisions. »

Afin qu'au moins la Convention prouve qu'elle n'entend pas favoriser une seule localité, Barbaroux réclame une avance de 2,200,000 francs pour Marseille; elle serait hypothéquée sur les domaines communaux de cette ville et sur une créance de 14 millions qu'elle a contre l'État. Cette nouvelle proposition est adoptée, mais aussitôt nombre d'autres députés demandent que l'Assemblée vienne au secours de leurs départements. Ils sont interrompus par des rumeurs toujours croissantes. « Le renvoi de toutes les propositions aux comités, crient les uns. — L'ordre du jour, » répondent les autres [1].

« Comment, l'ordre du jour? dit Louvet. Est-ce que le peuple des départements n'est pas le peuple? Y a-t-il donc ici des hommes qui croient que, dès que la Commune de Paris a des moyens de subsistance, aucun département ne doit plus avoir faim dans la République? »

Chambon veut ajouter quelques mots, mais sa voix se perd au milieu du tumulte. Ne voulant pas répondre par un trop criant déni de justice aux propositions de ceux qui veulent que l'on s'occupe de la situation misérable de la province, l'Assemblée charge ses comités de lui faire prochainement un rapport général sur les secours à fournir durant la crise des subsistances. C'était, il faut le reconnaître, la manière la plus habile de terminer le débat.

Un moment après, Basire donne lecture de la rédaction définitive du décret qui autorise la Commune à faire battre la générale pour rétablir la tranquillité publique. Il est accueilli par les exclamations ironiques de la droite. « C'est inutile maintenant, s'écrie Lanjuinais, la comédie est jouée; on a nos millions, les troubles vont s'apaiser d'eux-mêmes. »

---

1. Voir le *Journal des Débats et décrets*, n° 161, p. 323. La fin de cette séance est tout à fait tronquée dans le *Moniteur*.

Pache et les officiers municipaux, qui l'ont accompagné au Comité de sûreté générale, ne quittent la salle que munis de l'expédition authentique des deux décrets que leurs amis, Basire et Thuriot, ont fait adopter par l'Assemblée. Ils reviennent en toute hâte à l'Hôtel de Ville où le Conseil général siége en permanence. En même temps qu'eux y arrivent des délégués de diverses sections qui annoncent que la force armée ne se réunit qu'avec une peine extrême et que l'on continue à piller dans les boutiques des épiciers. « Tant mieux ! » crient les tribunes après chacun des rapports. Le maire, qui a repris possession du fauteuil, se contente d'imposer silence aux audacieux interrupteurs et de faire adopter par le Conseil une adresse qui prêche aux citoyens de Paris le calme et la concorde.

A ce moment paraît Jacques Roux, qui depuis le matin fomentait l'émeute dans la section des Gravilliers et présidait aux taxations arbitraires, c'est-à-dire au pillage des magasins du quartier.

Un des membres de la minorité courageuse que le Conseil général de la commune comptait encore dans son sein, Cuvillier-Fleury, lui reproche son odieuse conduite et demande que cet officier municipal fasse connaître pourquoi il n'était pas à son poste dans un moment aussi critique. Jacques Roux ne craint pas d'avouer ses faits et gestes de la journée; il s'enorgueillit même d'avoir ainsi mis en pratique les maximes de l'*ami du peuple*, son ami et son modèle [1].

---

1. Voir le *Moniteur*, n° 59.

La proposition de Cuvillier-Fleury, si on y donnait suite, était de nature à amener l'examen de la conduite tenue par municipalité elle-même. Déjà le conseil s'était vu vivement reprocher par plusieurs sections sa négligence et son apathie. Il ne veut à aucun prix laisser poser une question aussi irritante; il se hâte de passer à l'ordre du jour et de se séparer; car Santerre, enfin revenu de Versailles, lui annonce que le calme est à peu près rétabli et qu'on n'a rien à craindre pour la nuit.

VIII.

Le lendemain matin, comme après toutes les émeutes, la force armée se trouve au grand complet. De nombreuses patrouilles circulent dans tous les quartiers; Santerre et son état-major semblent vouloir, par leur zèle tardif, faire excuser leur inaction de la veille.

A peine la séance de la Convention est-elle ouverte, que des délégués de diverses sections demandent à être admis à la barre. Ils dénoncent « l'insouciance coupable de la municipalité parisienne, qui a attendu que le trouble fût porté à son comble pour s'opposer au torrent. » Ils protestent contre les violences « dont Paris a été, la veille, le théâtre et qui, si elles n'étaient désavouées, pourraient, aux yeux des départements, faire passer les habitants de la capitale pour des partisans du vol et du brigandage, pour des fauteurs de l'anarchie et du désordre. »

Barère, qui ce jour-là sentait la nécessité de faire sa

cour au parti modéré, s'élance à la tribune. En vain la gauche s'écrie : « Non ! point de discussion, le renvoi de la pétition au Comité de sûreté générale ! » Barère insiste pour avoir la parole; elle lui est maintenue par décret.

« Je le déclare, dit-il, tant que je serai représentant du peuple, je ferai imperturbablement la guerre à tous ceux qui violent les propriétés, à tous ceux qui mettent le pillage et le vol à la place de la morale publique et qui couvrent un crime d'un voile ou plutôt d'un masque de patriotisme..... Citoyens, vous voulez fonder une république; faites respecter les propriétés, ou retournons dans les bois..... Nous faisons une révolution d'hommes libres et non de brigands. Plus nous sommes en révolution, plus nous devons jeter au milieu de cette tourmente politique les deux ancres qui retiennent le vaisseau de l'État, l'ancre de la propriété et l'ancre de la morale publique..... On a commencé hier par violer froidement des propriétés auxquelles le luxe et peut-être aussi l'avidité commerçante ont mis un haut prix. Hier on a pris des denrées coloniales, demain on prendra des propriétés plus nécessaires. Bientôt des biens plus précieux seront ravis, car toutes les propriétés se tiennent, c'est une chaîne dont le législateur ne doit pas laisser briser un anneau par la violence, l'usurpation ou le crime..... Si vous laissez compromettre les propriétés et la sûreté des personnes, votre rôle est fini, votre dissolution inévitable; les lois civiles sont inutiles, les lois criminelles un jeu ridicule, et la liberté politique n'est plus qu'un roman. »

Après ce préambule qui lui attire les applaudissements de la droite, Barère rappelle que les troubles ont commencé à dix heures du matin et que la force publique ne s'est mise en mouvement qu'à cinq heures du soir; il reproche vivement aux autorités de Paris leur imprévoyance et leur inertie, au commandant général, son absence; conduite d'autant plus impardonnable que depuis plusieurs jours les troubles étaient prédits et comme organisés dans les journaux. « Lisez *le Républicain Français* du 23 février, s'écrie-t-il, et dites-moi s'il est possible de lire sans indignation le récit de la séance du Conseil général de la commune. Reportez-vous aux propos tenus dans cette séance, dites-moi si ce sont là des hommes qui respectent la Représentation nationale, qui veulent sincèrement l'ordre public[1]. Oui, ces troubles

---

[1]. Voici le passage du *Républicain français* auquel Barère fait ici allusion.

« Les ouvrières blanchisseuses étant venues se plaindre de l'excessive cherté du savon, Chaumette a dit : « Nous avons détruit les nobles et les Capets; il nous reste encore une aristocratie à renverser, c'est celle des riches et des boutiquiers qui accaparent les subsistances du peuple pour le forcer à se mettre à leurs genoux; il faut les poursuivre et je me déclare ouvertement contre eux quoique je sache bien que, s'ils ont le dessus, je serai guillotiné. Je demande que nous nous transportions à la Convention pour obtenir la peine de mort contre les accapareurs. »

« Hébert a parlé dans le même sens que Chaumette et s'est pris du renchérissement des denrées aux partisans du traître Capet, qui accaparent pour faire regretter l'ancien régime, et aussi à Roland qui, quoique déplacé, est encore derrière la toile.

« Jacques Roux a appuyé l'avis de ses collègues, mais il a ajouté : « Si nous avons des représentants infidèles, la guillotine est là pour les punir, et s'ils ne veulent pas, s'ils ne peuvent pas sauver le

étaient annoncés et, si je voulais salir ma bouche des paroles d'un journaliste atroce ou insensé, trop connu pour que je veuille le nommer... » Barère, étonné de son audace, s'arrête et ne prononce pas le nom de Marat; il se rejette dans la réfutation banale des théories de la loi agraire et demande en terminant que le Comité de sûreté générale soit tenu de rendre compte, dès le lendemain, des mesures prises pour faire cesser les troubles de Paris et pour en découvrir les instigateurs.

Salles tient à lire l'article auquel le précédent orateur s'est contenté de faire allusion. Cette lecture est accueillie par des cris d'indignation presque unanimes. On demande de toutes parts le décret d'accusation contre Marat. Celui-ci s'élance à la tribune. « Il est tout simple, dit-il de sa voix la plus stridente, qu'une faction criminelle, qu'une horde ennemie de la liberté... » A ce début, des murmures éclatent dans l'immense majorité de l'Assemblée; l'*ami du peuple* répète sa phrase en désignant d'un geste provocateur ses adversaires de la droite. « Oui, ajoute-t-il, la vérité leur fait peur, mais on l'entendra malgré leurs cris; oui, il est tout simple que cette horde qui a conspiré pour sauver le tyran, qui voulait appeler la guerre civile dans la République, ne voyant plus le salut pour elle que dans une contre-révolution, veuille aujourd'hui me décréter d'accusation pour avoir usé de la liberté des opinions et proposé le seul moyen qui puisse sauver le peuple dans le silence des lois...

peuple, disons au peuple de se sauver lui-même, de se venger de ses ennemis. (Applaudissements des tribunes.) »

« En faut-il davantage? Aux voix le décret d'accusation! » s'écrient plusieurs députés.

« Les mouvements populaires qui ont eu lieu hier, reprend Marat, sont l'ouvrage de cette faction criminelle et de ses agents. Ce sont les émissaires de Roland qui sont venus dans les sections fomenter les troubles, et parce que, dans l'indignation de mon cœur, j'ai dit qu'il fallait piller les magasins des accapareurs et pendre ceux-ci à leurs portes, seul moyen de sauver le peuple, on demande contre moi le décret d'accusation! »

A cette nouvelle apologie du pillage et de l'assassinat, l'Assemblée répond par un mouvement d'horreur.

« Aux voix le décret, » crie-t-on de toutes parts.

Marat descend de la tribune en riant et en haussant les épaules. Au moment où il traverse la salle, il lance un regard de dédain sur ses collègues de la droite : « Les cochons, les imbéciles, » dit-il assez haut pour être entendu de toute l'Assemblée [1]. « Il est temps, s'écrie Lehardy (du Morbihan), de savoir si la Convention, prenant l'attitude qui lui convient, prononcera entre le crime et la vertu ; il est temps de savoir si la moitié de la Convention est composée de scélérats, ou si Marat peut attaquer impunément chaque jour la souveraineté du peuple dont il se dit l'ami. »

« Je demande, ajoute Lesage (d'Eure-et-Loir) que la discussion soit fermée sur les accusations à diriger contre Marat et que l'on n'entende plus que ses dé-

---

[1]. Ces aménités fort peu parlementaires de l'*ami du peuple* sont constatées par le *Moniteur* lui-même, n° 59.

fenseurs. — Qui osera défendre Marat? » crient plusieurs députés. A cet appel, deux montagnards, Lejeune et Thirion, se lèvent : « Sans être ami de Marat, disent-ils, on peut défendre la liberté de la presse. »

« Je ne veux pas de défenseur, s'écrie l'*ami du peuple*; la dénonciation que vous venez d'entendre est une manœuvre de la cabale qui poursuit la députation de Paris ; ils veulent m'écarter de l'Assemblée parce que je les importune en dévoilant leurs complots. Vous ne pouvez rendre un décret d'accusation contre moi, puisque vous avez décrété la liberté des opinions; je demande, au contraire, un décret qui envoie les hommes d'État aux petites-maisons. »

Buzot réclame ironiquement la parole en faveur de l'accusé : « Je ne rappellerai pas à l'Assemblée, dit-il, qu'elle a rejeté une loi contre les provocateurs au meurtre. Plusieurs événements depuis ont prouvé combien cette loi était nécessaire ; mais de grands inconvénients s'attachent aux décrets d'accusation portés avec précipitation : ils sont souvent illusoires. Que ne s'ensuivrait-il pas contre la Convention, si elle décrétait d'accusation monsieur Marat, et que monsieur Marat fût acquitté par le jury de Paris? » — L'épithète de *monsieur* accolée au nom de l'*ami du peuple* paraît aux partisans de celui-ci la plus grave injure qui puisse être lancée contre lui. « C'est vous qui êtes un *monsieur*, » crie-t-on à Buzot de l'extrême gauche.

L'orateur rappelle que ce qu'imprime Marat « se dit tous les jours dans les tripots où celui-ci va puiser les maximes qu'il débite ensuite à deux sous la feuille; » il adjure ses collègues de ne pas donner à cet homme une importance trop grande. « Peut-être, dit-il en terminant, n'est-il que l'instrument de certaines gens; par lui on fomente l'anarchie, et l'anarchie mène à la royauté. »

L'insultante générosité de Buzot trouve plus d'un imitateur sur les bancs de la Gironde. « Je demande, s'écrie Fonfrède, que la Convention adopte un ordre du jour ainsi motivé : « L'Assemblée déclare à la France que « hier Marat a prêché le pillage et qu'hier au soir on a « pillé à Paris. » — « Je propose, dit Pénières, que l'on décrète que Marat est fou et que, par mesure de sûreté générale, il sera enfermé à Charenton, d'où il ne pourra sortir que lorsque la Révolution sera finie. — Oui, il faut, ajoute Bancal, que, suivant en cela l'usage établi par la Constitution américaine, la Convention, délibérant aux deux tiers des voix, décide : 1° que Marat sera expulsé provisoirement de son sein; 2° que son état mental sera examiné par des médecins. — C'est Bancal lui-même qui est fou, réplique Collot-d'Herbois, pour nous proposer de délibérer en vertu de la Constitution américaine. — Ces messieurs, ajoute Basire, nous parlent sans doute de la Constitution américaine pour nous amener au gouvernement fédératif, objet de leur ambition. »

Des deux côtés on demande l'appel nominal. La Montagne et la Gironde tiennent également à connaître les partisans et les adversaires de l'*ami du peuple*. Mais sur quoi portera cet appel? sur l'ordre du jour proposé par Fonfrède, sur la question préalable ou sur le décret d'accusation ? Chacun de ces modes de trancher la question est vivement appuyé par un certain nombre de députés. Cependant l'immense majorité paraît vouloir donner la priorité à la dernière de ces trois solutions. « Eh! bien, dit Thirion, je demande qu'il soit constaté que je me suis présenté pour défendre un accusé, et que je n'ai pu obtenir la parole. — Je ne puis être jugé par mes ennemis, s'écrie Marat. Ce sont les hommes de l'appel au peuple qui veulent assassiner *l'ami du peuple;* d'ailleurs l'Assemblée ne peut refuser de m'entendre.

— Il est accusé, il a droit de parler, » répètent en chœur les Montagnards.

Un décret formel accorde la parole à Marat, et pour remercier l'Assemblée de l'impartialité dont elle fait preuve envers lui, il commence ainsi sa défense : « Je croyais qu'il y avait un peu de pudeur dans la Convention, s'il n'y avait pas d'amour de la justice. Eh! bien, je provoque le décret d'accusation contre moi pour vous couvrir d'infamie. Les hommes sensés, auxquels on présentera ma feuille, déclareront, j'en suis certain d'avance, que vous ne savez pas lire. »

A ces nouvelles insolences, l'immense majorité répond par de nouveaux cris d'indignation. Marat les brave du geste et de la voix; mais bientôt il ne prononce plus que des mots entrecoupés, des phrases incohérentes; il est pris d'une espèce de fou rire, et retourne à sa place en répétant, comme un vrai maniaque, ces mots qu'il grommelle entre ses dents : « Les hommes d'État! les hommes d'État!... »

Le tumulte dure longtemps encore. De guerre lasse,

la Gironde elle-même renonce à l'idée de frapper Marat d'un décret d'accusation, sans instruction préalable, sans rapport d'un Comité. Englobant le provocateur dans la procédure à intenter contre les pillards eux-mêmes, elle adhère, par l'organe de Vergniaud, à la rédaction suivante, proposée par Meaulle :

« La Convention, délibérant sur la dénonciation qui lui a été faite d'un écrit de Marat relatif aux troubles, aux pillages et taxations de denrées, qui ont eu lieu hier dans la ville de Paris, renvoie la dite dénonciation aux tribunaux ordinaires, charge le ministre de la justice de faire poursuivre les auteurs et instigateurs des délits, et d'en rendre compte sous trois jours à la Convention[1]. »

IX.

Pendant que l'Assemblée nationale se livrait à ces débats orageux, le Conseil de la Commune faisait, à sa manière, une enquête sur les causes de l'émeute. Si les plus infâmes provocations avaient trouvé des défenseurs

---

[1]. Par un décret formel de la Convention, la poursuite des crimes et délits commis à l'occasion des pillages de février fut confiée au tribunal criminel de Seine-et-Oise. Mais cette poursuite fut faite très-mollement; au bout de trois mois d'instruction, le 24 mai 1793, on ne trouva à traduire devant le jury que quelques individus de très-minime importance. La plupart furent acquittés, le principal inculpé fut condamné à un an de prison et plusieurs femmes se virent infliger une simple amende. Le tribunal n'avait pas osé comprendre Marat dans l'accusation déférée au jury.

dans le sein de l'Assemblée, à plus forte raison l'inertie de Santerre devait-elle en avoir à l'Hôtel de Ville. Une délibération solennelle déclara qu'il n'y avait aucun blâme à imputer au commandant de la force armée, et que la seule mesure à prendre était de rédiger une adresse à la Convention pour lui demander d'édicter une loi qui punirait les accaparements, supprimerait la liberté du commerce des grains, interdirait la vente des espèces monnayées, diminuerait le nombre des assignats en circulation et prononcerait des peines sévères, même la mort en certains cas, contre tout contrevenant à ces dispositions nouvelles.

Ainsi chacun proposait un remède à la lèpre affreuse de la misère qui rongeait la France, et les empiriques donnaient libre carrière à leur imagination. Chaumette, au sein du Conseil général, oubliant ce qui s'était passé quelques mois auparavant à l'occasion du camp sous Paris[1], déclarait que la population indigente de la capitale ne serait tranquille que lorsque l'État lui aurait assuré du travail en entreprenant de nombreux travaux publics. A la Convention, Carra proposait le rétablissement de ces chambres ardentes créées à plusieurs reprises sous l'ancien régime, pour faire rendre gorge aux traitants; Chabot voulait qu'on fermât la Bourse de Paris et présentait un vaste plan de finances d'après lequel tous les assignats émis depuis le commencement de la Révolution devaient être remboursés en moins de deux années.

1. Voir t. IV, p. 225.

La masse énorme du papier-monnaie était, en effet, le principal embarras de la situation et l'objet incessant des préoccupations du Comité des finances. Son rapporteur habituel, Cambon, faisant trêve aux idées exagérées qu'il professait en politique, vint, peu de jours après l'émeute du 25 février, exposer à l'Assemblée le tort immense que les agitations populaires causaient au trésor public. « Si les assignats éprouvent une dépréciation considérable, dit-il, si le commerce est aux abois, si les contributions ne rentrent pas, tout cela est dû aux prédications insensées des faux patriotes qui entretiennent le peuple dans un état perpétuel de trouble et de défiance. Le gage de nos assignats repose sur les propriétés que la nation met en vente, mais personne n'ose les acheter depuis le moment où certains individus se sont mis à prêcher la violation des propriétés particulières. Le papier de la nation ne circule pas et par là il se discrédite. Le prix des denrées augmente ainsi que nos embarras. Bien plus, vous avez décrété des récompenses pour les défenseurs de la patrie, vous leur avez attribué des terres ; mais, si ces terres ont perdu toute valeur, vos promesses sont illusoires. La première base de votre système de finances est la confiance. Décrétez donc que toutes les propriétés sont sous la sauvegarde de la loi.

— Déclarez aussi, ajoute Louvet, que les membres des autorités constituées de Paris sont individuellement et solidairement responsables des atteintes qui pourraient être portées, dans cette ville, à la sûreté des propriétés et des personnes.

— Tout ce que Louvet et Cambon proposent a déjà été décrété depuis longtemps, répond la Gauche.

— Eh! bien, renouvelez ces décrets, puisqu'ils ne sont pas exécutés, » réplique Bancal.

La Convention rend un ordre du jour motivé sur l'existence des lois antérieures. — Mais tous ces décrets, anciens et nouveaux, n'étaient pas mieux obéis les uns que les autres. Les journaux démagogiques persistaient à provoquer au meurtre et au pillage. Le Comité de législation, chargé de rédiger une loi contre tant d'excès, ne faisait pas son rapport. Marat continuait à trôner orgueilleusement à la crête de la Montagne.

Après avoir défendu longtemps la cause de la liberté du commerce, la Convention se laissera bientôt entraîner à voter cette fameuse loi du maximum qui doit mettre le comble aux maux de la nation.

Quoi qu'en eût dit Cambon, on ne décrète pas la confiance. On peut bien proclamer l'infaillibilité du peuple, on peut bien proclamer sa toute-puissance, mais il est impossible au législateur, à quelque source qu'il puise son droit, sur quelque force qu'il s'appuie, quels que soient les moyens qu'il mette en usage, de déterminer le taux des salaires ou le prix des marchandises. Autant vaudrait essayer de régler la marche des saisons ou le niveau d'un grand fleuve. La Convention en fit la triste expérience. Elle voulut imposer despotiquement sa volonté aux transactions commerciales, comme elle avait essayé de le faire pour les choses du domaine de la conscience. Elle appela à son aide la terreur et les échafauds, elle couvrit la France de ruines, et, au bout de sa carrière, elle légua la banqueroute à ses tristes successeurs. Lancée inconsidérément dans le vaste champ de l'utopie, elle courut, à travers les débris de la fortune publique et des fortunes particulières, se briser contre ce mur d'airain qu'on appelle : LA FORCE DES CHOSES.

LIVRE XXVII

LA COALITION EUROPÉENNE.

I.

Le coup de hache du 21 janvier eut un immense retentissement en Europe. Peuples et rois s'émurent également ; tous les ressentiments, tous les intérêts, toutes les convoitises se réunirent pour prêcher la croisade universelle contre la France[1]. Dès 1789, la plupart des souverains s'étaient instinctivement prononcés contre l'application des idées nouvelles, bien que beaucoup d'entre eux les eussent admises et préconisées tant qu'elles étaient restées à l'état de théories. Ils s'étaient plu naguère à échanger quelques lettres pleines de ménagements et de flatteries avec les Philosophes,

---

1. Pour le tableau complet de la politique des cabinets à la fin de l'année 1792 et au commencement de 1793, nous renvoyons nos lecteurs au deuxième volume de l'*Histoire diplomatique de l'Europe pendant la Révolution française*. Ce remarquable ouvrage, dû à la plume d'un ancien diplomate, le comte François de Bourgoing, nous initie admirablement aux intrigues secrètes qui s'agitaient en Europe pendant le cours de notre Révolution.

dispensateurs de la renommée, à leur offrir une hospitalité fastueuse, à faire étalage de sensibilité exquise ou de désintéressement platonique. Mais ils n'avaient pas tardé à comprendre que le droit des citoyens et des nations, proclamé par les assemblées françaises, était en contradiction flagrante avec celui qu'ils prétendaient avoir reçu de Dieu et de leurs ancêtres; ils venaient d'avoir la preuve qu'après avoir ébranlé les couronnes, la Révolution pourrait bien faire tomber les têtes qui les portaient.

Au récit des scènes hideuses du 10 août et du 2 septembre, à la lecture du procès de Louis XVI, les orateurs, les poëtes, les penseurs, avaient été presque aussi émus que les rois. Ceux d'entre eux qui avaient applaudi aux premiers actes de la Révolution s'étaient empressés de répudier toute solidarité avec les adeptes du jacobinisme.

Jusqu'alors les peuples, spectateurs muets mais attentifs du grand drame qui se déroulait sous leurs yeux, avaient hésité à faire un choix entre les principes nouveaux qui leur promettaient la liberté, et les doctrines anciennes qui, à défaut de ce bien si précieux, semblaient au moins leur assurer une vie paisible. Mais, à partir du 21 janvier, leurs doutes cessent. Saisis d'épouvante, ils se rejettent dans les bras de leurs anciens maîtres et demandent à être sauvés à tout prix du monstre révolutionnaire.

D'autre part, le gouvernement français semble, il faut le dire, prendre plaisir à s'aliéner les dernières sympathies sur lesquelles il puisse encore compter. Il alarme tous les intérêts, après avoir froissé toutes les consciences. Par ses décrets des 19 novembre et 15 décembre 1792, la Convention promet secours et protection aux nations qui s'insurgeront contre leurs souverains; elle ordonne à ses généraux, aussitôt qu'ils mettront le pied sur le sol étranger, de détruire, d'extirper les institutions contraires à la liberté et à l'égalité. Elle envoie des commissaires (et quels commissaires!) faire l'éducation des peuples dont ses armées occupent le territoire.

Le pouvoir exécutif déclare virtuellement abolis les actes internationaux qui peuvent contenir des clauses attentatoires au droit naturel, il affiche la prétention de réviser de sa propre autorité les traités qui, depuis plusieurs siècles, forment le droit public de l'Europe. Pour le triomphe de principes très-constestables, on jette un défi à la face de la Hollande et de l'Angleterre, on proclame la liberté de la navigation de l'Escaut et de la Meuse, contrairement aux stipulations les plus formelles du traité de Westphalie[1]. Ce n'est pas assez d'avoir sur les bras la Prusse et l'Autriche, on provoque intempestivement la Diète germanique en envahissant le pays de Porentruy, en s'emparant de plusieurs villes impériales, notamment de Spire, de Mayence et de Francfort.

Mais la France n'est pas seule animée de la soif des conquêtes. Les trois puissances qui, en 1772,

---

1. Voir les considérants de l'arrêté du pouvoir exécutif relatif à l'Escaut (*Moniteur* du 16 novembre 1792, n° 328).

se sont associées pour le crime du premier partage de la Pologne, songent à profiter des troubles européens pour procéder à un nouveau dépècement de ce malheureux pays. Seulement, plus avisée que ses deux complices, l'astucieuse Catherine, si elle proclame bien haut sa haine contre la Révolution française, n'appuie ni d'un soldat, ni d'un écu les tentatives de la Prusse et de l'Autriche pour exécuter les menaces de Pilnitz: elle réserve ses ressources en hommes et en argent afin de se jeter, au moment opportun, sur la patrie des Jagellons et des Sobiesky, et de s'y tailler la part du lion, sauf à abandonner quelques débris de cette proie à ses deux anciens copartageants.

Le nombre des États observant la neutralité vis-à-vis de la France se restreint de jour en jour. Seuls, ils auraient pu élever la voix en faveur de l'infortuné Louis XVI, puisque seuls ils avaient conservé des relations diplomatiques avec le gouvernement français. Mais, avant la catastrophe du 21 janvier, ni l'Angleterre, ni les puissances scandinaves, ni les souverains de l'Italie, ni même l'Amérique, n'avaient tenté de démarches officielles. L'Espagne avait présenté quelques timides observations, et nous avons vu comment elles avaient été reçues[1]; aussi pouvait-on prévoir que, dans un temps assez rapproché, le gouvernement de la Péninsule passerait d'une neutralité de plus en plus douteuse à une hostilité déclarée. Et cependant, avec quelques ménagements habiles, le cabinet de Paris aurait pu

---

1. Voir tome V, p. 448.

s'épargner ce nouvel adversaire ; car l'intérêt évident de l'Espagne, au moment où la guerre entre la France et l'Angleterre devenait imminente, était de s'allier avec les autres puissances maritimes et de faire observer strictement le droit des neutres. C'est ce que comprirent la Suède et le Danemark. Ces deux gardiens de la Baltique crurent avec raison devoir persévérer dans le système adopté par eux en 1780. La république des États-Unis adhéra seule à cette politique; le Portugal, Naples et les autres États italiens se laissèrent entraîner dans la coalition européenne.

II.

Les populations des contrées transalpines, profondément attachées à la monarchie et au catholicisme, avaient vu avec horreur la chute du trône de Louis XVI et la sanglante proscription étendue sur tout le clergé français. Le chef de la chrétienté avait été gravement lésé dans ses intérêts temporels comme souverain, et dans sa dignité comme pontife. On l'avait dépouillé du Comtat-Venaissin, insulté dans des émeutes populaires, qu'on n'avait rien fait pour réprimer, plus tard bafoué dans des documents ministériels[1]. On lui

---

1. Nous n'avons besoin que de rappeler la fameuse lettre du 23 novembre 1792, dans laquelle le conseil exécutif qualifiait le pape de simple évêque de Rome et lui prédisait une chute prochaine. Voir cette lettre, tome V, p. 82.

avait déclaré moralement la guerre bien longtemps avant que de cesser avec lui tout rapport officiel.

Le gouvernement français, qui conservait à Rome un consul lorsque le pape n'en avait plus en France, élevait la prétention de faire arborer sur la demeure de cet agent l'écusson de la République, au moment même où il venait de laisser traîner dans la fange des ruisseaux, à Marseille et à Paris, les insignes du gouvernement pontifical. Celui-ci s'y était formellement opposé, et avait déclaré que son refus subsisterait tant qu'on ne lui aurait pas fait réparation des griefs dont il se plaignait. La négociation relative à cet objet était suivie par Basseville, secrétaire de la légation de Naples, à défaut d'un chargé d'affaires officiellement accrédité près le Saint-Siége. Mais sa position, ainsi que celle de tous les Français qui résidaient dans la ville éternelle, soit comme élèves de l'Académie de Rome, soit à tout autre titre, devint très-difficile au moment du procès du roi. A chaque nouvelle phase de ce lamentable débat, une indignation des plus vives se manifestait dans tous les rangs de la société; les habitants du Transtevère n'étaient pas les moins animés. Chaque jour, depuis Noël, des rassemblements populaires se formaient autour du consulat de France. Le 12 janvier, arrive de Naples un officier de marine, nommé De Flotte, avec les dernières instructions du pouvoir exécutif. Elles portaient l'ordre exprès de placer, dans les vingt-quatre heures, l'écusson de la République sur la maison consulaire; elles n'admettaient ni refus, ni délai.

Le lendemain, Basseville et De Flotte, sans attendre la réponse du gouvernement pontifical, sans écouter les représentations du consul de France, sortent en voiture et vont au Corso braver l'émeute qui gronde depuis le matin. Ils y sont assaillis à coups de pierre et forcés de se réfugier dans la maison d'un négociant français. La garde accourt pour les protéger; mais, malgré ses efforts, les portes de la maison sont forcées, Basseville est frappé mortellement dans les bras de sa femme. De Flotte parvient à se sauver par une fenêtre; Mme Basseville est respectée par les assassins, mais la maison est pillée, livrée aux flammes. Plusieurs édifices, et notamment l'Académie de Rome, subissent le même sort; les élèves sont poursuivis, mais réussissent à s'échapper. Des propriétés de nos nationaux on passe à celles des juifs, que l'on accuse d'être partisans de la Révolution française. Pendant deux jours l'émeute est maîtresse de la ville, et un grand déploiement de forces militaires peut seul y mettre fin [1].

De Flotte, qui est parvenu à gagner Naples, accourt de là à Paris raconter au pouvoir exécutif les scènes où il a été acteur et témoin. Le Conseil ne croit devoir réclamer du gouvernement pontifical ni explica-

---

1. On trouve dans le *Moniteur* du 4 février 1793, n° 35 :

1° La lettre du secrétaire d'État du gouvernement pontifical, qui est antérieure de quelques jours aux événements du 13 janvier et dans laquelle sont exposés les motifs du refus que la cour de Rome croit devoir opposer aux prétentions du chargé d'affaires de France;

2° Le rapport officiel du consul de France sur le meurtre de Basseville.

tion ni réparation ; il adresse immédiatement à la Convention un message pour lui demander les moyens de tirer une vengeance éclatante « de l'insolent hypocrite de Rome, qui outrage et désole le genre humain depuis trop longtemps. »

L'Assemblée s'émeut avec raison au récit du triste événement dont la capitale du monde chrétien vient d'être le théâtre ; elle s'empresse d'adopter l'enfant de la victime et d'accorder une pension à la veuve. Mais l'occasion s'offrait de faire remonter au souverain pontife la responsabilité du meurtre, elle est avidement saisie par les passions antireligieuses.

« Il faut brûler le Vatican ! crient plusieurs voix.
— Il faut, ajoute Jean Debry, venger la liberté outragée. Quand Rome corrompue voulut punir Jugurtha, elle sut bien le saisir et le faire mourir dans les cachots. On comprend à qui s'applique cette comparaison [1]. »

---

1. *Journal des débats et décrets,* n° 137, p. 25.
Quelques années après, le Directoire se chargea de mettre à exécution cette menace. Les cachots de Valence virent mourir dans une lente agonie le malheureux vieillard qu'avait désigné aux vengeances de la République le conventionnel Jean Debry. Sans doute celui-ci, lorsque quelques années plus tard il devint sous Napoléon Ier préfet et baron, n'aimait pas qu'on lui rappelât sa violente sortie contre le saint-père, non plus que sa fameuse proposition du 28 août 1792 pour la levée d'une légion de 1,200 tyrannicides chargés de débarrasser la terre de tous les rois et de tous les empereurs.

III.

La Révolution française, à son début, avait été accueillie en Angleterre avec la plus vive sympathie. Il avait fallu toutes les fautes et tous les crimes commis depuis quatre ans pour éclaircir peu à peu les rangs des écrivains, des orateurs, qui dans la presse, au Parlement, soutenaient les idées démocratiques. Burcke et ses amis, le duc de Portland et ses partisans, s'étaient successivement prononcés contre ceux qui sapaient à coups redoublés le trône de Louis XVI. Après le 10 août, Fox et Sheridan restèrent seuls à soutenir l'alliance des deux pays; mais ils ne disposaient plus que d'une cinquantaine de voix dans la Chambre des communes, et cette minorité déjà si faible tendait à s'amoindrir chaque jour. La conquête de la Belgique, l'ouverture de l'Escaut, les projets peu dissimulés contre la Hollande, les craintes et les jalousies du commerce britannique, les tentatives folles de quelques adeptes du jacobinisme en Angleterre, enfin les jactances de certains membres de la Convention [1] rendaient presque inévitable la guerre entre les deux nations.

---

[1]. Une députation de la Société constitutionnelle de Londres était venue à la fin de 1792, à la barre de l'Assemblée, féliciter la nation française de ses victoires en Belgique. Le président Grégoire répondit ainsi à sa harangue :

« Sans doute le moment approche où les Français iront féliciter la Convention nationale de la Grande-Bretagne. »

Pitt sut admirablement exploiter, au profit de l'idée dont il était l'heureux et habile représentant, ce revirement des esprits. Il sentit que l'heure était venue de venger son pays de l'immense humiliation que la France lui avait fait subir en l'obligeant à reconnaître l'indépendance des colonies d'Amérique. Par une singulière anomalie, le prétexte qu'il cherchait depuis longtemps, il le trouva dans le supplice ignominieux du monarque qui avait encouragé cette révolte et avait fait consacrer par un traité solennel l'existence des États-Unis.

Depuis l'emprisonnement du roi, les rapports entre les deux cabinets n'avaient plus été officiels, mais seulement officieux. M. de Chauvelin, accrédité le 2 mai 1792 comme ambassadeur de Sa Majesté Très-Chrétienne près la cour de Saint-James, était resté à son poste. Les ministres anglais acceptaient les notes qu'il présentait au nom du gouvernement républicain ; ils y répondaient sans reconnaître explicitement la novation, cependant radicale, qui s'était opérée dans son mandat. Mais les débats des chambres, les discussions entre Pitt et Fox, la présentation et l'adoption de l'*alien-bill*, qui permettait d'expulser les étrangers sans recourir aux formes protectrices de la liberté individuelle, les préparatifs fort peu cachés que faisait l'Angleterre en appelant sa milice, en armant ses arsenaux et en demandant au Parlement des subsides considérables : tout cela constituait un état de choses qui n'était plus la paix et qui n'était pas la guerre.

Deux hommes, tous deux anciens journalistes, l'un

à Liége, l'autre à Londres, avaient, pour ainsi dire, l'entière direction des relations extérieures de la France : le ministre, Lebrun; le président du Comité diplomatique, Brissot. Ils se faisaient l'un et l'autre les plus folles illusions sur le républicanisme du peuple anglais, et croyaient que la déclaration de guerre avec la France serait le signal d'émeutes formidables dans le sein de la Grande-Bretagne. Le 12 janvier, ils se présentent à la tribune pour faire connaître l'excessive gravité de la situation. Le premier lit la lettre que lord Granville a écrite le 31 décembre au citoyen Chauvelin et la note en réponse que le pouvoir exécutif de France a adressée le 7 janvier au cabinet de Saint-James. Le second fait, au nom du Comité, un rapport qui approuve la conduite du ministre et se termine par un projet de décret qui n'est rien moins qu'une dernière sommation adressée au gouvernement anglais. L'Assemblée adopte sans discussion le décret présenté par Brissot, ordonne au ministre de la marine de hâter l'armement des côtes et vote les fonds nécessaires pour doubler l'effectif de la flotte.

Le 30 janvier, le ministre des affaires étrangères dépose sur le bureau de la Convention la lettre dure et hautaine par laquelle lord Granville envoie à Chauvelin ses passe-ports et lui intime l'ordre de quitter sous huit jours le territoire anglais.

« Le ministère britannique, dit Lebrun, a oublié qu'il avait promis de ne se mêler en rien de nos affaires intérieures et a pris prétexte de la juste rigueur de la nation envers le dernier de ses rois, pour se déclarer contre elle. La mort nécessaire d'un tyran étranger a été, pour l'Angleterre, le signal d'un deuil public, d'un accroissement de préparatifs et le prétexte d'un outrage que rien ne peut pallier ; mais la nation française, aussi grande, aussi vaillante sur mer qu'elle l'a été sur terre, saura bientôt tirer une éclatante vengeance de cette offense. »

Deux jours après, Brissot conclut de la même manière :

« La cour d'Angleterre veut la guerre, mais, par un raffinement machiavélique, elle veut éviter l'apparence de l'agression, car il lui importe de populariser, de nationaliser la rupture de ses relations avec nous. Il ne faut pas se dissimuler les dangers de la lutte que nous allons entreprendre ; c'est l'Europe entière, ou plutôt ce sont tous les tyrans de l'Europe, que vous avez à combattre. Tous vos moyens sont donc dans vous, dans vous seuls ; il faut que votre sol, votre industrie, votre courage, suppléent à tout ce que la nature et les circonstances vous refusent. Il faut que le commerçant oublie son commerce pour n'être plus qu'armateur ; que le capitaliste consacre ses fonds à soutenir nos assignats, à subvenir aux besoins du numéraire ; que le propriétaire et le laboureur renoncent à toute spéculation et portent l'abondance dans nos marchés ; il faut que tous les Français ne fassent qu'une grande armée, que la France soit un camp. Il faut se préparer aux revers, s'accoutumer aux privations. L'instant approche où ce sera un crime pour tout citoyen d'avoir deux habits, si un seul de nos frères-soldats est nu. »

A cette vive et saisissante peinture des dangers que va braver la France, des sacrifices auxquels elle est résolue pour conquérir la liberté des peuples, un frémissement patriotique parcourt l'Assemblée et les tribunes. Mais le président recommande le silence et Brissot continue :

« Ce n'est que par une suite de sacrifices, ce n'est que par des efforts surnaturels que vous pouvez espérer de vaincre, d'abattre ce colosse plus imposant que terrible de l'Angleterre, ce dernier appui de la coalition couronnée... Si, destinés à combattre la ligue des tyrans, vous n'aviez qu'un roi à votre tête, Français, votre perte serait certaine ; mais la liberté vous commande ; la liberté fait des miracles ; vous vaincrez. Vous pouvez tout, si vous voulez, tout fortement. Que l'esprit de liberté électrise toutes les âmes, éteigne les passions particulières ou plutôt les fonde en une seule, la passion de la liberté. Que tous les esprits se rallient autour de l'arche sainte : la Convention. Qui tend à la faire mépriser ou à la dissoudre, est l'ennemi du genre humain ; car le salut du genre humain est ici [1]. »

De toutes parts on demande à aller aux voix, mais Ducos s'élance à la tribune. Ses traits respirent l'enthousiasme, ses yeux lancent des éclairs ; sa voix vibrante commande l'attention et triomphe de l'impatience de l'Assemblée :

1. Voir le *Journal des débats et décrets*, n° 136, p. 4 et suivantes. Le discours de Brissot y est beaucoup plus développé que dans le *Moniteur* n° 33.

La Convention, s'écrie-t-il, en étendant la main comme pour prêter un serment solennel au nom de la patrie, « la Convention nationale de France ne déclare point la guerre au roi d'Angleterre. Je jure en présence de l'Europe et de la postérité que, grands dans votre longanimité, comme dans votre courage, vous avez longtemps sacrifié le juste ressentiment inspiré par le dédain, la malveillance et les outrages du gouvernement anglais, à l'estime obstinée que vous gardez pour une nation qui fut libre, au désir de vous unir à elle par des liens fraternels. Pour l'instruction du peuple anglais, pour la justification de la France aux yeux de l'univers, je demande la publication de toute la correspondance échangée entre les cabinets de Paris et de Saint-James. La publicité des démarches d'un gouvernement libre et juste sera toujours son apologie.

« Faisons entendre à l'Europe la voix de la justice mêlée aux chants de la victoire ; mais quand la raison a parlé, c'est à la force à la soutenir. Vengeons nos droits trop longtemps insultés ou méconnus. Quant aux despotes qui osent attaquer notre liberté, punissons-les par la délivrance de leurs peuples. Que nos frontières se couvrent de soldats, nos ports de matelots ; que la patrie tout entière s'avance pour défendre la patrie ; le jour du combat approche, le printemps va renaître et l'arbre de la liberté doit reverdir avec la nature. »

De longs applaudissements accueillent les derniers mots du jeune orateur. L'Assemblée décide que la correspondance échangée entre les cabinets de Londres et de Paris sera immédiatement livrée à l'impression et que le discours de Ducos sera placé en tête de cette collection. Puis, à l'unanimité, elle vote la déclaration de guerre au roi d'Angleterre et au stathouder de Hollande, que Brissot, dans son rapport, avait déclaré être plutôt le sujet que l'allié du cabinet de Saint-James.

IV.

La France est désormais en guerre avec l'Europe entière, mais la situation est bien changée depuis le mois de novembre. Nos soldats, que nous avons laissés victorieux à Aix-la-Chapelle, à Mayence, à Chambéry, à Nice [1], se sont à grand'peine maintenus dans les positions qu'ils occupaient alors: Malgré d'énergiques efforts, des sacrifices douloureux, ils n'ont pu avancer d'un pas. L'enthousiasme de la liberté, qui avait enfanté les prodiges de la campagne de 1792, s'est éteint sous les froides étreintes de l'hiver, ou plutôt sous la répulsion qu'inspirent à tous les hommes de cœur les luttes des partis, les violences des clubs, les calomnies des journaux démagogiques.

En Savoie, grâce à la neutralité de la Suisse désormais assurée et aux remparts de glaces éternelles qui défendent les passages des Alpes, les troupes françaises n'ont point été inquiétées. Mais, dans le comté de Nice, l'ex-lieutenant de Montesquiou, Anselme, est obligé de tenir tête en même temps à de nombreuses bandes de

---

1. Tome V, p. 87.

partisans qui parcourent les montagnes, et à l'armée austro-piémontaise qui, du col de Tende, dirige des attaques incessantes sur nos avant-postes. A ces embarras militaires viennent se joindre des difficultés entre le général, les autorités civiles et les commissaires de la Convention. Comme Montesquiou, et avec aussi peu de fondement, Anselme est accusé de malversations et de pillages. Quelques démarches imprudentes tentées dans le but d'obtenir un emprunt de la République de Gênes lui sont imputées à crime, ainsi que naguère l'avaient été les pourparlers de son infortuné supérieur avec Genève. Dénoncé par les représentants Isnard, Despinassy, Aubry, Lasource, Goupilleau et Collot d'Herbois qui sont venus successivement à Nice déployer leurs écharpes tricolores, il est rappelé le 16 décembre et décrété d'accusation, le 24 février [1].

Sur le Rhin, Custine reste à l'abri des accusations qui privent de leurs chefs les armées du Midi. Il continue les fanfaronnades qui lui ont valu une popularité encore inaltérable ; mais, en réalité, il vient d'essuyer plusieurs échecs très-graves. Le 2 décembre, Francfort a été repris de vive force ; le 14, après un combat malheureux à Hockeim, douze cents prisonniers sont restés entre les mains de l'ennemi. Mayence est serrée de près par une armée de cinquante mille Hessois et Prussiens ;

---

1. Anselme, plus heureux que beaucoup de ses collègues, survécut à la tourmente révolutionnaire. Un décret du 23 germinal an III déclara qu'il n'y avait contre lui aucun grief fondé et liquida sa pension de retraite. Anselme avait 54 ans lorsqu'il fit la conquête de Nice. Il est mort seulement en 1814.

toute la rive droite du Rhin, à l'exception des deux petits forts de Kœnigstein et de Cassel, est évacuée par les Français.

L'armée de la Moselle, successivement placée sous les ordres des généraux Kellermann, Beurnonville et Ligneville, s'est épuisée dans des combats de peu d'importance autour de Pollengen et n'a pu prendre que très-tard ses quartiers d'hiver.

Les armées du Nord et des Ardennes, placées toutes deux sous le commandement supérieur de Dumouriez, sont dispersées sur une très-vaste étendue de terrain ; ce qui ne permet pas de bien surveiller les cantonnements et de maintenir dans les troupes une discipline exacte et sévère. Le vainqueur de Jemmapes, mécontent et indécis, s'est retiré, comme Achille sous sa tente, dans le palais épiscopal de Liége et abandonne les provinces belges aux violences et aux exactions des commissaires du pouvoir exécutif. Tout se désorganise ; la maraude et la désertion prennent des proportions énormes ; l'effectif est réduit de moitié et ce qui reste est soumis à d'effroyables misères, à des privations incessantes.

V.

Comment les choses ont-elles changé de face si subitement? Comment des armées naguère si nombreuses et si brillantes sont-elles tombées à un tel degré de faiblesse matérielle et d'atonie morale? C'est ce qu'il serait difficile d'expliquer si l'on ne savait dans notre pays, par plus d'une expérience, combien une machine aussi compliquée que celle de l'administration des armées demande de soins, de surveillance et d'expérience pratique pour que tous ses rouages fonctionnent régulièrement et portent partout le mouvement et la vie. Les bureaux de la guerre avaient à faire face à des besoins en hommes et en matériel doubles ou triples peut-être de ceux qui s'étaient manifestés lors des plus grandes guerres du règne de Louis XIV. Louvois avait succombé à la tâche, et Pache n'était pas Louvois.

Le problème à résoudre était celui-ci : résister à une coalition plus forte et plus nombreuse que toutes celles qui, à diverses époques, avaient menacé l'existence de la monarchie française; approvisionner, faire mouvoir dix armées à la fois, et n'avoir pour cela qu'un papier déprécié, des cadres désorganisés, des chefs sans expérience, des gardes nationaux sans instruction militaire.

Le nombre des employés du ministère avait été doublé ; mais toutes les places nouvelles avaient été données par l'ex-ami de Roland à ses affidés du club Saint-Honoré; la plupart des anciens emplois avaient été retirés aux titulaires que l'on ne trouvait pas à la hauteur des circonstances. Car ce qu'on demandait avant tout aux commis du gouvernement, ce n'était ni la connaissance des traditions, ni l'habitude du travail, mais les mœurs et les principes du plus pur jacobinisme. La toilette la plus sale, le langage le plus abject, le cynisme le plus impudent, étaient les passe-ports obligés pour être admis et conservé dans les bureaux de Pache. Son gendre Xavier Audoin, ex-vicaire de Saint-Thomas-d'Aquin, avait été nommé par lui secrétaire général et faisait subir un examen détaillé sur faits et articles à tous ceux qui prétendaient aux faveurs ministérielles [1].

Les fournitures donnaient lieu aux trafics les plus honteux, aux fraudes les plus déplorables. Les chemises étaient fabriquées avec des toiles d'emballage, les chaussures ne pouvaient résister à quelques heures de marche, toutes les marchandises étaient reçues sans aunage et sans procès-verbaux. Une fois en magasin, on reconnaissait qu'elles étaient de rebut et ne pouvaient décemment être distribuées à la troupe.

Au lieu de conclure des marchés sur place, le comité des achats centralisait toutes les fournitures à Paris, d'où elles étaient expédiées aux différentes armées. C'était, disait Cambon, pour donner des moyens de subsistance aux ouvriers français et surtout aux ouvriers parisiens et les empêcher de se livrer au désordre. Mais ces fournitures, fort mauvaises, se faisaient à des taux ruineux. Au prix principal venaient s'ajouter des frais de transport énormes; les routes se défonçaient et les approvisionnements les plus nécessaires n'arrivaient qu'un mois ou deux après le jour où ils étaient attendus. On dépensait deux cents millions par mois et on ne parvenait à aucun résultat. Les fourrages manquaient pres-

---

1. Voir les *Mémoires du comte Miot de Melito*, 1er volume. On peut ajouter la foi la plus complète à cet ouvrage plein de particularités intéressantes.

que partout; en décembre et janvier, dans la seule armée de Belgique, six mille chevaux moururent de faim.

Chaque jour de nouveaux décrets faisaient aux troupes les plus belles promesses; aucune d'elles ne se réalisait. On avait garanti des secours pécuniaires aux femmes et aux enfants des défenseurs de la patrie; mais ces secours étaient retardés par mille lenteurs administratives et aussi par la pénurie du trésor public. A Paris on donnait peu; dans les campagnes, rien. Les gardes nationaux qui se trouvaient à trente ou quarante lieues au delà des frontières recevaient des lettres lamentables de leurs familles, les rappelant à grands cris et leur peignant l'affreuse misère à laquelle elles se trouvaient réduites.

Les volontaires de 1791 formaient avec les troupes de ligne le fonds de l'armée; car ceux de 1792 avaient encore eu à peine le temps d'être réunis, formés en bataillons et quelque peu exercés. Or, d'après les termes mêmes de leur engagement, qui ne devait durer qu'une année, les premiers étaient libérés de droit le 1er décembre 1792. Souffrant chaque jour de l'affreux dénûment dans lequel on les laissait, apprenant la position désastreuse de leurs familles, beaucoup d'entre eux croyaient pouvoir se faire à eux-mêmes la justice qu'on leur refusait. Ils se disaient qu'ils avaient repoussé l'ennemi des plaines de la Champagne, qu'ils avaient envahi la Belgique et le Palatinat, qu'ils avaient largement payé leur dette à la patrie et que d'autres maintenant devaient achever une œuvre si bien commencée. Aussi les routes de Flandre, d'Alsace et de Lorraine étaient-elles couvertes de gardes nationaux qui abandonnaient leurs bataillons avec armes et bagages. Comment en aurait-il été autrement ? Ils savaient qu'on ne pouvait leur appliquer les peines sévères qui en tout temps ont puni la désertion ; ils étaient fort peu impressionnés par les proclamations que leur adressait la Convention, par les promesses qu'elle leur prodiguait, par les peines dérisoires qu'elle édictait contre eux [1].

Les hommes restant sous les drapeaux croyaient, pour prix du sacrifice qu'ils s'imposaient, avoir le droit de s'affranchir des règles qui en tout temps et en tout pays ont été jugées indispensables au maintien de la discipline. Pour être fidèle à la déclaration des Droits de l'homme, le législateur n'avait-il pas lui-même prêté la main au désordre et à l'insubordination ? n'avait-on pas d'abord laissé tomber en désuétude et ensuite abrogé [2] les ordonnances qui empêchaient les soldats de se marier ? n'avait-on pas déclaré ces règlements, et bien d'autres encore, contraires à la liberté des citoyens, indignes par conséquent de figurer dans le code des armées républicaines ?

On conçoit facilement jusqu'où, en pareille matière,

---

[1]. Un décret du 13 décembre portait que tout volontaire national qui abandonnerait son poste serait noté par la municipalité du lieu de son domicile sur un tableau d'inscription civique, comme ayant refusé à la patrie le secours qu'elle lui demandait. Par contre, le même décret promettait une pension de retraite, convertissable en acquisition de biens nationaux, à tous les citoyens qui auraient servi sans interruption jusqu'à la fin de la guerre.

[2]. Décret du 8 mars 1793.

les abus pouvaient aller. Les camps étaient remplis de femmes que des liens plus ou moins légitimes unissaient aux soldats. Aussitôt que l'armée était appelée à faire un mouvement, ses marches se trouvaient embarrassées, ses chariots envahis, ses transports les plus indispensables négligés[1].

L'élection des officiers avait pu produire de bons résultats au moment où les bataillons s'organisaient pour quitter leurs foyers; l'intrigue n'avait eu qu'une très-faible part dans les nominations, les choix s'étaient généralement arrêtés sur les plus dignes[2]. Mais, depuis l'entrée en campagne, ce mode de nomination avait fini par devenir un dissolvant très-actif. Souvent ce n'était pas aux plus capables et aux plus braves que les grades étaient décernés, mais à ceux qui prêchaient l'indiscipline et promettaient l'impunité[3]. On avait vu des brevets de capitaine mis aux enchères; la tolérance de la maraude, plus que la conduite au feu, avait été parfois un titre au suffrage des bataillons. Toutes les habitudes des sociétés populaires s'étaient introduites dans les rangs de l'armée. On faisait des motions dans les chambrées et dans les corps de garde, comme au club de la rue Saint-Honoré. Chaque bataillon se cantonnait dans son individualité égoïste, ne s'occupait que de ses besoins, vrais ou factices, sans s'inquiéter de

---

1. Voir la lettre de Lacroix du 22 mars. *Journal des débats et décrets,* n° 189, p. 344.

2. Voir t. II, page 110.

3. Voir le discours de Camus, *Moniteur,* n° 83, séance du 22 mars.

l'approvisionnement général de l'armée. Il n'était pas rare de voir un convoi d'armes, de poudre ou de farine, arrêté ou accaparé par un corps auquel il n'était pas destiné. Tant que l'armée avait marché en avant, on avait cru que le désordre ne durerait qu'un temps très-limité, et on avait pris patience. Mais lorsqu'elle fut entrée dans ses quartiers d'hiver et qu'il fallut vivre sur un pays où les denrées s'épuisaient ou se cachaient, le mal apparut à découvert et prit bientôt d'immenses proportions [1].

VI.

Dumouriez vint tout exprès à Paris pour dévoiler au pouvoir exécutif la situation affreuse dans laquelle se trouvaient ses troupes. Il y passa tout le mois de janvier. Mais les mémoires qu'il adressa au conseil exécutif et aux divers comités de la Convention n'eurent d'autre effet que de faire augmenter, par l'Assemblée, l'étendue des pouvoirs dont étaient revêtus les représentants du peuple aux armées [2]. Il réussit mieux à

---

[1]. Nous avons réuni à la fin de ce volume des lettres confidentielles de Dumouriez, de Beurnonville et de Biron; elles peuvent donner une idée du dénûment auquel se trouvaient réduites les armées françaises au commencement de 1793.

[2]. Séance du 26 janvier, voir le *Moniteur*, n° 28, le *Journal des débats et décrets*, n° 130. Voici le texte même du décret qui fut rendu à cette occasion sur la proposition de Lacroix : « La Convention autorise ses commissaires à prendre toutes les mesures, même de sûreté

faire adopter ses plans de campagne contre la Hollande, et surtout à obtenir du pouvoir exécutif le sacrifice d'une grande expédition dans l'Inde, ayant pour but d'occuper l'Angleterre de ses propres périls et de détourner son attention des affaires européennes. Le général en chef de l'armée de Belgique n'eut pas de peine à renverser l'échafaudage de ces projets gigantesques et à démontrer qu'il était impossible d'envoyer assez vite les forces navales indispensables pour surprendre les Anglais et les chasser de leurs possessions asiatiques; que la rareté du numéraire faisait d'ailleurs une loi de consacrer toutes les ressources de la France à la guerre continentale, à la défense de la patrie[1].

générale, que les circonstances rendront nécessaires ; leurs délibérations prises ou à prendre seront exécutées provisoirement, à la charge par lesdits commissaires d'envoyer, dans les vingt-quatre heures, copie des arrêtés et délibérations, pour être infirmés ou confirmés par la Convention. »

Malgré l'insistance de plusieurs montagnards, l'Assemblée décida en même temps que les commissaires aux armées continueraient d'être nommés par le bureau, et non au scrutin et par appel nominal. Les démagogues s'élevaient contre ce mode, parce que les fonctions de président et de secrétaires étaient généralement remplies par leurs rivaux. Lorsqu'ils se furent saisis du pouvoir, ils firent passer au Comité de salut public, dont ils disposaient, le droit de nomination, et ne demandèrent plus que l'on eût recours au mode qu'ils avaient réclamé si vivement quelques mois auparavant.

1. Nous avons retrouvé le procès-verbal de la séance dans laquelle Dumouriez parvint à faire renoncer le pouvoir exécutif à ses projets sur l'Inde.

« Le Conseil exécutif provisoire étant rassemblé à l'heure accoutumée, le général Dumouriez ayant été appelé, la discussion s'est éta-

Il ne put malheureusement pas empêcher une autre expédition, que le ministre de la marine projetait depuis plusieurs mois, et qui était sur le point de se réaliser.

Des réfugiés italiens avaient persuadé au conseil exécutif que le peuple de la Sardaigne était mûr pour la liberté, et que les Français n'avaient qu'à se présenter devant cette île pour y être reçus comme des libérateurs. Il y a toujours péril à prêter l'oreille aux suggestions des proscrits. Le roi de Prusse et l'empereur

---

blie sur les moyens de soutenir les efforts des ennemis qui vont se réunir contre la République française, et particulièrement sur cette question, savoir si la République doit et peut, dans cette campagne, faire la guerre sur mer en même que sur terre, et conséquemment s'il convient de préparer une expédition dans l'Inde.

« D'après les différents faits exposés par le ministre de la marine, d'après le grand nombre de considérations présentées dans cette conférence, l'opinion s'est généralement fixée sur les points suivants :

« La flotte française qui se trouve dans la Méditerranée se trouvant très-fatiguée par les tempêtes ; l'armement de 30 vaisseaux, qui se fait à Brest, ne pouvant réellement être terminé à l'époque pour laquelle il a été annoncé ; le mauvais succès de quelques demandes faites à Calais et à Boulogne donnant lieu de prévoir de grandes difficultés à se pourvoir du nombre de matelots nécessaire pour cet armement ; l'impossibilité de faire partir pour l'Inde des forces navales suffisantes avant que les Anglais aient le temps d'y porter une escadre ; l'état des finances et l'excessive rareté du numéraire ne permettant pas d'espérer qu'on puisse réunir des espèces en assez grande masse pour suffire à la consommation de la guerre maritime en même temps que des armées de terre portées à l'extérieur de la République ; la prudence prescrivant de réserver la plus grande partie des moyens pour suivre avec plus de vigueur la guerre offensive sur le continent :

« Il paraît convenable, quant à présent, de se borner à mettre l'Ile de France dans un bon état de défense. »

d'Allemagne savaient ce qu'il leur en avait coûté pour s'être lancés au milieu d'un pays inconnu, sans magasins, sans réserves, sans approvisionnements, sur la seule espérance, dont les émigrés les avaient flattés, de voir les populations accourir à leur rencontre et fournir à tous leurs besoins. C'était la même faute que la France révolutionnaire allait commettre en envoyant, sur des promesses de même nature, sa flotte et ses soldats en Sardaigne.

Il ne s'agissait de rien moins que d'opérer une descente, dans la plus mauvaise saison de l'année, sur une côte où les écueils et les bancs de sable forment presque partout une défense naturelle; de conquérir, avec quelques milliers d'hommes, une île vaste et insalubre, dont les habitants ont les mœurs sauvages et guerrières qui rendirent si difficile aux Génois, et ensuite aux Français, la soumission de la Corse.

Les entreprises les plus folles trouvent toujours des approbateurs. Les raisons et les encouragements ne manquèrent donc pas à celle-ci. C'était, disait-on, le meilleur usage que l'on pût faire de la flotte considérable rassemblée à Toulon, la plus utile diversion que l'on pût tenter pour empêcher le Piémont de concentrer ses forces en Savoie et dans le comté de Nice; ce devait être le complément nécessaire de notre domination en Corse, le gage assuré de notre suprématie dans la Méditerranée.

Écho des passions de sa ville natale, Barbaroux gourmandait chaque jour la lenteur que le ministre semblait mettre à ordonner les derniers préparatifs de l'expédition¹. Sémonville, nommé récemment ambassadeur à Constantinople, et que les hésitations du conseil exécutif retenaient à Marseille, déployait le zèle le plus républicain au service de la propagande italienne, et écrivait à Paoli lettre sur lettre, afin de lui demander son concours pour la réussite de l'entreprise². Deux anciens membres de l'Assemblée législative, Aréna et Péraldi, le premier à Toulon, le second à Ajaccio, s'agitaient avec une égale ardeur pour lever les obstacles qui pouvaient entraver le départ de la flotte. Enfin le comité de défense générale envoyait en Corse trois représentants du peuple, Salicetti, Delcher et Lacombe-Saint-Michel, chargés de presser l'organisation des volontaires qui devaient composer, avec quelques troupes de ligne, l'armée de débarquement³. Malgré tant d'efforts,

---

1. Voir le discours de Barbaroux, *Moniteur de 1793, n° 34.*

2. On trouvera à la fin de ce volume deux pièces constatant l'ardent républicanisme que professait, en 1793, celui qui devint grand référendaire de la Chambre des pairs sous la Restauration.

3. Telle était la mission ostensible des trois commissaires de la Convention ; mais ils en avaient une autre beaucoup plus importante : c'était de surveiller la conduite de Paoli, dont la toute-puissance sur ses compatriotes était encore entière, mais qui déjà semblait vouloir s'en servir pour se rendre indépendant. Les deux premiers commissaires ne firent en Corse qu'un séjour de quelques mois. Lacombe-Saint-Michel, officier d'artillerie très-distingué, resta seul et ne revint en France que dix-huit mois après (juin 1794). Lorsque Paoli eut proclamé que tous les liens étaient rompus entre la Corse et la France, et appelé les Anglais à son secours, ce fut Lacombe-Saint-Michel qui, avec des forces très-peu considérables en proportion de celles dont son adversaire disposait, lui tint tête et conserva cette île à notre patrie.

les préparatifs n'avançaient pas. Les navires de commerce, affrétés depuis deux mois, restaient oisifs dans les ports de Marseille et de Villefranche.

Il n'y a rien là qui doive étonner, le désordre et la dilapidation n'étant pas moindres dans l'administration des fournitures de la marine que dans celle des fournitures de la guerre. Quand on voulut embarquer le biscuit, on s'aperçut qu'il était pourri; au lieu de diviser les provisions de poudre sur un certain nombre de navires, on les accumula presque toutes sur un seul bâtiment, qui fut rejeté vers la côte d'Italie par la tempête et ne put arriver à temps. On n'avait préparé ni numéraire pour le prêt des soldats, ni chaussures, ni effets de campement. Le conseil exécutif avait délégué aux autorités militaires et maritimes de Toulon le soin de désigner un général pour commander les troupes de débarquement. L'amiral Truguet, qui avait été depuis trois mois l'âme de l'expédition et avait naturellement réservé à la flotte le rôle le plus important, prit en passant en Corse le général Casabianca. Celui-ci n'avait aucune des connaissances nécessaires pour conduire à bien une entreprise aussi difficile. Il aurait fallu un officier supérieur ayant fait ses premières armes dans la guerre d'Amérique et habitué aux opérations maritimes; il aurait fallu 15 ou 20,000 hommes d'infanterie, aguerris et déterminés, une artillerie bien équipée et quelques escadrons de cavalerie pour éclairer les troupes de débarquement.

Loin de là, on n'avait affecté à l'expédition qu'un millier de soldats de ligne, à prendre dans les trois régiments qui tenaient garnison en Corse, six mille volontaires des Bouches-du-Rhône et huit cents volontaires corses. Les équipages de la flotte avaient été ramassés à la hâte dans les ports de la Méditerranée et contenaient un certain nombre de clubistes qui s'étaient accoutumés depuis longtemps à signifier et imposer leurs volontés à leurs chefs [1]. Les six mille volontaires des Bouches-du-Rhône formaient ce qu'on appelait la Phalange marseillaise. Soit réunis en corps spécial, soit dispersés dans les rangs de la garde nationale, ils avaient pris une part très-active à toutes les agitations dont le Midi avait été le théâtre depuis trois années ; les plus ardents d'entre eux venaient de rentrer triomphalement à Marseille, après avoir été faire à Paris le 10 août et le 2 septembre [2]. Le général Brunet, successeur d'Anselme au commandement de l'armée des Alpes maritimes, se montra fort peu disposé à recevoir parmi ses troupes régulières une bande aussi indisciplinée, un renfort aussi dangereux. Il s'empressa de

---

1. Voici comment s'exprime une lettre écrite d'Ajaccio au *Moniteur* et datée du 31 décembre 1792 (*Moniteur de 1793, n° 27*) :

« Il n'y a pas assez de discipline à bord des équipages, on a manqué un de ces jours de pendre un homme qui, le lendemain, a été reconnu très-innocent de ce dont les agitateurs l'accusaient. Cette leçon n'a cependant pas été perdue pour les matelots ; car, voyant en quels faux pas quelques pendeurs de profession les entraînent, ils en ont dénoncé un qui sera chassé de la flotte. Il est fâcheux qu'il n'y ait pas une justice plus sévère pour ces pendeurs qui se font un jeu d'assassiner et un honneur de s'en vanter. On peut juger des mauvais effets qu'une telle conduite produirait en pays étranger. »

2. On trouvera à la fin du volume une série de documents relatifs à la phalange marseillaise ; nous y renvoyons nos lecteurs.

mettre les volontaires provençaux à la disposition de l'amiral Truguet, sans se préoccuper autrement de la manière dont ces soldats d'une espèce toute particulière se comporteraient dans une entreprise un peu plus sérieuse que celles dont ils avaient jusqu'alors été les héros.

La phalange marseillaise qui, sur le papier, et probablement dans les états de revue que l'on présentait au trésor, comptait pour six mille hommes, n'en fournit que quatre mille au moment de l'embarquement. Le 8 janvier 1793, 39 vaisseaux de transport, escortés par plusieurs navires de guerre, partirent de Villefranche et firent voile pour la Corse. Mais, arrivée en vue de cette île, la flotte fut assaillie par une tempête épouvantable. En essayant d'entrer dans le port d'Ajaccio, quelques bâtiments de haut bord se perdirent, notamment le *Vengeur*, vaisseau tout neuf de 80 canons [1]. D'autres, plus heureux, purent aborder sans grandes avaries; mais le plus grand nombre se réfugia dans la baie de Saint-Florent, près de Bastia, notamment le *Commerce de Bordeaux*, vaisseau de 74, qui avait à son bord le général d'Hilaire-Chanvert, commandant en chef des volontaires marseillais.

Deux jours après, ayant voulu reprendre la mer, cette partie de la flotte fut rejetée sur les côtes de Provence; elle n'arriva en Sardaigne qu'après les déplorables événements que nous allons raconter.

---

[1]. Il ne faut pas confondre ce vaisseau avec celui qui a immortalisé ce nom en sombrant glorieusement près de Brest, à la fin du combat des 10-13 prairial an II.

Les volontaires placés sur les transports qui avaient pu aborder à Ajaccio, y furent débarqués pour attendre que les trois bataillons de ligne et le bataillon corse fussent à leur tour prêts à partir. Mais des querelles et des rixes ne tardèrent pas à s'élever entre les Marseillais et les Corses [1]. Dans la crainte qu'elles ne se renouvelassent en Sardaigne, on résolut de séparer les deux troupes de volontaires, qui ne brillaient ni l'une ni l'autre par un vif amour de l'ordre et un grand respect de la discipline. Ceux qui venaient des côtes de Provence furent destinés, avec la majeure partie des troupes de ligne, à former l'attaque principale sur Cagliari. Les Corses furent désignés pour opérer une contre-attaque sur les îles de la Magdelaine, qui sont situées presque vis-à-vis de Bonifacio, et dont la conquête devait flatter tout particulièrement les compatriotes de Paoli [2].

---

1. On lit ce qui suit dans la biographie des premières années de Napoléon Bonaparte, par le colonel de Coston, ouvrage qui a paru en 1840 et qui est fait avec la plus scrupuleuse conscience :

« La phalange marseillaise fit son entrée à Ajaccio aux cris de *Ça ira, à bas les aristocrates!* Ces soldats lâches et cruels pendirent ou *lanternèrent*, suivant l'expression du temps, un artisan d'Olmetto, habitant à Ajaccio, et un propriétaire de Sartène. Ils préparaient le même sort au chanoine Antoine Peraldi, procureur de la commune, qui voulait sauver ces victimes, et ils l'auraient immolé sans l'assistance de soldats d'un détachement du régiment d'infanterie de Vermandois (61e), qui, armés de leurs sabres, accoururent et arrachèrent à cette horde effrénée l'intrépide ecclésiastique. »

2. Sur ces deux expéditions, on peut consulter le livre publié en 1842, à Turin, par le baron Manno, actuellement premier président de la cour de cassation d'Italie : *Storia moderna della Sardegna*.

VII.

L'amiral Truguet avait envoyé, dès le mois d'octobre dans le golfe de Naples, son second, Latouche-Tréville, exiger du beau-frère de la reine Marie-Antoinette la reconnaissance de la République[1]. Comme cette expédition ne pouvait être de longue durée, il avait ordonné aux vaisseaux, chargés d'intimider les Napolitains, de venir le rejoindre dans la rade de Palmas sur les côtes de la Sardaigne.

L'un d'eux, le *Léopard*, arrive le premier au rendez-vous général. Le 6 janvier, son capitaine, Bourdon-Grammont, s'empare sans coup férir de l'île de Saint-Pierre et de la presqu'île de Saint-Antioche qui protégent la rade. Bien reçu par la population[2], mais n'ayant pas de troupes de débarquement, il est obligé d'attendre le reste de la flotte. Truguet et Latouche-Tréville, partant l'un d'Ajaccio, l'autre de Naples,

1. Voir tome V, p. 85.
2. On lit ce qui suit dans une lettre de Bertin, commissaire ordonnateur de l'escadre de la Méditerranée, janvier 1793 :

« Tous les habitants de cette île (Saint-Pierre), ayant été rassemblés dans l'église paroissiale, on leur a expliqué les principes de la liberté et de la justice du gouvernement républicain, qu'ils ont adoptés avec transport ; ils ont en conséquence changé le nom de leur île en celui d'île de la Liberté. Ils procèdent, en ce moment, à l'élection de leur municipalité et à la nomination d'un juge de paix. Jamais les Français n'ont été reçus d'une manière aussi fraternelle et amicale que par ces nouveaux enfants de la liberté dont ils sont dignes par la pureté de leurs mœurs. »

essuient une série de tempêtes qui endommagent fort une certaine quantité de leurs navires et dispersent les bâtiments de transport. Truguet paraît enfin, le 23 janvier, devant Cagliari et s'empresse d'envoyer au vice-roi de Sardaigne des parlementaires. Le canot qui porte les négociateurs est reçu à coups de canon ; faute de troupes, l'amiral français ne peut venger immédiatement l'outrage fait au drapeau de la République [1]. Vers les premiers jours de février, la plus grande partie de la flotte se trouve réunie et l'on peut songer à descendre à terre la petite armée [2].

1. Ce canot portait le major général de la marine, Villeneuve, le commissaire du pouvoir exécutif, Peraldi, et un Florentin, âgé de vingt-deux ans, Buonarotti, destiné à devenir célèbre comme conspirateur. Les récits officiels donnent à ce dernier le titre d'apôtre de la liberté. C'était un emploi qui avait été créé, paraîtrait-il, auprès de toutes les armées de la République; Buonarotti en était revêtu à l'armée des Alpes comme Gonchon à l'armée de Belgique ; il consistait à établir des clubs partout où pénétraient les Français, à catéchiser les peuples conquis et à les convertir à la foi nouvelle. Le trésor public faisait naturellement les frais de ces missions d'un nouveau genre. Danton et Lacroix, dans le compte officiel qu'ils fournirent de leurs dépenses en Belgique, portent une somme de 1,200 francs comme ayant été donnée par eux à différents apôtres de la liberté, envoyés dans les communes pour disposer les esprits (voir le *Mémoire sur la vie privée de Danton*, par M. le docteur Robinet, p. 297.)

2. L'escadre était déjà partie depuis près d'un mois du port d'Ajaccio, lorsque le conseil exécutif se ravisa tout à coup et contremanda l'expédition par la lettre suivante :

Le ministre des affaires étrangères au citoyen Aréna, ex-député à l'Assemblée législative, à Ajaccio en Corse.

« Paris, 12 février, l'an II de la République.

« Le retard, citoyen, apporté à l'expédition de la Sardaigne, ne

Survient un nouvel ouragan qui met en un inextricable désordre tous les bâtiments de l'expédition et jette à la côte plusieurs navires, notamment le *Léopard*. La tempête apaisée, on fait le recensement des troupes et des vivres; on n'a sous la main que quatorze cents hommes de ligne[1] et la moitié de la phalange marseillaise; la flotte ne possède pas pour plus de dix à douze jours de biscuit. Néanmoins on se résout à continuer l'entreprise, parce qu'on espère voir d'un moment à l'autre arriver d'Hilaire-Chanvert, avec le complément de la phalange et les transports chargés du ravitaillement de l'armée expéditionnaire.

permettant plus d'en tirer le parti que l'on en attendait, il serait à désirer que l'on y renonçât, si les choses n'étaient pas trop avancées; c'est du moins mon opinion, et il m'a paru qu'elle était partagée par les membres du Conseil exécutif. En effet, dans les circonstances présentes, cette expédition attirerait nécessairement dans la Méditerranée une escadre anglaise qui, fermant le passage du détroit de Gibraltar, serait extrêmement préjudiciable à notre commerce. L'on assure même que déjà dix vaisseaux de ligne sont destinés à s'y rendre. Il est vraisemblable que la destination de cette escadre serait changée si la descente projetée en Sardaigne ne s'effectuait pas.

« Quoi qu'il en soit, je vous prie, citoyen, de ne pas négliger de me faire part de toutes les notions que vous pourrez recueillir concernant nos intérêts dans la Méditerranée et de m'informer exactement de tout ce que vous apprendrez des dispositions des différentes cours de l'Italie à l'égard de la République.

« *Le ministre des affaires étrangères,*

« Lebrun. »

Il était trop tard. Aréna ne reçut la missive confidentielle de Lebrun qu'à son retour de la désastreuse expédition.

1. Ces 1,400 hommes appartenaient, à peu près par égales portions, aux trois anciens régiments Limousin, Bresse et La Fère.

Le 14 février, huit cents hommes de ligne, deux mille Marseillais et seize pièces de canon sont débarqués sur la plage dite des Espagnols, sous la protection de trois frégates. Le reste de la flotte demeure devant Cagliari, prêt à opérer une diversion. On bivaque le soir au bord de la mer, et, le 15 au matin, le général Casabianca se met en marche pour attaquer le fort Saint-Élix, qui domine le plateau sur le revers duquel est bâtie la capitale de la Sardaigne. On n'a pas un seul cheval pour atteler les pièces d'artillerie; les canonniers sont obligés de les traîner à bras dans la montée abrupte et sablonneuse qui, de ce côté, conduit au fort. Dès la première heure, la phalange marseillaise se distingue par son indiscipline; elle met le feu à un couvent et à plusieurs fermes qui auraient pu servir de postes avancés. L'avant-garde, composée en très-grande partie de volontaires, n'arrive sur le plateau que le soir. Casabianca ne veut pas s'exposer au désordre d'une attaque nocturne, s'arrête à deux ou trois portées de canon du château Saint-Élix et retourne vers le gros de l'armée qu'il fait camper à mi-côte. Mais cette précaution tourne contre lui. A peine les Marseillais de l'avant-garde sont-ils abandonnés à eux-mêmes qu'ils craignent d'être enlevés et se replient sans ordre et sans guides sur le camp. Leurs camarades, entendant au milieu de la nuit des pas tumultueux, se figurent que c'est l'ennemi qui fait une sortie; ils tirent à tort et à travers sur les arrivants et en tuent quelques-uns. Les fuyards, dont le nombre s'accroît de minute en minute, courent vers le rivage, et, n'écoutant aucun conseil, aucune représentation, demandent à être rembarqués sur l'heure; plusieurs périssent dans les flots ou vont se rendre aux Sardes.

Au point du jour, on peut se reconnaître et se rendre mieux compte du véritable état des choses. Casabianca cherche à démontrer aux volontaires marseillais que tout n'est pas perdu, que le désordre causé par l'alerte de la nuit est encore réparable, qu'ils se couvriraient d'une honte éternelle s'ils faisaient échouer une expédition à laquelle la République attache une grande importance. Lâches devant l'ennemi, insolents devant leurs chefs, sûrs de l'impunité, ils refusent de rien écouter. En trahissant la patrie, ils crient à la trahison; ils menacent le général et son état-major de leur faire un mauvais parti. Les soldats de ligne déclarent, de leur côté, qu'ils ne veulent plus se trouver mêlés à ce ramassis de sacripants qui savent crier et pendre, mais sont incapables de se battre. Les officiers les plus expérimentés reconnaissent que l'on est exposé à un échec certain si l'on s'obstine à retenir de pareilles troupes sur une rive ennemie, sans abri, sans soutien, par le temps effroyable qui sévit en mer depuis quinze jours. Le seul parti à prendre est, suivant eux, de se rembarquer immédiatement. On expédie au reste de la flotte, qui est devant Cagliari, un émissaire pour lui faire connaître qu'on ne peut songer à pousser plus loin l'entreprise.

D'Hilaire-Chanvert venait enfin d'arriver avec le reste de la phalange; à la tête de ses hommes et de quelques troupes de ligne laissées à bord de la flotte, il s'apprêtait à débarquer sur l'autre versant de la montagne de Saint-Élix. Mais, au reçu des nouvelles, il trouve plus prudent de s'abstenir. Truguet, désespéré de voir en un instant s'évanouir tous ses projets, donne l'ordre à la plus grande partie de la flotte de se rendre à la plage des Espagnols et de recueillir les volontaires ameutés sur le rivage. Pendant ce temps, la mer est devenue mauvaise, le mouillage dangereux ; bientôt on reconnaît que le rembarquement est impossible et qu'il faut aviser au plus pressé, c'est-à-dire à assurer les subsistances de l'armée ; car d'un moment à l'autre l'escadre peut être obligée de s'éloigner.

Mais, chose incroyable si toutes les relations officielles ne l'attestaient, les Marseillais refusent de laisser aborder les marins qui, au milieu des plus grands périls, viennent à leur secours. En vain leur crie-t-on que la mer et la nuit vont bientôt interrompre les communications ; ils restent sourds à toutes les prières, ils se déclarent déterminés à ne pas recevoir les vivres qu'on leur apporte, parce que, si le ravitaillement de l'armée était assuré, leurs chefs prétendraient continuer une expédition dont ils ne veulent plus entendre parler. Les uns reçoivent à coups de fusil les matelots qui s'aventurent à proximité du rivage ; d'autres, voulant fuir n'importe à quel prix, se lancent à la nage, s'accrochent aux chaloupes, au risque de les faire chavirer, de faire périr leurs sauveurs et de périr eux-mêmes.

Deux fois l'amiral envoie des parlementaires à ces forcenés, deux fois ces parlementaires éprouvent le même accueil. Ce qui a été prévu arrive. La mer devient de plus en plus furieuse. Truguet est obligé de se retirer dans le très-médiocre abri que lui offre la partie de la rade le moins battue des vents. Les vivres manquent complétement à terre. Les troupes de ligne proposent à la phalange de marcher droit sur quelques villages qu'on aperçoit de la côte ; ils enlèveront au moins à la pointe de la baïonnette les provisions de bouche qui leur sont nécessaires pour subsister jusqu'à ce que la tempête soit apaisée. Mais les Marseillais aiment mieux mourir de faim sur le bord de la mer que d'aller conquérir quelques vivres sous le feu de l'ennemi. Ils craignent de perdre de vue l'escadre, comme si leurs regards avaient la puissance de la retenir près du rivage.

Au risque d'être cent fois jeté à la côte, Truguet reste deux jours dans cette épouvantable position. L'*Aréthuse* et la *Junon* sont forcées de couper leurs mâts, la *Vestale* a son gouvernail démonté, les canots du *Tonnant*, de l'*Apollon*, du *Centaure*, sont enlevés par des coups de mer. Un grand nombre de chaloupes sont jetées sur les récifs ; les marins, qui les montent, se noient dans les flots, ou, s'ils parviennent à aborder, sont attaqués et mis à mort par des paysans sardes, sous les yeux mêmes des volontaires au salut desquels ils se sacrifient et qui ne peuvent ou ne veulent pas les secourir.

Enfin, le 19 février, le vent faiblit ; quoique la mer brise encore, les communications entre la flotte et l'armée deviennent possibles. Le commandant en chef de la phalange, d'Hilaire-Chanvert, descend à terre et harangue ses soldats, dont il est séparé depuis six semaines ; mais il n'est pas plus heureux que ne l'a été

Casabianca trois jours auparavant. Truguet se hâte de faire rembarquer les Marseillais, dont il lui tarde d'être débarrassé, et les expédie vers les côtes de Provence. Pour ne pas paraître avoir fait une campagne complétement inutile, il laisse dans l'île Saint-Pierre et dans la presqu'île Saint-Antioche une garnison de 700 hommes de troupes de ligne sous le commandement du colonel Sailly. Après avoir promis à cette petite garnison de lui envoyer promptement des secours et des vivres, il donne l'ordre de mettre le feu au *Léopard*, que tous les efforts de l'intrépide Bourdon-Grammont n'ont pu parvenir à remettre à flot ; puis, il fait voile pour Toulon [1].

Ainsi se termina l'expédition contre Cagliari. Mal conçue, plus mal préparée, entreprise au milieu de l'hiver, conduite sans ensemble, elle coûta à la marine ses plus beaux vaisseaux, au trésor des sommes énormes ; elle restera un témoignage irrécusable de l'imprévoyance du pouvoir exécutif et de l'indiscipline de la phalange marseillaise.

Cette troupe recrutée dans toutes les sentines de la Méditerranée avait bien pu envoyer à Paris l'élite de ses

---

1. Les promesses de Truguet ne furent pas tenues ; la petite garnison de Saint-Pierre et de Saint-Antioche fut abandonnée à son malheureux sort ; trois mois après, elle était forcée de se rendre prisonnière de guerre à la flotte espagnole. Nous donnons à la fin du volume une série de documents officiels qui montrent, d'une part, combien ces 700 hommes, laissés sans secours sur un îlot de la Méditerranée, firent faute aux trois régiments qui allaient avoir à disputer la Corse à Paoli et aux Anglais, de l'autre, quelles furent pendant ce temps les souffrances de ces malheureuses victimes de l'obéissance passive.

bravi pour une expédition qui rentrait dans ses goûts et dans ses habitudes ; mais aussitôt qu'elle fut engagée dans une entreprise plus dangereuse, elle ne résista pas à la première panique et compromit l'honneur du drapeau français qui n'aurait jamais dû abriter sous ses plis de pareils misérables.

Les membres du pouvoir exécutif et les chefs des troupes de terre et de mer s'accordèrent pour faire le silence autour d'une entreprise entamée à grand bruit et si tristement avortée. Le *Moniteur* en annonce seulement en quelques mots le résultat final ; la plupart des historiens la mentionnent à peine. Il est vrai qu'ils ont agi de même à l'égard de la contre-attaque dirigée contre les îles de la Magdelaine et dont il nous reste à parler. Cette dernière omission mérite d'autant plus d'être remarquée qu'elle a eu pour résultat de laisser dans l'oubli le premier fait d'armes d'un jeune capitaine d'artillerie qui devait quelques années plus tard être l'empereur des Français, Napoléon 1er.

VIII.

Le petit archipel de la Magdelaine est situé entre la pointe sud de la Corse et la pointe nord de la Sardaigne. Il est formé de trois îles principales, la Magdelaine, Saint-Étienne, Caprera[1], qui ne sont séparées l'une de

---

[1]. Cette dernière île a acquis une grande renommée par le séjour qu'y fait, depuis quelques années, Garibaldi. Le chef des volontaires

l'autre que par des passes de 7 à 800 mètres de largeur. Au milieu de ces trois îles se trouve un vaste bassin abrité des vents et qui communique avec la pleine mer par les passes dont nous venons de parler. C'est une position unique dans la Méditerranée. Plus d'une fois Nelson la signala à ses compatriotes comme plus enviable peut-être que Malte ou Gibraltar.

Paoli avait désigné son propre neveu Cesari Colonna pour commander les volontaires corses [1]. Les officiers sous ses ordres étaient : 1° Quenza, lieutenant-colonel du 2ᵐᵉ bataillon des volontaires ; 2° Napoléon Bonaparte, qui cumulait les fonctions de lieutenant-colonel en second de ce même bataillon avec celles de capitaine d'artillerie dans l'armée [2] ; 3° Moydier, capitaine

---

italiens peut tous les jours, de sa retraite, contempler le théâtre des premiers exploits de celui qui fut pendant quatorze ans l'arbitre du monde. L'histoire amène souvent de singuliers rapprochements.

1. Cesari Colonna avait été, en 1789, membre de l'Assemblée constituante ; il est appelé, dans les procès-verbaux d'élection, comte Colonna de Cesari-Rocca, capitaine au régiment provincial corse. Il n'était pas député de la noblesse, mais bien du tiers état. Il était, à la fin de 1792, colonel de la 28ᵉ division de gendarmerie à Bastia.

2. Bonaparte était absent de son régiment depuis plus d'un an. Le 1ᵉʳ octobre 1791, il avait obtenu un congé de trois mois et avait quitté Valence pour se rendre auprès de sa famille ; mais, à la fin de son congé, il n'avait pas rejoint son corps et était resté dans son pays natal, où il avait accepté les fonctions de capitaine adjudant-major d'un bataillon de volontaires corses. On dit qu'à la revue de fin d'année (1791), n'ayant pas fait prévenir les chefs de son régiment des motifs qui légitimaient son absence, il fut rayé des cadres de l'armée, ou bien près de l'être. Ce fut Pozzo di Borgo, alors procureur-syndic du département, vingt ans plus tard ambassadeur de Russie au congrès de Paris, qui adressa au ministre de la guerre une demande

du génie. Le chef des forces navales était un lieutenant de vaisseau nommé Goyetche, qui montait la *Fauvette*, corvette de 22 canons, et avait avec lui 16 petits bâtiments, les uns de guerre, les autres de transport.

Cette escadrille sort du port d'Ajaccio, le 10 janvier, et n'arrive cependant à Bonifacio que douze jours après. Elle y reste un mois avant d'appareiller de nouveau, tant le chef de l'expédition, Cesari Colonna, est peu désireux de quitter la Corse dans les circon-

pour régulariser la situation de son jeune concitoyen ; ce fut Narbonne, depuis aide de camp de l'empereur Napoléon et son ambassadeur à Vienne, qui fit droit à cette demande le 14 janvier 1792. Bonaparte put dès lors accepter la place d'adjudant-major, puis bientôt après celle de lieutenant-colonel en second du même bataillon. Pendant ce temps (6 février 1792), il recevait le brevet de capitaine d'artillerie, brevet signé de la main de Louis XVI. Bonaparte cumulait ainsi deux emplois, l'un dans la garde nationale, l'autre dans l'armée. Il eut un instant la velléité de se démettre de ce dernier, si l'on en croit une lettre qu'il écrivit le 27 février 1792 à son ami Sucy, commissaire des guerres à Valence ; cette lettre commence ainsi : « Dans ces circonstances difficiles, le poste d'honneur d'un bon Corse est de se trouver dans son pays. C'est dans cette idée que les miens ont exigé que je restasse parmi eux. Cependant, comme je ne sais pas transiger avec mon devoir, je me proposais de donner ma démission. Depuis, l'officier général du département m'a offert un *mezzo termine* qui a tout concilié : il m'a offert une place d'adjudant-major dans les bataillons volontaires. »

Au mois de mai 1792, Bonaparte quitta la Corse, ne fit que traverser Valence où était toujours son régiment, et partit pour Paris. Il y assista comme simple spectateur aux journées du 20 juin et du 10 août. Il y était encore dans les premiers jours de septembre, puisque, le 1er de ce mois, il signait, à la municipalité de Versailles, les pièces nécessaires pour retirer sa sœur Élisa de la maison de Saint-Cyr et la ramener avec lui dans sa famille. Il arriva en Corse dans les premiers jours d'octobre 1792.

stances graves où se trouvent sa patrie et surtout le chef de son parti et de sa famille. On met enfin à la voile le 20 février, c'est-à-dire au moment même où Truguet, ayant rembarqué l'armée expéditionnaire dirigée sur Cagliari, s'éloignait de cette ville. La contre-attaque n'avait plus d'objet, mais il était difficile de savoir le 20 février, à Bonifacio, ce qui venait de se passer le 19 à l'extrémité sud de la Sardaigne.

Le calme plat ayant succédé aux tempêtes des jours précédents, chaque bâtiment est remorqué par ses chaloupes. Le 22, on arrive à l'île Saint-Étienne ; on s'empare d'une vieille tour à peu près ruinée qui la défend. Bonaparte, Moydier, Quenza, descendent à terre. On transporte dans l'île l'unique mortier que possède la petite armée expéditionnaire et sept pièces de canon. Par les soins des deux capitaines d'artillerie et du génie, on les met, pendant la nuit, en position contre les forts et la petite ville de la Magdelaine.

Depuis six mois la France était en guerre avec presque toute l'Europe, on s'était déjà battu en Champagne, en Belgique, sur le Rhin, sur les Alpes ; et celui qui devait remplir l'univers du bruit de ses exploits n'avait pas encore vu le feu. Le 23 février au matin, Bonaparte, pointant lui-même le mortier, lance à l'ennemi la première bombe. Aussitôt les Sardes ripostent avec vigueur des forts de la Magdelaine et d'une redoute élevée à la hâte pour atteindre la petite anse où la *Fauvette* s'est embossée. Pendant deux jours le canal qui sépare les îles de la Magdelaine et de Saint-Étienne est à chaque instant sillonné par les projectiles que s'envoient les deux troupes en présence. La *Fauvette* est surtout le point de mire des canons sardes ; elle a un homme tué, plusieurs blessés et reçoit de fortes avaries dans son gréement. Elle est obligée de se réfugier hors de la portée des boulets par le travers de la petite île de Caprera. Les Sardes font aussitôt sortir du port deux demi-galères qui ne sont pas de force à se mesurer avec la corvette française, mais qui, celle-ci retirée, peuvent inquiéter les autres navires de l'escadrille.

Le 25 au matin, l'attaque recommence de plus belle ; déjà Bonaparte espère que la ville, abîmée par le feu incessant qu'il dirige contre elle, va être obligée de se rendre. Tout à coup Quenza, qui commande les troupes de débarquement pendant que Cesari Colonna est à bord de la *Fauvette*, reçoit de celui-ci l'ordre de la retraite.

Quel pouvait être le motif d'une aussi brusque détermination ? C'était, disent les pièces officielles, la mutinerie de l'équipage de la corvette. Les marins avaient déclaré qu'ils voulaient que l'on renonçât tout de suite à l'expédition, et n'avaient consenti qu'à grand'peine à accorder au commandant Colonna quelques heures pour le rembarquement des troupes. Il y eut peut-être à bord quelques manifestations hostiles ; mais, il faut le reconnaître, le neveu de Paoli céda bien vite et bien facilement au désir de quelques mutins [1].

---

[1]. Nous donnons à la fin de ce volume le recueil complet des pièces officielles que Paoli envoya dans les premiers jours de mars au ministre de la guerre pour justifier la conduite de son neveu ; en les

L'ordre est tellement précis que l'on ne peut songer à y désobéir. D'ailleurs, les chaloupes de l'escadrille sont là qui attendent les troupes, et les marins annoncent qu'ils ont ordre de ne croiser devant l'île Saint-Étienne que le temps strictement nécessaire au rembarquement.

Quenza, qui se tient près du mouillage, transmet à Bonaparte et à Moydier la lettre de Colonna. Les deux officiers la lisent et la relisent plusieurs fois avant d'en croire leurs yeux, courbent la tête et donnent à voix basse l'ordre de cesser le feu. Il faut cependant, avec l'honneur du drapeau, sauver le matériel. Les canonniers traînent leurs pièces jusqu'au rivage; mais, au moment où ils y arrivent après mille efforts et mille périls, on s'aperçoit que les chaloupes sont trop faibles pour porter un poids aussi considérable, et que, du reste, elles sont déjà remplies de troupes. Bonaparte, la rage au cœur, fait enclouer, puis jeter à la mer le mortier et quatre canons. Tout le monde étant rembarqué, on met aussitôt le cap sur la Corse [1].

lisant on sent bien qu'elles ont été arrachées aux signataires par l'obsession et qu'on ne doit leur accorder qu'une foi très-médiocre.

1. De cette expédition de la Magdelaine, Bonaparte conserva toujours un pénible souvenir. Il était impossible de faire peser sur lui la moindre part de responsabilité dans les événements que nous avons racontés, mais cette expédition avait abouti à un revers, et le futur empereur des Français avait, avant tout, la superstition du succès. Aussi ne voulut-il jamais dater ses premières armes du 23 février mais bien du 22 septembre 1793, jour où, par un ordre formel du Comité de salut public, qu'il était allé chercher lui-même à Paris, il prit le commandement de l'artillerie du siége de Toulon. Jamais dans ses confidences les plus intimes il ne fit allusion à cet épisode de sa jeunesse. A Sainte-Hélène, soit dans ses épanchements racontés avec

Le 27 février, l'escadrille que commandait Goyetche mouillait dans le golfe de Santa-Manza, en Corse. Les volontaires, sous la conduite de leurs deux chefs de bataillon, Quenza et Bonaparte, étaient dirigés sur Corte pour y tenir garnison.

IX.

Pour compléter notre récit en ce qui concerne Paoli et Bonaparte, nous sommes obligé d'anticiper de quelques mois sur les événements dont la Corse fut le théâtre, dans la première moitié de l'année 1793.

C'était à Corte, au milieu des plus abruptes montagnes de l'île, comme dans un nid d'aigle, que se tenait Paoli, cumulant les fonctions de président du Directoire du département avec celles de général de

---

tant de détails par M. de Las Cases, soit dans les mémoires dictés au général Gourgaud et à M. de Montholon, il eut à plusieurs reprises l'occasion de parler de l'expédition contre Cagliari; jamais il ne fit mention de la contre-attaque de la Magdelaine et de la part qu'il y avait prise. (Voir tome 1er du *Mémorial de Sainte-Hélène*, et tome 1er des Mémoires dictés au général Gourgaud.)

D'un autre côté on sait l'affection toute spéciale que portait Bonaparte à tous ceux qui personnifiaient pour lui ses souvenirs de jeunesse, notamment à Duroc, Marmont et Junot. On connaît le chemin brillant qu'il fit parcourir à tous ceux qui, de près ou de loin, l'avaient approché, aux débuts de sa carrière militaire. Le capitaine du génie Moydier, son compagnon de bivac de l'île de Saint-Étienne, ne fut pas l'objet de la même bienveillance; il languit longtemps dans les rangs subalternes et parvint à grand'peine, sur la fin de l'empire, au grade de général de brigade.

division commandant la Corse, réunissant ainsi dans ses mains les pouvoirs civils et militaires. Bonaparte, qui jusque-là avait été l'un de ses confidents les plus intimes, son élève et presque son fils, le retrouva de plus en plus aigri contre la Révolution, et tout disposé à briser les liens qui, depuis un quart de siècle, unissaient la Corse à la France. D'un autre côté, chaque courrier apportait la preuve des défiances que la conduite équivoque du général inspirait à la Convention et au pouvoir exécutif. Pendant quelques semaines, Bonaparte hésita entre ses souvenirs et ses aspirations. Jusqu'à ce moment, il n'avait eu d'autre pensée que de succéder un jour à l'influence de Paoli et de rendre l'indépendance à sa patrie. A Brienne, à Auxonne, à Valence, dans vingt circonstances, il s'était déclaré l'adversaire ardent, passionné, de tous ceux de ses compatriotes qui avaient contribué directement ou indirectement à placer la Corse sous le joug de ceux qu'il appelait les étrangers, *gli forestieri* [1].

---

[1]. On peut consulter à cet égard la remarquable histoire de Napoléon Ier que publie dans ce moment M. Lanfrey, et l'article inséré en 1842 dans la *Revue des Deux Mondes*, 4e série, 29e volume. L'auteur de cet article, M. Libri, a eu à sa disposition un grand nombre de manuscrits confiés par Bonaparte au cardinal Fesch à l'époque du Consulat.

Pour justifier nos assertions, donnons quelques extraits des écrits échappés à la plume du futur empereur des Français lorsqu'il était simple lieutenant d'artillerie :

« Général, je naquis quand la patrie périssait ! Trente mille Français vomis sur nos côtes, noyant le trône de la liberté dans des flots de sang, tel fut le spectacle odieux qui vint le premier frapper mes regards. » (Lettre à Paoli, 1789.)

« Quel spectacle verrais-je dans mon pays? Mes compatriotes, char-

Mais, depuis l'expédition de la Magdelaine, une transformation s'opérait lentement en lui ; à ses ambitions premières succédaient des ambitions nouvelles. Il semblait qu'à travers cette pluie de feu que, pendant deux jours et deux nuits, il avait lancée et reçue, se

gés de chaînes, embrassent en tremblant la main qui les opprime... Français, non contents de nous avoir ravi tout ce que nous chérissions, vous avez encore corrompu nos mœurs. Le tableau actuel de ma patrie et l'impuissance de le changer sont une nouvelle raison de fuir une terre où je suis obligé, par devoir, de louer des hommes que je dois haïr par vertu. » (Note autographe sur le suicide, trouvée par M. Libri dans les papiers confiés au cardinal Fesch.)

« Paoli vous fit nommer pour traiter à Versailles de l'accommodement qui s'entamait sous la médiation de ce cabinet. M. de Choiseul vous vit et vous connut. Les âmes d'une certaine trempe sont d'abord appréciées. Bientôt au lieu du représentant d'un peuple libre, vous vous transformâtes en commis d'un satrape... Une partie des patriotes étaient morts en défendant leur indépendance, l'autre avait fui une terre proscrite, désormais hideux nid des tyrans; mais un grand nombre n'avaient pu ni mourir, ni fuir; ils furent l'objet des persécutions: on ne pouvait asseoir l'empire français que sur leur anéantissement absolu...

« O Lameth! ô Robespierre! ô Pétion! ô Volney! ô Mirabeau! ô Barnave! ô Bailly! ô Lafayette! Voilà l'homme qui ose s'asseoir à côté de vous! Tout dégouttant du sang de ses frères, souillé par des crimes de toutes espèces, il se présente avec confiance sous une veste de général, unique récompense de ses forfaits! Il ose se dire le représentant de la nation, lui qui la vendit! » (Lettre de Bonaparte à M. Matteo di Butta-Fuoco, maréchal des camps et armées du roi, député de la noblesse corse à l'Assemblée nationale constituante, 23 janvier 1791.)

Enfin reportons-nous à la lettre, en date du 26 février 1792, que nous avons citée plus haut ; à elle seule, elle prouverait que jusqu'à l'expédition de la Magdelaine Bonaparte conserva tous les sentiments d'un *bon Corse*.

fussent ouverts devant lui de nouveaux horizons. Il commençait à dédaigner de se faire l'arbitre des destinées d'une petite île de la Méditerranée; son imagination s'élançait déjà dans les champs incommensurables de l'avenir.

Un dernier incident vient mettre un terme à ses hésitations. Dans les derniers jours d'avril, on reçoit à Corte l'ampliation du décret en date du 2 du même mois, par lequel la Convention nationale mande à sa barre Paoli. Cet ordre tombe comme un coup de foudre au milieu de la petite cour dont le général est entouré. Bonaparte, fidèle encore aux amitiés de sa jeunesse, prend la plume pour défendre le héros corse contre les attaques de ses ennemis et pour inviter la Convention à revenir sur une mesure qui tend à « confondre, avec le scélérat corrupteur ou un vil ambitieux, un vieillard septuagénaire accablé d'infirmités. »

Son plaidoyer achevé, il le communique à son illustre client. Mais celui-ci, voyant qu'il est temps de prendre un parti et croyant pouvoir compter sur son jeune et enthousiaste interlocuteur, lui déroule ses desseins et lui déclare qu'il est résolu à braver les ordres de la Convention, dût-il se jeter entre les bras de l'Angleterre. A cette confidence, Bonaparte éclate en reproches, en imprécations. Les deux anciens amis se séparent mortellement brouillés. Bonaparte, qui sait ce que c'est qu'une haine corse et qu'une vengeance de conspirateur qui s'est laissé surprendre son secret, sort du palais du généralissime, s'élance à cheval et, à travers les montagnes, gagne par des sentiers détournés les

Sanguinares, terres incultes et maquis impénétrables, situées à trois lieues d'Ajaccio. Il s'y tient caché tout un mois, jusqu'à ce qu'il ait pu avertir sa famille et se concerter avec les commissaires de la Convention, qui viennent de débarquer à Saint-Florent.

Quelque temps après (2 juin 1793) l'assemblée générale extraordinaire du peuple corse, convoquée par Paoli, déclarait Bonaparte, ses parents et adhérents, perturbateurs du repos public. Le futur empereur quittait l'île natale pour n'y plus apparaître qu'un instant à son retour d'Égypte. Sa retraite aux Sanguinares fut pour lui le commencement d'une nouvelle ère, comme l'avait été pour Mahomet sa fuite de la Mecque; elle fut l'hégire de l'homme extraordinaire qui, lui aussi, devait bouleverser le monde.

LIVRE XXVIII.

L'INVASION DE LA HOLLANDE.

I.

La Convention était résolue à tenir tête à la coalition européenne, et même à prendre, sur plusieurs points, l'initiative de l'attaque. Elle comprit qu'avant tout il fallait réorganiser l'administration de l'armée, faire de nouveaux appels d'hommes, créer de nouvelles ressources financières. Dès le 1er janvier, elle avait formé un Comité de défense générale où devaient se concentrer toutes les propositions relatives à la guerre. Les rapports de ce Comité devaient avoir la priorité sur tous les autres et être constamment à l'ordre du jour. Il devait se composer de dix-huit membres délégués, à raison de trois, par chacun des Comités de la guerre, de la marine, des colonies, des finances, diplomatique et de constitution; bientôt le nombre en fut porté à vingt et un et même à vingt-cinq. Il délibérait presque publiquement; tous les députés ayant droit d'y siéger sans voix délibérative, il est vrai. On ne pouvait pas attendre d'une pareille institution une bien grande force et un bien grand secret; aussi le produit de ses élucubrations fut-il souvent plus théorique que pratique. Sieyès présenta, en son nom, un immense travail sur le ministère de la guerre et les services qui en dépendent. Barère consacra un travail analogue au ministère de la marine. Ces deux exposés servirent de texte à une très-longue discussion qui n'aboutit point. Il n'en fut pas de même, heureusement, à l'égard du rapport dans lequel, le 25 janvier, Dubois-Crancé donna le plan général de la réorganisation de l'armée française.

Sur le papier nous avions trois cent mille combattants; en réalité nous n'en avions pas cent cinquante mille. Au moment de l'enrôlement volontaire et de la levée des corps francs, en août et septembre 1792, une masse d'individus s'étaient fait décerner ou s'étaient adjugé des grades d'une manière tout à fait irrégulière. Les cadres s'étaient formés pour une armée d'au moins huit cent mille hommes; les chefs étaient restés, mais bien des soldats n'avaient pas tardé à disparaître. Sur cinq cent dix-sept bataillons de volontaires nationaux, trois cent quatre-vingt-deux avaient fourni des états de situation, cent trente-cinq n'en n'avaient pas donné. Sur les trois cent quatre-vingt-deux, certains ne comptaient pas cent hommes sous les drapeaux, et vraisemblablement l'effectif des cent trente-cinq était encore moindre. L'existence simultanée de tant de corps isolés, inconnus les uns aux autres, compliquait tellement l'administration, que ni le ministre, ni les généraux n'avaient pu, pendant la campagne dernière, en suivre les détails ni donner à toutes les troupes une direction utile.

Dans l'intérêt des finances comme dans celui du commandement, il fallait profiter du vide immense qui s'était fait dans les rangs de l'armée pour la réorganiser de fond en comble et la *nationaliser*, suivant l'expression de Dubois-Crancé.

Ce résultat devait être obtenu, selon le rapporteur, par trois mesures principales : 1° accorder la même solde aux troupes de ligne qu'aux volontaires; 2° composer de nouveaux régiments en amalgamant un ancien bataillon de ligne et deux bataillons de volontaires; 3° appliquer aux nouveaux régiments un mode d'avancement où se trouveraient combinés l'élection, alors en usage dans la garde nationale sédentaire et active, avec les droits de l'ancienneté, et la faculté du choix, régime maintenu dans les troupes de ligne.

Les débats que souleva le rapport de Dubois-Crancé occupèrent plusieurs séances; les opinions les plus divergentes se manifestèrent. Essayons de donner une idée de la discussion en citant quelques passages des discours des principaux orateurs qui, du reste, firent souvent plutôt assaut d'éloquence et d'enthousiasme que de logique et d'expérience [1].

Barère. — « Il est impossible de vouloir en ce moment réorganiser l'armée. Les bataillons de volontaires, ces phalanges innombrables, dispersées partout,

---

[1]. La discussion sur cette loi importante se prolongea depuis le 7 jusqu'au 21 février. Elle se trouve éparse dans le *Moniteur* du n° 44 au n° 64.

ne connaissent d'autre amalgame que celui de la liberté et de la victoire. La liberté ne veut pas de grands corps d'armée. Des bataillons multipliés, divisés par leur régime, sont les éléments de force publique les moins dangereux. Mais, d'ailleurs, dans l'état actuel comment pourriez-vous faire l'incorporation proposée par Dubois-Crancé? L'armée de Valence est presque entièrement composée de troupes de ligne, celle de Dumouriez, presque entièrement de volontaires... Ignore-t-on dans quelle position nous sommes? Quarante-deux mille Prussiens sont aux portes de Longwy; Custine est entouré par une armée supérieure à la sienne; les flottes d'Angleterre croisent dans nos mers; la Hollande et l'Espagne font de grands préparatifs...

— « Tant mieux ! » s'écrie une voix partie de l'extrême gauche.

— « Oui, tant mieux! reprend Barère. Je connais les Français. Loin de diminuer leur courage, le nombre des ennemis ne fera que l'accroître. L'année dernière nous avons fait repentir l'étranger d'avoir osé souiller la terre de la liberté, et cependant nos armées présentaient le désordre d'une organisation nouvelle et précipitée. C'est encore avec ce désordre majestueux et imposant qu'elles feront la seconde campagne. Les despotes de Vienne, de Berlin, de Madrid et de Londres ne font ni discours, ni rapports, ni plans; ils réunissent, ils complètent leurs armées et nous présentent la bataille; acceptons-la. »

Saint-Just. — « L'unité de la République exige l'unité dans l'armée. La patrie n'a qu'un cœur. Il ne faut pas que ses enfants se le partagent avec l'épée. Je ne connais qu'un moyen de résister à l'Europe : c'est de lui opposer le génie de la liberté. On prétend que les élections militaires doivent affaiblir et diviser l'armée, que l'instabilité de l'avancement peut dégoûter les chefs, porter les soldats à la licence, énerver la discipline et compromettre l'esprit de subordination. Toutes ces difficultés sont vaines, il faut vaincre l'armée si vous voulez que l'armée vainque à son tour. La patrie est-elle donc esclave de ses gens de guerre? Si vous laissez les nominations de tant de places entre les mains des généraux ou du pouvoir exécutif, vous les rendez puissants contre vous-mêmes et vous rétablissez la monarchie. Règle générale : il y a bientôt monarchie là où la puissance exécutive dispose de l'honneur et de l'avancement. Il faut que l'antichambre des ministres cesse d'être un comptoir des emplois publics ; il faut qu'il n'y ait plus rien de grand parmi nous que la patrie. On ne peut faire une république qu'à force de frugalité et de vertu. Qu'y a-t-il de commun entre la gloire et la fortune? L'élection des chefs particuliers de chaque corps est le droit de cité du soldat. Ce droit ne doit être exercé que dans l'intérieur des corps. Ainsi restreint, il ne peut être dangereux pour la République. Mais une armée ne peut ni s'assembler, ni délibérer ; c'est aux représentants du peuple qu'appartient le choix de ceux auxquels est confié le salut du peuple. Il faut que les généraux soient élus par la Convention. »

Garrau. — « Les Lameth à l'Assemblée constituante, les Dumas et les Vaublanc à l'Assemblée législative, parlaient sans cesse d'indiscipline. Eh bien! rappelez-vous ce que vos volontaires ont fait dans les plaines de la Champagne, ce qu'ils ont fait à Jemmapes; ils étaient indisciplinés comme vous l'entendez, cependant ils ont vaincu. Eh bien, ils vaincront encore, et c'est ainsi qu'ils répondront aux calomniateurs. »

Garnier (de Saintes). — « Le système du Comité de défense générale consacre de grands principes; il établit l'unité de force, l'unité de régime, l'unité de récompense; il rapproche tous les défenseurs de la patrie par le lien de l'égalité; mais est-ce bien le moment aujourd'hui de transformer nos régiments en corps électoraux? Le temps des élections est un temps d'agitation et de cabales; l'intrigue va parcourir tous les rangs de l'armée, depuis le soldat jusqu'au capitaine, chaque individu briguera les suffrages et dirigera ses pensées et ses sollicitudes vers un grade, lorsque son ambition tout entière devrait se porter vers la victoire. »

Serres (des Hautes-Alpes). — « Le droit d'élire semble comporter avec lui le droit de destituer. Quel danger ne résulterait-il pas pour la chose publique si le soldat était livré à toutes les inspirations de la malveillance, si l'officier était exposé à tous les caprices et à toutes les intrigues de ses subordonnés? Bien plus, Dubois-Crancé vous propose de faire voter à haute voix; ne sait-il donc pas que, dans certains bataillons, on a vu les grades mis aux enchères? veut-il donc voir se renouveler de pareils scandales? »

Isnard. — « Ne placez pas éternellement les officiers entre leurs intérêts et leurs devoirs : ils préféreront leurs intérêts. De là la bassesse des moyens pour acquérir la bienveillance des soldats; de là le relâchement des mœurs militaires, c'est-à-dire la dissolution de la chaîne électrique qui, tant de fois, conduisit l'armée française à la victoire. Mais, dites-vous, vous voulez enlever aux gardes nationales leurs droits... Leurs droits!... Quand la patrie requiert un de ses enfants pour sa défense, soit comme général, soit comme soldat, il n'a plus de droits, il n'a que des devoirs. »

Buzot. — « Conservons l'avancement par ancienneté de service. C'est le système qui a pour lui l'expérience de tous les temps et de toutes les nations; c'est le mode le plus expéditif en temps de guerre, c'est le seul praticable, lorsque les bataillons sont dispersés par détachements. Craignons d'affaiblir la sévérité de la discipline; ne changeons pas les ressorts d'une machine au moment où elle est en action; battons-nous comme se sont battus les vainqueurs de Jemmapes. A la paix, nous aurons le loisir d'entendre les gens à système. »

Aubry. — « J'obéis à ma raison et à mon expérience en vous disant : si vous avez des cadres pour huit cent mille hommes, réduisez-les; mais avant tout conservez sous les drapeaux des capitaines et des lieutenants de ligne, qui ont trente ans et quarante ans de service [1].

---

[1]. Aubry fut fidèle, en novembre 1794, au principe qu'il émettait en février 1793. Entré au Comité de salut public quelques mois après le 9 thermidor, il mit en disponibilité un grand nombre d'officiers, notamment Bonaparte, depuis peu promu au grade de général de brigade; ce qui lui attira de la part du jeune vainqueur de Toulon la fameuse réponse : « On vieillit vite au feu! » Tous deux avaient

L'obéissance passive, sans laquelle il n'y a pas de succès à la guerre, est impossible entre le citoyen qui élit et le citoyen qui est élu. L'égalité des droits ne donne pas l'égalité de l'intelligence et de la bravoure. »

II.

Malgré toutes les critiques de détail, le système présenté par le Comité de défense générale triompha sur presque tous les points et fut consacré par les lois des 24 et 26 février, que nous allons analyser brièvement.

Toute distinction ou différence de régime et de solde entre les régiments de ligne et les bataillons de volontaires est abolie. Les armées de la République recevront, par l'amalgame d'un bataillon de ligne avec deux bataillons de volontaires, une organisation uniforme. L'exécution de cette organisation est renvoyée à la fin de la campagne de 1793. Mais tout est d'avance disposé de manière qu'elle puisse s'effectuer d'un seul coup au moment voulu. La constitution des états-majors est changée et les dénominations des hauts grades modifiées selon le nouveau système. Les lieutenants-colonels deviennent chefs de bataillon et d'escadron, les colonels chefs de brigade, les maréchaux de camp généraux de brigade, les lieutenants-généraux généraux de

---

raison : l'un, de défendre en principe les vieux serviteurs de la patrie ; l'autre, les brillantes exceptions.

division, les généraux d'armée généraux en chef. La dignité de maréchal de France est supprimée.

Dans tous les grades, hormis ceux de chef de brigade et de caporal, l'avancement doit avoir lieu : le tiers par ancienneté, les deux tiers au choix, mais dans l'intérieur du bataillon où la place viendra à vaquer. Les chefs de brigade seront toujours pris à l'ancienneté parmi les trois chefs de bataillon de la demi-brigade. Les caporaux seront nommés par les volontaires de la compagnie. La partie des places réservées au choix sera donnée au moyen de l'élection à deux degrés; tous les soldats, sous-officiers et officiers de la compagnie présentant trois candidats aux officiers du grade à donner, et ceux-ci étant tenus de choisir le plus méritant des trois. Les chefs de corps seront chargés, à l'instant de la vacance, de remplir les emplois réservés à l'ancienneté. Les fonctions de général de brigade seront données aux chefs de brigade, un tiers à l'ancienneté, deux tiers au choix du ministre de la guerre rendant compte au Corps législatif; il en sera de même pour les généraux de division. Les généraux en chef n'auront plus que des commissions temporaires; le pouvoir exécutif les choisira parmi les généraux de division, sous la ratification expresse de l'Assemblée nationale [1].

[1]. La disposition de la loi qui accordait à l'ancienneté les deux tiers des places vacantes de généraux de brigade et de généraux de division ne fut jamais observée; ce fut très-heureux pour l'armée, car ce mode de nomination aurait eu les conséquences les plus déplorables. En fait, le Conseil exécutif, ensuite le Comité de salut public, et plus tard le ministre de la guerre, firent toutes les nominations de généraux.

Les troupes de ligne ont leur solde augmentée et mise au niveau de celle des volontaires, auparavant plus favorisés. Mais les hommes qui les composent, étant engagés, sont tenus de rester sous les drapeaux jusqu'à la paix, pour avoir droit aux pensions et gratifications. Les volontaires ne sont liés que pour une campagne; ceux d'entre eux qui continueront le service pendant toute la guerre recevront une haute paye.

Tout militaire réformé à la paix, et ayant servi dix ans, les campagnes étant comptées doubles, doit avoir une pension qui s'augmente par les années de service au-dessus de dix années.

Ceux qui n'auront pas dix ans de service seront gratifiés de 60 livres pour une campagne, de 150 pour deux, de 300 pour trois, de 500 pour quatre, etc.

Les défenseurs de la patrie (volontaires et soldats de ligne) pourront échanger leurs brevets de pension contre un bien national, qu'ils pourront acquérir au taux de dix pour cent, 300 livres de pension équivalant à un bien de 3,000 livres.

Une valeur de 400 millions de biens d'émigrés est affectée à ces acquisitions faites en échange de pensions militaires.

Tous les citoyens français, de dix-huit à quarante ans, non mariés ou veufs sans enfants, sont en état de réquisition permanente, jusqu'à ce qu'on ait atteint le chiffre de trois cent mille hommes pour porter l'armée française au complet.

Le contingent de chaque département est déterminé en proportion de sa population et du nombre de volontaires déjà fournis par lui aux armées de terre et de mer.

Vingt-quatre heures après la réception de la loi réglant ce contingent, les Directoires de département feront la répartition des hommes à fournir par les districts de leur ressort ; dans ce même délai, les Directoires de district fixeront le contingent de chaque commune.

Le Directoire de département est tenu d'envoyer un commissaire par district, et chaque district, un par canton, pour suivre et surveiller dans les diverses communes les opérations relatives à la levée.

Les administrateurs composant les Directoires de département et de district, les procureurs généraux des départements et de district, les procureurs-syndics des communes, les maires et les officiers municipaux, les membres des tribunaux civils et criminels, les greffiers, les commissaires nationaux, les juges de paix, les receveurs de districts, sont exemptés de concourir à cet appel.

Pendant trois jours, il sera ouvert dans toutes les communes de la République un registre sur lequel se feront inscrire tous ceux qui voudront se consacrer à la défense de la patrie. Dans les communes où l'inscription volontaire n'aura pas produit le total des hommes réclamés, les citoyens, convoqués à cet effet, seront tenus de compléter ce nombre. Cette opération devra se faire sans désemparer par la voie du sort, par la désignation directe ou par tout autre mode qu'il plaira à la majorité des concitoyens d'adopter.

C'était, on le voit, une large porte ouverte à l'arbitraire des tyrannies locales, de toutes les plus difficiles à réprimer, les plus insupportables à subir. La Convention fit un pas de plus dans cette voie funeste en violant le principe de la non-rétroactivité ; elle déclara que les citoyens, qui s'étaient fait remplacer lors des levées précédentes, seraient encore obligés de concourir avec les autres citoyens à la levée actuelle.

III.

En même temps que l'on réorganisait l'armée, il fallait penser au nerf de la guerre, aux finances. Mais il est encore plus facile de faire sortir de dessous terre les hommes que les écus. En pareille matière, il est dangereux de se fier à l'enthousiasme d'une nation ; l'argent ne se laisse pas si facilement entraîner que les cœurs.

Cambon, l'organe habituel du Comité des finances, vient le 1er février dérouler à la tribune le tableau peu rassurant de la situation. Son rapport constate les faits suivants :

Au 1er février 1793, il a déjà été fabriqué pour plus de 3 milliards d'assignats. Défalcation faite de ceux rentrés et détruits, il en reste en circulation pour plus de 2 milliards 300 millions. Le Trésor public est à peu près vide, il n'existe plus en caisse qu'environ 30 millions. L'arriéré des contributions s'élève au chiffre énorme de 648 millions. Les recettes ordinaires, tant pour les contributions directes que pour les contributions indirectes[1], montent à 220 millions; il est vrai qu'à ce chiffre s'ajoutent 41 millions de dons patriotiques; mais il est difficile d'en espérer autant pour les années suivantes.

Depuis que la guerre est commencée, la République dépense 200 millions par mois; il n'y a que des ressources extraordinaires d'un genre tout particulier qui puissent faire face à des dépenses si exorbitantes. Ces ressources sont les biens du clergé et ceux des émigrés. Des premiers l'on a déjà vendu pour 1,850 millions, il n'en reste à vendre que pour 380 millions. Il faut maintenant songer à faire ressource des seconds en y joignant les biens de la liste civile, ceux de l'ordre de Malte et des colléges, enfin les palais épiscopaux, qu'on reprendra aux nouveaux évêques moyennant le payement d'une indemnité de logement. Le nombre des émigrés peut être évalué à soixante-dix mille, et le chiffre de leurs propriétés à 5 milliards, dont 2 suffiront pour payer les dettes des anciens possesseurs.

« Les 3 milliards restant disponibles, ajoute Cambon, sont plus que suffisants pour mener à bonne fin la guerre contre les despotes européens. De cette manière, les anciens privilégiés, en s'armant contre nous, auront fourni les moyens de repousser les ennemis qu'ils nous

---

[1]. Les contributions indirectes se composaient du produit des postes, des douanes, du timbre, de l'enregistrement, des messageries et des loteries (l'impôt du sel et du tabac ayant été aboli); elles produisaient 70,000,000. Les contributions directes se montaient à 150,000,000.

suscitent, de maintenir la souveraineté nationale qu'ils dénient, d'établir la liberté et l'égalité qu'ils méprisent. »

Enfin, il est une autre ressource que le financier montagnard fait largement entrer en ligne de compte, c'est l'indemnité due à la République par les nations délivrées, grâce à nos armes victorieuses, du joug de leurs tyrans. « Les révolutions, dit-il, ne peuvent se faire avec des contributions extraordinaires, parce que ces contributions pèsent sur la partie laborieuse et indigente du peuple; elles ne peuvent se faire par des emprunts, parce que personne ne veut prêter à une nation qui, voulant être libre, n'a pas encore de gouvernement[1]. Il ne reste donc d'autres ressources aux peuples affranchis que de réaliser la valeur de leurs biens nationaux pour s'acquitter envers nous. C'est ce qu'ils feront, n'en doutez pas. »

Convaincue par les arguments du rapporteur, l'Assemblée adopte sans débat les conclusions du Comité des finances, qui propose de créer 800 millions de nouveaux assignats devant avoir pour gage les biens des émigrés, puisque ceux du clergé sont déjà dévorés.

1. Dans un autre passage de son rapport, Cambon disait : « Si nous voulions dans ce moment contracter un emprunt, les gens à portefeuille, qui calculent sur la misère publique, nous diraient : A qui voulez-vous que nous prêtions? A la République française? Nous ne la connaissons pas. Il n'existe aucun gouvernement. Lorsque la Constitution sera terminée, si elle nous convient, nous verrons ce que nous aurons à faire. »

IV.

Les ressources en hommes et en argent étant ainsi provisoirement assurées, il faut songer à réaliser dans un bref délai les indemnités dues par les nations auxquelles on a donné la liberté. De toutes, la plus en état de payer largement les frais de la guerre que l'on a portée chez elle, c'est la riche Belgique. Mais il faut observer au moins certaines formes et ne paraître devoir qu'à l'enthousiasme des peuples ce que l'on pourrait exiger par la force des armes. D'ailleurs, peut-on, sans fouler aux pieds les principes de modération et de désintéressement naguère si hautement proclamés, incorporer ces provinces à la République, avant que les citoyens aient été consultés, au moins pour la forme, avant que les nouvelles autorités, imitant l'exemple des municipalités savoisiennes, aient donné le signal de l'annexion?

Mais ces autorités ne semblent pas disposées à se livrer aux démonstrations que les commissaires du pouvoir exécutif se croient en droit d'attendre d'elles. Elles sont composées, au moins en grande partie, de citoyens liés au pays par des relations de famille et des intérêts considérables. Malgré leur origine[1], elles n'ont pas tardé à réagir contre des exigences chaque jour de plus en plus intolérables. Aussi les agents du pouvoir exécutif, sentant leur manquer le point d'appui sur

---

1. Voir t. V, p. 62 et suivantes.

lequel ils avaient compté, s'empressent-ils de le chercher dans les sociétés populaires.

Ces sociétés s'étaient établies dans toutes les villes de la Belgique. Elles avaient été d'abord fréquentées par les partisans des idées nouvelles, à quelque nuance qu'ils appartinssent; mais bientôt, comme cela était arrivé en France, les violents avaient expulsé les modérés, l'élément local avait peu à peu été éliminé par l'élément étranger.

Quelques semaines après leur installation, les clubs n'avaient plus pour adhérents que les individus qui font du patriotisme et de la liberté métier et marchandise, n'ont d'autre droit de cité dans les villes, où ils viennent s'abattre, que la terreur qu'ils inspirent, les méfaits qu'ils commettent. Prêtres apostats, moines défroqués accourus de tous les coins de l'Europe, fournisseurs d'une probité quelque peu douteuse, administrateurs ayant certaines peccadilles à se reprocher, aventuriers de toute provenance, intrigants en quête d'une fonction à l'ombre de laquelle il soit possible d'exercer impunément les rapines les plus effrontées; tous s'étaient donné rendez-vous dans les sociétés populaires, y occupaient les principales dignités, faisaient retentir la tribune de leurs motions incendiaires et s'arrogeaient le droit de parler au nom du peuple belge.

Des trois coryphées du club de Bruxelles, deux étaient français : Chepy, l'un des commissaires du pouvoir exécutif; Estienne, qui avait levé une bande de coupe-jarrets avec laquelle il était censé faire la police dans la capitale du Brabant et dans les communes environnantes [1]. Le troisième était Belge, mais pour renchérir sur les démagogues de Paris, qui s'honoraient du titre de sans culottes, il se faisait appeler Charles sans chemise.

Le décret du 15 décembre avait introduit en Belgique les procédés révolutionnaires depuis longtemps usités en France : séquestres, confiscations, assignats, etc. Il fut reçu avec stupeur par les autorités municipales, avec enthousiasme par les sociétés populaires. Presque toutes les villes de la Belgique envoyèrent à la Convention des adresses pour en demander le retrait ou du moins l'atténuation [2]. On y invoquait les principes de

---

[1]. Danton et ses collègues, dans le but de révolutionner de fond en comble la Belgique, avaient appelé dans ce malheureux pays des volontaires d'une espèce toute particulière. « Ce ne sont pas précisément de nouveaux soldats que nous vous demandons, écrivaient-ils aux autorités des départements de la frontière du Nord, mais bien des patriotes déterminés à protéger efficacement les patriotes belges et à seconder vigoureusement nos opérations politiques. » Comme il n'y avait pas de danger à affronter, mais des violences et des pillages à exercer impunément, ce ne furent pas naturellement les braves gens qui accoururent, mais les mauvais sujets de toute espèce. Ils arrivèrent coiffés de bonnets rouges, armés de piques, de couteaux ou de mauvais fusils. Dumouriez les accueillit fort mal et se hâta de les renvoyer dans leurs foyers; mais il en resta assez pour former le noyau de l'armée révolutionnaire levée par Estienne avec la tolérance du général qui commandait à Bruxelles. Ce général était Moreton-Chabrillan qui, ayant à se venger d'injustices subies par lui sous l'ancien régime, s'était jeté à corps perdu dans le parti démagogique. La troupe d'Estienne prit la part la plus active aux violences exercées dans plusieurs villes à l'occasion des élections et plus tard au pillage des églises.

[2]. Les principales villes qui protestèrent contre le décret du 15 décembre furent Bruxelles, Namur, Tournay, Louvain, Anvers,

fraternité universelle et de souveraineté absolue des peuples, si hautement proclamés par l'Assemblée française ; on y rappelait les promesses contenues dans les proclamations de Dumouriez, au moment où il avait mis le pied sur le sol des Pays-Bas[2]. « Vous êtes, y était-il dit sous mille formes diverses, mais avec une logique irrésistible, vous êtes nos alliés, nos amis, nos frères ; vous n'êtes ni nos conquérants ni nos maîtres. Si la Convention nationale de France rend des décrets exécutables en Belgique sur les personnes et sur les choses, que devient la souveraineté du peuple belge ? Cette souveraineté doit avoir les mêmes caractères que celle du peuple français ; donc elle est une, absolue, indivisible, incommutable. Elle est entière ou elle est nulle, car il n'y a ni demi-justice, ni demi-liberté. »

La Convention tint fort peu de compte de toutes ces adresses ; elles les renvoya au Comité diplomatique, avec la recommandation secrète de les enfouir dans ses cartons. Au contraire, elle accueillit avec faveur la délibération que lui apportèrent, le 8 janvier, les délégués de la Société populaire de Bruges, demandant : 1.° de

---

Malines, Gand, Bruges et Ypres. L'œuvre de Cambon ne rencontra d'adhésion qu'à Liége, Mons et Charleroi.

L'avocat Balza avait été élu sous l'influence française, le 18 novembre, président de la municipalité de Bruxelles (voir t. V, p. 64) ; il s'était rendu à Paris, le 4 décembre, pour remercier la Convention d'avoir délivré la Belgique du joug autrichien, et cependant ce fut lui qui revint un mois plus tard à la tête d'une nombreuse députation pour solliciter de la même assemblée le rapport du décret du 15 décembre ; tant la réaction avait été rapide et profonde.

2. Voir t. V, p. 68 et suivantes.

n'avoir aucun égard à la protestation que l'administration provisoire de cette ville avait formulée contre le décret du 15 décembre ; 2° de créer un nouveau département français dont Bruges serait le chef-lieu ; 3° de maintenir, comme commissaire national dans cette ville, le citoyen Sta, ex-procureur-syndic du district de Lille, dont les talents et le patriotisme étaient connus [1].

Cambon, appuyé par le girondin Louvet et le montagnard Osselin, demanda et obtint que le pouvoir exécutif fût tenu de rendre compte de ce qu'il avait déjà fait pour l'application du décret. C'était le confirmer implicitement et répondre par une fin de non-recevoir aux plaintes réitérées de la Belgique.

Déçues dans leur espoir de voir apporter au moins quelque tempérament à l'exécution des mesures provoquées par Danton et ses collègues, les autorités municipales résolurent de profiter de la réunion des assemblées primaires, que le décret lui-même avait ordonnées, pour faire nommer une convention belge qui, parlant au nom de la nation entière, aurait peut-être plus de chance d'être écoutée.

Dumouriez voyait avec un vif mécontentement la direction des esprits lui échapper dans un pays qu'il regardait comme sa conquête. Aussi encouragea-t-il vivement cette idée, peut-être même l'inspira-t-il aux

---

1. C'est ce même Sta dont Dumouriez avait signalé les dilapidations au ministre de la guerre (t. V, p. 57 et 59). Le club de Bruges le prenait sous sa protection comme avaient fait les jacobins de Bruxelles six semaines auparavant pour le fournisseur d'Espagnac (voir également t. V, p. 55).

nombreux amis qu'il s'était ménagés dans la plupart des localités flamandes. Mais cette tentative de réunir dans une seule assemblée toutes les forces vives du pays échoua devant les antipathies locales et devant les préjugés de caste. D'ailleurs, les commissaires de la Convention mirent bon ordre à ces velléités d'indépendance. Par un arrêté signé Danton, Lacroix et Gossuin, il fut fait défense aux électeurs nommés par les assemblées primaires de se réunir, sous peine d'être poursuivis comme perturbateurs du repos public.

Par contre, tout ce qui pouvait hâter l'annexion était favorablement accueilli. Ce fut du pays de Liége que vint la première demande officielle. Le 23 décembre, les administrations provisoires des deux petites villes de Spa et de Theux, convoquèrent leurs concitoyens pour voter la déchéance du prince-évêque, la rupture de tout lien avec l'empire germanique, et la réunion à la France. Liége et toutes les communes environnantes émirent bientôt le même vœu.

Dans la séance du 31 janvier, au moment même où la Convention venait de déclarer que le comté de Nice faisait partie intégrante de la République française, Danton s'élance à la tribune.

« Ce n'est pas, dit-il, seulement en mon nom, c'est au nom de tous les commissaires envoyés par vous en Belgique, que je viens demander le même décret pour le peuple belge. Cette réunion, vous l'avez déjà préjugée par votre décret du 15 décembre. Je ne demande rien à votre enthousiasme, tout à votre raison. Les limites de la France sont marquées par la nature ; aux bords du Rhin, au pied des Alpes, là doit finir notre république. Aucune puissance ne peut nous arrêter ; c'est en vain qu'on nous menace de la colère des rois. Vous leur avez jeté le gant, et ce gant c'est la tête d'un tyran. Ne songeons plus qu'à développer la force nationale, envoyons des commissaires dans toutes les communes de la République pour demander des hommes et des armes, et précipitons la France entière sur nos ennemis. Quant à la Belgique, l'homme du peuple et le cultivateur veulent la réunion ; ils sont mûrs pour la liberté, ils sont dignes d'être unis à la France par des liens indissolubles. Ce n'est que parce que les patriotes pusillanimes doutent de cette réunion que l'exécution de votre décret du 15 décembre éprouve de l'opposition. Prononcez-la, faites exécuter les lois françaises ; et aussitôt les prêtres perturbateurs, les aristocrates séditieux purgeront, en vertu de ces lois, la terre de la liberté. Cette grande purgation opérée, nous aurons des hommes et des trésors de plus. Je conclus à la réunion immédiate. »

Camus, Lacroix, Cambon, c'est-à-dire les auteurs mêmes du décret du 15 décembre, abondent dans le même sens que Danton, et accusent de tout le mal les administrations provisoires.

« Ce sont ces prétendus représentants du peuple belge, s'écrie Camus, qui calomnient les intentions de la Convention, ce sont eux qui nous ont accusés de vouloir attenter à la souveraineté de ce peuple ; ce sont eux qui entravent les opérations des assemblées primaires. — Eh bien ! ajoute Cambon, que l'on consulte les Belges et les Liégeois sur le mode du gouvernement qu'ils veulent avoir, et que l'on renvoie de suite Danton et Lacroix en Belgique pour veiller à l'exécution des mesures que vous adopterez. »

Aussitôt on lit un décret préparé d'avance ; il était précédé d'un considérant qui pouvait passer à bon droit pour une amère dérision.

« La Convention nationale, informée que, dans quelques-uns des pays actuellement occupés par les armées de la République, l'exécution des décrets des 15, 17 et 22 décembre a été arrêtée par des ennemis du peuple coalisés contre sa souveraineté, décrète ce qui suit :

« 1° Les trois décrets précités recevront leur exécution immédiate ; les généraux des armées de la République sont chargés de prendre toutes les mesures nécessaires pour la tenue des assemblées primaires. 2° Les commissaires envoyés par la Convention pour fraterniser avec les peuples décideront provisoirement toutes les questions qui pourraient s'élever relativement à la forme et aux opérations des assemblées primaires comme à la validité des suffrages, ils assureront la liberté des assemblées ; ils pourront agir conjointement ou séparément, pourvu néanmoins qu'ils soient réunis au nombre de deux. 3° Les peuples, réunis en assemblées primaires, sont invités à émettre leur vœu sur la forme de gouvernement qu'ils veulent adopter. 4° Les peuples des villes et territoires qui ne se seraient pas rassemblés dans la quinzaine au plus tard de la promulgation du présent décret, seront déclarés ne pas vouloir être amis du peuple français. La République les traitera comme les peuples qui refusent d'adopter et de former un gouvernement fondé sur la Liberté et l'Égalité. »

Cela était assez clair et ne demandait pas de commentaires ; d'ailleurs, s'il y en avait eu besoin, Lacroix et Danton se chargèrent de les donner. Ils partirent immédiatement pour promulguer la volonté immuable de la Convention. Le reste n'était plus qu'une simple formalité [1].

1. Les commissaires envoyés en Belgique avaient d'abord été au nombre de quatre : Danton, Lacroix, Camus et Gossuin, nommés par décret du 30 novembre (voir t. V, p. 56). A la fin de janvier, Treilhard et Merlin (de Douai) ; à la fin de février, Robert, vinrent les rejoindre. Ce dernier avait adressé au président de la Convention la lettre suivante, à laquelle nous avons déjà fait allusion lors du procès de Louis XVI (voir t. V, p. 189) :

« Président, je suis né Liégois ; le despotisme avait mis ma tête à prix ; les armées de la République française l'ont terrassé ; le tyran de la France n'est plus. Serait-ce manquer à mon devoir que d'aller revoir le pays où je suis né, que d'aller jouir un instant des embrassements paternels ? Président, je te prie de faire observer à mes collègues que depuis trois ans la tyrannie m'en a privé. Je demande à la Convention un congé de huit jours pour aller embrasser à Liége et mon père et la statue de la Liberté.

« ROBERT, *député de Paris.*

« Le 28 février de la République une et indivisible. »

La Convention non-seulement accorda le congé que Robert demandait, mais encore l'adjoignit aux représentants du peuple en mission en Belgique ; il n'arriva, du reste, à Liége que pour être témoin de la prise de cette ville et de la fuite de ses amis.

V.

Le premier acte de la comédie qui allait se jouer ne fut pas le moins singulier. Les trop fameux commissaires du pouvoir exécutif se réunirent le 3 février à Bruxelles et discutèrent gravement la question de savoir si la Belgique devait être réunie à la France. Avons-nous besoin de dire qu'ils résolurent cette question affirmativement à l'unanimité? Ils déclarèrent « qu'il fallait, pour obtenir ce résultat, employer d'abord la puissance de la raison, les touchantes insinuations de la philanthropie, puis tous les moyens de tactique révolutionnaire, et enfin, si les populations opposaient la force d'inertie, user du droit de conquête devenu pour la première fois juste et utile, c'est-à-dire déployer l'appareil de la force nationale pour éloigner des assemblées primaires toute scène scandaleuse [1]. »

Les commissaires, une fois convenus du mode de leur action commune, invitèrent chacun les villes de leur circonscription à se prononcer pour ou contre la réunion à la France. Il nous paraît inutile de raconter les unes après les autres les scènes qui se passèrent à

---

[1]. Le procès-verbal de cette séance nous a été conservé par l'un des principaux acteurs, Publicola Chaussard, qui, en transmettant la délibération de ses collègues au pouvoir exécutif, demandait « qu'on leur envoyât de l'argent et des levées pour remuer de fond en comble la Belgique. » Voir les *Mémoires historiques et politiques de Chaussard,* p. 437 et 472.

Mons, à Gand, à Bruxelles, à Louvain, à Namur et à Ostende. Elles présentent à peu de chose près les mêmes épisodes et aboutissent toutes à un résultat identique.

Le général français commandant la division invite les citoyens à s'assembler dans une église. La force armée se tient autour du lieu de la réunion, sous prétexte de protéger la liberté des suffrages, mais en réalité pour mettre à la raison les récalcitrants [1]. Le commissaire du pouvoir exécutif ouvre la séance par un discours où il vante les bienfaits de la constitution française; la plupart des spectateurs, qui ne parlent et n'entendent que le flamand, n'en comprennent pas un mot. Les affidés interrompent bientôt l'orateur en demandant à grands cris que l'on passe immédiatement au vote. Un bureau est formé par acclamation; on prête en masse le serment prescrit par le décret du 15 décembre. On ne fait aucun appel nominal, on ne dresse aucune liste des assistants. « Citoyens, dit le président, vous avez à

---

1. Voir le rapport des citoyens Lacroix, Gossuin, Danton, Merlin (de Douai), Treilhard et Robert, membres de la Convention et nommés par elle commissaires près des armées et dans les pays de la Belgique et de Liége. On lit page 246 : « Le sang aurait coulé si une grande force n'était venue contenir les malintentionnés. » Page 254 : « Bruxelles, Louvain, Deinze, Tirlemont et leurs dépendances ont été tour à tour gardés par des forces imposantes les jours que leurs habitants respectifs se sont assemblés. » On lit également dans le *Journal des débats et de la correspondance des Jacobins* de Paris (séance du 13 mars 1793) l'aveu naïf d'un orateur qui s'exprime ainsi: « La réunion à la République française n'a été votée que par les sans-culottes; c'est par eux seuls qu'ont été décrétées les diverses incorporations. »

choisir entre l'état despotique et l'état démocratique. » Aussitôt tous les bras se lèvent en faveur de ce dernier gouvernement. « Vous avez maintenant à déclarer si vous voulez former une nation séparée ou être réunis à la France. Que ceux qui veulent la réunion passent à gauche; que ceux qui sont d'un avis contraire passent à droite. » Toute l'assistance se précipite du côté désigné en poussant le cri unanime : *La Réunion! nous sommes Français!* Le président s'empresse de constater l'unanimité du vote et de féliciter l'assemblée; puis il se fait déléguer avec quelques amis pour aller, aux frais de la ville ou de la province, porter à la Convention le vœu d'un peuple libre. Les voûtes de l'église retentissent du chant de la *Marseillaise.* Les clubistes, qui forment la presque totalité de l'assemblée se répandent dans les divers quartiers de la ville pour faire illuminer les maisons, sonner les cloches et improviser des réjouissances publiques [1].

[1]. Nous ne voudrions pas être accusé d'apporter quelque exagération dans la peinture de cette étrange manière de recueillir les vœux d'une nation souveraine. Nous renvoyons donc nos lecteurs aux procès-verbaux officiels. Nous donnons à la fin du volume ceux des assemblées de Bruxelles et d'Ostende. Tous les autres ne présentent avec ceux-ci que des variantes insignifiantes.

Mons avait été la première ville appelée à émettre son vœu. Dans le *Moniteur*, n° 47, on trouve une lettre des commissaires de la Convention en Belgique, où on lit ce qui suit : « L'assemblée des citoyens de Mons, convoquée par le général Ferrand, en exécution du décret du 24 janvier, vient de voter la réunion à la France. Des agents du parti vaincu de l'empereur et du parti expirant des prêtres et des nobles ont voulu exciter des troubles dans le lieu de la séance, mais bientôt ils ont été forcés de se dérober à l'indignation des Belges. La

La contre-partie de ces scènes se passa dans un grand nombre de villages et même de petites villes, où l'autorité militaire n'avait pas pu envoyer de troupes. Les délégués des commissaires français n'y eurent aucun succès et furent obligés de s'enfuir au plus vite. A Enghien, près Bruxelles, le fameux Charles-sans-Chemise fut accablé de coups et laissé pour mort sur la place.

Dans la seule ville de Liége, où l'on savait que la majorité était d'avance favorable à la réunion, les choses se passèrent avec plus de régularité et de décence. Mais, par cela même qu'il eut lieu en pleine liberté, le vote fut accompagné de certaines restrictions importantes. La municipalité elle-même les formula. Bien que composée des adversaires les plus déclarés du gouvernement de l'ancien évêque, elle mit pour conditions à la réunion : 1° qu'en même temps qu'il serait accordé des indemnités aux Liégeois qui avaient autrefois souffert pour la cause de la liberté, il en serait alloué aux membres du clergé, dont les emplois seraient supprimés ; 2° que l'on ne donnerait pas au cours forcé un effet rétroactif, c'est-à-dire que, pour le remboursement des dettes contractées entre Liégeois et pour le rachat des rentes constituées avant la réunion, on ne pourrait pas astreindre les par-

---

présence du général a ramené le calme. » Il est plus que vraisemblable que les coups de plat de sabre furent les arguments persuasifs dont se servirent les amis de la France pour manifester leur indignation. La manière dont on traita les opposants de Mons fut une leçon pour ceux des autres villes qui ne parurent pas au scrutin. Les documents officiels eux-mêmes laissent assez facilement comprendre que presque partout le nombre des abstentions fut très-considérable.

ticuliers à recevoir au pair cette monnaie de papier déjà si fort dépréciée [1].

Aussitôt que les réserves de la ville de Liége, furent connues des commissaires de la Convention, ils fulminèrent un arrêté déclarant que ce vote devait être considéré comme nul et non avenu, parce qu'il contenait des conditions injurieuses et inadmissibles.

VI.

La question des assignats tenait naturellement fort à cœur aux promoteurs des décrets du 15 décembre et du 31 janvier; ils comptaient sur la Belgique et le pays de Liége pour en absorber une quantité considérable dès que le cours forcé y aurait été légalement établi. Dans une circonstance récente, Cambon n'avait-il pas comparé les biens domaniaux et le papier monnaie qui en était la représentation à « la manne du désert qu'il fallait faire manger au peuple belge pour lui donner le goût de la liberté [2]? »

C'était justement cette question du cours forcé, mêlée à celle du séquestre des propriétés ecclésiastiques, qui avait complétement modifié les dispositions des

---

[1]. Voir l'*Histoire de la Révolution liégeoise* de 1789 à 1795, par Borgnet, chap. XXII et XXIII. Cet ouvrage, très-consciencieux, entre, à l'occasion de la réunion du pays de Liége à la France, dans des détails très-curieux.

[2]. *Moniteur*, n° 10; *Journal des débats et décrets*, n° 113, p. 111.

Belges à notre égard. Les sympathies enthousiastes et presque universelles qui avaient naguère accueilli les Français s'étaient bien vite changées en suspicions et en haines chez ce peuple éminemment catholique, éminemment calculateur. Lorsque chaque manufacturier, commerçant, bourgeois ou paysan, — car dans ce pays tous ou presque tous font des économies, — eut calculé la perte énorme qu'il éprouverait dans son avoir si le papier-monnaie français était accepté au pair; lorsque, dans chaque province, on vit les commissaires de la République placer sous le séquestre les biens des couvents et des communautés religieuses, apposer les scellés sur les sacristies qui renfermaient les trésors des églises et les ornements du culte, les masses se mirent à regretter le régime autrichien que quelques mois auparavant elles déclaraient intolérable. D'ailleurs, la conduite des agents de tout rang et de toute catégorie, qui représentaient la République, n'était pas propre à la faire aimer. Depuis Danton et Lacroix, aux mœurs relâchées et au langage cynique, jusqu'à Camus, dont l'austérité janséniste applaudissait au dépouillement des églises, parce qu'il y voyait le retour à la simplicité des premiers siècles du christianisme; depuis le commissaire ordonnateur en chef Ronsin, dont la brutalité jacobine se joignait à la plus violente rapacité, jusqu'au littérateur Publicola Chaussard, dont le pédantisme n'avait d'égal que la sottise, tous suscitaient les colères et les antipathies les plus vives.

Aussi, lorsque Dumouriez revint de Paris dans les derniers jours de janvier, il trouva les choses fort empirées. Il comprit vite qu'il ne pouvait plus compter sur la bonne volonté du peuple belge pour lui fournir des ressources en vivres et en hommes, et qu'il fallait à tout prix porter le théâtre de la guerre en Hollande où il pourrait trouver en abondance des provisions de guerre, des provisions de bouche, et surtout le numéraire qui lui faisait complétement défaut pour le prêt de ses soldats.

Les rapports qu'il venait d'avoir pendant un mois avec les chefs des deux partis qui se divisaient la Convention lui avaient démontré l'impossibilité de s'entendre avec l'un ou avec l'autre pour l'accomplissement des desseins qu'il roulait dans sa tête.

Il était résolu à prendre le rôle de Monck et à restaurer la monarchie en France, mais la monarchie constitutionnelle. Il voulait éviter de s'appuyer sur les émigrés aussi bien que sur les jacobins ; il les enveloppait les uns et les autres dans une même défiance et dans une même exclusion. Il sentait qu'avant toute chose il devait frapper un grand coup qui étonnât et fît taire ses ennemis, en lui rendant la confiance illimitée de son armée.

A ce but il sacrifie ce que lui recommande la plus vulgaire prudence. Il sait, à n'en pas douter, que les Autrichiens et les Prussiens rassemblent sur le Rhin des troupes nombreuses, et cependant il s'occupe fort peu de surveiller et de resserrer ses cantonnements, beaucoup trop dispersés. Il se contente d'envoyer à ceux de ses lieutenants qui commandent sur la ligne de la Meuse et à Aix-la-Chapelle des instructions qui doivent leur faire présager sa prochaine arrivée, et s'établit de sa personne à Anvers pour veiller aux derniers préparatifs de l'expédition de Hollande. Afin de tromper amis et ennemis sur ses desseins, il n'appelle même pas auprès de lui ses meilleures troupes et ses meilleurs officiers ; il s'embarque dans une entreprise hasardeuse avec quelques corps de formation nouvelle et avec des généraux qui n'ont pas encore fait leurs preuves. Heureusement il a près de lui Darçon, le meilleur ingénieur du temps, que les persécutions du prince jacobin, Charles de Hesse, ont éloigné de Besançon, et qui est venu chercher asile et sûreté dans les rangs de l'armée du Nord [1].

Dumouriez ne se dissimule pas les difficultés de l'expédition. Il ne s'agissait en effet de rien moins, comme il le dit dans ses mémoires, que de faire passer l'armée française par le trou d'une aiguille. Pendant ce temps, une partie de ses troupes devait, sous Valence, garder Aix-la-Chapelle et observer les mouvements de l'ennemi, une autre partie devait, sous Miranda, assiéger Maëstricht et Nimègue. Il était impossible de prendre régulièrement ces deux places avec les moyens et le peu de temps dont on disposait; le général en chef espérait que les garnisons capituleraient à la première menace d'un bombardement. Sans se préoccuper autrement de savoir si ses ordres peuvent ou non être exécutés, il franchit la frontière hollandaise avec

---

1. Voir ce que nous avons dit de Charles de Hesse, t. III, p. 340.

treize mille hommes, masque plusieurs places et court au Mœrdyk, espérant y trouver des bateaux pontés en nombre suffisant pour transporter ses troupes de l'autre côté de ce bras de mer. Il compte que la fortune, depuis six mois si propice à ses armes, fera pour lui encore un miracle, qu'elle affermira sous ses pas, par une gelée subite, les eaux des fleuves et des canaux de la Hollande. Mais ce miracle ne devait s'accomplir que trois ans plus tard au profit d'un autre général de la République, Pichegru, auquel il était réservé de prendre la flotte du Texel avec quelques escadrons de cavalerie.

Bientôt Dumouriez se voit déçu dans ses espérances. Son avant-garde n'a pu se saisir que de quelques bateaux, tous les autres ont été retirés de l'autre côté du Mœrdyk, et mis sous la protection de bâtiments gardecôtes. Il faut rassembler d'autres moyens de transport, un temps considérable est perdu. En attendant, grâce à Darçon, Dumouriez s'empare de deux places importantes, Bréda et Gertruydenberg, et se prépare à transformer en une guerre méthodique l'espèce de course au clocher dans laquelle il s'est lancé.

VII.

La nouvelle de l'entrée de l'armée française en Hollande est saluée par les applaudissements unanimes de la Convention. L'Assemblée profite de cette occasion pour faire à la face de l'Europe une nouvelle déclaration de principes.

Le décret du 2 mars, quoique spécialement adressé au peuple batave, est en réalité destiné à faire connaître à toutes les nations ce qu'elles doivent attendre de la République. La Convention y déclare : 1° que, toujours fidèle au principe de la souveraineté du peuple, elle ne reconnaît aucune des constitutions qui y portent atteinte ; 2° qu'à défaut de pouvoirs émanés du peuple, toute révolution a besoin d'une puissance provisoire qui remplace les autorités usurpées, ordonne le mouvement régénérateur et prévienne l'anarchie et le désordre ; 3° que la nation française, qui la première en Europe a osé proclamer les droits de l'homme, peut seule se charger efficacement de l'exercice momentané de ce pouvoir révolutionnaire dans le pays où la poursuite des ennemis de la liberté et de l'égalité a conduit ses armées ; 4° que ce pouvoir ne peut être confié, jusqu'à ce que le peuple ait manifesté sa volonté, qu'aux chefs de l'armée française. En conséquence, elle charge les généraux, au moment d'entrer en Hollande, d'annoncer à tous les habitants que la République leur apporte paix, secours, fraternité, liberté et égalité ; qu'ils sont dégagés de tous serments vis-à-vis du stathouder ; que ceux qui se prétendraient liés par leurs serments seront réputés par cela même adhérents du despotisme, conséquemment ennemis du peuple français et traités comme tels avec toute la rigueur des lois de la guerre. Elle ordonne encore aux autorités civiles et militaires : 1° de mettre sous la sauvegarde et protection de la République française, c'est-à-dire sous le séquestre, tous les meubles et immeubles appartenant au fisc, au stathouder, à ses fauteurs, adhérents et satellites volontaires, aux établissements publics, aux corps et communautés laïques et ecclésiastiques ; 2° de faire arrêter tous les émigrés français retirés sur le territoire batave et de faire transporter dans les pays limitrophes de la Hollande toutes les personnes qui auraient été déportées du territoire français.

Le décret se termine ainsi : « La nation française déclare qu'elle traitera comme ennemis les peuples qui, refusant la liberté et l'égalité ou y renonçant, voudraient conserver, rappeler ou traiter avec les tyrans qui les ont gouvernés ou avec leurs complices et les castes privilégiées. Elle renouvelle aussi la promesse solennelle qu'elle a faite de ne plus poser les armes qu'après l'affermissement de la souveraineté et de l'indépendance du peuple, sur le territoire duquel les troupes de la République française seront entrées et qui aura adopté les principes de l'égalité et établi un gouvernement libre et populaire. »

Cambon avait reconnu la faute qu'il avait commise par le décret du 15 décembre en abolissant tous les impôts dans les pays nouvellement conquis et en se privant ainsi de ressources considérables qui n'étaient pas à dédaigner dans l'état de pénurie où se trouvait le Trésor. Aussi le décret du 2 mars déclare-t-il que tous les impôts existant en Hollande subsisteront jusqu'à nouvel ordre à l'exception de ceux qui pèsent sur le pain et sur la bière.

« Comment, s'écrie à cette occasion le financier montagnard, pourrions-nous songer à imposer la bière si nécessaire aux braves sans-culottes ? Nous devons leur donner les moyens de danser la carmagnole autour de l'arbre de la liberté. Il ne faut pour être libre que du pain, de la bière et du fer [1]. »

VIII.

Pendant que la Convention promulguait bruyamment les principes qu'elle jugeait propres à lui concilier l'amour et le dévouement des peuples, pendant qu'elle célébrait déjà par des chants de triomphe les conquêtes futures de Dumouriez, l'armée coalisée se massait à petit bruit sur les bords du Rhin, se grossissait des contingents allemands ainsi que de nombreux renforts prussiens et autrichiens. Elle venait de passer sous le commandement en chef du prince de Cobourg, qui s'était naguère illustré dans la guerre contre les Turcs et brûlait de venger l'affront que les armes impériales avaient reçu à Jemmapes.

Apprenant que l'armée française a été affaiblie par deux détachements considérables, l'un destiné à assiéger Maestricht, l'autre à renforcer l'armée de Hollande, le nouveau généralissime se hâte de profiter de cette faute capitale. Nos cantonnements étaient mal gardés

---

[1]. Voir au *Moniteur*, n°ˢ 63 et 64, le décret du 2 mars, le rapport de Cambon et l'adresse aux Bataves rédigée par Barère.

et très-distants les uns des autres, le village d'Aldenhoven en était le centre ; c'est là que se porte tout l'effort des Autrichiens. Le village est assez facilement enlevé malgré la résistance des généraux Stengel et Lanoue, qui ne s'attendaient guère à une attaque si vive et si prompte. Dès lors, notre corps d'armée est coupé en deux, il est obligé de regagner la Meuse par deux routes différentes et d'essayer de s'en faire une nouvelle ligne de défense.

Miranda était depuis quinze jours devant Maestricht, qui résistait contrairement aux prévisions de Dumouriez. Incapable de l'assiéger selon les règles faute d'un matériel suffisant, il lançait des bombes et des obus dans la place sans pouvoir y faire une brèche. Tout à coup, il reçoit des lieutenants de Valence la nouvelle qu'ils ont été obligés d'évacuer Aix-la-Chapelle et que les troupes chargées d'investir le faubourg placé sur la rive droite de la Meuse courent grand risque d'être enlevées d'un moment à l'autre. Il se hâte de les rappeler à lui et d'opérer sa retraite sur Liége et Tongres.

L'échec d'Aldenhoven, l'abandon d'Aix-la-Chapelle, la levée du siége de Maestricht jettent l'effroi parmi les patriotes de Liége. Le conseil de ville se rassemble à la hâte. Trois des commissaires de la Convention, Gossuin, Lacroix et Merlin, qui se trouvent sur les lieux, viennent rassurer les autorités municipales et adjurent tous les habitants en état de porter les armes de voler au secours de la patrie en danger. Ils annoncent que, quant à eux, ils vont se rendre à Tirlemont, sur les derrières de l'armée, afin d'activer l'envoi de nouveaux renforts. Par le fait, ils abandonnent les Liégeois à leur malheureux sort ; seulement, avant de partir, ils ordonnent à leurs agents d'exécuter le décret du 15 décembre et se font précéder par des charrettes chargées de l'argenterie et des objets les plus précieux appartenant aux églises de la ville et des environs.

Les commissaires se divisent les rôles. Lacroix court à Paris instruire la Convention de nos désastres ; Merlin et Gossuin se dirigent vers Bruxelles pour se rapprocher de Dumouriez et de l'armée de Hollande.

Dans la nuit du 4 au 5 mars une immense émigration encombre les rues de Liége et se presse aux portes qui conduisent en Belgique. Tous ceux qui se sont compromis pour la cause française, tous ceux qui, de près ou de loin, ont à craindre les vengeances impériales, se hâtent de fuir. Il ne reste bientôt plus dans la ville aucun individu ayant été revêtu de quelque fonction publique durant les quatre mois qui viennent de s'écouler. Les anciens magistrats n'osent pas se montrer encore par crainte d'un retour offensif de Valence ou de Miranda. Pendant vingt-quatre heures une anarchie complète règne dans la malheureuse cité. La populace profite de cet interrègne des lois pour forcer les prisons et égorger une quinzaine de malheureux prêtres qui y sont détenus.

A peine arrivés en lieu de sûreté, les commissaires de la Convention songent à généraliser dans toutes les villes de Belgique les mesures de précaution qu'ils ont prescrites avant leur départ de Liége. En conséquence, par un arrêté en date du 5 mars, ils ordonnent aux commissaires du pouvoir exécutif d'envoyer à Lille les objets mobiliers qui, en vertu du décret du 15 décembre, ont été mis sous le séquestre.

Le séquestre n'avait jusque-là porté que sur l'argenterie provenant des couvents et des maisons d'émigrés. On avait laissé à peu près intact le trésor des paroisses ; mais les agents du pouvoir exécutif tiennent à honneur de réparer le temps perdu. Quoique l'armée impériale soit encore bien loin, puisqu'elle vient à peine de franchir la Meuse, ils agissent comme si elle était aux portes de chaque ville.

Dans la Belgique entière le même jour, à la même heure, les agents préposés aux séquestres courent aux principales églises, ordonnent de crocheter les portes des sacristies, et font main basse sur tout ce qui est à leur convenance. L'arrêté des commissaires de la Convention ne mentionnait que l'argenterie, mais, de leur autorité privée, les agents en étendent l'application au linge, aux dentelles, aux livres et missels qu'ils trouvent ; ils font mettre au pilon des pièces d'orfévrerie du travail le plus précieux. Le pillage s'exécute sans qu'on ait la pensée d'appeler les autorités locales ou de dresser des inventaires réguliers; beaucoup d'objets, d'un petit volume, sont soustraits dans la bagarre, et peu après vendus à vil prix. Les plus ignobles indécences, les plus déplorables profanations sont commises sous les yeux des populations indignées. Ce qui a échappé aux vols individuels est entassé sur des chariots et dirigé vers Lille.

Une grande partie de ces immenses spoliations ne profita même pas à la République au nom de laquelle elles avaient été commises. A peine si le quart ou le tiers du produit de ces vols entra réellement dans les caisses de l'État. Beaucoup de voitures furent arrêtées sur les routes de Belgique par des paysans ameutés ; parmi les chariots mêmes qui atteignirent la frontière française, plusieurs furent détournés de leur destination apparente et devinrent la proie de certains dilapidateurs attitrés, que leur omnipotence mit à l'abri des recherches.

IX.

Dumouriez était sur les bords du Mœrdyck en attendant le moment favorable pour traverser ce bras de mer.

Il reçoit coup sur coup les nouvelles du désastre de ses lieutenants ; mais, comme un joueur désespéré qui ne veut quitter la partie qu'après avoir épuisé toutes les chances, il se roidit contre l'infortune, il refuse de se rendre au désir de son armée qui le redemande à cor et à cri et ne voit son salut que dans la présence de son général. En vain les commissaires de la Convention lui font-ils les réquisitions les plus explicites, en vain ses confidents les plus intimes lui adressent-ils les prières les plus pressantes ; il perd plusieurs jours précieux et ne se résout à revenir sur ses pas que lorsqu'il s'aperçoit que les communications entre l'armée de Hollande et celle de Belgique risquent d'être coupées. Il donne l'ordre aux généraux Tilly et de Flers de mettre dans

Bréda et Gertruydemberg des garnisons suffisantes et de ramener le reste des troupes à Anvers.

Dans cette ville il trouve les esprits consternés et par les violences sacriléges dont la Belgique vient d'être le théâtre et par les arrestations que, la veille, le commissaire du pouvoir exécutif, le fameux Publicola Chaussard, a ordonnées.

Dumouriez déclare nuls et non avenus les actes des commissaires et donne à Chaussard l'ordre de quitter Anvers à l'instant même. Celui-ci vient avec fracas se plaindre d'être ainsi traité, lui, le représentant du pouvoir exécutif, lui, le délégué des commissaires de la Convention. Il reproche au général d'agir en vizir. Mais il est congédié avec cette réponse ironique : « Allez, monsieur Chaussard, je ne suis pas plus vizir que vous n'êtes Publicola. » Après avoir rassuré les autorités anversoises, Dumouriez court à Bruxelles, où de plus grandes violences exigeaient des réparations plus efficaces.

Le commissaire Chepy avait fait arrêter plusieurs personnages notables, notamment le duc d'Aremberg, et les avait envoyés à Paris à titre d'otages. La première mesure que prend Dumouriez est de faire saisir Chepy et de l'expédier en France sous la garde de la maréchaussée, en demandant pour lui une punition exemplaire [1]; la seconde est de casser et de dissoudre la légion

---

1. Deux jours après, Chepy était relaxé en vertu d'un arrêté signé Camus, Gossuin, Merlin et Treilhard. (Voir le rapport des commissaires de la Convention, p. 140.) Ce républicain farouche sur-

dite des Sans-culottes que commandait Estienne. Ces deux mesures préliminaires accomplies, il réunit à l'hôtel de ville les autorités municipales.

Là, entouré de son état-major et au milieu d'un immense concours de peuple, il adresse aux magistrats le discours suivant :

« Citoyens, on a commis des fautes et même des crimes envers le peuple belge : je veux réparer les unes et punir les autres. On vous a dit, tantôt que vous étiez administrateurs, tantôt que vous ne l'étiez pas; vous l'êtes; c'est le peuple qui vous a choisis. Rentrez dès ce moment dans l'intégrité de vos fonctions.

« Je ferai rendre aux églises les vaisselles qu'on a enlevées d'une manière indécente. Les Français, les soldats de la liberté ne doivent pas ressembler aux brigands; ils désavouent des actions déshonorantes; ce n'est ni la nation, ni l'armée française qui sont coupables des torts dont la nation belge a le droit de se plaindre.

« J'ai donné ordre de relâcher les citoyens que l'on a arrêtés arbitrairement, et je ferai de même remettre en liberté ceux que l'on a saisis à titre d'otages. Nous n'en avons pas besoin; nous sommes assez forts de notre propre force; nous devons l'être encore davantage par l'amour des peuples à qui nous apportons la liberté. J'ai fait arrêter Chepy; j'ai fait mettre en prison le soi-disant général des Sans-culottes, Estienne. J'ai fait défense à tout club patriotique de s'immiscer dans aucune affaire

---

vécut à la Terreur et devint sous l'Empire commissaire général de police à Brest.

militaire ou d'administration. Si l'on enfreint cette défense, le général Duval fera fermer, et fermer sans retour, le lieu du rassemblement[1].

« Je vous invite, et j'ose même vous ordonner d'écrire à tous ceux de vos concitoyens égarés, de déposer les armes, de reconnaître dans les Français leurs libérateurs et leurs amis, de revenir de préventions injustes. Ces préventions, je dois malheureusement l'avouer, ont été provoquées par la conduite de quelques-uns de nos agents. Ce n'est pas la peur qui me porte à faire cette déclaration, mais mon amour de la justice et de l'humanité.

« Belges, comptez sur notre bravoure et notre fraternité. J'ai appris avec douleur vos justes sujets de plainte; je veux les faire cesser. Je ne reconnais d'autre force que celle de la loi; je prendrai votre défense contre l'injustice, comme je vous ai défendus et vous défendrai contre les baïonnettes ennemies. »

Puis se tournant vers le groupe des Français qui l'accompagnaient :

« Et vous, Français, vous le savez : aussi longtemps que nous nous sommes comportés en hommes libres et dignes de l'être, en républicains vertueux, le sort, propice à la bonté de notre cause, a favorisé nos armes. Reprenons nos vertus, montrons que nous ne sommes ni des brigands ni des profanateurs. A ce prix, je vous

---

1. Depuis trois jours ce général avait remplacé le général Moreton dans le commandement de la place de Bruxelles. Après l'évacuation de cette ville, il vint à Lille occuper la même position. Nous l'y retrouverons bientôt.

promets de nouveaux succès, je vous promets l'appui de la Providence qui veille sur notre patrie. »

Ces paroles sont couvertes d'applaudissements; le président du conseil remercie avec effusion le général, qu'une foule immense reconduit jusqu'à son hôtel [1].

[1]. Une heure après, les pièces suivantes étaient affichées sur les murs de Bruxelles :

Proclamation.

« Les sociétés patriotiques ne doivent servir qu'à l'instruction des peuples, ou aux actes de bienfaisance et de fraternité. Autant elles sont utiles en se renfermant dans ce principe, autant elles deviennent dangereuses en se mêlant des affaires politiques et militaires. En conséquence, il est défendu à tous les clubs patriotiques de s'immiscer aucunement dans les affaires publiques. Il est ordonné à tous les commandants militaires, administrateurs et magistrats, de tenir la main à cette défense, et, si un club se permet un arrêté qui la contredise, il est ordonné de faire fermer le lieu de l'assemblée et d'en rendre responsables personnellement le président et le secrétaire dudit club. Cette défense sera imprimée dans les deux langues, publiée et affichée.

« A Bruxelles, le 11 mars 1793, an 2ᵉ de la République.

« *Le général en chef*, Dumouriez.

Ordre.

« L'intention de la nation française et des représentants de la République, en entrant dans les Pays-Bas, n'a jamais été d'y apporter le brigandage et la profanation; cependant ils s'y sont exercés par des agents du pouvoir exécutif de la République française avec une tyrannie qui déshonore les Français et qui met les Belges au désespoir. Ils se sont permis de s'emparer de l'argenterie des églises. Ce trait de l'avarice la plus sordide doit être réprimé, pour prouver à tous les peuples que nous respectons les opinions religieuses, et que la justice et la droiture sont le caractère essentiel de la nation française,

X.

Le lendemain, 12 mars, Dumouriez rejoint le quartier général de l'armée à Louvain. A peine y est-il arrivé qu'il reçoit la visite des quatre commissaires de la Convention : Camus, Treilhard, Gossuin et Merlin.

« Comment avez-vous pu, général, s'écrie Camus en l'abordant, rendre les ordonnances que nous avons lues ce matin sur les murs de Bruxelles? Comment avez-vous pu agir avec cette précipitation? Comment n'avez-vous pas attendu d'en avoir conféré préalablement avec nous? Comment avez-vous pu vous ingérer dans des mesures purement civiles? Quant aux vases précieux que l'on a enlevés de la Belgique, ne savez-vous pas que

qui, en conquérant sa liberté, doit avoir acquis de nouvelles vertus et ne doit employer ses armes que pour la justice.

« En conséquence, voulant réparer le tort que nous a fait dans l'esprit des Belges l'indiscrétion sacrilége des agents qui ont fait enlever l'argenterie des églises, j'ordonne, au nom de la République française, de la religion et de l'équité, que toute l'argenterie des églises soit restituée et rétablie dans les différents lieux d'où elle a été enlevée; j'ordonne à tous les commandants militaires français et à tous les administrateurs civils librement élus par le peuple belge, de tenir la main à l'exécution du présent ordre, qui ramènera les Belges à la juste opinion qu'ils doivent prendre de la Convention nationale, de la nation française et des agents politiques et militaires, qu'elle n'a envoyés dans la Belgique que pour assurer la liberté et le bonheur du peuple.

« A Bruxelles, le 11 mars 1793, an 2ᵉ de la République.

« *Le général en chef*, DUMOURIEZ. »

dans l'église primitive les plus saints évêques ont fait fondre l'argenterie sacrée pour secourir l'humanité souffrante ?

— La Convention, répond Dumouriez, est trompée sur les affaires de la Belgique. Moi, je suis sur les lieux, j'ai tout le poids de la guerre ; j'ai à pourvoir à l'honneur de la nation, au salut de l'armée; j'en suis responsable, non-seulement à mon pays, mais à la postérité. Eussiez-vous été présents, je ne vous aurais pas consultés; j'aurais pu vous représenter la nécessité de mettre fin à la tyrannie qui, depuis trop longtemps, opprime la Belgique et la France, mais, si vous n'aviez pas voulu accepter ma manière de voir, j'aurais rendu mes ordonnances sans vous et malgré vous. Quoi! citoyen Camus, vous qui êtes un homme religieux, pouvez-vous soutenir les misérables qui ont spolié les églises de la Belgique? Retournez à Bruxelles, allez voir à Sainte-Gudule les hosties foulées aux pieds, dispersées sur le pavé de l'église; les tabernacles brisés, les tableaux en lambeaux. Trouvez un moyen de justifier ces profanations; voyez s'il y a un autre parti à prendre que de restituer l'argenterie et de punir sévèrement les satellites qui ont aussi criminellement exécuté vos ordres. Si la Convention applaudit à de tels crimes, si elle ne s'en offense pas, si elle ne les punit pas, tant pis pour elle et pour notre malheureuse patrie.

— Mais comment voulez-vous rendre cette argenterie? répondent les commissaires; elle est brisée et entassée dans des coffres.

— Eh bien! puisqu'on a la matière, il n'y a rien

de si aisé que de la refaire; il en coûtera la façon.

— Général, ajoute Treilhard, vous avez gravement manqué à la Convention, et nous ne pouvons nous dispenser de lui rendre compte de votre conduite.

— A votre aise, messieurs.

— Général, reprend Camus, vous paraissez vouloir prendre le rôle de César. Si j'en étais sûr, je serais Brutus et je vous poignarderais.

— Mon cher Camus, je ne suis point César et vous n'êtes point Brutus; la menace de mourir de votre main est pour moi un brevet d'immortalité. Du reste, messieurs, tout ce que je viens de vous dire, je l'ai dit à la Convention dans un mémoire dont je suis tout prêt à vous donner communication. »

Puis, sans attendre leur assentiment, Dumouriez tire de sa poche une dépêche déjà revêtue de son cachet, en rompt l'enveloppe et leur lit la fameuse lettre du 12 mars, qui n'était rien moins qu'un acte d'accusation contre la Convention elle-même :

« Citoyen président,

« Le salut du peuple est la loi suprême. Je viens de lui sacrifier une conquête presque assurée en quittant la portion victorieuse de l'armée prête à entrer dans le cœur de la Hollande, pour venir au secours de celle qui vient d'essuyer un revers qu'on doit à des causes physiques et morales que je vais vous développer avec cette franchise qui est plus nécessaire que jamais et qui eût toujours opéré le salut de la République, si tous les agents qui la servent l'eussent employée dans les comptes qu'ils rendaient, et si elle eût été toujours écoutée avec plus de complaisance que la flatterie mensongère.

« Vous savez, citoyens représentants, dans quel état de désorganisation et de souffrance les armées de la Belgique ont été mises par un ministre et par des bureaux qui ont conduit la France sur le penchant de sa ruine. Ce ministre et ces bureaux ont été changés, mais, bien loin d'être punis, Pache et Hassenfratz sont passés à la place importante de la mairie de Paris, et dès lors la capitale a vu se renouveler dans la rue des Lombards des scènes de sang et de carnage.

« Je vous ai présenté, au mois de décembre, dans quatre mémoires, les griefs qu'il fallait redresser; je vous ai indiqué les seuls moyens qui pouvaient faire cesser le mal et rendre à nos armées toute leur force ainsi qu'à la cause de la nation toute la justice qui doit être son caractère. Ces mémoires ont été écartés; vous ne les connaissez pas; faites-vous les représenter, vous y trouverez la prédiction de tout ce qui nous arrive; vous y trouverez aussi le remède aux autres dangers qui nous environnent et qui menacent notre République naissante. Les armées de la Belgique, réunies dans le pays d'Aix-la-Chapelle et de Liége, y ont souffert tous les genres de besoin sans murmurer, mais en perdant continuellement, par les maladies, les escarmouches avec l'ennemi, l'abandon de quantité d'officiers et de soldats, plus de la moitié de leurs forces.

« Ce n'est que depuis l'entrée du général Beurnonville dans le ministère qu'on commence à s'occuper de leur recrutement et de leurs besoins. Mais il y a si peu de temps, que nous éprouvons encore tout le fléau désorganisateur dont nous avons été les victimes. Telle était notre situation, lorsque le 1er février vous avez cru devoir à l'honneur de la nation la déclaration de guerre contre l'Angleterre et la Hollande. Dès lors, j'ai sacrifié tous mes chagrins, je n'ai plus pensé à ma démission que vous trouverez consignée dans mes quatre mémoires, je ne me suis occupé que des énormes dangers et du salut de ma patrie; j'ai cherché à prévenir les ennemis, et cette armée souffrante a oublié tous ses maux pour attaquer la Hollande.

« Pendant qu'avec de nouvelles troupes arrivées de France je prenais Bréda et Gertruydemberg, me préparant à pousser plus loin ces conquêtes, l'armée de la Belgique, conduite par des généraux remplis de courage et de civisme, entreprenait le bombardement de Maëstricht.

« Tout manquait pour cette expédition; le nouveau régime d'administration n'était pas encore établi; l'ancien était vicieux et criminel; on regorgeait de numéraire, mais les formes nouvelles qu'on avait mises à la trésorerie nationale empêchaient qu'aucune partie du service ne reçût d'argent.

« Je ne puis pas encore entrer dans le détail des causes de l'échec qu'ont reçu nos armes, puisque je ne fais que d'arriver. Non-seulement elles ont abandonné l'espoir de prendre Maëstricht, mais elles ont reculé avec confusion et avec perte. Les magasins de toute espèce qu'on commençait à ramasser à Liége sont devenus la proie de l'ennemi, ainsi qu'une partie de l'artillerie de campagne et des bataillons. Cette retraite nous a attiré de nouveaux ennemis, et c'est ici que je vais développer les causes de nos maux.

« Il a existé de tout temps, dans les événements humains, une récompense des vertus et une punition des vices. Les particuliers peuvent échapper à cette providence qu'on appellera comme on voudra, parce que ce sont des points imperceptibles. Mais parcourez l'histoire ; vous y verrez que les peuples n'y échappent jamais. Tant que notre cause a été juste, nous avons vaincu l'ennemi ; dès que l'avarice et l'injustice ont guidé nos pas, nous nous sommes détruits nous-mêmes, et nos ennemis en profitent.

« On vous flatte, on vous trompe, je vais achever de déchirer le bandeau. On a fait éprouver aux Belges tous les genres de vexations ; on a violé à leur égard les droits sacrés de la liberté ; on a insulté avec impudence leurs opinions religieuses ; on a profané par un brigandage très-peu lucratif les instruments de leur culte. On vous a menti sur leur caractère et sur leurs intentions ; on a opéré la réunion du Hainaut à coups de sabre et à coups de fusil ; celle de Bruxelles a été faite par une vingtaine d'hommes qui ne pouvaient trouver d'existence que dans le trouble et par quelques hommes de sang qu'on a rassemblés pour intimider les citoyens. Parcourez l'histoire de la Belgique, vous trouverez que ce peuple est bon, franc, brave et impatient du joug. Le duc d'Albe, le plus cruel des satellites de Philippe II, en a fait périr dix-huit mille par la main des bourreaux. Les Belges se sont vengés par trente ans de guerres civiles, et leur attachement à la religion de leurs pères a pu seul les faire rentrer sous le joug espagnol.

« Vos finances étaient épuisées lorsque nous sommes entrés dans la Belgique ; votre numéraire avait disparu ou s'achetait au poids de l'or. Cambon, qui peut être un honnête citoyen, mais qui certainement est au-dessous de la confiance que vous lui avez témoignée pour la partie financière, n'a plus vu de remède que dans la possession des richesses de cette fertile contrée. Il vous a proposé le fatal décret du 15 décembre. Vous l'avez accepté unanimement, et cependant chacun de ceux d'entre vous, avec qui j'en ai parlé, m'a dit qu'il le désapprouvait et que le décret était injuste. Un de mes quatre mémoires était dirigé contre le décret. On ne l'a pas lu à la Convention ! Le même Cambon a cherché à rendre mes remontrances odieuses et criminelles en disant à la tribune que j'apposais un veto sur le décret de l'Assemblée. Vous avez chargé vos commissaires de tenir la main à son exécution. D'après vos ordres, le pouvoir exécutif a envoyé au moins trente commissaires. Le choix en est très-mauvais, et à l'exception de quelques gens honnêtes qui sont peut-être regardés comme des citoyens douteux parce qu'ils cherchent à mitiger l'odieux de leurs fonctions, la plupart sont des insensés, des tyrans ou des hommes sans réflexion qu'un zèle brutal et insolent a conduits toujours au delà de leurs fonctions.

« Les agents de la tyrannie ont été répandus sur la surface entière de la Belgique. Les commandants militaires, par obéissance au décret, ont été obligés d'employer, sur leur réquisition, les forces qui leur étaient confiées. Ces exacteurs ont achevé d'exaspérer l'âme des Belges. Dès lors, la terreur et peut-être la haine ont remplacé cette douce fraternité qui a accompagné nos premiers pas dans la Belgique. C'est au moment de nos revers que nos agents ont employé le plus d'injustice et de violence.

« Vous avez été trompés sur la réunion à la France de plusieurs parties de la Belgique. Vous l'avez crue volontaire parce qu'on vous a menti. Dès lors vous avez cru pouvoir enlever le superflu de l'argenterie des églises pour subvenir sans doute aux frais de la guerre ; vous regardiez dès lors les Belges comme Français ; mais quand même ils l'eussent été, il eût encore fallu attendre que l'abandon de cet argenterie eût été un sacrifice volontaire ; sans quoi l'enlever par force devenait à leurs yeux un sacrilége. C'est ce qui vient d'arriver. Les prêtres et les moines ont profité de cet acte imprudent et ils nous ont regardés comme des brigands qui fuient ; partout les communautés des villages s'arment contre nous. Ce n'est point ici une guerre d'aristocratie ; car notre révolution favorise les habitants des campagnes. C'est pour eux une guerre sacrée ; c'est pour nous une guerre criminelle. Nous sommes en ce moment environnés d'ennemis ; vous le verrez par les rapports que j'envoie au ministre de la guerre. Vous verrez en même temps les premières mesures que la nécessité m'a forcé d prendre pour sauver l'armée française, l'honneur de la nation et la République elle-même.

« Représentants de la nation, j'invoque votre probité et vos devoirs ; j'invoque les principes sacrés expliqués dans la déclaration des droits de l'homme, et j'attends avec impatience votre décision. En ce moment vous tenez dans vos mains le sort de l'empire ; je suis persuadé que la vérité et la vertu conduiront vos décisions et que vous ne souffrirez pas que vos armées soient souillées par le crime et en deviennent les victimes. »

La lecture achevée, les commissaires essayent d'entamer une nouvelle discussion, mais Dumouriez y coupe court et prend congé de ses interlocuteurs. Ceux-ci regagnent aussitôt Bruxelles en s'entretenant avec autant de surprise que de douleur de la position que semble vouloir prendre vis-à-vis de la Convention le vainqueur de Valmy et de Jemmapes, le chef des deux armées réunies du Nord et de Belgique.

LIVRE XXIX

LA CONJURATION DU 9 MARS.

I.

C'est dans la séance du cinq mars que parviennent à la Convention les premières nouvelles de l'évacuation d'Aix-la-Chapelle et de la levée du siége de Maëstricht. Les Montagnards tentent de profiter de l'inquiétude générale pour arracher à l'Assemblée des mesures qu'ils ne sauraient obtenir dans des moments de calme et de paisible discussion. Ils réclament à grands cris la lecture immédiate des lettres, que des députés plus prudents veulent renvoyer au Comité de défense générale. « Il ne faut rien cacher au peuple, s'écrie Billaud-Varennes ; c'est à la nouvelle de la prise de Verdun qu'il s'est levé et qu'il a sauvé la patrie ! »

Aussitôt les dépêches lues, Choudieu dénonce la présence dans la capitale d'un grand nombre de volontaires qui, étant à la solde de leurs départements, ne sont pas par conséquent à la disposition du ministre de la guerre ; il fait la motion formelle que, puisque Paris est tranquille, ces fédérés soient immédiatement envoyés aux frontières.

« Comment Choudieu, répond Lanjuinais, peut-il prétendre que Paris est tranquille? N'était-il pas avant-hier dimanche au Comité de la guerre, lorsque le ministre est venu nous déclarer qu'il se fomentait des troubles? Le fait n'a-t-il pas été attesté par Santerre lui-même? Oui, je le déclare, il existe à Paris un comité d'insurrection ; ce comité se tient dans le local occupé d'ordinaire par l'assemblée électorale de Paris. Du sein de ce comité partent journellement des invitations aux fédérés de venir s'y réunir. Est-ce en présence de pareils dangers, est-ce dans de pareils moments qu'il faut faire partir les volontaires que nous ont envoyés les départements? »

Choudieu insiste : « Santerre, dit-il, vous a annoncé que le calme était complétement rétabli dans Paris. Vous devez le croire. Faut-il donc s'arrêter à ce que nous a dit le ministre de la guerre, quand il est venu nous parler dimanche, au Comité, de craintes de troubles? C'était un coup monté. Il y avait là tous ceux qui, comme Buzot, prétendent qu'il faut une force armée pour nous protéger et pour nous permettre de faire de bonnes lois. Quant à mes amis et à moi, nous croyons qu'il n'y a de bonnes lois que celles qui sont soutenues par le peuple; nous ne voulons pas d'une garde nationale comme la voulait Lafayette. C'est pourquoi je viens vous demander de faire disparaître une monstruosité dans la composition de la force armée. Est-il tolérable qu'une partie de cette force soit à la solde des départements et que le ministre lui-même en ignore la destination ? »

Buzot n'avait pas besoin d'être interpellé directement, comme venait de le faire Choudieu, pour intervenir dans une discussion qui lui était devenue presque personnelle par la part considérable qu'il avait prise aux débats précédents.

« Est-il vrai, s'écrie-t-il, que les derniers troubles dont Paris a été le théâtre, il y a dix jours à peine, n'ont été apaisés que par les soins et le courage des citoyens dont on sollicite aujourd'hui l'éloignement ? Est-il vrai que le ministre de la guerre et Santerre lui-même ont donné notamment des éloges aux volontaires brestois ? Est-il vrai enfin que le ministre vous ait fait part de ses inquiétudes sur les dangers de nouveaux pillages ? Paris peut-il en ce moment opposer une résistance convenable aux malveillants, si les citoyens des départements ne le secondent ? Il faut avant tout que la garde nationale parisienne ait à sa tête un commandant choisi par le peuple et qui ait sa confiance ; il faut que le foyer de l'anarchie ne soit plus dans une prétendue municipalité qui n'est que provisoire et qui ne conserve les rênes de l'administration que pour piller et profiter des pillages qu'elle protége. Lorsque tout sera remis à sa place, je voterai pour que les volontaires qui sont à Paris aillent aux frontières ; mais jusque-là, il faut avoir la force à opposer aux brigands. Les citoyens de Paris sont las de cet état de choses ; s'il dure encore quelque temps, l'herbe croîtra dans les murs de la capitale.

— Vous répétez là, répond Thuriot, ce que des hommes que nous avons fait arrêter ont osé dire dans des écrits incendiaires ; vous nous apportez des calomnies concertées avec ceux qui regrettent la mort du ci-devant roi. Nous vous prouverons, par la procédure criminelle que vous avez ordonnée contre les fauteurs des derniers troubles, que cette agitation a été excitée par des Anglais, par des émigrés, par des aristocrates [1].

— Et par Marat! » crie-t-on à droite.

Isnard veut répondre à Thuriot, mais son apparition à la tribune est saluée par les vociférations des Montagnards et de leurs affidés qui peuplent les tribunes. Pendant plusieurs minutes, il lui est impossible de se faire entendre. Enfin sa voix parvient à dominer le tumulte.

« Je déclare, dit-il, que la liberté des opinions n'existe pas dans cette enceinte. Comme représentant du peuple, j'ai le droit d'être écouté en silence. Eh bien, j'userai de ce droit en faisant constater et inscrire au procès-verbal toute interruption... »

Billaud-Varennes, Camille Desmoulins, Robespierre jeune et leurs amis apostrophent vivement l'orateur. Pour toute réponse, le député du Var se découvre la poitrine et lance ce défi à ses adversaires : « S'il faut périr ici, nous périrons! Moniteur, écrivez.... Oui, la Convention, je le répète, a été au-dessous d'elle-même, elle a manqué à sa propre dignité lorsqu'elle a souffert que les citoyens présents à ses discussions

[1]. Toutes ces allégations de Thuriot n'avaient aucune espèce de fondement; la procédure qui fut instruite par le tribunal de Versailles en est une preuve irrécusable. Mais ne fallait-il pas reporter sur l'émigration et sur les étrangers tous les méfaits de la démagogie?

insultassent un de ses membres ; elle a fait une action plus indigne d'elle quand elle n'a pas accablé de toute son indignation ceux de ses membres qui ont donné l'exemple d'une pareille conduite. Chaque jour, je me demande si cette assemblée est réellement la Convention nationale ou seulement une machine à décrets dans les mains d'une faction. Je me suis tu longtemps sur un état de choses aussi déplorable, mais ma patience est à bout. — Eh bien, allez-vous-en ! s'écrie une voix de l'extrême gauche. — Oui, il n'est que trop vrai que la Convention, soit pusillanimité, soit faiblesse, se laisse dominer ; cette vérité, je dois la proclamer, dussé-je la payer de mon sang ! »

Barbaroux et Louvet défient leurs adversaires d'affirmer qu'il n'existe dans Paris ni voleur, ni anarchiste. « Puisqu'il en est ainsi, ajoutent-ils, est-il prudent de dégarnir cette ville de toute force armée? »

Mais un de leurs amis, Fonfrède, vient lui-même offrir une transaction que la majorité se hâte d'accepter. La motion du jeune Girondin semble en apparence ne concerner que les bataillons envoyés à Paris par les départements maritimes et être motivée par la nécessité de pourvoir à la défense des côtes; mais elle admet le principe du renvoi des fédérés et par conséquent la dispersion de cette troupe, sur laquelle comptait la Gironde pour résoudre, en fait si ce n'est en droit, cette grande question de la force départementale, qu'elle avait, depuis cinq mois. tant de fois et si inutilement soulevée.

II.

Le 8 mars arrivent de Belgique deux des commissaires de la Convention, Danton et Lacroix. Ce dernier monte à la tribune à l'ouverture de la séance et annonce qu'il est prêt à faire son rapport soit au Comité de défense générale, soit à l'Assemblée.

Barère demande que Lacroix s'explique tout haut et immédiatement. « On vous a parlé de secrets, mais y en a-t-il au Comité de défense générale, où des nuées de commis et de secrétaires sont admis, où chacun des membres de la Convention a le droit d'entrer à toute heure? Qu'avons-nous besoin de secrets quand nous nous battons avec toutes les forces nationales contre l'Europe coalisée? Le secret ne sert qu'à augmenter les alarmes. Il faut donc tout publier, si nous voulons empêcher les terreurs paniques des hommes faibles et les terreurs scélérates de ces amas d'hommes de boue et de sang qui ne cherchent que des prétextes de trouble. Oui, il est à Paris de ces hommes qui ne demandent pas mieux que d'alarmer les citoyens pour se livrer ensuite au pillage, à l'assassinat; il faut leur ôter tout prétexte. Une assemblée, qui est publique, doit délibérer sur la guerre au milieu de la place publique. Plût à Dieu que la nation entière pût être dans ce moment réunie dans cette enceinte! nous la verrions se précipiter tout entière vers les points menacés pour repousser les satellites des despotes. »

La parole est donc accordée à Lacroix, qui commence par signaler l'incurie des généraux chargés de protéger le siége de Maëstricht. « Les cantonnements sur la Roër, ajoute l'ami de Danton, étaient disséminés sur plus de 14 lieues d'étendue. Il y avait très-peu de cavalerie et les avant-postes étaient très-mal renseignés sur les mouvements de l'ennemi. Les Autrichiens n'ont pas eu la moindre peine à percer nos lignes; l'évacuation d'Aix-la-Chapelle et celle de Liége ont été la conséquence inévitable de cette surprise. Aujourd'hui les armées de Valence et de Miranda sont réunies; mais ce n'est qu'en abandonnant Liége et les généreux Liégeois que l'on a pu réaliser cette jonction. Une partie des magasins qui existaient dans cette ville n'ont pu être évacués à temps; cependant la caisse militaire, la majeure partie des effets de campement, tout ce que l'armée avait de plus précieux est maintenant en route pour Valenciennes. Gossuin et Merlin sont allés dans les départements du nord pour faire marcher toutes les gardes nationales au secours de notre armée. Danton et moi nous sommes prêts à communiquer au Comité de défense générale les mesures que nous croyons propres à combler les vides de l'armée et à faire rejoindre les militaires de tout grade qui se sont absentés avec ou sans congé. »

A peine Lacroix a-t-il quitté la tribune que Robespierre s'en empare et débite un discours plein d'emphase et d'acrimonie : « Je ne me dissimule pas combien paraissent critiques les circonstances; mais, pour un peuple libre, le moment d'un échec est le précurseur d'un triomphe éclatant ; les avantages passagers des satellites d'un despote sont les avant-coureurs de la destruction des tyrans... Nos ressources sont immenses... La cause même de l'échec que nous venons d'éprouver est pour nous le gage qu'il n'aura aucune suite funeste. Il nous reste à purger nos armées d'un esprit aristocratique qui s'est réfugié dans les états-majors, à nous débarrasser des traîtres, qui seront écrasés comme des insectes par la grande nation destinée à punir tous les tyrans du monde... Que la Convention dégage le peuple français des entraves dont il est environné, qu'elle s'élève elle-même à la hauteur du caractère divin dont elle est revêtue; car c'est bien une mission divine que celle de créer la liberté, de diriger son impulsion toute-puissante vers la chute de la tyrannie et la prospérité des peuples. Il lui suffira de tenir sans cesse le glaive de la loi levé sur la tête des conspirateurs puissants, des généraux perfides, de fouler aux pieds tout esprit de parti et d'intrigue, de ne prendre pour guides que les grands principes de liberté et de bien public, de balayer tous les traîtres, de tendre des mains protectrices aux amis de la liberté, au peuple qui a fait la Révolution et dont la prospérité ne peut être assise que sur les bases de l'Égalité. »

Danton avait laissé à Lacroix la mission de raconter les désastres de notre armée, mais il s'était réservé de proposer les mesures du salut public qui devaient parer à ces désastres.

« C'est au milieu des plus grands dangers, s'écrie-t-il, que la France a appris à déployer toute son éner-

gie. Le moment est arrivé où il faut dire à la nation entière : « Si vous ne volez pas au secours de la Bel-
« gique, si Dumouriez est enveloppé dans la Hollande,
« si son armée est obligée de mettre bas les armes, la
« patrie est perdue. »

« Le recrutement que vous avez ordonné il y a quelques jours ne peut donner que des résultats tardifs. Ce ne sont pas ceux qui conviennent à l'imminence du péril. Il faut que Paris, cette cité déjà si célèbre dans les fastes de la Révolution, que cette cité tant calomniée, que cette cité qu'on aurait voulu renverser pour servir nos ennemis, donne encore à la France l'impulsion qui, l'année dernière, a enfanté nos triomphes. S'il est bon de faire des lois avec maturité, on ne fait bien la guerre qu'avec enthousiasme. Commençons par en appeler au patriotisme des Parisiens. Que la Convention nomme, dès ce soir, des commissaires qui se rendront dans toutes les sections ; que ces commissaires rappellent à tous les citoyens en état de porter les armes le serment qu'ils ont prêté de maintenir jusqu'à la mort la Liberté et l'Égalité ; qu'ils les requièrent, au nom de la patrie, de voler au secours de leurs frères en Belgique. La France entière sentira le contre-coup de cette impulsion salutaire. Nos armées recevront de prompts renforts. Il faut le dire ici, les généraux ne sont pas aussi répréhensibles que quelques personnes ont paru le croire. Nous leur avions promis qu'au 1er février l'armée de Belgique recevrait un renfort de 30,000 hommes. Rien ne lui est arrivé. Hâtons-nous de réparer nos fautes. Que le premier avantage de nos ennemis soit, comme celui de l'année dernière, le signal du réveil de la nation. Qu'une armée, conservant l'Escaut, donne la main à Dumouriez, et les ennemis seront dispersés. Si nous avons perdu Aix-la-Chapelle, Bréda est en notre possession. Dumouriez réunit au génie du général l'art d'échauffer, d'encourager le soldat. L'histoire jugera ses talents, ses passions, ses vices; mais ce qui est certain, c'est qu'il est intéressé à la splendeur de la République. Qu'il soit secouru, et il saura faire repentir l'ennemi de ses premiers succès.

— Oui, s'écrie Barère, faisons aujourd'hui appel à Paris, demain aux départements; engageons tous les Français à partager la gloire qui accompagnera Dumouriez; car, je le déclare, Dumouriez seul est une armée. »

La proposition de Danton est adoptée. La Convention décide également l'envoi de commissaires dans tous les départements de la République et rappelle à leur poste tous les membres de l'Assemblée absents par congé.

Mais, après les propositions dictées par le patriotisme et l'enthousiasme, arrivent les motions inspirées par la haine et la délation. « Le moment est arrivé, dit le montagnard Duhem, où Paris, par de nouveaux efforts, va imposer silence à ses vils calomniateurs. Robespierre vous a dit qu'il restait encore dans l'état-major de l'armée des restes impurs d'aristocratie; mais il existe aussi ailleurs des hommes vils et méprisables qui n'aspirent qu'à livrer les patriotes au glaive des vengeances aristocratiques. Il faut prendre contre eux une grande mesure révolutionnaire; il faut faire justice de tous ces folliculaires dont l'unique occupation est de corrompre l'esprit public, de calomnier la Convention, de la représenter aux yeux de ses commettants comme indigne de sa mission. Je demande que l'Assemblée chasse de son sein tous ces êtres immondes; que le Comité de sûreté générale soit investi du droit de poursuivre les auteurs des feuilles périodiques qui tendraient à égarer l'opinion publique. Il faut que tous ces reptiles impurs soient obligés, comme après le 10 août, de se cacher dans leur honte. »

Cette motion inattendue soulève de part et d'autre les plus vives interpellations.

« Oui, s'écrie Bourdon de l'Oise, il faut que Brissot ne puisse plus calomnier la Convention. »

Fonfrède : « Qu'on interdise donc aussi le journal de Marat. »

Bourdon : « Eh bien ! oui. »

Turreau : « Je demande que le Bulletin de la Convention soit le seul qui puisse circuler dans les départements. »

Fonfrède : « Eh quoi ! au moment où nous appelons le peuple aux armes pour conserver la liberté, vous voulez rétablir la censure et l'inquisition ? »

Jean-Bon Saint-André, qui se présente comme le défenseur convaincu de la liberté de la presse, entame un long discours pour prouver que tout le monde a droit de parler, que tout le monde a droit d'écrire; mais, chemin faisant, il attaque nominativement, avec la dernière violence, les deux journalistes girondins Gorsas et Brissot, les accuse de tronquer dans leurs journaux la pensée des orateurs qui leur déplaisent, de traiter d'anarchistes des hommes qui valent mieux qu'eux, et de ne s'occuper que d'injures et de personnalités. Puis, après être tombé dans le péché qu'il reproche si amèrement à ses adversaires, il déclare, par une nouvelle contradiction avec les principes qu'il vient d'émettre, « que la Convention peut et doit chasser des places qu'ils occupent dans l'enceinte de l'Assemblée les journalistes qui en abusent pour corrompre l'esprit public. »

Mais la proposition de Duhem, qui devait être adoptée peu de temps après, ne trouve pas cette fois un appui suffisant parmi les amis du fougueux montagnard. L'Assemblée n'y donne aucune suite et se sépare de bonne heure afin que les quatre-vingt-seize commissaires qui viennent d'être désignés puissent, le soir même, fraterniser avec les sections parisiennes et électriser leur patriotisme révolutionnaire.

III.

« Il faut balayer les traîtres, il faut tenir le glaive de la loi levé sur la tête des conspirateurs puissants et des généraux perfides, » avait dit Robespierre. Cette parole du maître avait été entendue par les disciples. Ils la commentent sur tous les tons dans les assemblées de section. Ils cherchent à échauffer les esprits en débitant les nouvelles les plus exagérées sur la situation des affaires extérieures et sur les fautes commises par les généraux. Ils ont bien soin de ne pas parler du dénûment complet dans lequel l'armée a été laissée, du peu de sollicitude qu'a montré Pache pour la préserver du froid et de la faim, pour lui faire parvenir les renforts qui lui étaient indispensables. Le mot de trahison fait le fond de tous leurs discours : « Il faut voler au secours de l'armée de Dumouriez, mais il faut, avant tout, être sûr qu'on ne laissera pas derrière soi des conspirateurs prêts à égorger les femmes, les sœurs et les enfants des défenseurs de la patrie. » C'était la répétition des propos qui se tenaient autour des prisons le 2 septembre. Mais l'horreur que les massacres de cette époque avaient inspirée à la France entière ne permettait pas de recourir aux mêmes moyens. Les chefs des Jacobins avaient résolu de remplacer les égorgements en masse par des meurtres juridiques, et le poignard des sicaires de la Commune par la guillotine en permanence. Dans les diverses assemblées de quartier, les démagogues proposent de déclarer aux députés, qui vont se présenter au nom de la Convention, que le peuple exige, avant tout, l'établissement d'un tribunal extraordinaire chargé de juger les contre-révolutionnaires et les ennemis du repos public.

Mais cette motion ne trouve d'écho que dans quelques sections [1]. Généralement les Conventionnels sont reçus avec enthousiasme; on leur promet un concours sans restriction et sans limite.

---

1. Les quatre sections qui se prononcèrent explicitement pour la création immédiate d'un tribunal révolutionnaire furent le Louvre, l'Oratoire, la Halle au blé et le faubourg Poissonnière.

Au fur et à mesure que les assemblées de section lèvent leurs séances, les affidés des jacobins s'empressent d'aller rendre compte au Comité central, séant au club Saint-Honoré, de l'état des esprits dans leurs quartiers respectifs.

Ce comité avait espéré que les sections prendraient l'initiative des mesures révolutionnaires dont il avait arrêté le programme. Mais, puisque la plupart d'entre elles ont manqué de courage et d'initiative, il n'hésite pas à lancer le manifeste suivant :

« Les membres composant le Comité de surveillance des défenseurs de la République une et indivisible des départements, vivement affectés des dangers qui menacent la chose publique et notamment la ville de Paris, étant en état de permanence, ont pris un arrêté qu'ils ont cru devoir vous communiquer. Cet arrêté porte que toutes les sections de Paris, qu'ils ont crues composées de sans-culottes, sont invitées à se joindre aux défenseurs de la patrie pour opérer une insurrection, de laquelle doit résulter un bien général pour la République. Le point de ralliement est fixé aux Jacobins Saint-Honoré. Ils vous préviennent que le tocsin sonnera à cinq heures très-précises du matin ; ils vous invitent à suivre leur exemple afin de rassembler un assez grand nombre de sans-culottes, pour qu'ils puissent en imposer aux factieux qui siégent dans la Convention, et pour se transporter dans toutes les maisons où s'impriment les journaux de Brissot, Gorsas, et autres de même nature. Le salut de la République nous impose cette tâche, secondez-les en bons frères ; tous les intrigants et malveillants capitalistes frémiront en voyant notre réunion, et la patrie sera sauvée.

« Aux ci-devant Jacobins de la rue Saint-Honoré, à deux heures du matin, le 9 mars 1793, an IIe de la République, Champagnat, président, André Gadet fils, secrétaire [1]. »

Malgré un ordre aussi formel, le tocsin ne sonne pas. Les affidés, qui ont été chargés de répandre à travers les faubourgs les ordres du Comité central, ne trouvent parmi les quelques individus réunis à cette heure avancée de la nuit dans les sections ni assez d'entrain ni assez de bonne volonté pour espérer que le mouvement ait la moindre apparence d'une insurrection générale. Les meneurs se décident alors à concentrer autour de la Convention toutes les forces dont ils peuvent disposer.

Dès l'aube du jour, les abords de l'Assemblée sont envahis. Les émeutiers remplissent les cafés du voisinage, ils occupent toutes les issues et osent même intimer leurs ordres aux sentinelles qui veillent aux portes. Ils leur prescrivent de refuser l'entrée aux femmes

---

[1]. Ce manifeste, complétement inédit, n'est pas l'une des pièces les moins importantes que nos recherches nous aient fait retrouver. L'exemplaire que nous avons eu entre les mains est tiré des archives du Comité de sûreté générale, auquel il avait été transmis par la section du Panthéon français. Au bas de cette pièce on lit les signatures des trois délégués du comité central des défenseurs de la patrie, qui furent chargés de l'apporter à la section du Panthéon. Ils se qualifient eux-mêmes ainsi : Garnier-Launay, membre de la société des Jacobins, affilié à celle des Fédérés, commissaire de la section des Piques ; Leperigerais, de ladite société des Jacobins, affilié à la société des Fédérés ; Bailly, fédéré.

qui se présenteront, et disent tout haut que cette mesure est prise parce qu'il s'agit de faire un *coup*. On colporte, on commente, on amplifie les objurgations du journal de Marat qui vient de paraître et qui porte en tête ces mots : *grande trahison de nos généraux !* Les propos les plus atroces circulent, les excitations les plus violentes sont lancées dans chaque groupe : « Il faut sonner le tocsin, il faut couper le cou aux votants de l'appel au peuple, il faut qu'on amène Dumouriez pieds et poings liés à Paris, et là, on lui fera son affaire. »

Mais déjà les députés arrivent isolément et sont obligés de traverser la foule frémissante. Pétion est reconnu et poursuivi par des huées sauvages, par des menaces terribles. Le ministre de la guerre, Beurnonville, était désigné spécialement à la colère des Jacobins; n'occupait-il pas la place de leur ami Pache? En se rendant à l'Assemblée, il court plusieurs fois risque de la vie, et échappe à grande peine aux coupe-jarrets qui veulent l'écharper.

Cependant la séance s'ouvre devant un petit nombre de députés [1]. Gamon, l'un des inspecteurs de la salle, demande la parole pour constater la pression que semblent vouloir exercer sur l'Assemblée les émeutiers du dehors et les émeutiers du dedans. Ceux-ci garnissent

---

[1]. La séance du 9 mars est complètement défigurée dans le *Moniteur*; le rédacteur lui-même annonce à ses lecteurs qu'il intervertira l'ordre de la séance pour donner, dit-il, plus promptement des nouvelles de l'armée, et il l'intervertit si bien qu'il est presque impossible de suivre, dans son compte rendu, les divers incidents de la journée. Ainsi le *Moniteur* met le discours de Chaumette, qui vient

toutes les tribunes; ceux-là, fidèles au mot d'ordre qu'on leur a donné, n'ont laissé pénétrer dans la salle aucune femme. Par deux fois, la Montagne réussit à réduire Gamon au silence. Pétion se plaint des insultes dont il a été l'objet, et demande que la Convention se fasse informer de l'état de Paris.

« L'Assemblée, ajoute-t-il, doit être instruite de la situation où elle est elle-même; elle doit savoir si elle est libre ou non. Il y va de son autorité et de sa dignité. »

Les vociférations de la Montagne empêchent Pétion de continuer. Elles forcent également Barbaroux, qui s'est précipité à la tribune, d'en descendre sans avoir pu prononcer une parole. Le président Gensonné se couvre, mais ce moyen suprême ne rétablit le silence que pour un instant. Les énergumènes de l'extrême gauche, qui ont leur plan, demandent à grands cris qu'avant tout on entende le rapport des commissaires chargés d'aller, la veille, fraterniser avec les sections. Prieur (de la Marne), Ruhl, Lamarque, Bentabolle, Jean-Bon Saint-André, se présentent successivement à la tribune. Ces deux derniers hasardent quelques mots sur la création du tribunal, réclamé par les deux sections qu'ils ont été chargés de visiter. Aussitôt, comme

féliciter la Convention d'avoir décrété le tribunal révolutionnaire, avant la proposition de Carrier qui donne lieu à ce vote. Il faut rechercher les lambeaux épars de cette séance dans un grand nombre de colonnes des n°s 69 et 70 du journal prétendu officiel. Nous avons suivi, pour plus de sûreté, le *Journal des Débats et Décrets* et le *procès-verbal* de la Convention.

obéissant à un mot d'ordre, un député, encore fort peu connu, se lève du haut des bancs de la gauche, déclare qu'il convertit en motion la demande de ces sections et propose à la Convention de décréter, sans plus délibérer, le principe de la création du tribunal révolutionnaire. Ce député, c'était Carrier [1].

Cette proposition est saluée par les applaudissements de la Montagne. Lanjuinais se lève pour la combattre. « Il n'est pas possible, dit-il, que l'on décrète un pareil principe sans discussion et dans un pareil moment. Tout à l'heure on a voulu vous dénoncer un projet prémédité de massacre, vous n'avez rien voulu entendre, vous avez passé à l'ordre du jour. Si vous faites de même pour cette proposition, vous montrerez que vous êtes libres; sinon... »

Les cris redoublent, mais Lanjuinais les brave et déclare protester de toute l'énergie de son âme contre l'affreux décret : « Il viole, s'écrie-t-il, tous les principes ; il viole les droits de l'homme, il rappelle la mémoire de funestes événements ; il inspirera l'horreur et l'effroi à tous les bons citoyens. Il comblera de joie tous ceux qui n'ont d'autres désirs que de voir régner le désordre et l'anarchie dans la République. »

A cette magnifique imprécation, la Montagne ne répond que par des cris prolongés : « Aux voix! aux voix! »

L'ami de Danton, Lacroix, domine le tumulte avec

---

[1]. Il était si peu connu que le *Journal des Débats et Décrets* l'appelle Carlier.

ses poumons de stentor et s'écrie : « Nos armées manquent de tout. Votons immédiatement ! » En vain Biroteau, Valazé, Guadet, demandent-ils que l'on permette de discuter le principe ; les démagogues ne laissent à l'Assemblée ni trêve ni merci. Gensonné essaye de profiter de son autorité de président pour obtenir le silence en faveur de ses amis. Bourdon (de l'Oise) lui lance cette apostrophe : « Celui qui nous préside transigeait le 10 août avec la cour, il veut aujourd'hui transiger avec les principes. »

Enfin la Montagne l'emporte ; l'Assemblée vote la rédaction suivante, proposée par Levasseur (de la Sarthe) :

« La Convention nationale décrète l'établissement
« d'un tribunal criminel extraordinaire, pour juger sans
« appel et sans recours au tribunal de cassation les
« conspirateurs et les contre-révolutionnaires. »

Le principe adopté, le Comité de législation est chargé des détails de l'organisation du tribunal.

IV.

Peu de temps après que le fatal décret a été rendu, la municipalité parisienne, ayant à sa tête le maire Pache et le procureur-syndic Chaumette, se présente à la barre.

Après avoir annoncé que toutes les mesures sont prises pour achever le recrutement, Chaumette entretient l'Assemblée d'une mesure qui, suivant lui, doit faire faire un progrès immense à la réforme des mœurs. C'était là, on le sait, la principale préoccupation et le thème favori des harangues du nouvel Anaxagoras.

« Le Conseil général a invité tous les jeunes gens de ses bureaux à partir, dit-il ; ils sont tous enrôlés et vont être remplacés par des citoyens pères de famille. Nous avons arrêté que nul célibataire ne serait reçu désormais dans les bureaux de la Commune, le Conseil général ne veut s'entourer que de citoyens ; or celui-là n'est pas citoyen qui n'obéit pas au vœu de la nature et de la société.

« Nous venons vous demander que les bourses vacantes dans les colléges de la République soient données de préférence aux enfants des citoyens qui auront pris les armes pour le service de la patrie, et qu'il soit établi une contribution de guerre qui ne pèsera que sur les riches. Nous étions chargés également de vous demander l'établissement d'un tribunal révolutionnaire jugeant sans appel, mais nous apprenons que le principe vient d'en être décrété ; nous en restons là. »

Thuriot, toujours fidèle interprète des volontés municipales, convertit en motion les deux objets sur lesquels Chaumette vient d'appeler l'attention de l'Assemblée, en fait adopter le principe et propose de renvoyer aux comités compétents la rédaction des dispositions accessoires.

Danton profite de cette circonstance pour demander que les détenus pour dettes soient élargis et puissent, eux aussi, consacrer leur vie et leur liberté à la défense de la patrie : « Il faut, dit-il, détruire la tyrannie de la richesse sur la pauvreté. Que l'on ne s'alarme pas cependant de cette proposition; la nation, toujours juste, respectera la propriété. Mais respectez la misère, et la misère respectera l'opulence; ne soyons jamais coupables envers les malheureux, et le malheureux, qui a plus d'âme que le riche, ne sera jamais coupable. »

La Convention applaudit aux phrases sonores que Danton vient de lancer à l'adresse des hommes à piques et à bonnets rouges qui, depuis le commencement de la séance, ne cessent d'assiéger les tribunes. Par un décret solennel, la contrainte par corps est abolie.

Puis, après avoir entendu la lecture de lettres assez rassurantes qui lui parviennent de l'armée, l'Assemblée déclare, sur la proposition de Lacroix, qu'elle se réunira le soir même pour recevoir les députations des sections et des volontaires qui demandent à défiler devant elle. A 5 heures, la séance est levée.

Les émeutiers, qui depuis le matin entouraient le siége de la représentation nationale, se répandent alors dans les divers quartiers de Paris ; ils hurlent des chants patriotiques et jettent l'effroi partout où ils passent[1]. Les uns proposent de se porter sur le Temple et d'égorger le reste de la famille royale; les autres, d'aller aux prisons délivrer les individus impliqués dans la procédure des troubles de février[2]. Mais, en majorité,

---

1. Rapport du ministre de la justice du 13 mars.
2. Voir le récit de Fournier à la barre de la Convention, *Journal des Débats et Décrets,* n° 76, p. 464, séance du 15 mars. Le *Moniteur*, n° 76, mentionne à peine la comparution de Fournier et ne rapporte rien de sa déposition.

ils restent fidèles au programme que leur ont tracé les auteurs du manifeste. Ils se dirigent vers les imprimeries des journaux girondins, y pénètrent de force, dispersent les caractères, saccagent meubles et marchandises, manifestent hautement l'intention de faire un mauvais parti à tous ceux qui voudraient tenter de mettre obstacle à leurs déprédations. Gorsas, spécialement désigné aux vengeances populaires, traverse, non sans peine, un pistolet à la main, les flots pressés de ceux qui ont violé son domicile ; il saute par-dessus les murs de son jardin et se réfugie à sa section, où il réclame protection et assistance [1].

Les mêmes violences, les mêmes pillages se commettent de l'autre côté de la Seine dans les ateliers ou s'imprime la *Chronique* [2]. Des feuilles girondines, les émeutiers veulent passer aux journaux qui cherchent à louvoyer entre les deux partis et n'ont point encore franchement arboré l'étendard démagogique. Ils se dirigent vers les ateliers où s'impriment le *Moniteur*, les *Révolutions de Paris* et quelques autres. Mais les nombreux ouvriers attachés à ces entreprises ont eu le temps de se mettre sur leurs gardes, et leur attitude énergique fait reculer les dévastateurs.

Pendant ce temps, il y avait foule aux Jacobins. La puissante société recevait les bataillons de volontaires qui avaient demandé la permission de défiler devant elle et de lui présenter leurs hommages. Au milieu du tu-

---

1. Rapport du maire de Paris du 10 mars.

2. L'imprimerie de Gorsas était établie dans la rue Tiquetonne, celle de la *Chronique* dans la rue Serpente.

multe effroyable qu'entretiennent le continuel va-et-vient des députations, le cliquetis des armes, les harangues désordonnées des sectionnaires, les clameurs de la multitude qui se presse au dedans et au dehors, on discute les moyens de sauver la patrie.

Voici ceux que propose un des orateurs : « Que tous les bons patriotes qui se trouvent réunis dans la salle de la rue Saint-Honoré se divisent en deux troupes, dont l'une se portera sur la Convention pour se débarrasser de ceux qui ont refusé de voter la mort du roi; l'autre, au ministère des affaires étrangères, où sont assemblés les membres du Pouvoir exécutif, pour y faire maison nette. » Un autre, plus modéré, veut qu'on se borne à mettre en état d'arrestation les ministres et les membres du côté droit. Sur ces entrefaites arrive Dubois-Crancé qui, quoique montagnard déterminé, adjure ses collègues du club de repousser les motions incendiaires. Les affidés du comité d'insurrection, voyant que la masse des jacobins hésite à donner le signal, quittent le club et courent aux Cordeliers qui siégeaient sur la rive gauche de la Seine, près de la rue Saint-André-des-Arts.

Ils y trouvent des dispositions plus énergiques. A leur demande, cette société prend un arrêté qui invite les autorités parisiennes à s'emparer de l'exercice de la souveraineté et à mettre en arrestation les membres de la Convention traîtres à la cause du pays[1]. Fournier l'Améri-

---

[1]. Rapport du ministre de la justice du 13 mars. Discours de Dubois-Crancé également à la séance du 13 mars.

cain et Varlet, deux des principaux conjurés, s'emparent de cet arrêté aussitôt qu'il est libellé et vont le porter à la Commune. Le Conseil général ne pouvait être que très-flatté de la confiance que lui témoignaient les conjurés; mais, dans l'exposé que lui font ceux-ci de leurs moyens d'action, il ne voit pas des éléments de succès suffisants et refuse de prendre au mouvement populaire la part que le comité de la rue Saint-Honoré lui avait réservée. Quatre sections seulement[1] adhèrent à l'arrêté de la société des Cordeliers et adoptent une adresse préparée d'avance où il est dit : « Que l'évacuation de la Belgique est l'œuvre de la faction impie qui paralyse la Convention nationale et déchire le sein de la République; que les succès des ennemis de la France sont dus au traître Dumouriez et aux menées odieuses des Roland, des Brissot, et de leurs amis; qu'il faut donc s'en débarrasser à tout prix. »

V.

Pendant ce temps, la Convention avait ouvert sa séance du soir et recevait les députations de diverses

---

1. Ces sections étaient Mauconseil, les Lombards, le Théâtre-Français et les Quatre-Nations. A ce moment (une heure du matin), elles ne comptaient que très-peu de membres présents. Une délibération ultérieure de la section du Théâtre-Français reconnaît que l'assemblée ne se composait que de vingt individus lorsque fut adoptée l'Adresse présentée par Varlet. Il avait dû en être de même dans les trois autres sections.

sections qui venaient protester de leur zèle pour le recrutement. Mais le concours de ces députations, presque toutes fort nombreuses, accumulait une multitude d'hommes armés autour de l'Assemblée. Il était dès lors fort aisé aux conjurés de profiter du désordre et de la nuit pour exécuter leurs desseins contre les membres du côté droit.

Il n'y avait, du reste, dans la salle que fort peu de députés, les convocations ayant été faites très-tard[1].

Les Montagnards, qui étaient initiés aux projets des conjurés, les Girondins, qui les soupçonnaient, s'étaient, bien qu'ils ne se fussent fait aucune confidence, arrêtés au même parti : s'abstenir de paraître ce soir là à l'Assemblée.

Réunis chez Pétion, les amis de Mme Roland sont informés d'heure en heure des violentes motions discutées aux Jacobins. Apprenant qu'une foule nombreuse assiége les portes de la Convention, ils veulent épargner un crime au peuple de Paris en ne donnant pas tête baissée dans le piége qui leur est tendu.

Quant aux Montagnards, ils accordent bien leur consentement tacite à l'expédition projetée contre leurs adversaires, mais ils ne veulent pas avoir l'air d'y participer. Ils laissent agir les enfants perdus de la démagogie, sauf à les désavouer s'ils échouent, sauf à profiter de leur audace s'ils réussissent.

A peine le président est-il monté au fauteuil qu'il

1. D'après les mémoires inédits de Fockedey, député du Nord, que nous avons eus à notre disposition, il n'y avait pas dans la salle deux cents conventionnels.

reçoit d'un des collaborateurs de Gorsas la nouvelle du pillage de l'imprimerie du *Courrier des Départements*. Mais, à cette lecture, la gauche répond par des cris répétés : « L'ordre du jour, l'ordre du jour ! »

« Comment, s'écrie le courageux Mazuyer, l'un des rares députés de la droite présents à la séance, vous demandez l'ordre du jour, lorsque l'on vous annonce que la vie d'un de vos collègues a été menacée ! »

La protestation du courageux Girondin se perd au milieu du tumulte.

« Pourquoi, s'écrie Lacroix, Gorsas s'attache-t-il à gangrener l'esprit des départements ?

— Gorsas est d'autant plus coupable, ajoute Billaud-Varennes, que les presses dont il se sert et que le peuple vient de briser, sont celles de l'abbé Royou. On les avait données à Gorsas le 10 août, il les a prostituées comme ce royaliste.

— Dans Gorsas, reprend Lacroix, il y a deux hommes : le représentant de la nation, le peuple l'honore ; le journaliste, le peuple le méprise. Renvoyons cette lettre au maire de Paris pour vérifier les faits, car tout ceci pourrait n'être qu'un jeu. Dans la nuit du 9 août, lorsqu'on tramait le complot d'emmener la Cour et le Corps législatif à Rouen, on venait nous dire aussi que les jours des députés n'étaient pas en sûreté.

— La vérité, que vient de poser Lacroix, est incontestable, dit Thuriot; un représentant de la nation doit tous ses moments à la République. En faisant un journal, il vole l'indemnité qu'il reçoit de la patrie. Je demande que tous les membres de la Convention qui font des journaux soient tenus de rendre l'indemnité qu'ils ont reçue.

— Il suffit de décréter, réplique Lacroix, qu'ils sont tenus d'opter entre la qualité de folliculaires et celle de représentants du peuple. »

Cette proposition, qui n'était autre que celle que Duhem avait faite la veille, était directement lancée contre Brissot, Condorcet, Louvet, Gorsas, Carra, Rabaut-Saint-Étienne, qui étaient chacun à la tête d'un journal fort accrédité. Dans la Montagne elle n'atteignait à peu près que Marat, fort embarrassant pour son parti ; aussi est-elle accueillie avec applaudissements et adoptée à l'instant même.

La facilité de l'Assemblée à se montrer exclusive encourage Collot-d'Herbois. Il demande que l'on écarte de la liste des commissaires à envoyer dans les départements tous ceux qui ont voté l'appel au peuple. D'autres propositions s'entre-croisent, mais toutes sont conçues dans le même esprit ; toutes elles témoignent de la pression que ne cessent d'exercer les séides du jacobinisme, qui peuplent les galeries et encouragent du geste et de la voix les propositions de l'extrême gauche.

Cependant le bruit se répand tout à coup que la foule du dehors a peu à peu disparu ; que les émeutiers des tribunes n'ont plus les soutiens sur lesquels ils croyaient pouvoir compter ; que les postes de la Convention ont été doublés ; que le bataillon des volontaires brestois, qui n'a pas encore quitté Paris, bien que son départ ait été décrété, arrive au secours de la représentation nationale.

Ces nouvelles, connues aussi vite dans les galeries que parmi les députés, opèrent un revirement soudain. Les affidés des conspirateurs voient que le coup est manqué, que peut-être ils vont être arrêtés ; ils disparaissent, sans bruit, un à un. Les tribunes se dégarnissent à vue d'œil ; bientôt il n'y reste plus que quelques spectateurs attardés qui ne sont pas dans le secret de la comédie.

Que s'était-il donc passé? Varlet, Lazowsky, Fournier, n'avaient pu, malgré leurs efforts, réunir qu'un nombre assez limité d'individus prêts à exécuter aveuglément leurs ordres. La foule qui stationnait aux portes de la Convention s'était dissipée pour échapper à une pluie torrentielle survenue tout à coup. Beurnonville, ministre de la guerre, laissant ses collègues délibérer gravement sur le parti qu'il serait opportun de prendre [1], avait escaladé les murs de l'hôtel pour éviter de tomber dans une embuscade et avait couru à la caserne des Brestois. Il y avait été rejoint par Kervélégan, député du Finistère. Ces deux courageux citoyens n'avaient pas eu de peine à se faire suivre par les volontaires qui avaient déjà dissipé les troubles de février et qui étaient fort redoutés des émeutiers parisiens.

A une heure du matin, Beurnonville se présente à la barre et annonce à l'Assemblée qu'elle n'a plus rien à

---

[1]. Voir le rapport que Garat vint faire le 13 à l'Assemblée, et où sont longuement exposés les trois partis que le conseil exécutif pouvait prendre.

craindre. La Convention vote des remercîments à ses libérateurs et se sépare, heureuse d'en être quitte à si bon compte.

VI.

A peine la séance du dimanche 10 mars est-elle ouverte que Gamon, qui deux fois, la veille, a voulu protester contre la pression violente des tribunes, demande de nouveau à être entendu. Il annonce que des témoins sont prêts à déposer de faits graves et pertinents, tous relatifs aux scènes déplorables qui se sont passées aux abords de l'Assemblée. Mais les vociférations de la Montagne l'interrompent à chaque phrase. On lui reproche de n'apporter à la tribune qu'un tissu d'impostures; Danton lui lance une plaisanterie grossière et Barère prend la parole tout exprès pour l'empêcher de continuer ses révélations. Fidèle au rôle d'endormeur avec lequel il s'identifie chaque jour davantage, le député des Hautes-Pyrénées cherche à démontrer à la Convention qu'elle a été, qu'elle est encore parfaitement libre; que ceux qui lui soutiennent et lui prouvent le contraire l'insultent et la décrient. Son discours est un modèle du genre. Il est impossible d'offrir plus d'encens à la victime que l'on s'apprête à sacrifier, de mieux exalter la puissance du souverain imbécile auquel on va demander bientôt d'abdiquer.

« Gamon, dit-il, vous a annoncé qu'il était prêt à braver la mort pour sauver la patrie. Il ne s'agit pas de mourir, mais de vivre pour démasquer les traîtres et déjouer les complots liberticides : pourquoi s'émouvoir des passions qui s'agitent dans cette enceinte? C'est ici le foyer naturel des passions les plus généreuses et les plus viles. Pourquoi s'émouvoir des orages fréquents qui s'élèvent dans la Convention? N'est-ce pas du sein des orages que sort la liberté?

« Le moment n'est pas encore venu où il faudra rassembler sous les yeux de la Convention les divers traits qui peuvent appartenir à une trame profonde. Mais cette trame aura le sort de toutes les autres. La liberté met tout à profit, tout, jusqu'aux crimes projetés ou commis contre elle. Je viens aux faits particuliers qui nous occupent. On s'est plaint que les consignes de l'Assemblée avaient été données arbitrairement, que les femmes avaient été écartées de cette salle dans la séance d'hier. Ce fait ne doit occuper l'Assemblée qu'autant que sa sûreté aurait été ou pourrait être compromise ; cela regarde le Président; c'est lui qui a la police de la salle, c'est à lui qu'il appartient de faire respecter les règlements.

« Où est le grand inconvénient que, dans les alarmes publiques, les citoyens occupent toutes les places? Pendant que les femmes travaillent aux objets d'équipement pour les volontaires, ils apprennent ici leurs devoirs, et de là ils voleront aux frontières. On s'est plaint qu'il n'y avait que des hommes dans les tribunes; eh bien, je voudrais qu'il n'y eût que des hommes à la Convention... Oui, des hommes, car c'est le courage et le mépris de la mort, qui gagnent les batailles et font les révolutions.

« Où veut-on nous mener? Est-ce à la royauté? Mais il y a ici sept cents députés armés chacun d'un poignard pour frapper l'ambitieux qui aurait oublié le 21 janvier. A l'anarchie? Mais les départements sont forts et libres; ils ne la souffriront pas. Son règne ne peut, d'ailleurs, être de longue durée, car il est borné par les fléaux mêmes qu'il traîne à sa suite. A un gouvernement municipe? Mais qui peut espérer cet imbécile et singulier échafaudage dont l'orgueil de Rome abusa si longtemps? Paris, cette tête difforme, qui a fait périr le despotisme, peut-elle espérer absorber tout le gouvernement, tous les pouvoirs? Les Français ne doivent plus désirer qu'un gouvernement entièrement démocratique. Loin de nous toutes les aristocraties, aussi bien celle des gens audacieux que celle des hommes populaires. On a voulu jeter de la défaveur sur la séance d'hier. Celle du matin m'a paru belle, parce qu'on ne s'y est occupé que d'objets d'intérêt national et de sûreté générale. Je n'en dirai pas autant de celle qui l'a suivie. A côté de nous, des hommes de sang prêchaient le meurtre comme ils ont prêché le pillage. Je les ai entendus; mais que m'importe! Je serais chargé de fers que je leur dirais encore : « Scélérats, je suis libre! car vous ne pouvez rien sur « ma pensée. Vous pouvez m'arracher la vie, mais « l'honneur d'un citoyen n'est pas en votre puissance. »

« On a parlé à cette tribune de projets qu'on a hautement énoncés hier aux environs de cette salle, de couper la tête à quelques députés. Citoyens, les têtes des députés sont bien assurées; les têtes des députés reposent sur l'existence de tous les citoyens; les têtes des députés sont posées sur chaque département de la République. Qui oserait y toucher? Le jour de ce drame impossible, la République serait dissoute et Paris anéanti [1]. On a souvent dit à l'Assemblée qu'elle n'était pas libre. Il est possible que ceux qui le répètent ne le soient pas. La liberté tient à la force du caractère et à la chaleur brûlante du cœur. L'homme est toujours libre quand il veut l'être; un mandataire du peuple sait toujours se faire respecter. Le peuple sait qu'il s'honore lui-même en portant des égards aux citoyens qu'il a chargés de le représenter. On dit que le ministre de la guerre a été menacé hier aux abords de cette salle; pour faire punir ce délit, il faut que nous en ayons une connaissance exacte. Le Conseil exécutif, dont il est membre, n'a-t-il pas des moyens de défense publique; ne peut-il pas se plaindre à la Convention des menaces et des outrages qui lui sont faits?

« Ne consumons pas un temps précieux à des motions particulières de police intérieure; méprisons les propos infâmes d'hommes salariés qu'il faut livrer à la justice, passons à l'ordre du jour et occupons-nous des mesures de sûreté générale. »

---

1. Nous avons abrégé quelques parties du discours de Barère, parce qu'il est plein de redondances. Mais nous avons respecté ce paragraphe dans son intégrité; nous laissons à l'orateur la responsabilité tout entière de ses hardies métaphores.

VII.

Pour les assemblées, encore plus que pour les individus, *mal passé n'est que songe* La Convention, ne voyant plus autour d'elle les individus à piques et à bonnets rouges qui la tenaient assiégée la veille, se prend à espérer qu'elle sera désormais à l'abri de coups de main semblables à celui qu'on a voulu tenter contre elle. Cherchant à oublier la pression qu'on lui a fait subir avec tant d'insolence, elle se laisse bercer par la phraséologie banale de son orateur favori et passe à l'ordre du jour.

L'ordre du jour était l'organisation du tribunal révolutionnaire décrété la veille. Lesage (d'Eure-et-Loir) annonce, au nom du Comité de législation, que ses collègues et lui se sont réunis aussitôt après le vote de l'Assemblée, qu'ils ont travaillé jusqu'à dix heures du soir, mais qu'à ce moment ils ont été appelés à la séance publique par la gravité des circonstances, et qu'ils y sont restés jusqu'à une heure.

« Le Comité, ajoute-t-il, a nommé des commissaires, un rapporteur; mais le travail ne pourra être prêt que demain à midi.

— Il est impossible d'admettre ce délai, s'écrie le farouche Carrier; l'organisation du tribunal ne peut exiger un temps aussi long. Les principes sont clairs. Je demande que le Comité de législation qui n'a pas répondu au vœu de l'Assemblée soit renouvelé sur-le-champ.

— Non, répond Bentabolle, autre Montagnard non moins fougueux que Carrier ; que l'on nomme immédiatement neuf commissaires et que ces commissaires soient chargés de présenter séance tenante leur travail. »

Mais la Convention, pressée d'entendre la lecture des lettres du maire sur la situation intérieure de Paris, et celle des dépêches de Dumouriez et de ses commissaires sur les mouvements de l'armée, ne s'arrête pas aux propositions de Carrier et de Bentabolle.

Il n'est question dans la lettre de Pache que du pillage des imprimeries de Gorsas et autres journalistes. C'était le seul objet sur lequel la Convention l'eût interrogé, et le maire de Paris était trop habile pour faire une allusion même indirecte aux autres incidents qui avaient marqué la soirée de la veille. Il se contente donc de faire savoir que les commissaires envoyés pour arrêter les désordres ne sont arrivés que quand les émeutiers avaient disparu ; que ses agents ont pu seulement constater les dégâts et dresser des procès-verbaux, mais qu'il a donné les ordres nécessaires pour la découverte, la poursuite et la punition des auteurs et promoteurs des troubles.

Les lettres de Dumouriez étaient du 3 et du 4 mars. Elles respiraient la confiance et l'audace. Le général insistait sur la nécessité de continuer malgré tout la campagne de Hollande, « seul moyen de sauver les Pays-Bas. » Les lettres de Miranda et des commissaires près l'armée du Nord annonçaient que l'armée s'était ralliée près de Saint-Trond, et qu'elle allait occuper devant Louvain une forte position qui lui permettrait de couvrir la Belgique et de reprendre l'offensive.

Ces nouvelles étaient assez rassurantes, mais Robespierre avait préparé une longue harangue sur les trahisons des généraux et de leurs complices. Pendant que ses amis élaborent le décret qui doit établir le tribunal extraordinaire, il prie l'Assemblée de lui permettre d'exposer ses idées et ses vues sur la situation de la République.

« La marche rétrograde de nos armées, dit-il, ne me frappe pas de découragement; bientôt nous terrasserons encore une fois les tyrans qui veulent attenter à notre liberté. Mais il faut que l'ardeur guerrière des défenseurs de la patrie soit secondée par la sagesse et le courage des représentants de la nation. Pour moi, j'avoue que mes notions en politique ne ressemblent en rien à celles de beaucoup d'autres hommes. On croit avoir tout fait en ordonnant un recrutement dans toutes les parties de la République. Je ne doute pas du courage de nos soldats; mais comment voulez-vous que leur ardeur se soutienne, s'ils voient à leur tête des chefs coupables et impunis? Des officiers n'étaient pas à leur poste au moment de l'affaire d'Aix-la-Chapelle, et ils ne sont pas encore arrêtés. Stengel est convaincu de trahison, et le décret d'accusation n'est pas encore porté contre lui. Quant à Dumouriez, j'ai confiance en lui, parce qu'il y a trois mois il voulait entrer en Hollande et que, si on eût exécuté ce plan, la révolution était faite en Angleterre. J'ai confiance en lui, parce que son intérêt personnel, l'intérêt de sa gloire même est attaché au succès de nos armes.

« Mais il ne faut pas fixer ses regards sur un fait isolé, sur un individu; en examinant la marche de la Révolution, on s'aperçoit aisément que tous nos malheurs sont nés de la même cause, de l'indulgence criminelle que l'on a toujours eue pour les ennemis du bien public, pour des ci-devant privilégiés, pour des riches. Ils échappent au glaive de la loi, et la nation ne sait pas encore si cette classe orgueilleuse doit ou non courber le front sous le niveau de l'égalité. Il faut faire la guerre avec vigueur, avec audace même, mais il faut la finir bientôt. La guerre ne peut pas être longue. Il est un terme aux sacrifices d'une nation généreuse; mais, si on veut obtenir des succès rapides, si l'on veut que les tyrans soient promptement renversés, il faut changer le système actuel de gouvernement; il faut que l'exécution des lois soit confiée à une *commission fidèle,* d'un patriotisme épuré, une commission si sûre que l'on ne puisse plus cacher à la Convention ni le nom des traîtres, ni la trame des trahisons.

« Tant que le gouvernement ne sera pas ainsi mis sous l'œil vigilant de la nation, au dedans les mouvements de l'aristocratie se perpétueront, sans que le peuple ni ses représentants s'en doutent; au dehors, les succès de nos armées nous seront fastueusement annoncés, nos défaites dissimulées d'après les procédés de l'ancien régime. Rappelez-vous les rapports qui nous étaient faits sur les généraux avant le retour de Danton et de Lacroix. La veille de leur arrivée, nous étions enivrés de la conquête de la Hollande, nous ne rêvions que succès; déjà nous étions à Amsterdam, déjà la révolution extérieure était terminée. Un mot de vos commissaires dissipa ce prestige et fit connaître l'austère vérité.

« Il nous faut un gouvernement dont toutes les parties soient rapprochées. Il existe entre la Convention et le pouvoir exécutif une barrière qu'il faut rompre parce qu'elle empêche cette liberté d'action qui fait la force du gouvernement. Le Conseil exécutif, presque isolé, communique avec vous non pas seulement au moyen des comités, mais par tel ou tel individu plus intimement lié avec tel ou tel ministre. Les comités se saisissent d'une affaire; sur leurs rapports vous prenez des décisions précipitées. Vous avez déclaré la guerre tantôt à un peuple, tantôt à un autre, sans avoir examiné vos moyens de soutenir vos résolutions. Placés au centre de l'Europe, au centre de tous les peuples qui veulent être libres, vous deviez vous assurer les moyens de communiquer avec eux et d'exciter leur élan. Vous deviez employer quelque chose de cet art dont on se sert pour diviser ses ennemis. Le cabinet n'a rien fait, n'a écarté aucun ennemi, ne nous a procuré aucun allié. Tous les gouvernements nous ont tour à tour déclaré la guerre. Dans aucun pays il ne s'est fait un mouvement en notre faveur.

« Et pourquoi cette indifférence des peuples, si ce n'est de la faute de ce ministre dont on n'examine pas la conduite? En organisant la calomnie perpétuelle contre la Révolution, l'envoi dans tous les pays de libelles où les principaux événements sont dénaturés, où les hommes qui ont le plus combattu pour la liberté sont dénigrés, il vous a aliéné l'opinion des peuples. Le ministère, tel qu'il est organisé, comprime tout, empêche tout. Un fait qui ne peut être nié, c'est qu'il y a trois mois Dumouriez proposait l'invasion de la Hollande et qu'en dépit des réclamations des patriotes bataves Pouvoir exécutif et Comité diplomatique se sont trouvés d'accord pour repousser l'idée du victorieux général.

« Il faut faire de profondes modifications dans l'organisation du pouvoir exécutif. Si vous ne les faites promptement, vous errerez toujours de révolution en révolution et vous conduirez la République à sa perte. »

Robespierre venait de tracer le programme du nouveau tribunal révolutionnaire et celui du futur Comité de salut public. Il avait su mêler habilement, dans son réquisitoire, les généraux et Roland, le ministre des affaires étrangères et Brissot. Il avait fait servir les désastres de nos armées à satisfaire ses haines, et cependant il avait à peine passionné son auditoire. Aussi Danton sent-il le besoin d'élever le débat et d'électriser l'Assemblée pour lui arracher les décrets qui doivent consacrer le triomphe de la Montagne.

« Citoyens, dit-il, les considérations générales que l'on vient de vous présenter sont vraies; mais il s'agit moins d'énumérer les maux qu'éprouve la patrie, que d'appliquer le remède. Quand un édifice est en feu, je ne m'attache point aux fripons qui enlèvent les meubles; j'éteins l'incendie. Vous devez être convaincus, par la lecture des dépêches de Dumouriez, qu'il n'y a pas un seul instant à perdre pour sauver la République. Dumouriez avait conçu un plan qui honore son génie. Je dois ici lui rendre une justice bien plus éclatante que je ne l'ai fait jusqu'à présent à cette tribune. Il y a trois mois, Dumouriez avait annoncé au pouvoir exécutif et au comité de défense générale que, si on n'envahissait pas la Hollande au milieu de l'hiver, il fallait renoncer à tous les avantages que nous avions obtenus dans la Belgique. Puisqu'on a méconnu ce trait de génie, il faut réparer nos fautes [1]. Dumouriez n'est pas découragé, il est au milieu de la Hollande, il a pris Bréda et Gertruydenberg; il ne lui faut que des soldats, et la France regorge de citoyens. Voulons-nous être libres? Si nous ne le voulons pas, périssons, car nous l'avons tous juré. Si nous le voulons, volons tous à la frontière pour défendre notre indépendance. C'est en Hollande que se trouvent les ressources de nos ennemis; c'est de là que Pitt tire l'or qu'il prodigue à pleines mains. Prenons la Hollande, et Carthage est détruite..... Il faut agir et non délibérer. Vous avez rendu un décret qui nomme des commissaires pour les départements; soutenez-les par votre énergie, qu'ils partent ce soir, cette nuit; qu'ils disent aux riches :

---

[1]. Robespierre et Danton font ici, l'un et l'autre, allusion aux projets d'expédition de Hollande que Dumouriez avait proposés par son chef d'état-major Thouvenot et que le Conseil exécutif avait repoussés dans ses séances du 12 et du 13 décembre, sans vouloir, comme le proposait le général en chef de l'armée du Nord, autoriser la réunion d'un conseil de guerre pour en élibérer.

« Il n'y a qu'un moyen de vous conserver votre luxe ;
« il faut que l'aristocratie de l'Europe, succombant sous
« nos efforts, paye notre dette, ou que vous la payiez ;
« le peuple n'a que du sang, il le prodigue. Allons,
« misérables, prodiguez vos richesses ! » Voyez les destinées qui vous attendent. Quoi ! vous avez une nation pour levier, la raison pour point d'appui, et vous n'avez pas encore soulevé le monde !

« Je mets de côté toutes les passions. Elles me sont étrangères, excepté celle du bien public. Eh bien ! dans des circonstances plus difficiles que celle où nous nous trouvons, lorsque l'ennemi était aux portes de Paris, j'ai dit à ceux qui gouvernaient alors : « Vos discussions
« sont misérables ; je ne connais que l'ennemi, battons
« l'ennemi ! Vous, qui me fatiguez de vos contestations
« particulières, au lieu de vous occuper du salut de la
« République, je vous mets tous sur la même ligne, je
« vous répudie tous comme traîtres à la patrie. » Je leur ai dit : « Que m'importe ma réputation ! Que la France
« soit libre et que mon nom soit flétri à jamais ! J'ai con-
« senti à être appelé buveur de sang ; eh bien ! buvons
« le sang des ennemis de la patrie. Combattons et con-
« quérons la Liberté. » Je le répète, et que le riche écoute ce mot : « Il faut que nos conquêtes payent la dette ou
« que le riche la paye avant peu. » La situation est cruelle. Le signe représentatif n'est plus en équilibre dans la circulation. La journée de l'ouvrier est au-dessous du numéraire. Il faut sortir de là par un grand effort. Conquérons la Hollande. Ranimons, en Angleterre le parti de la République qui n'est point

étouffé. Faisons marcher la France, et nous irons glorieux à la postérité. Remplissez ces grandes destinées. Point de débats, point de querelles, et la patrie est sauvée ! [1] »

VIII.

L'Assemblée accueille avec des transports d'enthousiasme les dernières paroles de Danton et demande de toutes parts qu'on s'occupe immédiatement du tribunal et du pouvoir exécutif.

Cambacérès appuie ce double vœu du poids de sa parole ; il formule ainsi son opinion : « Il est indispensable qu'avant que nous levions la séance nous ayons changé le ministère incohérent que nous avons. Il est organisé comme s'il y avait deux pouvoirs. C'est une erreur. Tous les pouvoirs sont entre les mains de la Convention, elle doit les exercer tous. Il ne doit y avoir aucune séparation entre le corps qui délibère et celui qui fait exécuter. Dans ce moment vous ne devez pas suivre les principes ordinaires ; vous reviendrez, si vous le voulez, à la séparation des pouvoirs lorsque vous ferez la Constitution. »

Des cris : « Aux voix ! aux voix ! » s'élèvent de la plus

---

[1]. Le discours de Robespierre se trouve au *Moniteur* n° 74, au *Journal des Débats et Décrets* n° 180, p. 206 ; celui de Danton, au *Moniteur* n° 72.

grande partie de la salle. Buzot s'élance à la tribune, les Montagnards veulent par la violence l'en faire descendre. Le député de l'Eure parvient cependant à dominer le tumulte. « Je m'aperçois, dit-il, aux murmures qui s'élèvent, et je le savais déjà, qu'il y a quelque courage à s'opposer aux idées qui doivent nous conduire au despotisme le plus affreux. Je rends grâce, au reste, de chaque moment de mon existence à ceux qui veulent bien me la laisser, et je regarde ma vie comme une concession volontaire de leur part; mais, au moins, qu'ils me laissent le temps de sauver ma mémoire du déshonneur. J'ai entendu professer à cette tribune cette doctrine, qu'il fallait confondre tous les pouvoirs, les mettre entre les mains de l'Assemblée. »

Une voix : « Il faut agir et non bavarder !

— Oui, vous avez raison vous qui m'interrompez. Eh bien ! je le dis hautement, une autorité, qu'elle soit exercée par un seul ou par plusieurs collectivement, peu importe, si elle concentre dans sa main tous les pouvoirs, si elle ne peut être arrêtée par rien, dégénérera bientôt en une épouvantable tyrannie. Lorsque vous avez reçu des pouvoirs illimités, ce n'était pas pour confisquer toutes les libertés. Si tout est ici, dites-moi quel sera le terme de ce despotisme dont je suis enfin las moi-même. »

La gauche répond à Buzot en lui lançant les invectives les plus amères. « C'est pour empêcher, s'écrie Julien (de Toulouse), l'organisation du tribunal qui doit punir les contre-révolutionnaires, que Buzot vient de bavarder si longtemps.

— Il ne s'est pas plaint, ajoute Marat, quand tous les pouvoirs étaient dans les mains de Roland. »

Enfin, sur la proposition de Lacroix, la Convention décide qu'elle s'occupera d'abord de l'organisation du tribunal et ensuite de celle du ministère. Lesage (d'Eure-et-Loir) dépose, au nom du Comité de législation, le projet de décret qu'il avait annoncé pour le lendemain. Robert Lindet en présente un autre qui aggrave d'une manière considérable les dispositions de celui du Comité.

Voici quelles sont les dispositions principales de ce second projet : Le tribunal révolutionnaire sera composé de neuf juges. Ils ne seront assistés d'aucun jury ; ils formeront leur conviction par tous les moyens possibles. Il y aura toujours dans la salle destinée au tribunal un membre chargé de recevoir les dénonciations. Le tribunal pourra poursuivre directement ceux qui, par incivisme, auront abandonné ou négligé l'exercice de leurs fonctions ; ceux qui, par leur conduite ou la manifestation de leurs opinions, auront tenté d'égarer le peuple ; ceux enfin qui, par les places qu'ils occupaient sous l'ancien régime, rappellent des prérogatives usurpées par les despotes.

La gauche applaudit avec ardeur à l'énonciation des principes formulés par Lindet. La droite proteste énergiquement contre de pareilles doctrines.

« On vous propose, s'écrie Vergniaud, de décréter l'établissement d'une inquisition mille fois plus redoutable que celle de Venise. Nous mourrons tous plutôt que d'y consentir. »

Le projet de Lindet effraye un certain nombre de députés habitués à voter avec la Montagne. Cambon et Barère s'y déclarent eux-mêmes contraires.

« Le peuple peut se tromper, dit Cambon, et les neuf juges proposés par Lindet peuvent devenir neuf tyrans insupportables. Quoi! l'on veut que les mêmes magistrats soient chargés de mettre en accusation, d'instruire la procédure et d'appliquer la peine? Avec un pareil tribunal, les bons citoyens peuvent être égorgés, les amis de la liberté peuvent être écrasés. Je demande la question préalable sur le projet. »

— Les amis de la liberté et de la justice, ajoute Barère, ne peuvent vouloir imiter les despotes dans leurs accès de rage; ils ne peuvent vouloir rétablir les chambres ardentes et les commissions du conseil. Rappelez-vous les trente tyrans d'Athènes et les proscriptions de Sylla. Ils commencèrent par punir des individus chargés de crimes et arrivèrent bientôt à frapper les meilleurs citoyens. On proscrivit les gens pour leur richesse. Dès qu'un homme enviait un morceau de terre, on faisait mettre le propriétaire au nombre des proscrits [1]. »

La Montagne ne se laisse toucher ni par les observations de Cambon, ni par les citations de Barère; elle continue à insister pour que la priorité soit accordée au projet de Lindet, surtout pour que l'on organise sans jurés le terrible tribunal.

1. Barère se doutait-il, dans ce moment, qu'il en viendrait, huit mois plus tard, de faiblesse en faiblesse, de crime en crime, à formuler à la tribune cette effroyable maxime : « La nation bat monnaie sur la place de la Révolution? »

« On égorge les patriotes dans Liége, s'écrie Duhem, sans leur donner de jurés, et nous en donnerions aux ennemis de la patrie! Quelque mauvais que soit ce tribunal, il est encore trop bon pour des scélérats.

— Il ne faut pas de jurés au tribunal extraordinaire, ajoute Philippeaux, précisément pour que nous puissions conserver cette belle institution. »

Malgré l'atroce propos de Duhem, malgré la raison étrange donnée par Philippeaux, malgré les vociférations de quelques montagnards, l'Assemblée à la presque unanimité décide en principe qu'il y aura un jury auprès du tribunal révolutionnaire, qu'il sera nommé par la Convention et pris dans tous les départements.

Ces deux points décidés, le président Gensonné déclare la séance levée ; elle avait déjà duré huit heures. Mais Danton, en entendant prononcer l'ajournement des autres questions, bondit à la tribune : « Je somme tous les bons citoyens de ne pas quitter leur poste, » dit-il de sa voix foudroyante. Chacun reste cloué sur son banc. « Oubliez-vous donc dans quelle position nous sommes? Si Miranda est battu, et cela n'est pas impossible, Dumouriez enveloppé serait obligé de mettre bas les armes. Vous pourriez vous séparer, avant d'avoir pourvu à tout ce ce qu'exige le salut public! Il faut adopter à l'instant même les mesures qui doivent définitivement organiser l'institution que l'audace des contre-révolutionnaires a rendue nécessaire et qui doit suppléer au tribunal suprême de la vengeance du peuple. Rien, je le sais, n'est plus difficile que de définir un crime politique... Mais n'est-il pas nécessaire que des lois extraordinaires, prises hors du corps social, épouvantent les rebelles et atteignent les coupables? Ici le salut du peuple exige de grands moyens et des mesures terribles. Je ne vois plus de milieu entre les formes ordinaires et un tribunal révolutionnaire.....

« L'histoire atteste cette vérité, et puisqu'on a osé dans cette Assemblée rappeler ces journées sanglantes sur lesquelles tout bon citoyen a gémi, je dirai, moi : Si ce tribunal eût existé alors, le peuple, auquel on a si souvent, si cruellement reproché ces journées, ne les aurait pas ensanglantées. Faisons ce que n'a pas fait l'Assemblée législative ; soyons terribles pour dispenser le peuple de l'être. Organisons un tribunal révolutionnaire, non pas bien, cela est impossible, mais le moins mal qu'il se pourra, afin que le glaive de la loi pèse sur la tête de tous ses ennemis [1]. Ce grand œuvre terminé, que la Convention s'occupe de l'organisation du ministère. Soyons prodigues d'hommes et d'argent ; déployons tous les moyens de la puissance nationale, mais ne mettons la direction de ces moyens qu'entre les mains d'hommes dont le contact nécessaire et habituel avec vous assure l'exécution des mesures que vous aurez combinées pour le salut public. Faites partir vos commissaires ; qu'on ne reproduise plus l'objection qu'ils siégent dans tel ou tel côté de cette salle ; qu'ils se répandent dans les départements, qu'ils y raniment l'amour de la liberté et que, s'ils ont regret de ne pas

---

1. Danton, traduit devant Fouquier-Tinville, s'écriait : « Il y a un an que j'ai fait décréter l'établissement du tribunal révolutionnaire. J'en demande pardon à Dieu et aux hommes. »

participer à des décrets utiles et de ne pouvoir s'opposer à des décrets mauvais, ils se souviennent que leur absence a été le salut de la patrie.

« Je me résume. Ce soir, organisation du tribunal, organisation du pouvoir exécutif; demain, mouvement militaire. Que demain vos commissaires soient partis, que la France entière se lève, coure aux armes, marche à l'ennemi. Que la Hollande soit envahie, que la Belgique soit libre; que le commerce de l'Angleterre soit ruiné; que les amis de la liberté triomphent; que nos armes, partout victorieuses, apportent aux peuples la délivrance et le bonheur, et que le monde soit vengé. »

Danton descend de la tribune au bruit des plus vifs applaudissements. Mallarmé demande que la séance soit déclarée permanente, mais, qu'à raison de la fatigue extrême des députés, elle soit suspendue pour quelques instants. Billaud-Varennes propose que l'on accorde la priorité au projet de Lindet.

L'Assemblée adopte ces deux motions. La séance reprend à neuf heures du soir pour continuer sans interruption jusque à sept heures du matin.

Tous les articles du projet de Lindet sont successivement mis aux voix et adoptés. Deux questions seulement soulèvent quelques débats : l'une relative à la définition des crimes qui doivent être de la compétence du tribunal, l'autre relative à l'établissement du jury.

Parmi les divers amendements proposés, il faut remarquer celui présenté par Robespierre. Comme tout ce qui sort de la plume du bilieux tribun, il est le reflet de ses haines particulières :

« Le tribunal révolutionnaire est chargé de poursuivre : 1° les auteurs des écrits qui attaquent le principe de la liberté, qui cherchent à réveiller le fanatisme de la royauté, qui apitoient le peuple sur le sort du tyran ; 2° les administrations de département qui, au mépris des lois, se sont permis de faire marcher des bataillons de gardes nationales contre Paris. »

Cette rédaction naturellement ne satisfait pas l'Assemblée ; elle renvoie au comité de législation tous les amendements proposés et lui donne la mission de définir d'une manière claire et précise le crime indéfinissable de contre-révolution.

Duhem demande que l'on revienne sur la décision prise la veille de faire juger par un jury les individus traduits au tribunal.

La droite réclame l'appel nominal sur cette proposition. « Il faut, s'écrie Laréveillère-Lepeaux, que l'on sache quels sont ceux qui veulent que le pouvoir national soit exercé par toutes les sections de l'Empire et non par une section particulière, par une fraction qui la tyrannise.

— Oui, ajoute Vergniaud, il faut faire connaître ceux qui se servent continuellement du mot de liberté pour l'anéantir. »

Thuriot présente alors un amendement destiné, selon lui, à concilier toutes les opinions. Il propose de conserver le jury, mais en imposant à ses membres l'obligation de délibérer à haute voix. C'était dénaturer dans son essence même l'institution du jury ; c'était livrer le sort des accusés, non plus à la conscience des jurés, quelque faible que fût alors ce recours, mais aux passions désordonnées d'un auditoire irresponsable, possédé des soupçons les plus haineux, animé des passions les plus féroces, recruté dans tout ce que pouvait avoir de plus abject et de plus immonde la populace parisienne.

L'Assemblée ne se révolte pas à cette nouvelle monstruosité; bien plus elle vote sans discussion l'article fatal qui aggrave au centuple l'horrible loi.

IX.

Le lendemain, lorsque Robert Lindet lit la rédaction définitive qu'il a été chargé de présenter, les questions agitées la veille se soulèvent de nouveau.

Robespierre revient sur sa définition du mot conspirateur : « Il faut, dit-il, que la peine de mort soit édictée contre tout acte, comme aussi contre tout écrit contre-révolutionnaire. » L'énoncé d'une telle doctrine excite de violents murmures dans la majeure partie de la Convention; mais le tribun reprend, avec cette morgue pédagogique que ses succès augmentaient chaque jour davantage, avec cette haine qui l'animait sans cesse contre Roland et ses amis : « Il est étrange que l'on murmure lorsque je propose de réprimer un système d'écrits dirigés contre la liberté, lorsque je demande la juste punition de ceux qui ont été soudoyés par le gouvernement lui-même pour apitoyer le peuple sur le sort du tyran, pour diriger les poignards contre les vrais républicains, pour allumer la guerre civile en désignant Paris, le berceau de la Révolution, aux autres départements, comme une contrée ennemie contre laquelle ils devaient s'armer. Oui, il faut que ce tribunal sévisse contre les administrateurs qui, au mépris des lois et de l'unité de la République, ont levé une force armée de leur pure autorité privée. »

La Montagne accorde les plus vifs applaudissements à son héros, mais la proposition est repoussée par le reste de l'Assemblée.

Il était dit que les Girondins, quoique opposés en principe à la création du tribunal révolutionnaire, apporteraient leur concours, attacheraient leur nom aux lois qui devaient l'instituer. Dans leur naïveté, ils cherchaient à améliorer ce qui, de leur aveu, était détestable. Ils ne soupçonnaient pas que l'arme qu'ils aidaient à forger se retournerait un jour contre eux.

C'est Isnard qui présente la rédaction définitive de l'article Ier, en vertu duquel tant d'innocentes victimes, et ses amis les premiers, furent envoyés à l'échafaud. Cet article est ainsi conçu :

« Il sera établi à Paris un tribunal criminel extra-
« ordinaire qui connaîtra de toute entreprise contre-
« révolutionnaire, de tout attentat contre la liberté,
« l'unité, l'indivisibilité de la République, la sûreté
« intérieure et extérieure de l'État et de tous les com-
« plots tendant à rétablir la royauté ou à établir toute
« autre autorité attentatoire à la liberté, à l'égalité
« et à la souveraineté du peuple, que les accusés soient

« fonctionnaires civils ou militaires, ou simples ci-
« toyens. »

C'est encore un autre Girondin, Rabaut-Saint-
Étienne qui propose, puisqu'on veut accélérer la formation du tribunal, de prendre, à titre provisoire et jusqu'au 1er mai, les jurés non-seulement à Paris, mais encore dans les quatre départements circonvoisins. Cet amendement est adopté et, l'attention de l'Assemblée étant ainsi appelée sur le jury attaché au tribunal, un membre de la droite demande que l'on revienne sur la disposition adoptée dans la séance de la veille, et en vertu de laquelle les jurés doivent opiner à haute voix.

« En acceptant, dit-il, la proposition de Thuriot, vous avez enlevé à l'institution du jury son principe salutaire, vous l'avez sapée par la base.

— En créant ce tribunal, répond Lamarque, vous avez voulu qu'il ne fût pas assujetti à toutes les formes ordinaires. C'est parce que l'on a décrété que les jurés opineraient à haute voix que les amis de la liberté ont consenti à ce qu'il y eût des jurés dans ce tribunal. Ceux-là insultent le peuple de Paris qui le représentent comme capable de gêner les mandataires du peuple dans leurs fonctions. Si l'établissement du tribunal que vous venez de créer est un bienfait, maintenez l'article[1]. »

Guadet veut répliquer à Lamarque, mais la Montagne demande à grands cris l'ordre du jour.

[1]. Lamarque devint, sous l'Empire, conseiller à la Cour de cassation. Il avait préconisé les doctrines du despotisme démagogique, il n'eut aucune peine à adopter celles du despotisme impérial.

« Président, s'écrie Duhem, fermez la discussion, nous ne pouvons entendre ces conspirateurs! »

Cette apostrophe grossière arrivait un quart d'heure après que Robespierre avait demandé la peine de mort contre ceux que la Montagne accusait de trahir la patrie. Aussi, personne ne se trompe sur l'application que le fougueux député de Lille vient de faire de la parole du maître. La gauche applaudit avec enthousiasme; la droite se soulève et demande contre Duhem un vote de censure. Mais celui-ci ne s'émeut pas; suivi de Chabot, de David, de Carrier et de plusieurs autres Montagnards, il s'élance vers la tribune. Tous ces énergumènes montrent le poing à Guadet en criant en chœur : « Oui, oui, il y a ici des conspirateurs!

— Président, dit Guadet, en se tournant vers Gensonné qui siégeait au fauteuil, je vous somme de faire constater au procès-verbal que la représentation nationale a été violée en moi. » Puis, comme saisi d'une intuition soudaine qui lui dévoile l'avenir, il s'écrie :

« Parmi ceux qui m'entendent il peut se faire qu'il y ait quelqu'un qui soit traduit à ce tribunal. Je le lui demande, au milieu des passions qui nous environnent, croirait-il son innocence suffisamment protégée par le vote à haute voix ? Pourquoi donc voudrait-il faire juger ses concitoyens d'après un mode qu'il réprouverait pour lui-même ? J'entends sans cesse répéter ici les mots de liberté, d'égalité. Eh bien ! l'égalité serait violée par l'institution d'un jury qui ne reposerait pas sur les mêmes bases que les autres jurys. Pourquoi en effet, si le vote à haute voix est le garant d'une meilleure justice, pourquoi ne déclarez-vous pas que les jurés devant tous les tribunaux prononceront de la même manière ? L'une des conquêtes de la liberté a été l'institution du jury et le vote secret qui en est la conséquence. Cette institution a été reçue avec enthousiasme par le pays tout entier. Voulez-vous aujourd'hui la détruire ?

— On a donc oublié, répliqué l'un des jurisconsultes de la Montagne, Prieur (de la Marne), que la loi que nous faisons est une loi révolutionnaire? On a donc oublié que les fanatiques et les royalistes s'agitent plus que jamais dans nos villes et dans nos campagnes, pour égarer le peuple et renverser la République ? On a donc oublié que la sainte institution des jurés, établie pour les cas ordinaires, est illusoire contre les conspirateurs ? Le témoin ne dépose-t-il pas à haute voix ? croyez-vous donc que les juges et les jurés, que vous allez instituer, soient assez pusillanimes pour se laisser intimider par la multitude ? L'instant viendra où vous sentirez la nécessité de mettre les jurés entre leur devoir et le public qui les considère. Élevez les hommes à leur véritable hauteur, et ils seront toujours justes, tonjours dignes de la liberté. »

La Convention se paye de ces phrases banales, qui devaient être si tôt démenties par la triste réalité. Elle n'ose revenir sur le vote qui lui a été arraché la veille au soir, et se refuse à réparer une faute que la Gironde, qui ne sait jamais choisir le moment opportun, lui a signalée trop tard.

C'est ainsi qu'au milieu des vociférations de la gauche, des hésitations de la droite, des menaces des démagogues, des paradoxes des juristes montagnards, fut voté le décret en vingt articles qui instituait le tribunal révolutionnaire.

Le tribunal devait être composé de cinq juges, d'un accusateur public et de ses deux adjoints, de douze jurés et quatre suppléants.

Les juges et les membres du parquet devaient être élus dans les vingt-quatre heures par la Convention. Ils n'avaient besoin, pour être élus, que de réunir le quart des suffrages exprimés.

Le quart des voix n'était pas même exigé pour l'élection des jurés, qui devaient également être choisis par la Convention à la simple majorité relative. Les premiers jurés devaient, comme nous l'avons dit, être pris parmi les citoyens de Paris et des quatre départements environnants, et rester en fonction jusqu'au 1er mai. A partir de cette époque, les citoyens de tous les départements pouvaient être inscrits sur la liste des jurés. Ils devaient voter et former leur déclaration publiquement, à haute voix et à la majorité absolue des suffrages.

Les peines à appliquer étaient celles déterminées par le code pénal et les lois postérieures. Cependant les accusés qui étaient déclarés coupables de crimes ou de délits qui n'auraient pas été prévus par ce code et par ces lois, ceux même qui n'auraient commis aucun délit punissable d'après la législation en vigueur, mais dont l'incivisme et la résidence sur le territoire de la République auraient été un sujet de trouble public et d'agitation, pouvaient être condamnés à la peine de la déportation. Les accusés en fuite, qui ne se représenteraient pas dans les trois mois de leur jugement, devaient être traités comme émigrés et sujets aux mêmes peines, soit par rapport à leurs personnes, soit par rapport à leurs biens.

Les biens des condamnés à mort étaient acquis à la République. Seulement la loi, dans sa clémence, déclarait qu'il serait pourvu à la subsistance des veuves et des enfants s'ils n'avaient par eux-mêmes aucun bien.

Les jugements devaient être exécutés sans recours au tribunal de cassation.

La seule garantie un peu efficace qui avait pu être introduite dans cette loi draconienne, c'était la création d'une commission de six membres pris dans le sein de la Convention, et chargés de recevoir, d'examiner les procès-verbaux de dénonciation, d'en faire le rapport, de rédiger les actes d'accusation, de surveiller l'instruction des affaires renvoyées au tribunal extraordinaire, d'entretenir une correspondance suivie avec les juges et l'accusateur public, et d'en rendre compte à l'Assemblée.

Nous verrons bientôt ce qu'il advint de la commission des Six.

X.

Dans cette même séance du 11 mars, la Convention reçoit la démission du ministre de la guerre, Beurnonville. Il avait hâte de s'affranchir des ennuis de tout genre, des calomnies de toute espèce dont les Jacobins l'abreuvaient ; il préférait aller combattre au milieu de ses anciens compagnons d'armes, plutôt que de rester à Paris pour réprimer des émeutes sans cesse renaissantes.

La lettre de Beurnonville rouvre naturellement la discussion si souvent reprise et si souvent interrompue sur l'organisation du pouvoir exécutif; elle reste assez confuse jusqu'au moment où Danton paraît à la tribune. Dès ses premières paroles, on s'aperçoit qu'il est sous le coup de graves préoccupations; on pressent qu'il a une motion importante à présenter.

« Je déclare, dit-il, que, dans mon opinion, la nature des choses et les circonstances exigent que la Convention se réserve de prendre partout, et même dans son sein, des ministres ; mais je déclare en même temps et je le jure par la patrie, que, moi, je n'accepterai jamais une place dans le ministère tant que j'aurai l'honneur d'être membre de la Convention nationale. »

Un très-grand nombre de voix : « Ni aucun de nous !

— Je le déclare, dis-je, sans fausse modestie, car je l'avoue, je crois valoir un autre citoyen français. Je le déclare avec le désir ardent que mon opinion ne devienne pas celle de tous mes collègues ; car je tiens pour incontestable que vous ferez une chose funeste à la chose publique si vous ne vous réservez pas cette faculté.

« Après un tel aveu, je vous somme, citoyens, de

descendre dans le fond de vos consciences. Quel est celui d'entre vous qui ne sent pas la nécessité d'une plus grande cohésion, de rapports plus directs, d'un rapprochement plus immédiat, plus quotidien entre les agents du pouvoir exécutif révolutionnaire, chargé de défendre la liberté contre toute l'Europe, et vous, qui êtes chargés de la direction suprême, de la législation civile et de la défense extérieure de la République ? Vous avez la nation à votre disposition ; vous êtes une Convention nationale, vous n'êtes pas un corps constitué, mais un corps chargé de constituer tous les pouvoirs, de fonder tous les principes de notre République. Vous n'en violerez donc aucun, rien ne sera renversé si, exerçant toute la latitude de vos pouvoirs, vous prenez le talent partout où il existe pour le placer partout où il peut être utile. Si je me recuse dans le choix que vous pourrez faire, c'est que dans mon poste je me crois encore utile à pousser, à faire marcher la Révolution... Mettons-nous bien dans la tête que presque tous, que tous, nous voulons le bien public.

— Oui, oui, s'écrie-t-on de toutes parts.

— Que les défiances particulières ne nous arrêtent pas dans notre marche, puisque nous avons un but commun ! Quant à moi, je ne calomnierai jamais personne ; je suis sans fiel, non par vertu, mais par tempérament. La haine est étrangère à mon caractère, je n'en ai pas besoin ; ainsi je ne puis pas être suspect, même à ceux qui ont fait profession de me haïr. Je vous rappelle à l'infinité de vos devoirs. Je n'entends pas désorganiser le ministère. Je ne parle pas de la nécessité de prendre des ministres dans votre sein, mais de la nécessité de vous en réserver la faculté.

— Si vous établissez, répond Laréveillère-Lepeaux, le pouvoir exécutif sur les bases que propose Danton, je dis qu'avec le tribunal que vous avez décrété hier vous aurez organisé la plus épouvantable tyrannie. Imaginez, en effet, un instant, qu'après avoir choisi pour ministres des hommes d'une grande audace ou d'une grande ambition un mouvement vienne désorganiser la Convention nationale. Ces hommes revêtus en même temps de fonctions législatives et exécutives, ayant à leurs ordres un tribunal qui jugerait sans appel, anéantiraient la liberté. J'ai voté la mort du tyran sans appel et sans sursis ; je voterai avec la même énergie contre la tyrannie nouvelle qui s'élève dans votre sein. Jamais je ne souffrirai que mon pays devienne le sujet très-fidèle et le tributaire très-soumis d'une cité orgueilleuse et dominatrice, d'un dictateur insolent ou d'une oligarchie sanguinaire.... Je ne cesserai de poursuivre ces individus qui, bien logés, bien nourris, bien vêtus, vivant dans les plaisirs, s'apitoient si affectueusement sur le sort du pauvre, s'élèvent avec tant de fureur contre tout ce qui jouit de quelque aisance et s'intitulent fastueusement *sans-culottes*. Je m'élèverai, je le répète, tant que je vivrai, contre ces brigands démagogues avec la même énergie que j'ai poursuivi les brigands couronnés. C'est la tyrannie que je hais, et non pas le nom qu'elle porte.

« Je demande que la proposition de prendre les ministres dans cette assemblée soit repoussée par la question préalable. »

Robespierre, sans se prononcer sur le mérite de la proposition, lance un double sarcasme contre les deux orateurs qui viennent de parler en sens opposé :

« Je pourrais, dit-il, faire aussi ma profession de foi, si j'en avais besoin. Je ne trouve aucun mérite à refuser une place de ministre ; car, en cela, on consulte bien plus son goût et ses intérêts que les principes de l'utilité publique ; d'ailleurs, que doit craindre à ce poste un ami de la patrie ? Nous ne sommes plus au temps où l'on nous dénonçait chaque jour la dictature d'une ville ou d'un citoyen. La nation a écrasé de son mépris ces déclamations insensées. Je demande que la discussion continue. »

La Gironde, par l'organe de Bancal et de Fonfrède, insiste pour qu'un vote solennel écarte la motion de Danton. Celui-ci fait observer qu'il n'a point fait une motion positive, qu'il a seulement énoncé une opinion, sur laquelle il appelle l'attention de l'Assemblée. Mais celle-ci tient à résoudre la question, afin qu'aucun orateur ne soit tenté de la soulever de nouveau ; elle décrète qu'il n'y a pas lieu à délibérer sur la proposition de choisir les ministres parmi les représentants du peuple.

L'accaparement de tous les pouvoirs par un comité choisi dans le sein de la Convention était déjà, on le voit, dans la pensée des principaux chefs du parti montagnard.

Seulement Danton avouait hautement ses projets, Robespierre les dissimulait sous une fausse indifférence.

Des deux institutions, qui, à elles seules, devaient former tout le système de la Terreur, tribunal révolutionnaire et comité de salut public, l'une venait d'être acceptée sous la pression des conspirateurs du 9 mars ; l'autre devait l'être bientôt sous le coup des événements qu'allait amener la défection de Dumouriez [1].

XI.

La Convention paraissait avoir oublié les conspirateurs ; mais leurs amis et leurs complices se chargent eux-mêmes de l'en faire souvenir. Le 12 mars, une députation de la section Poissonnière se présente, musique en tête, suivie des volontaires enrôlés depuis quatre jours. Elle demande l'autorisation de lire à la barre le texte du discours que son président a prononcé lors de la visite des commissaires de l'Assemblée. Dès les premières phrases, où il demande la mise en accusation de Dumouriez et de son état-major, l'orateur est violemment interrompu ; chacun sent combien il

---

1. Beurnonville, dont la démission ne fut pas acceptée, fut réélu le 14 mars par 336 voix sur 530 votants.

Garat passa du ministère de la justice à celui de l'intérieur, dont il faisait l'intérim depuis la démission de Roland. Gohier, ancien membre de l'Assemblée législative, et depuis quelque temps secrétaire général du ministère de la justice, fut désigné pour remplacer Garat à la chancellerie. Ces deux dernières nominations furent faites par 300 et 275 voix.

est impolitique d'attaquer le général sur lequel repose le salut immédiat de la patrie[1]. Lacroix se fait l'interprète du sentiment de presque tous ses collègues.

« Je ne viens pas, s'écrie-t-il, défendre Dumouriez. Il n'en a pas besoin. La République saura un jour ce qu'elle lui doit de reconnaissance. Eh quoi ! c'est au moment où il vient de prendre Bréda et Gertruydenberg, c'est au moment où il répond par des victoires à ses calomniateurs qu'on demande qu'il soit frappé d'un décret d'accusation ; et cela parce que, à cinquante lieues de là, à Aix-la-Chapelle, des généraux qui n'étaient plus sous ses ordres, ont laissé forcer leur avant-garde par impéritie ou par trahison.

« Les sentiments que l'on vient de vous exprimer sont peut-être ceux du président de la section, mais non des braves volontaires qui ont obtenu la permission de défiler devant vous. Les volontaires ont été égarés ; je n'en veux pour preuve que les insignes qui décorent le drapeau qu'ils vous présentent. »

Tous les yeux se portent sur l'étendard que Lacroix a désigné du geste. Il n'est pas tricolore, mais seulement rouge et blanc ; la cravate qui y est attachée est

---

[1]. Nous avons retrouvé le texte entier du discours du président de la section Poissonnière. Le *Moniteur,* n° 73, n'en donne que le commencement, parce qu'il fut interrompu presque aussitôt par les cris et les murmures de l'Assemblée. Nous le donnons à la fin de ce volume. Le président qui le prononça le 8, en présence des commissaires de la Convention, était un peintre nommé Faro. Cet artiste fit partie et de la Commune du 10 août et de la Commune du 9 thermidor ; il fut guillotiné avec Robespierre. Cependant, nous verrons tout à l'heure Marat essayer de le faire passer pour un aristocrate.

blanche, la hampe est surmontée d'une fleur de lis. Aussitôt que les insignes proscrits sont aperçus, un mouvement général d'indignation éclate dans les tribunes et jusque dans les rangs des volontaires qui accompagnent la députation. Plusieurs de ces derniers se précipitent sur le drapeau, l'arrachent des mains de celui qui le porte, le déchirent avec les dents, le foulent aux pieds, brisent la hampe, remplacent la fleur de lis par un bonnet rouge et la cravate blanche par des rubans tricolores qu'on leur jette des tribunes.

On demande à grands cris l'arrestation de l'orateur et son renvoi immédiat devant le tribunal révolutionnaire.

« Oui, oui, s'écrie-t-on, c'est un calomniateur, c'est un traître, c'est un scélérat.

— Ce qui vient de se passer, dit Isnard, est un trait de lumière qui doit nous éclairer sur les manœuvres des ennemis de la patrie. L'aristocratie, nouveau Protée, revêt toutes sortes de formes. Elle a bien senti qu'il ne lui suffisait pas de faire attaquer la liberté par les ennemis du dehors. Elle prend à l'intérieur le masque du patriotisme, et, par une exagération ridicule de tous les principes, elle espère amener une désorganisation totale. On fomente depuis quelques jours ces mouvements. Des hommes pervers se sont répandus dans les sections, dans les assemblées populaires, dans les groupes. Ils disaient qu'il fallait ici, sonner le tocsin ; là, fermer les barrières ; ailleurs, tirer le canon d'alarme. Ils demandaient que Dumouriez fût amené ici pieds et poings liés ; oui, Dumouriez, celui qui a sauvé la République dans les plaines de la Champagne, celui qui a fait si souvent trembler les puissances du Nord. Il méritait bien que ces puissances dépensassent quelque argent pour le faire assassiner! C'est aux Jacobins, c'est aux Cordeliers que ces propositions ont été faites; c'est là qu'on a demandé, comme remède aux maux de la patrie, que l'on égorgeât et les généraux et les ministres et les députés. Ils n'ont réussi qu'à entraîner avec eux quelques hommes égarés. La Commune leur a opposé une résistance énergique. Gloire à elle, car elle a empêché la perte de la Convention, la perte de la République... Et vous, mes collègues, que ce jour vous éclaire! Abjurez toutes vos haines, excepté celle du crime. Confondez toutes vos passions en une seule, l'amour de la patrie.

— Oui, oui, s'écrie l'immense majorité des députés.

« Que vos discussions deviennent moins tumultueuses, car, si vous ne semez que du bruit, vous ne recueillerez que des tempêtes. Je demande le décret d'accusation contre ces deux hommes. »

Marat lui-même s'abandonne à l'entraînement général. Au grand étonnement de l'Assemblée, il fait l'éloge du général en chef de l'armée du Nord et appelle toutes les rigueurs de la loi sur la tête des scélérats qui oseraient attenter à la vie de ceux qu'il a si souvent désignés aux poignards des assassins. « Quelles qu'aient été, dit-il, les liaisons politiques de Dumouriez, quelles qu'aient été ses relations avec la cour, je le crois lié au salut public depuis le 10 août et particulièrement depuis que la tête du tyran est tombée sous le glaive de la loi. Il y est lié par le succès de ses armes. Le décréter aujourd'hui d'accusation, ce serait ouvrir aux ennemis les portes de la République. Mais j'ai à vous dévoiler un complot horrible. Il y a déjà plusieurs jours que des suppôts de l'ancienne police, aux ordres, sans doute, des agents ministériels et des députés contre-révolutionnaires, excitent le peuple à l'assassinat. Qu'on lise la pétition de la section Poissonnière, vous y verrez qu'on y demande la tête de Gensonné, de Vergniaud, de Guadet. Ce serait un crime atroce qui ne tendrait à rien moins qu'à la dissolution de l'Assemblée. Moi-même, je me suis élevé dans les groupes contre ces assassins ; je me suis transporté à la société populaire des Cordeliers, j'y ai prêché la paix, et j'ai confondu ces orateurs soudoyés par l'aristocratie. Comme l'âme de tous les complots contre-révolutionnaires qui ont eu lieu depuis quelques jours, je vous dénonce un nommé Fournier. C'est lui qui, à l'affaire du Champ de Mars, a placé un pistolet sur la poitrine de Lafayette, et qui est resté impuni, tandis que des patriotes étaient massacrés ou gémissaient en prison.

— C'est lui, s'écrie une voix, qui présidait aux massacres de septembre. »

Barère succède à Marat ; lui aussi il célèbre le patriotisme de Dumouriez et accable de ses anathèmes les fauteurs de désordres. « Citoyens, dit-il, vous voyez depuis trois jours se dérouler devant vous la trame ourdie contre votre existence. Ce n'est point quelques têtes de la Convention que l'on aspire à faire tomber, ce n'est point à la vie de quelques hommes que l'on en veut, c'est à la vie de la République, c'est à la vie du peuple. Ce sont les cours de l'Europe, ce sont les aristocrates de l'intérieur qui fomentent ces troubles. Ils agissent en 1793, comme ils ont agi en 1792, en inspirant à l'armée de la défiance pour ses chefs. L'année dernière, les terreurs paniques ; aujourd'hui, les dénonciations. Faites-vous apporter les registres de la section Poissonnière, de cette section qui jadis portait le nom des Menus-Plaisirs, comme pour marquer ce qu'il y avait de plus corrompu, je ne dis pas parmi le peuple, qui ne connut jamais que des plaisirs innocents, mais à la cour des rois; vous y verrez comment elle a reçu les commissaires que vous lui avez envoyés, vous y trouverez de quoi motiver l'acte d'accusation que l'on vous propose. Et ce sont ces hommes qui sont venus vous demander de faire arrêter le vainqueur de Jemmapes et de l'Argonne. Je sais bien que, dans une république, il faut que le roc Tarpéien soit près du Capitole, mais jusqu'à présent Dumouriez n'est monté qu'au Capitole et ceux qu'attend la roche Tarpéienne, ce sont ses dénonciateurs.

« Enfin, il est un acte de patriotisme sur lequel je demande qu'on ne passe pas légèrement. Dans la nuit du 9 au 10, tout était arrangé pour dominer Paris et la Convention par la terreur. On devait sonner le tocsin, tirer le canon d'alarme, faire fermer les barrières. Les aristocrates sont venus ici, couverts des haillons de la misère, pour égorger une partie de la Convention. C'est grâce au conseil général de la Commune, c'est grâce au commandant général de la force armée, Santerre, que tous ces projets ont été déjoués. Je propose qu'on déclare qu'ils ont bien mérité de la patrie.

— Et moi, ajoute Isnard, je demande que le tribunal révolutionnaire commence ses fonctions par rechercher et poursuivre les auteurs et instigateurs du complot du 9 mars. »

Marat, en entendant la proposition d'Isnard, réclame de nouveau la parole. L'*ami du peuple* avait depuis longtemps habitué l'Assemblée à ses continuelles palinodies, mais cette fois il se surpasse. Une minute auparavant il avait demandé le décret d'accusation contre Fournier et ses complices pour avoir voulu violer la représentation nationale, et maintenant il apporte à la tribune un acte d'accusation en bonne forme contre les hommes d'État, tout en promettant de les couvrir de son corps, si on osait attenter à leurs jours.

« Le foyer des conspirations, est, dit-il, dans le sein de la Convention. Il est dans le parti Roland, dans les hommes d'État. Au moment où ils ont vu que l'opinion publique se tournait contre eux, ils ont proposé une réconciliation qui n'est qu'une pantalonnade; vous avez fait décréter un tribunal révolutionnaire, ils ont voulu l'écarter.

— Oui, s'écrie Billaud-Varennes, Lesage a dit au Comité de législation qu'il était malheureux d'être l'organe du Comité en cette circonstance; Buzot a ajouté que, puisque des assassins le forçaient à coopérer à cette loi de sang, il aimerait autant qu'on supprimât tous les jurés.

— N'ayant pu empêcher l'adoption du principe, reprend Marat, ils ont voulu organiser le tribunal à leur mode, mais leur complot a été encore déjoué. Ils ont voulu empêcher le recrutement des volontaires, ils ont tout fait pour arrêter le départ des commissaires que vous envoyez dans les départements. Voici leur plan : lorsque les commissaires seront partis, ils se mettront en insurrection contre les patriotes, on appellera sur eux le meurtre et la vengeance. Je demande à la Convention de prendre des mesures très-sévères pour arrêter leurs complots, pour leur ôter tout moyen, soit de dissoudre la Convention, soit de la transporter dans une ville aristocrate. »

L'immense majorité se contente de répondre aux propos de l'ignoble bouffon par le rire et les sarcasmes ; mais Lasource pense qu'il est bon de montrer au peuple ce qu'est au fond celui qui ose se proclamer son ami par excellence.

« Marat, dit-il, n'est pas la tête qui conçoit, mais le bras qui exécute. Il est l'instrument d'hommes perfides qui se jouent de sa sombre crédulité et, mettant à profit son aptitude naturelle à voir tous les objets sous des couleurs funèbres, lui persuadent tout ce qu'ils veulent, lui font dire tout ce qui leur plaît. Si la dénonciation actuelle de Marat restait sans réponse, le peuple pourrait être égaré par ceux qui voulaient l'entraîner à suivre ces rassemblements nocturnes où retentissaient à chaque instant des cris de rage et des sentences de mort. Ces hommes pervers, ces artisans de troubles, après avoir vu déjouer leur première conspiration, pourraient bientôt en tenter une seconde qui aurait plus de succès. »

On demande que la discussion soit fermée ; les Girondins, désirant plaire à la Commune dont ils espèrent acquérir, sinon les sympathies, du moins la neutralité, appuient, par l'organe de Fonfrède, la proposition de Barère.

Le jeune député de Bordeaux, qui jouait assez volontiers le rôle de conciliateur, s'exprime ainsi : « On a souvent fait des reproches à la municipalité de Paris. Il y a tout lieu de croire que les inculpations n'ont pas été toujours fondées. Rendons-lui justice aujourd'hui. Apprenons à la France entière que, si la Convention existe encore, elle le doit à la commune de Paris et au commandant général. »

Les décrets proposés par Barère et Isnard sont adoptés d'un commun accord ; l'Assemblée se sépare au milieu d'un calme qui aurait pu faire croire à l'apaisement des partis.

XII.

Mais, dès le lendemain, la lutte entre la Gironde et la Montagne recommence plus vive et plus acharnée que jamais. Cette fois, c'est Vergniaud qui l'entame par le discours le plus éloquent, sans contredit, de tous ceux qui sont sortis de sa bouche.

La séance est à peine ouverte que le grand orateur demande la parole. De véhémentes réclamations s'élèvent de l'extrême gauche. « La discussion est fermée, lui crie-t-on. — Vous voulez nous faire perdre notre temps, » répond Marat. Mais Vergniaud, qui vient de monter lentement les marches de la tribune, regarde fixement l'*ami du peuple* et l'écrase par ces simples paroles :

« Lorsque la conspiration des poudres eut été découverte à Londres, il ne put convenir qu'aux auteurs mêmes de cette conspiration de prétendre que c'était perdre son temps que de l'employer à en développer la trame.

« Sans cesse abreuvé d'amertumes et de calomnies, je me suis abstenu de la tribune tant que j'ai pensé que ma présence pourrait y exciter des passions et que je ne pourrais y porter l'espérance d'y être utile à ma patrie. Mais aujourd'hui que nous sommes tous, je le crois du moins, réunis par le sentiment d'un danger commun à tous, aujourd'hui que la Convention tout entière est sur le bord de l'abîme, aujourd'hui que les émissaires de Catilina ne se présentent pas seulement aux portes de Rome, mais qu'ils ont l'insolente audace de venir jusque dans cette enceinte déployer les signes de la contre-révolution, je ne puis garder un silence qui deviendrait une trahison. Je dirai la vérité, je la dirai sans crainte des assassins, car les assassins sont lâches et je sais défendre ma vie. Depuis longtemps, il n'est plus permis de parler du respect pour les lois, pour l'humanité, pour la justice, pour les droits de l'homme, sans être qualifié au moins d'intrigant et plus souvent encore d'aristocrate et de contre-révolutionnaire. Au contraire, provoquer au meurtre, exciter au pillage est un moyen sûr d'obtenir des hommes qui se sont emparés du gouvernement de l'opinion les palmes du civisme et le titre glorieux de patriote. Le peuple est divisé en deux classes : l'une, délirante par l'excès d'exaltation auquel on l'a portée, travaille chaque jour à sa propre ruine; l'autre, frappée de stupeur, traîne une pénible existence dans les angoisses de la terreur.

« Les pillages de février ne peuvent être attribués à une erreur instantanée. Ils ont été le résultat d'une opinion fortement inculquée dans les âmes, à savoir : que ces attentats à la propriété étaient des actes patriotiques et que ceux qui les blâmaient n'étaient que les vils souteneurs de l'accaparement.

« Cette funeste aberration de l'esprit public a été indirectement favorisée par la Convention elle-même. Le jour où les meurtriers de Simonneau ont obtenu l'impunité [1], la résolution courageuse de mourir pour la loi a dû naturellement s'affaiblir dans le cœur des magistrats du peuple. L'audace qui la viole a dû, au contraire, s'accroître dans le cœur des scélérats, le jour où les auteurs des premiers troubles à raison des subsistances ont obtenu l'impunité. Il s'est formé de nouveaux complots; de là les pétitions insensées et les injures faites à vos propres commissaires [2]:

« Ainsi, de crimes en amnisties et d'amnisties en crimes, on en est venu à confondre les insurrections séditieuses avec la grande insurrection de la liberté, à

---

1. Voir tome Ier, p. 444.
2. Voir tome IV, p. 389.

regarder les provocations au brigandage comme les explosions d'âmes énergiques et comme des mesures de sûreté générale. Ainsi, la raison a été pervertie, les idées de morale ont été anéanties. Il restait au peuple des défenseurs qui pouvaient encore l'éclairer, des hommes qui, dès les premiers jours de la Révolution, se sont consacrés à sa cause, non par spéculation, non pour faire oublier une vie criminelle, non pour acquérir des hôtels et des carrosses en déclamant avec hypocrisie contre les richesses, mais pour avoir la gloire de coopérer au bonheur de leur patrie, sacrifiant à cette seule ambition de leurs âmes état, fortune, travail, famille. On a tenté de les perdre par la calomnie, on les a poursuivis par des dénonciations perfides, par des impostures, par des cris forcenés, on les a vilipendés dans d'infâmes libelles, dans des discours de tribune plus infâmes encore, dans les assemblées populaires, dans les places publiques, chaque jour, à toute heure, à tout instant.

« Alors on a vu se développer cet étrange système de liberté d'après lequel on vous dit : Vous êtes libres, mais pensez comme nous sur telle ou telle question d'économie politique, ou nous vous dénonçons à la vengeance du peuple ; vous êtes libres, mais courbez la tête devant l'idole que nous encensons, ou nous vous dénonçons aux vengeances du peuple ; vous êtes libres, mais associez-vous à nous pour persécuter les hommes dont nous redoutons la probité et les lumières, ou nous vous dénonçons aux vengeances du peuple. Alors, citoyens, il a été permis de craindre que la Révolution, comme Saturne dévorant successivement ses enfants, n'engendrât enfin le despotisme avec les calamités qui l'accompagnent.

« La Convention est divisée en deux partis ; les uns ont regardé la Révolution comme finie à l'instant où la France a été constituée en République. Dès lors ils ont pensé qu'il convenait d'arrêter le mouvement révolutionnaire, de rendre la tranquillité au peuple, de faire promptement les lois nécessaires pour consolider la liberté.

« Les autres, au contraire, alarmés des dangers dont la Coalition nous menace, ont cru qu'il importait à l'énergie de notre défense d'entretenir encore toute l'effervescence de la Révolution.

« La Convention avait un grand procès à juger. Les uns ont vu dans l'appel au peuple ou dans la simple réclusion du coupable un moyen d'éviter une guerre civile qui allait répandre des flots de sang, un hommage solennel rendu à la souveraineté du peuple. Les autres n'ont vu dans cette mesure qu'un germe de guerres intestines et une condescendance pour le tyran ; ils ont appelé les premiers royalistes, les premiers ont accusé les seconds de ne se montrer si ardents à faire tomber la tête de Louis que pour placer sa couronne sur le front d'un nouveau tyran. Dès lors le feu des passions s'est allumé avec fureur dans le sein de l'Assemblée.

« On a conçu l'infernal projet de détruire la Convention par elle-même ou de la dominer par l'intrigue et la terreur. On vous a proposé de faire élire les ministres dans votre sein et de cumuler sur quelques têtes les fonctions exécutrices et les fonctions législatives. Des hommes revêtus de l'inviolabilité inhérente au caractère de représentant du peuple auraient ainsi tenu entre leurs mains tous les trésors de la République, auraient eu à leur disposition toutes les places, toutes les faveurs, tous les moyens d'intrigue, de corruption, de popularité, les bienfaits pour séduire, l'autorité pour épouvanter; ils auraient asservi la Convention nationale qui n'eût plus été entre leurs mains qu'un instrument pour légaliser leurs crimes et leur tyrannie; et si quelque citoyen avait voulu élever une voix gémissante contre ce nouvel et exécrable despotisme, le tribunal révolutionnaire était là pour le juger comme un conspirateur et lui imposer silence en faisant tomber sa tête. »

Après cette vive peinture de l'avenir qui attend la France, Vergniaud revient sur la conspiration du 9 mars, en montre les ramifications, en dénonce les principaux fauteurs et termine son admirable discours par une péroraison plus admirable encore : « Français, serez-vous plus longtemps la dupe des hypocrites qui ont sans cesse à la bouche les mots de liberté et d'égalité? Un tyran de l'antiquité avait un lit de fer sur lequel il faisait étendre ses victimes, mutilant celles qui étaient plus grandes que le lit, disloquant douloureusement celles qui l'étaient moins pour leur faire atteindre le niveau; ce tyran aimait l'égalité. Voilà celle des scélérats qui déchirent notre patrie de leurs fureurs. L'égalité pour l'homme social n'est que celle des droits; elle n'est pas plus celle des fortunes que celle des tailles, des forces, de l'esprit, de l'activité, de l'industrie et du travail.

« Oui, peuple infortuné, on te trompe lorsqu'on te montre la liberté armée de poignards et de torches ; celle qu'on devait te donner, fille de la nature, unit les hommes par les liens d'une fraternité universelle. La liberté, des monstres l'étouffent et offrent à ton culte la licence. La licence, comme tous les faux dieux, a ses druides qui veulent lui sacrifier des victimes humaines. Pourquoi la liberté se propage-t-elle avec tant de lenteur chez les nations étrangères? C'est qu'elles ne l'aperçoivent encore qu'à travers un crêpe ensanglanté. Lorsque les peuples se prosternèrent pour la première fois devant le soleil pour l'appeler père de la nature, était-il voilé par ces nuages destructeurs qui portent les tempêtes? Non, il s'avançait brillant de gloire dans l'immensité de l'espace et répandait sur l'univers la fécondité et la lumière. Eh bien! foudroyons l'anarchie, fondons la liberté sur une sage constitution. Bientôt vous verrez les trônes s'écrouler, les sceptres se briser, et les peuples vous tendre les bras en signe d'union fraternelle. »

XIII.

Des applaudissements presque unanimes accompagnent l'orateur jusqu'à sa place. On demande de toutes parts l'impression du discours de Vergniaud. Mais Marat s'élance à la tribune; jamais le monstre n'a été plus gonflé de haine et d'orgueil. « Je ne me présente pas, dit-il, avec des discours fleuris, avec des phrases parasites pour mendier des applaudissements. Je me présente avec quelques idées lumineuses faites pour dissiper tout le vain batelage que vous venez d'entendre. Personne plus que moi n'est affligé de voir ici deux partis, dont l'un ne veut pas sauver la patrie et dont l'autre ne sait pas la sauver..... »

De vifs applaudissements éclatent sur les bancs de l'extrême gauche et dans les tribunes ; le reste de l'Assemblée y répond par de violents murmures.

« Oui, reprend l'audacieux tribun, il est prouvé que les hommes qui ont voté l'appel au peuple voulaient la guerre civile, et que ceux qui ont voté pour la conservation du tyran voulaient la conservation de la tyrannie. Je m'oppose à l'impression d'un discours qui porterait dans les départements le tableau de nos alarmes et de nos divisions. »

Malgré l'opposition des Montagnards, l'impression du discours de Vergniaud est décrétée. La gauche alors demande que l'on imprime également la réponse de l'*ami du peuple*.

Dans son impartialité, la Convention y consent; mais Vergniaud, méprisant un honneur qui serait partagé par Marat, déclare que son discours a été improvisé et demande lui-même le rapport du décret qui en ordonne l'impression.

La discussion s'ouvre sur la proposition de mettre en arrestation les membres du Comité dit d'insurrection, d'apposer les scellés sur leurs papiers particuliers et sur les registres du Comité.

Quelques voix à gauche demandent que l'on passe à l'ordre du jour sur toutes ces propositions; mais Fonfrède, indigné, s'écrie : « Eh quoi! citoyens collègues, le souvenir des dangers que la liberté, que le peuple, que vous-mêmes vous avez courus, est-il donc si promptement effacé de vos esprits? Cette Assemblée si énergique hier retombera-t-elle si promptement aujourd'hui dans cette apathie mortelle qui l'a conduite en aveugle au bord du précipice? Hier, personne ne contestait ici qu'une vaste conjuration n'eût été ourdie par les contre-révolutionnaires, contre vous et contre la République. Hier, personne ne contestait que les autorités constituées de la ville où vous siégez n'eussent par leur prudence et leur fermeté sauvé la représentation nationale ; vous l'avez déclaré à la France entière, et j'aime à le répéter après vous: oui, la commune de Paris a bien mérité de la patrie.

« Maintenant hésiterez-vous à frapper ceux qui ont conspiré la perte de la liberté? les laisserez-vous échapper à la vengeance nationale?

— Non! non! » s'écrie la grande majorité de l'Assemblée se levant comme un seul homme.

La Montagne reste immobile. Le véhément orateur, se tournant vers le banc où siége Danton, continue ainsi : « Je vous adjure, Danton, au nom de la République, de déclarer si vous ne venez pas de me dire qu'en effet vous croyez que dimanche un complot contre-révolutionnaire aurait été tenté. Je vous adjure,

Danton, au nom du salut du pays de déclarer, si vous ne venez pas de me dire qu'il fallait que la Convention prît une grande mesure et que vous alliez la lui présenter vous même.

Danton : « Oui, je l'ai dit, c'est vrai.

Fonfrède : « Vous voyez, citoyens, Danton, ce fervent révolutionnaire, pense comme moi..... Ah! mes collègues, rappelez-vous toujours que votre seule force sera dans votre courage et qu'une plus longue faiblesse perdra la République, le peuple et vous.....

« J'appuie la proposition de faire arrêter sur-le-champ les membres du Comité d'insurrection. »

Cette motion est immédiatement adoptée.

Mais, hélas! à quoi servit ce témoignage d'énergie que l'Assemblée, galvanisée par l'éloquence de Vergniaud et de Fonfrède, donna dans sa séance du 13 mars ? A bien peu de chose. La salle du Manége retentit pendant quelques jours encore des échos que toute grande agitation populaire laisse après elle. De nombreuses députations vinrent protester à la barre contre les projets des conspirateurs du 9 mars. Les sections les plus compromises rétractèrent les adhésions qu'elles avaient données à l'arrêté du club des Cordeliers. Plusieurs même des chefs du mouvement, Fournier, Lazowski, payant d'audace, se présentèrent devant la Convention et obtinrent, par leur soumission apparente, une espèce de bill d'indemnité. Enfin, le ministre Garat, dans un long et filandreux rapport [1], annonça qu'il avait vaine-

---

[1]. Séance du 19 mars; *Moniteur* n° 80.

ment cherché dans tout Paris le Comité d'insurrection et qu'il ne l'avait trouvé nulle part. Sur cette assurance dérisoire, l'Assemblée, à bout de force et de patience, laissa tomber l'instruction ordonnée contre les fauteurs du complot. Ceux-ci, fiers de l'impunité qu'à force d'audace ils avaient su conquérir, résolurent de prendre prochainement une revanche éclatante et définitive. La conspiration avortée se renoua bientôt; le 9 mars fut le prélude du 31 mai, comme le 20 juin avait été le prologue du 10 août.

LIVRE XXX

L'INSURRECTION VENDÉENNE.

I.

L'esprit d'anarchie n'existait pas seulement dans la capitale, il s'était introduit dans la plupart des principales villes, grâce aux sociétés populaires qui toutes se faisaient honneur d'être affiliées à la société mère de la rue Saint-Honoré, et acceptaient presque aveuglément son mot d'ordre. Le comité de sûreté générale, depuis qu'il était exclusivement composé de Montagnards, était venu prêter à ces sociétés un appui considérable; mais en revanche il recevait d'elles un puissant concours. Par leur intermédiaire, il avait organisé une police formidable, et était parvenu à paralyser entre les mains de ses adversaires l'exercice de tous les droits et de toutes les libertés. Il nous serait impossible de relever un à un, ville par ville, les faits odieux et exorbitants que s'y permettaient journellement les partisans de la démagogie. Bornons-nous à raconter ce qui se passait pendant les premiers jours de mars dans la seconde ville de France, à Lyon.

Les deux opinions girondine et montagnarde y étaient en présence. Le président du tribunal criminel, Chalier, et le procureur de la commune, Laussel, étaient à la tête de la faction ultra-révolutionnaire. Le maire, Nivière-Chol, soutenait les opinions modérées. Il avait pour lui la majorité du Conseil général et de la garde nationale. Ses adversaires disposaient du club central et, par ce club, des autres sociétés populaires.

C'était au club central que Chalier échauffait chaque soir les esprits par les discours les plus incendiaires; c'était là qu'il demandait, dans chacune de ses harangues, la création d'un tribunal extraordinaire; c'était là qu'il s'écriait : « On m'accuse d'avoir voulu créer un tribunal de sang. Eh bien, oui, je l'ai voulu pour punir les monstres qui le boivent. »

Nivière-Chol voyant son autorité de plus en plus contestée et méconnue, donne sa démission. Huit jours après il est réélu à une immense majorité. Mais il persiste dans sa résolution de sortir de l'arène électorale.

La lutte s'engage entre Bertrand et Gilibert. Bertrand était l'ami intime de Chalier et l'admirateur passionné de ses doctrines politiques. Gilibert, médecin et botaniste distingué, était complétement dévoué à la cause de l'ordre.

Pour écarter un candidat aussi embarrassant, Chalier et Laussel ne trouvent rien de mieux que de l'impliquer dans une procédure criminelle, qu'ils dirigent contre les auteurs et fauteurs des troubles qui ont agité la ville quelque temps auparavant. Laussel lance le réquisitoire, Chalier le mandat d'arrêt, et Gilibert est jeté en prison.

Mais ce coup de partie, quelque habile qu'il soit, n'a pas tout le succès qu'en attendaient ses auteurs. Le prisonnier est nommé maire à une grande majorité.

Au moment même où les modérés viennent de remporter cette éclatante victoire, arrivent trois représentants du peuple, Basire, Legendre et Rovère. Le Comité de sûreté générale, dont ils étaient membres, avait eu l'adresse de les faire nommer commissaires dans le but apparent de porter des paroles de conciliation aux Lyonnais divisés, dans le but réel d'assurer la prépondérance à la faction Chalier. Leur premier soin est de confirmer le mandat d'arrêt lancé contre l'élu de la cité, et de rendre par conséquent nécessaire un nouveau vote. Les modérés, ne se sentant pas de force à résister à la pression exercée par les trois commissaires, que la Convention a revêtus de pouvoirs illimités, s'éloignent du scrutin; Bertrand est élu sans conteste. Aussitôt Basire, Legendre et Rovère écrivent à l'Assemblée « qu'ils ont su tenir une balance égale entres les partis, car, s'ils ont favorisé la nomination d'un maire patriote, ils ont démasqué un magistrat prévaricateur qui vendait des certificats de civisme à beaux deniers comptants. »

Ce magistrat n'était autre que Laussel, l'ami de Chalier, celui qui avait commencé contre Gilibert une procédure dont on avait su tirer un si utile profit[1]. Mais

---

[1]. La destitution de Laussel avait été provoquée par la dénonciation dont la teneur suit :

« Nous, soussignés, officiers municipaux de la ville de Lyon, déclarons aux citoyens commissaires de la Convention que le citoyen Laussel, procureur de la commune, a perdu notre confiance, et les

c'était en vain que, le but atteint, on avait, pour apaiser l'irritation des vaincus, brisé le vil instrument dont on

invitons à prendre sur l'objet telles mesures qu'ils estimeront convenables.

« Villars, Sautemouche, Bouchena, Bigoy, Carteron, Dubois, Francallié, Bedon, Chagot, Destefarrie, Milon, L. Émery, Noel, Roch. »

A cette demande, les trois commissaires de la Convention avaient répondu par l'arrêté suivant :

« Nous, commissaires de la Convention nationale pour le rétablissement de l'ordre dans le département de Rhône-et-Loire et lieux circonvoisins, lecture faite de la déclaration souscrite par les officiers municipaux de la commune de Lyon, portant que le citoyen Laussel, procureur de la commune, a perdu leur confiance, et de plusieurs autres déclarations souscrites par diverses personnes des faits de prévarication qui lui sont imputés dans l'exercice de ses fonctions;

« En vertu des pouvoirs qui nous ont été conférés par l'article 2 du décret du 25 février dernier, arrêtons :

« 1º Que le citoyen François-Auguste Laussel demeure suspendu de ses fonctions, et qu'il sera mis sur-le-champ en état d'arrestation dans la maison de sûreté dite de Saint-Joseph, pour y être tenu au secret jusqu'à ce qu'il en ait été autrement ordonné ;

« 2º Que l'administration de la police demeure requise de faire apposer sans délai les scellés sur ses papiers, meubles et effets ;

« 3º Enfin qu'expédition du présent sera promptement adressée à la municipalité qui demeure invitée d'en donner connaissance tant à l'administration de la police, pour ce qui la concerne, qu'au conseil général de la commune, et de procéder au remplacement provisoire dudit citoyen Laussel dans les formes ordinaires.

« Fait et arrêté à Lyon le 13 mars 1793.

« Rovère, Basire, Legendre, commissaires ; Magnon, secrétaire de la Commission. »

Ce Laussel était un prêtre défroqué et marié. Une longue et minutieuse instruction prouva toutes les exactions que lui, sa femme et son secrétaire commettaient journellement, à l'égard des malheureux qui

s'était servi. On ne fausse pas impunément le suffrage universel, on ne violente pas sans danger la liberté électorale. On avait, il est vrai, imposé à la seconde ville de la République un maire selon le cœur des démagogues. Mais, pour obtenir ce résultat, on avait profondément froissé l'immense majorité de la population lyonnaise. L'indignation qu'elle ressentit d'un si profond mépris de ses droits et de ses vœux ne devait pas tarder à éclater et à produire d'épouvantables catastrophes [1].

avaient quelques grâces à solliciter du procureur-syndic de la commune de Lyon. Laussel et ses deux complices furent traduits au tribunal révolutionnaire, mais naturellement ils obtinrent leur acquittement. *Les loups ne se mangent pas entre eux.*

1. La lettre ostensible des trois commissaires est imprimée au *Moniteur*, n° 84. Mais nous avons retrouvé une lettre confidentielle écrite à Pache par deux d'entre eux, Rovère et Legendre; on y verra comment ces prétendus apôtres de conciliation et de paix comprenaient leur mission; comment des représentants du peuple, qui avaient reçu mandat pour parler au nom de la Convention entière, ne travaillaient qu'au profit de la Montagne.

Lyon, 5 mars.

« Citoyen maire de Paris, notre ami, la commission importante dont nous avons été chargés par la Convention nous a privés du plaisir de dîner avec vous mardi, jour de notre départ. Nous voulons nous en dédommager en correspondant avec vous. Nous avons trouvé cette intéressante cité dans un état bien déplorable pour les vrais jacobins. Elle renferme décidément un parti de contre-révolutionnaires coalisés avec la cour de Turin, l'Allemagne et la Suisse, et n'attendant que le moment d'une irruption sur le territoire de la République pour arborer la cocarde blanche et massacrer les vrais patriotes. La seconde section des habitants de Lyon a été pervertie par les écrits insidieux des Roland, des Brissot. Enfin il nous reste les élus de la patrie, les sans-culottes réintégrés dans leur club

II.

Ce n'était pas assez pour la France d'être en proie à une épouvantable anarchie, de se sentir isolée au milieu de l'Europe en armes, de voir ses premiers succès se changer en désastres. Elle allait avoir à supporter le plus grand de tous les malheurs, la guerre civile, et de toutes les guerres civiles la plus cruelle et la plus vivace, la guerre de religion.

C'est à ce résultat que devaient inévitablement aboutir

dévasté, reprenant haleine en voyant parmi eux trois commissaires de la Montagne et du comité de surveillance...

« Un certain Gilibert, brissotin bien avéré, avait réuni la majorité pour être maire. Il est détenu dans la maison d'arrêt pour délit de provocation au meurtre contre les patriotes. Il a donné sa démission. On procédera vendredi à une nouvelle élection. Tous nos efforts doivent être dirigés dans ce moment à faire nommer un citoyen vraiment patriote; si nous obtenons cet avantage, nous aurons déjà fait un grand pas vers notre but de faire revivre le patriotisme abattu.

« Un chagrin auquel nous ne devions pas nous attendre a été de voir le bataillon des Marseillais se déclarer le plus fortement contre les vrais patriotes, et nous donner à lui seul plus d'inquiétudes que toute l'aristocratie réunie. Nous avons requis Kellermann de nous envoyer un régiment de dragons; nous l'aurons demain avec un officier général, *que nous ferons marcher*. Faites-nous l'amitié de nous communiquer vos sages réflexions et d'être persuadé que nous vous aimons bien sincèrement.

« F. Rovere, Legendre. »

« P. S. Les calomnies de Brissot nous ont précédés dans cette ville, et nous sommes assurés que ses correspondants dénaturent nos discours et nos actions pour nous faire perdre la confiance. »

les témérités de l'Assemblée constituante. En promulguant sa fatale constitution civile du clergé, elle avait, sans le savoir et sans le vouloir, enfanté un schisme, qu'avaient entretenu et développé des décrets de plus en plus rigoureux.

Quand on a la force en main, comment résister à la tentation de l'employer? Louis XIV avait poursuivi au désert les assemblées protestantes, enfermé dans des couvents, jeté aux galères ceux de ses sujets qui ne voulaient pas se convertir à sa religion. A leur tour, les philosophes de la Constituante, qui avaient passé leur jeunesse à maudire les auteurs des dragonnades, en arrivèrent bien vite à suivre leurs exemples. A cent ans de distance, à la fin du XVIIIe siècle comme à la fin du XVIIe, les pratiques gouvernementales furent les mêmes contre de prétendus rebelles dont le culte était différent, dont le sort fut pareil. Les consciences furent également violentées en vertu de la même maxime qu'on n'eut qu'à modifier d'une manière presque insensible : *l'État c'est moi*, avait dit Louis XIV, *l'État c'est nous*, dirent les Jacobins.

Presque tous les départements furent agités par les troubles religieux ; mais les provinces de Bretagne, d'Anjou et de Poitou furent les seules où ces troubles se transformèrent en luttes sanglantes et acharnées.

On a cent fois décrit les lieux qui furent le théâtre de cette guerre et les mœurs des habitants qui y prirent part. Il serait superflu de revenir sur ce sujet. Contentons-nous de mettre en relief quelques points un peu trop laissés dans l'ombre par certains historiens, et surtout exposons les griefs principaux qui poussèrent ces populations à une révolte ouverte.

Dans ces trois provinces, les grandes villes sont rares, les bourgs sont disséminés de loin en loin, les villages mêmes ne sont pas agglomérés. Ils se composent d'un grand nombre d'habitations isolées ; chaque champ est entouré de haies, plantées sur les bords de fossés profonds. Des chemins, que les eaux ont ravinés depuis plusieurs siècles, sont les seules voies de communication, nous ne disons pas de maison à maison, mais de village à village, de bourg à bourg. Les paysans, presque tous occupés à l'élevage des bestiaux, vont très-rarement à la petite ville voisine, et professent pour les bourgeois qui l'habitent une animosité instinctive. La chasse est leur occupation favorite ; passer la nuit à l'affût dans les marécages fait leur bonheur. La contrebande sur les côtes et, avant l'abolition de l'impôt du sel, l'exportation frauduleuse de cette denrée des provinces rédimées dans les provinces de gabelle avaient donné à beaucoup d'entre eux l'habitude des ruses, des surprises et des combats nocturnes.

Le gentilhomme breton ou vendéen vivait en bon accord avec ses vassaux. Allant fort peu à la cour, il mangeait ses revenus, généralement assez minces, sur ses propres terres. Le montant des fermages ne se dépensant pas à Versailles et restant dans le pays revenait assez promptement dans les mains de ceux qui l'avaient payé. Il y avait partout une demi-aisance, de richesse nulle part.

Le clergé de ces contrées était pauvre et cependant

charitable. Le curé était le conseil de ses paroissiens ; il s'associait à leurs joies comme à leurs douleurs ; il était presque invariablement attaché durant toute sa vie à la paroisse dans laquelle il avait débuté.

Les premiers événements de la Révolution avaient passé presque inaperçus dans ces départements reculés. Mais, quand il fallut mettre à exécution la loi sur la constitution civile et tous les décrets qui en avaient été la conséquence forcée, quand on vint dire à ces populations simples et religieuses que le district ordonnait à tous les prêtres de prêter le serment constitutionnel ou de cesser leurs fonctions, qu'il avait déclaré vacantes toutes les cures dont les titulaires avaient refusé le serment, qu'il envoyait des colonnes mobiles de gardes nationales du chef-lieu pour aller de paroisse en paroisse chasser de leur presbytère et de leur église les anciens curés et introniser à leur place des individus recrutés dans toutes les professions et dont on avait fait des prêtres de pacotille, l'étonnement égala la colère, la résistance se traduisit plus d'une fois en coups de fusil et en émeutes partielles.

Dans leur naïveté, les paysans bretons et vendéens imputaient aux autorités locales les mesures oppressives qui partaient de bien plus haut ; car le district sur lequel devait peser tout le poids de leur haine ne faisait qu'appliquer strictement la loi.

L'Assemblée constituante avait voulu revenir aux coutumes de l'Église primitive et n'avait trouvé rien de mieux pour cela que d'attribuer l'élection des curés aux fidèles. On aurait compris à la rigueur que tous les habitants d'une paroisse fussent appelés à participer à la nomination de celui qui devait être leur pasteur. Mais telle n'avait pas été la méthode choisie par le législateur de 1790. Il avait confié la nomination des cures et des vicariats aux électeurs du deuxième degré rassemblés au district. Or, ces électeurs nommés à raison de trois ou quatre par chaque commune étaient la plupart du temps trop éloignés du chef-lieu pour s'y rendre assidûment les jours d'élection ; les nominations étaient alors faites par les habitants de la ville même et des environs. La seule condition imposée aux citoyens pour prendre part au vote était d'assister préalablement à la messe paroissiale de la principale église du chef-lieu. On comprend facilement combien était dérisoire une semblable prescription qui, au prix d'une momerie de quelques minutes, accordait à des incrédules, à des protestants, à des juifs, le droit de participer à la nomination de ministres dont ils ne partageaient pas les croyances. Peu importait d'ailleurs à ces électeurs de savoir si les candidats qu'on leur présentait, et que pour la plupart ils ne connaissaient pas, avaient la moindre vocation, la moindre aptitude pour les fonctions curiales. Ils nommaient et s'embarrassaient fort peu de savoir si la paroisse à laquelle ils allaient imposer un nouveau pasteur aurait à se féliciter ou à se plaindre de leur choix.

Dans les diocèses de l'ouest, très-peu de prêtres avaient consenti à prêter le serment ; beaucoup de cures étaient donc devenues vacantes. D'un autre côté, le recrutement du nouveau clergé n'était pas chose facile ; Dieu sait dans quels bas-fonds on fut souvent obligé d'aller chercher les individus auxquels on donnait charge d'âmes, et qui, après comme avant leur consécration, ne méritaient, par leurs mœurs et leur manque complet de dignité, que mépris et dérision [1].

Quand la Constituante déclara sa mission achevée, le schisme existait dans tous les diocèses, dans toutes les paroisses, dans toutes les familles [2]. La Législative s'entêta dans l'erreur commise par sa devancière. Elle mit en pratique la maxime qu'en un moment d'égarement Barnave avait eu l'imprudence de proclamer : *Périssent les colonies plutôt qu'un principe!* Pour soutenir l'œuvre de la Constituante, elle eut recours aux

---

1. Comme nous n'aimons à invoquer que des témoignages qui ne puissent être contestés, nous nous contenterons de citer à l'appui de nos appréciations le portrait que trace de l'évêque de la Vendée M. Louis Blanc (t. VIII, p. 177), sur le témoignage du républicain Mercier Durocher, l'un des administrateurs de ce département :

« Rodrigues, curé de Fougères, élu évêque de Fontenay, fit son entrée dans cette ville sur une petite rosse très-maigre; il était en bottes fortes; il avait sa soutane retroussée et un bâton à la main. Au compliment de félicitation qui lui fut adressé par un orateur patriote il secoua la tête, haussa les épaules et se hâta de gagner une hôtellerie. Cet homme est un parfait égoïste qui n'a jamais connu que les émoluments de sa place. »

2. Voir le rapport que Gallois et Gensonné, commissaires nommés par la Constituante, firent à l'Assemblée législative au début de la session. Ils y établirent que l'obligation imposée à tout ecclésiastique de prêter le serment constitutionnel avait été le signal des troubles, que la division des prêtres en assermentés, en non assermentés, avait produit une véritable scission dans le peuple des paroisses, causé la désorganisation des municipalités et amené la dispersion des gardes nationales rurales; enfin que les campagnes troublées ne demandaient que deux choses : le retour de leurs curés et la liberté des opinions religieuses.

procédés les plus draconiens de l'intolérance. Or, l'intolérance ressemble à ces remèdes violents dont certains empiriques doublent la dose à chaque crise qui vient assaillir leur malade ; celui-ci paraît éprouver quelque soulagement, mais bientôt les convulsions redoublent de violence, et le patient meurt au moment où le charlatan prétend l'avoir guéri.

On croyait avoir éteint les plaintes des campagnes de l'Ouest, parce qu'elles n'arrivaient plus jusqu'à Paris. On croyait avoir vaincu toutes les résistances, parce que la tranquillité matérielle n'était plus troublée. Mais le feu couvait sous la cendre.

Les populations abandonnaient les églises où jadis elles se pressaient ; elles allaient au fond des bois, dans les métairies les plus reculées, dans des grottes presque inaccessibles, chercher les sacrements qu'elles auraient eu horreur de recevoir des mains d'un prêtre constitutionnel. Elles n'avaient qu'une pensée, conserver intacte la pureté de la foi de leurs pères[1].

III.

Au début, le mouvement vendéen et breton fut complétement religieux, nullement royaliste. Certes la chute du trône de Louis XVI, son jugement, son exé-

---

1. Ce sentiment est tellement invétéré chez le paysan poitevin et breton que, depuis cette époque jusqu'à nos jours, il a existé et il existe encore dans les Deux-Sèvres, la Vendée et la Loire-Inférieure, des populations assez nombreuses formant ce que l'on appelle *la*

cution, avaient causé dans beaucoup de provinces et surtout dans l'Ouest une émotion très-vive, mais le sentiment politique n'était pas un mobile assez puissant pour soulever les populations des campagnes et les mettre en révolte ouverte et prolongée contre les décrets de la Convention. Ce qui le prouve surabondamment c'est que deux tentatives royalistes combinées avec la plus grande habileté par des officiers pleins d'énergie, celle du camp de Jalès dans la Lozère par Charrier et Dussaillant, celle de Bretagne par le marquis de la Rouërie, échouèrent, l'une après quelques jours de résistance, l'autre avant même qu'elle eût éclaté.

Comment, en effet, espérer que des hommes dont l'horizon ne s'étend pas au delà de leur village, qui peuvent avoir des sympathies et des préférences, mais qui sont habitués à n'exercer aucune influence sur les destinées de leur patrie, se résoudront, pour le triomphe d'un principe abstrait, à faire abnégation de tous leurs intérêts matériels, à sacrifier parents, femme, enfants, à se jeter dans tous les hasards, dans toutes les horreurs d'une guerre civile?

Mais il en est tout différemment s'il s'agit pour ces mêmes hommes de défendre ce que l'âme humaine a de plus précieux, la liberté de conscience, la première de toutes, puisqu'elle est supérieure et antérieure à tous les pactes sociaux.

C'est la revendication de ce droit sacré d'adorer

---

petite église et ne reconnaissant pas les autorités diocésaines, parce qu'elles les accusent d'avoir, en acceptant le concordat et ses conséquences, pactisé avec l'erreur.

Dieu selon sa foi qui a opéré les plus glorieuses révolutions que l'histoire ait enregistrées dans ses annales. C'est elle qui a fait triompher les gueux des Pays-Bas de toutes les forces de la monarchie espagnole ; c'est elle qui soutient l'Irlande et la Pologne dans leurs luttes incessantes contre deux des plus grandes puissances de l'Europe moderne; c'est elle qui inspirait les paysans vendéens et bretons lorsqu'ils se levèrent en masse en 1793.

Nous trouvons la preuve du sentiment exclusif qui animait ces populations dans les manifestes que lancèrent les insurgés le lendemain même de leurs premiers triomphes[1]. De ces manifestes, nous en avons recueilli plusieurs qui, par leur spontanéité et leur franchise, nous paraissent mériter d'être reproduits.

Ils émanent de trois groupes insurrectionnels différents et qui n'avaient aucun rapport entre eux : Challans (Vendée), sur la rive gauche de la Loire; Saint-Étienne de Montluc (Loire-Inférieure), et la Roche-Bernard (Ille-et-Vilaine) sur la rive droite.

Les gens de Challans s'expriment ainsi :

« Nous vous écrivons les larmes aux yeux et les armes à la main. Nous ne demandons pas la guerre, mais nous ne la craignons pas. Nous avons intention

---

1. A quelles réflexions n'est-on pas amené lorsque, se reportant à la fin de cette guerre, on voit qu'après quatre ans de meurtres, d'incendies, d'exécutions sanglantes et de représailles effroyables, le gouvernement républicain fut obligé de concéder presque tout ce que les populations, fortes de leur droit, demandaient au moment même où elles prenaient les armes?

de faire bonne et solide paix avec vous, si vous voulez nous accorder seulement quelques conditions qui nous paraissent on ne peut plus justes et intéressantes. Nous demandons :

« 1° La continuation de la religion catholique, apostolique et romaine et des prêtres conformistes ;

« 2° Qu'il ne soit point procédé au *tirement* ;

« 3° La suppression de toute patente ;

« 4° La suppression de l'arrêté du département qui ordonne aux pères des enfants émigrés et à leurs parents suspects de se rendre au chef-lieu. »

Les habitants des campagnes des environs de la Roche-Bernard parlent ainsi :

« 1° Écartez de nous le fléau de la milice, et laissez aux campagnes des bras qui leur sont nécessaires ;...

« 2° Rendez à nos vœux les plus ardents nos anciens pasteurs, ceux qui furent, dans tous les temps, nos bienfaiteurs et nos amis... ; rendez-nous, avec eux, le libre exercice d'une religion qui fut celle de nos pères et pour le maintien de laquelle nous saurons verser jusqu'à la dernière goutte de notre sang... »

Vingt et une paroisses des environs de Saint-Étienne de Montluc avaient pris pour conciliateur, auprès des autorités de la Loire-Inférieure, un ancien lieutenant-colonel du régiment de Royal-Auvergne, Gaudin-Bérillais. Voici en quels termes celui-ci traduit leurs griefs et leurs demandes :

« 1° La pleine et entière liberté du culte ne sera troublée sous quelque raison que ce soit. Ainsi tout prêtre non assermenté jouira de toute sécurité publique. En conséquence de cette pleine liberté qui leur est acquise par la loi, toutes les églises paroissiales, succursales, oratoires, leur seront ouvertes pour y célébrer publiquement les offices de leur religion. Chacun payera son ministre et sera maître de le choisir.

« 2° Les Jourdan, Michel, Courtois et Reubions, prêtres constitutionnels dans les paroisses de Saint-Étienne de Montluc et de Cordemain, devront ne pas se présenter à six lieues à la ronde de leur ancienne demeure. Il en sera de même de ceux des paroisses de Gourouet, Vigneux, Letemple et autres, dont on a sujet de se plaindre pour la désunion qu'ils mettent dans le pays.

« 3° On ne pourra plus proposer, sous quelque forme que ce soit, aucun tirage de milice ni aucune espèce de corvée quelconque.

« 4° Il ne pourra plus être pris de chevaux ni autres bestiaux, ni comestibles à qui que ce soit, que de gré à gré avec les propriétaires qui voudraient bien les vendre.

« 5° L'assiette des impôts se fera par les municipalités et non plus par les districts.

« 6° Sous quelque prétexte que ce soit, né ou à naître, les directoires de district ne pourront plus, de leur autorité privée, attenter à la liberté des citoyens. Il leur sera même défendu de requérir la force armée qui ne doit et ne peut marcher que d'après les ordres des tribunaux et des juges de paix.

« 7° Ces mêmes districts ne pourront plus troubler

le repos public par des visites de gens armés, comme ils le font aujourd'hui à l'égard des plus recommandables citoyens.

« 8° Il leur sera défendu de prendre les armes nécessaires aux citoyens pour la sûreté de leurs maisons. Les armes saisies seront restituées.

« 9° Sous peine de destitution de leurs charges et emplois, les directoires de district et de département ne pourront plus vexer ni tourmenter les citoyens les plus recommandables, pour des propos vagues, pour d'infâmes suppositions faites par des dépositions encore plus infâmes et pour satisfaire leur inimitié particulière et celle de leurs protégés.

« 10° Dans la quinzaine au plus tard, il sera convoqué des assemblées primaires de tous les citoyens quelconques pour nommer de nouveaux électeurs. On n'y gênera pas les suffrages, comme ci-devant, par de mauvaises chicanes et des abus d'une autorité despotique, où l'on employait les menaces pour contraindre les opinions.

« 11° Sitôt cette opération finie, tous les ci-devant membres des directoires et des tribunaux de district de Blain et de Savenay seront changés et renouvelés par une nouvelle élection.

« 12° Les prêtres constitutionnels et autres ne pourront y être admis sous quelque titre que ce soit, ni même reçus à voter dans les assemblées primaires et autres de leurs paroisses. Il leur sera expressément défendu de s'immiscer jamais dans les affaires temporelles.

« 13° Tous les citoyens jouiront de la liberté de penser, de parler et d'écrire sur toute matière et sur quelque personne que ce soit, sauf à ceux qui s'en trouveraient blessés à les poursuivre juridiquement s'il y a lieu.

« 14° Chaque paroisse aura cinquante hommes continuellement armés pour la sûreté publique et générale. Ces hommes seront choisis à la pluralité des voix[1]. »

Chacun des trois documents que nous venons de produire a son cachet particulier, mais ils peuvent se résumer ainsi :

Plus de tirage pour la milice, plus de persécution contre les prêtres qui ont refusé le serment, plus de tyrannie et de vexations de la part des administrations de district.

Tels étaient les sentiments qui animaient les populations de l'Ouest. Il ne fallait plus qu'une occasion pour les faire éclater. Cette occasion leur fut offerte par la mise en exécution du décret du 24 février qui ordonnait le levée de 300,000 hommes.

Nous avons vu plus haut quelle était l'économie de cette loi, combien elle laissait de place à l'arbitraire, et se montrait large pour les exemptions à accorder à tous ceux qui remplissaient des fonctions publiques[2].

Or, dans les provinces de l'Ouest, c'étaient les partisans des idées nouvelles qui, ayant consenti à ceindre l'écharpe tricolore au district ou à la commune, allaient par le fait profiter seuls du bénéfice de la loi. Quelle cause d'exaspération pour la masse de la population !

1. *Journal des Débats et Décrets*, n° 187, p. 287.
2. Voir p. 129.

« Voyez, disait-on le soir aux veillées, ce sont ceux qui ont applaudi à l'établissement de la République, qui ont appelé la guerre à grands cris, que la loi exempte du tirage, et c'est nous, qui n'avons désiré ni l'une ni l'autre de ces calamités, qui allons supporter tous les maux qu'elles entraînent après elles. A quel titre ces hommes qui nous ont enlevé notre pasteur, qui le poursuivent dans les bois, qui ont dépouillé notre église de ses ornements et de ses cloches, viennent-ils aujourd'hui nous demander nos enfants pour aller défendre une république dont nous ne connaissons l'existence que par les vexations de toute nature qu'on nous fait subir en son nom ? »

Tout cela était vrai, mais d'un autre côté fallait-il ajouter des complications nouvelles aux inextricables difficultés sous lesquelles succombait notre malheureuse patrie ? Aux blessures qui déchiraient ce grand corps déjà si martyrisé en fallait-il ajouter une autre par laquelle irait s'écouler le plus pur sang de la France ?

Les populations vendéennes et bretonnes étaient trop loin des frontières pour entendre le canon de l'étranger ; elles ne pensèrent qu'à une seule chose : invoquer, contre ceux-là mêmes qui l'avaient inscrite au frontispice de leur Constitution, cette maxime : « Lorsque le peuple ou une fraction du peuple est opprimée, l'insurrection est le plus sacré des droits et le plus indispensable des devoirs. »

IV.

La réunion, pour la formation des listes d'appel et pour le tirage, avait été fixée dans un grand nombre de communes au dimanche 10 mars. Conformément aux prescriptions de la loi, le département avait envoyé des commissaires dans chaque district, les districts dans chacune de principales communes de leur circonscription. Au même jour, à la même heure, la même scène se passa dans cent endroits différents, sans qu'il y eût concert préalable, mais parce que les mêmes causes devaient produire naturellement les mêmes effets.

Les commissaires de district et les officiers municipaux ouvrent la séance et déclarent qu'il va être procédé au recensement définitif des citoyens âgés de vingt-cinq à quarante ans, non mariés ou veufs sans enfants, domiciliés dans la commune; les assistants répondent d'une voix unanime qu'ils ne donneront ni leur nom ni leur âge. Espérant que les récalcitrants respecteront au moins l'autorité de la Convention nationale, les commissaires font lire les décrets et les proclamations qui les accompagnent. Cette lecture est couverte de huées. Ils annoncent alors que, puisque personne ne propose d'apporter dans la forme légale des modifications à la liste qui a été dressée provisoirement par les autorités locales, elle servira au tirage au sort. Mais l'apparition des urnes, dans lesquelles on a placé d'avance les noms des individus recensés, devient le signal d'un tumulte épouvantable. On entoure, on menace les délégués du district, on renverse les urnes, on lacère les bulletins qu'elles renferment. Des insultes on passe bientôt aux coups ; les commissaires n'ont que le temps de fuir. Ils regagnent au plus vite et non sans peine le chef-lieu de district, dressent procès-verbal de la rébellion et écrivent au département pour lui demander des secours. Pendant ce temps, les paysans, maîtres du terrain, sonnent le tocsin pour avertir leurs voisins de leur victoire, et allument des feux de joie, qu'ils alimentent avec les papiers de la municipalité et les décrets de la Convention.

Le cadre de cet ouvrage ne nous permet pas de donner un récit exact et détaillé de ce qui se passa dans chaque groupe insurrectionnel. Choisissons quelques épisodes, dénonçons les meurtres déplorables qui souillèrent les premières victoires des Vendéens, et flétrissons-les avec la même énergie que nous avons mise à stigmatiser les excès de la démagogie.

Dès le 11 mars au matin, de nombreux rassemblements, armés de fusils, de fourches et de bâtons, se dirigent vers Machecoul, chef-lieu de district du département de la Loire-Inférieure. La garde nationale de cette petite ville ne comptait que cent hommes; elle se porte à la rencontre des paysans ; à sa tête se trouve Maupassant, ancien constituant, commissaire du département près le district. Celui-ci veut haranguer les révoltés, mais il ne peut se faire entendre ; bientôt sa petite troupe se débande; il n'a plus autour de lui que trois officiers et cinq ou six gendarmes.

A ce moment, quelques gardes nationaux qui s'étaient jetés dans une ruelle, espérant ainsi s'esquiver, sont repoussés à coups de fusil par des paysans placés en embuscade et viennent tomber aux pieds de Maupassant. La foule, dont l'odeur de la poudre et du sang excite les instincts furieux, se précipite alors sur le magistrat ; il est jeté à bas de son cheval et percé d'un coup de pique ; le lieutenant de gendarmerie et le commandant de la garde nationale partagent son malheureux sort.

Machecoul appartient dès lors aux envahisseurs ; ils pillent la maison commune, dispersent les archives du district et, ivres de leur victoire, massacrent une vingtaine de citoyens, notamment le curé constitutionnel.

Dans le Morbihan, la petite ville de la Roche-Bernard, par sa position sur la Vilaine, est un point stratégique d'une grande importance. Le 15 mars elle est attaquée par six mille paysans. Elle n'a pour résister qu'un détachement du 109ᵉ de ligne, quelques gendarmes et gardes nationaux, ne formant pas un total de 200 hommes armés.

Parmi les insurgés se trouvent deux frères du commandant de la garde nationale, Bernard, que les paysans sont allés trouver chez eux et ont forcés de marcher à leur tête. Ils servent d'intermédiaires pour amener les autorités à capituler. Celles-ci, après de nombreux pourparlers, comprennent qu'elles ne sauraient repousser les assaillants et s'engagent à ne faire aucune résistance sur la promesse que les personnes seront respectées.

Par malheur, au moment de l'entrée des rebelles, un coup de fusil part en l'air, les paysans se croient attaqués, tirent de tous côtés et se répandent dans les rues en criant : vengeance ! Une trentaine de victimes tombent sous leurs coups. Les frères Bernard s'élancent au milieu de ces forcenés, et parviennent enfin à arrêter l'effusion du sang. Ils ont la précaution de faire emprisonner, pour les mettre en lieu de sûreté, plusieurs fonctionnaires désignés depuis longtemps à l'animadversion des insurgés, notamment le président du directoire du district, Sauveur et le procureur-syndic Lefloch.

La soirée se passe si tranquillement que les frères Bernard croient pouvoir se retirer dans leur maison de campagne d'où les paysans les ont enlevés le matin. Mais, dès le lendemain, les plus animés parmi les rebelles, profitant de l'absence des seuls hommes qui puissent avoir quelque influence sur la masse de leurs compagnons, se précipitent vers la prison, en arrachent les deux malheureux magistrats et les entraînent à travers les rues, voulant, disent-ils, les contraindre à faire amende honorable. Aux injonctions qui leur sont faites, les deux martyrs ne répondent que par des cris de : *vive la République, vive la Nation!* et tombent percés de coups [1].

Le 15 mars, vingt mille insurgés se présentent devant

---

[1]. Les trois frères Bernard, malgré l'humanité dont ils avaient fait preuve, n'en furent pas moins condamnés à mort par le tribunal criminel de Nantes, jugeant révolutionnairement, les deux premiers le 17 ventôse an II (7 mars 1794), et le troisième le 29 germinal suivant (18 avril 1794).

Pour honorer la mémoire de Sauveur, la Convention ordonna par décret que la Roche-Bernard s'appellerait désormais la Roche-Sauveur.

Cholet, chef-lieu de district de Maine-et-Loire. La garde nationale ne pouvait évidemment pas se défendre contre une avalanche semblable; elle l'essaye cependant, et ce n'est qu'après sept heures de combat que les insurgés se rendent maîtres de la ville et du château. Les archives sont brûlées, les caisses pillées. Une espèce de commission militaire se forme par les ordres d'un misérable nommé Six-sous, ancien canonnier dans l'armée; elle fait mettre à mort une quinzaine de prisonniers [1].

Des faits également déplorables se passèrent dans une dizaine d'autres localités [2]. On peut estimer à trois cents environ le nombre de personnes qui, du 11 au 15 mars, tombèrent victimes des vengeances du peuple des campagnes. Ce fut surtout dans les chefs-lieux de district que les meurtres furent plus atroces et plus nombreux; on ne doit pas s'en étonner. De ces petites villes étaient partis depuis trois ans tous les ordres vexatoires, toutes les mesures tyranniques dont les populations rurales avaient eu tant à se plaindre. En immolant quelques fonctionnaires subalternes, les seuls dont les noms étaient parvenus jusqu'à leurs villages, elles se figuraient avoir ainsi décapité la République.

En quelques jours, l'insurrection tint en son pouvoir

---

[1]. Six-sous fut, peu de temps après, arrêté par les ordres des chefs vendéens. Il fut passé par les armes après n'avoir que trop souillé de ses forfaits la cause vendéenne.

[2]. Notamment à Bourgneuf, à Legé, à Savenay, à Tiffauges, à Plumeliau près Pontivy, à Rochefort près Vannes, à Parcé près Fougères.

la presque totalité du territoire de huit départements[1].

Elle était maîtresse du cours de la Loire depuis Ingrandes jusqu'à Paimbœuf. Sur la rive gauche, suivant une ligne passant par Mortagne, Tiffauges, Montaigu, Legé et Challans, elle arrivait jusqu'à l'Océan. Sur la rive droite, elle possédait Chalonnes, Ancenis, Chateaubriand, Couëron, Blain, Savenay, Guérande et le Croisic. La ville de Nantes se trouvait ainsi placée au milieu d'un cercle presque impénétrable. Dans les Côtes-du-Nord, les rebelles occupaient Lamballe et Restroven; dans l'Ille-et-Vilaine, Redon, Laguerche, Vitré, Fougères et Dole; dans le Morbihan, la Roche-Bernard et Rochefort; dans le Finistère, Saint-Pol-de-Léon et Lesneven. Ils arrivaient presque aux portes de Lorient et Brest, les deux principaux arsenaux de la marine militaire.

V.

Les représailles des républicains ne se firent pas attendre. Dès le 13 mars, c'est-à-dire le lendemain des massacres de Machecoul, deux jours avant ceux de la Roche-Bernard et de Cholet, les autorités municipales et départementales, séant à Nantes, sous la présidence du maire Baco, ordonnèrent :

1° Qu'un tribunal criminel extraordinaire serait formé pour juger sans appel les révoltés ; 2° que la guillotine

---

[1]. Deux-Sèvres, Vendée, Maine-et-Loire, Loire-Inférieure, Ille-et-Vilaine, Côtes-du-Nord, Morbihan, Finistère.

serait immédiatement dressée sur la place du Bouffay ; 3° que des cours martiales accompagneraient chaque détachement de la force armée et jugeraient sur les lieux mêmes les insurgés arrêtés les armes à la main ; 4° que les biens des rebelles seraient confisqués au profit de la République ; 5° que les maîtres seraient civilement responsables pour leurs domestiques, les pères pour leurs enfants.

Cet arrêté était illégal au premier chef ; il n'avait pour base aucune loi ; les autorités nantaises s'y arrogeaient non-seulement le droit de confiscation, mais encore le droit de vie et de mort sur leurs concitoyens. Il n'en fut pas moins mis à exécution dès le lendemain par les colonnes mobiles que la ville de Nantes envoya dissiper les attroupements qui battaient la campagne [1].

Peut-être par des mesures moins violentes aurait-on pu apaiser les troubles. En divers endroit, les populations rurales avaient eu honte des excès auxquels elles

---

1. Dès le 17 mars, la commission militaire de Paimbœuf entrait en fonction, et faisait fusiller plusieurs prisonniers (*Moniteur*, n° 86). Deux jours auparavant, d'autres prisonniers avaient été mis à mort par les républicains sans aucune forme de procès. Ainsi, dans une lettre conservée au greffe de Nantes (*Papiers de la commission militaire de Paimbœuf*), on lit ce qui suit : « Le 15 mars, le sieur Normand a été reconnu pour l'un des chefs de l'insurrection et est dès lors convaincu d'avoir coopéré à la destruction de notre Constitution, et conséquemment d'être criminel de lèse-nation. Le jugement dudit Normand ayant été soumis à la sanction générale de la troupe, elle l'a unanimement et par acclamation condamné à être fusillé. Ce qui fut fait immédiatement. 18 mars, une autre bande ayant été dispersée près de Bourgneuf, le chef des insurgés a été détruit avec ses complices. »

s'étaient livrées dans les premiers moments et avaient fait parvenir aux autorités constituées des paroles de conciliation et de paix [1]. Mais ces ouvertures avaient été rejetées avec dédain. La réponse des républicains fut partout la même : « Soumettez-vous d'abord, nous verrons ensuite, dans notre clémence, ce que nous aurons à faire. »

Les quelques personnes qui avaient voulu se porter conciliatrices entre les autorités constituées et les paysans furent traitées en rebelles et payèrent de leur tête la con-

[1]. Citons notamment la lettre adressée par un comité qui s'était formé, à Machecoul, dès le lendemain de l'envahissement de cette petite ville, et qui réunissait dans son sein tous les partis. La lettre, en effet, est signée de Souchu, qui était un chef de bandes, et de Boullemer, qui, plus tard, se posa comme le martyr de la cause républicaine. Elle est adressée aux autorités de Nantes et est ainsi conçue :

« Nous vous avons peint ce matin la situation malheureuse où se trouvent les habitants de Machecoul, occasionnée par l'imprudence de quelques gardes nationaux qui ont tiré sur les gens de la campagne, rassemblés au nombre de dix mille de toutes les paroisses circonvoisines de 7 ou 8 lieues à la ronde, qui se présentaient pour s'opposer au tirage du recrutement et se faire remettre les armes qui leur avaient été enlevées par le district. Plusieurs personnes ont péri. Un grand nombre sont en prison et courent les plus grands dangers, si la force armée, qui se porte à Machecoul par Saint-Philibert, ne se retire de suite. Les gens de la campagne veulent la paix; nous sommes persuadés que vous la voulez sérieusement. Nous redoublons d'efforts pour empêcher le sang de couler davantage et nous croyons bien que ceux qui sont en prison n'auront aucun mal, et que les gens de la campagne se retireront si vous annoncez que vous vous retirez vous-mêmes. Au nom de la paix et de l'humanité, nous vous en conjurons et sommes vos frères et amis.

« Souchu, J. Peraud, B. Laheu, Boullemer, Praud, Nicollière, René Daraud. »

fiance que leur avait inspirée le rôle toujours sacré de parlementaires [1].

Ainsi s'envenima de manière à ne pouvoir plus être guérie que par le fer et le feu la plaie que la République devait porter plusieurs années dans son sein. Ainsi commença cette guerre fratricide des *bleus* et des *blancs*, dont les souvenirs et, il faut le dire, les ressentiments ne sont pas encore éteints après plus de soixante-dix années.

Nous avons essayé de dépeindre, en quelques traits, les débuts de l'insurrection vendéenne, nous devons maintenant, pour ne pas interrompre le cours des événements qui se pressent, revenir à ce qui se passait à la Convention et en Belgique. Seulement, avant de quitter ce sujet, constatons de nouveau un fait qui a, suivant nous, une importance historique capitale : c'est que, pendant cette période, les mots de royauté et de monarchie furent à peine prononcés.

Les premières aspirations que les paysans insurgés

---

[1]. Gaudin-Bérillais avait cru pouvoir adresser aux autorités nantaises le vœu de 21 communes des environs de Saint-Étienne de Montluc; il n'avait pris ce rôle de conciliateur, ainsi qu'il le déclarait dans sa lettre d'envoi, que comme contraint et forcé. Aussitôt après avoir formulé les propositions que lui avaient dictées ses concitoyens, il s'était retiré chez lui et n'avait pris part à aucune démonstration armée. Il fut néanmoins arrêté un mois après dans un guet-apens que lui avait tendu un des commissaires du district de Nantes; conduit dans cette ville, il ne tarda pas à être jugé et condamné à mort. Il fut exécuté le 13 avril 1793. (Voir la notice fort intéressante consacrée à Gaudin-Bérillais et à sa négociation, par M. Alfred Lallié. Nantes, 1867.)

manifestèrent furent essentiellement démocratiques [1]. Les premiers chefs qu'ils se donnèrent furent pris dans leurs rangs. C'était le voiturier Cathelineau, le garde-chasse Stofflet, le perruquier Gaston [2]. Les Bonchamp, les la Rochejaquelin, les Lescure, les d'Elbée, n'apparurent que lorsque le mouvement se fut généralisé. S'ils hésitèrent d'abord à courir aux armes, c'est que, jugeant avec leur froide raison et leur expérience militaire le mouvement qui éclatait, ils l'avaient considéré comme dénué de toute chance de succès. Mais, une fois engagés dans la lutte, ils ne faiblirent pas, et presque tous payèrent de leur vie leur dévouement chevaleresque à la cause vendéenne.

1. Dans une proclamation datée de Remouillé en date du 19 mars 1793, citée par M. Louis Blanc lui-même, on lit ce qui suit :

« Pendant les six premiers jours que nous avons été assemblés, quoique nous ayons été au nombre de plus de vingt mille, il n'y avait pas un seul individu qui ne fût un paysan. Il est unique qu'il ne s'y soit point trouvé un seul bourgeois, un seul noble. C'est une permission de Dieu qui nous a ainsi réunis. »

2. Gaston ne commanda qu'un mois la petite armée qui s'était groupée autour de lui. Il périt, le 15 avril 1793, au combat de Challans. Par une bizarrerie qu'il est difficile d'expliquer, le nom de Gaston, qui n'eut aucun retentissement dans les provinces insurgées à raison de sa mort prématurée, s'empara au loin de la renommée due aux autres chefs vendéens. La France et, on peut le dire, l'Europe, ne parlèrent longtemps que des soldats de Gaston. Nous trouvons la preuve de notre assertion, non-seulement dans les mémoires de Mme de la Rochejacquelin, mais dans les lettres inédites de Dumouriez que nous donnons à la fin de ce volume.

VI.

Les premières nouvelles de l'insurrection arrivent à la Convention le 18 mars; mais elles sont encore ce jour-là vagues et confuses.

Le même courrier apporte une lettre de Léonard Bourdon annonçant qu'il vient d'être victime à Orléans d'un affreux guet-apens[1].

Le soir même, Barère monte à la tribune, armé d'un volumineux rapport et d'une série de décrets qui, suivant lui, doivent réunir tous les intérêts comme toutes les sympathies autour de la Convention. Dans son exorde, il rattache le prétendu meurtre de Léonard Bourdon à un immense complot qui s'étend sur toute la France et dont les troubles des départements de l'Ouest ne sont que l'explosion partielle.

« On veut, s'écrie-t-il, assassiner la République et l'on commence par assassiner les députés patriotes. La contre-révolution marche, et nous ne marchons qu'après elle.

« Nous ne délibérons qu'après les événements; il nous appartient de les prévoir et de les prévenir. Vous ne devez plus discuter, vous devez agir, vous devez

---

1. Nous consacrons à la fin de ce volume une note spéciale au prétendu assassinat de Léonard Bourdon. La dénonciation mensongère de ce conventionnel coûta la vie à neuf honorables pères de famille de la ville d'Orléans.

combattre. Vous n'avez encore été que trois jours en Révolution depuis le commencement de votre session : le premier, lorsque vous avez fondé la République ; le second, lorsque vous l'avez décrétée une et indivisible ; le troisième, lorsque vous avez condamné à mort le tyran. Le reste est couvert de passions, d'intrigues, de divisions qui ont fait le malheur de la République. Oublions ces sujets de querelles et de discordes ; en révolution, il ne faut jamais voir que le lendemain et jeter un voile sur tout ce qui s'est passé la veille...

« Laissez de côté les demi-mesures, déclarez-vous corps révolutionnaire. Il s'est élevé des défiances contre Paris. Citoyens, Paris a sauvé la liberté. Le despotisme était un géant ; nous lui avons opposé le géant de Paris, et le géant n'est plus. Les uns ont voulu faire de cette cité tout, les autres rien. Il faut qu'elle ait sa place, mais sa place seulement dans la République. Assurons son existence et sa prospérité, et déclarons que la Convention saura sauver la liberté là où elle a été conquise.

« Mais rassurons également les départements par une déclaration franche et solennelle qui déjoue toutes les manœuvres, qui détruise toutes les calomnies. Décrétons la peine de mort contre tous ceux qui proposeront ou tenteront d'établir la loi agraire ou toute autre loi ou mesure subversive des propriétés territoriales, commerciales et industrielles.

« Maintenant il faut acquitter une dette sérieuse, il faut organiser les secours publics. Beauvais a un rapport tout prêt sur cette matière. Je demande qu'il soit mis à l'ordre du jour de demain[1].

« Il faut prendre deux autres mesures financières ; il faut voter en principe le partage des biens communaux et l'impôt progressif sur les richesses, tant foncières que mobilières.

« Il faut multiplier le nombre des acquéreurs de biens nationaux, il faut vendre par petites portions les biens des émigrés et les parcs ci-devant royaux. La Révolution ainsi consolidée par l'intérêt d'une foule de propriétaires sera inébranlable.

« Il est une mesure que vous ne devez pas négliger. Elle est nécessaire pour le succès de la Révolution dans les campagnes. Il faut y détruire tout vestige féodal. Il y a une infinité de châteaux d'émigrés, vieux repaires de la féodalité qui resteront nécessairement invendus, qui ne serviront ni pour les établissements d'éducation

---

1. Le décret, qui fut adopté le lendemain sur le rapport de Beauvais, renfermait en faveur des classes laborieuses de magnifiques promesses qui ne furent jamais accomplies; il déclarait dette nationale les secours à donner à l'humanité souffrante, et par voie de conséquence considérait comme propriété de l'État les biens des hospices, des hôpitaux et des bureaux de bienfaisance. Ces biens vendus à vil prix, comme ceux des émigrés et du clergé, vinrent s'engloutir dans le gouffre immense où avaient été jetées pêle-mêle les dépouilles des institutions que la République, dans son fol orgueil, avait essayé de proscrire à jamais. Dès que la terreur eut cessé de peser sur la France, des mesures réparatrices furent prises par les pouvoirs qui se succédèrent en faveur des établissements hospitaliers indignement dépouillés; mais plus d'un de ces établissements se ressent encore, après soixante-dix ans, des pertes considérables que le décret du 19 mars leur a fait subir.

publique ni pour les assemblées primaires. Ces masures qui encombrent le sol de la liberté peuvent, par leur démolition, servir à favoriser les pauvres et laborieux agriculteurs et à créer des villages en même temps que vous fertiliserez les campagnes.

« Enfin, il faut chasser des terres de la République tous les étrangers sans aveu. Quand vous aurez nettoyé les écuries d'Augias, Paris sera tranquille. »

Au fur et à mesure qu'une proposition est présentée par l'organe du Comité de défense générale, elle est couverte d'applaudissements et adoptée par acclamation. Lorsque la série des décrets rédigés d'avance est épuisée, l'orateur s'écrie dans son langage dithyrambique :

« La voilà donc cette Assemblée qu'on a tant calomniée, qu'on a représentée au peuple comme déchirée par des divisions, comme incapable de faire du bien ; la voilà qui, d'un commun accord et par un enthousiasme vraiment social et civique, vient d'adopter toutes les mesures que réclamait le salut public ! Pour couronner dignement cette séance, dont le procès-verbal devra être envoyé dans tous les départements, je demande qu'une adresse courte et énergique annonce au peuple français qu'il est à l'état révolutionnaire, et que la Convention s'occupe d'un plan d'instruction publique ayant pour objet de changer nos idées et nos opinions anciennes, d'établir la morale qui convient à la liberté et à la République. »

VII.

Barère n'avait fait que de la théorie révolutionnaire, il fallait maintenant faire de la pratique. La Convention, prenant au sérieux la comédie jouée par Léonard Bourdon, déclare la ville d'Orléans en état de rébellion, suspend de ses fonctions la municipalité de cette ville, ordonne que le maire et le procureur-syndic seront mis en arrestation, et que les auteurs de l'attentat commis sur la personne du représentant du Loiret seront conduits à Paris et traduits devant le tribunal révolutionnaire.

Le 19 mars, Cambacérès, au nom du Comité de législation, présente un décret qui confirme et aggrave l'arrêté des autorités de la Loire-Inférieure [1]. Aux termes de ce décret, tout individu prévenu d'avoir pris part aux révoltes ou émeutes contre-révolutionnaires éclatant à l'occasion du recrutement, sera traduit devant une commission militaire de cinq membres, formée par les officiers de chaque division. Cette commission devra reconnaître comme constant tout fait de rébellion établi soit par un procès-verbal revêtu de deux signatures, soit par un procès-verbal revêtu d'une seule signature et confirmé par la déposition d'un témoin, soit par la déposition orale et uniforme de deux témoins.

Les prêtres, les ci-devant nobles, les ci-devant sei-

---

1. Voir plus haut, p. 273.

gneurs, leurs agents et domestiques, les individus ayant eu des emplois ou exercé des fonctions publiques dans l'ancien gouvernement et depuis la Révolution, les chefs et instigateurs de la révolte, ceux qui seront convaincus de meurtre, d'incendie et de pillage devront être punis de mort et leur biens confisqués; les autres individus arrêtés resteront en prison jusqu'à ce qu'un décret ait statué sur leur sort.

Il est ordonné aux commandants de la force publique de publier une proclamation enjoignant aux révoltés de se séparer et de mettre bas les armes; ceux d'entre eux qui, dans les vingt-quatre heures, rentreront dans le devoir ne pourront être ni inquiétés ni recherchés. Ceux qui, à quelque époque que ce soit, mais avant l'entière dispersion des rebelles, livreront les chefs, auteurs et instigateurs de la révolte, ne pourront être poursuivis, ni les jugements rendus contre eux recevoir d'exécution.

La rédaction très-confuse du décret présenté par Cambacérès dénote le trouble profond de ce jurisconsulte éminent peu accoutumé encore à formuler de telles lois. Aussi le futur archichancelier de l'Empire réduit-il son rapport à ce peu de mots : « Il en a coûté à votre Comité de vous présenter des mesures aussi rigoureuses; il vous en coûtera, sans doute, de les adopter, mais le législateur est esclave de ses devoirs. » La Convention comprend ce que veut dire ce laconisme et vote en silence les dix articles qui composent le projet de loi.

Comme complément des mesures annoncées par

Barère, d'autres ne tardent pas à être présentées contre les étrangers et les émigrés.

Le rapport sur les étrangers est déposé le 21, par Jean Debry, au nom du Comité diplomatique. La veille, le ministre des affaires étrangères, Lebrun, avait énuméré, dans une lettre adressée à la Convention, les mesures arbitraires prises contre les Français par l'Espagne, l'Angleterre, la Hollande, la Prusse, l'Autriche, l'empire germanique et l'évêque de Rome (c'est ainsi que le gouvernement de la République persistait à appeler le pape). Il avait terminé son exposé en invitant l'Assemblée à user de représailles d'une manière aussi efficace et aussi énergique que possible. L'Assemblée n'entra que trop facilement dans cette voie ; elle adopta immédiatement le projet de Jean Debry, qui devait, suivant les expressions du rapporteur, « arrêter la distribution des guinées de M. Pitt, et des piastres de Madrid. » Aux termes de ce décret : « 1° dans chaque commune de la République et dans chaque section des grandes communes il devait être formé un comité composé de douze membres, dont ne pouvait faire partie aucun ecclésiastique, qu'il eût ou non prêté le serment civique ; aucun ci-devant noble, aucun ci-devant seigneur, aucun agent des ci-devant seigneurs ; 2° ce comité devait recevoir de tous les étrangers, résidant ou arrivant dans la commune, la déclaration de leurs noms, âge, profession, lieu de naissance et moyens d'existence ; tout individu incapable de justifier d'un établissement, d'une industrie et de ses sentiments civiques, devait être expulsé de la commune dans les vingt-quatre heures, et dans les huit jours du territoire de la République; 3° tout individu qui, dans les délais voulus, n'obéissait pas à l'ordre d'expulsion était passible de dix ans de fer. »

Les mesures contre les émigrés étaient sans cesse à l'ordre du jour; il se passait peu de semaines que de nouvelles rigueurs ne vinssent s'ajouter aux anciennes. Il serait impossible de suivre toutes les phases de cette législation chaque jour plus cruelle, chaque jour plus exorbitante. Qu'il nous suffise, pour édifier nos lecteurs, de mettre sous leurs yeux un épisode de la discussion.

Lasource vient exposer à la Convention que l'on a amené au Comité de sûreté générale une jeune fille prévenue du délit d'émigration.

« Nous l'avons interrogée, dit-il, et elle nous a répondu, avec la candeur et la franchise de l'enfance, que son père et son frère étaient dans l'armée de Condé, qu'elle-même avait quitté la France en 1790, lorsqu'elle n'avait que treize ans, et qu'elle avait été ramenée en France à seize ans par un ami de sa famille auquel elle avait été confiée. Après avoir recueilli cet interrogatoire, nous avons frémi, car la loi condamne cette enfant à avoir la tête tranchée! Vous avez prononcé la peine de mort contre tout émigré qui rentrerait, et vous n'avez excepté de cette peine que les enfants ayant moins de quatorze ans. Voici le fait d'un côté, la loi de l'autre. La loi est injuste, elle ne peut subsister. Elle applique la même peine à l'enfant faible et timide et au conspirateur audacieux. Vous punissez l'enfant d'un crime qui n'en est pas un pour lui, puisqu'il n'a pas été libre de ne pas le commettre. Une fille de treize ans peut-elle résister à la volonté d'un père et d'une mère qui partent et lui ordonnent de les suivre? En eût-elle la puissance morale et la force physique, quelle ressource lui resterait-il autre que la prostitution et l'infamie? Si elle reste, l'opinion la flétrit, l'indigence lui fait de la débauche un besoin; si elle part, la loi la frappe. Avec de pareilles lois, un peuple aura-t-il jamais des mœurs? Pour moi, s'il faut choisir, j'aime mieux des mœurs sans lois que des lois sans mœurs.

« La loi ne présente qu'une sévérité inutile. Craignez-vous que les enfants en rentrant héritent des biens de leurs père et mère? Mais, d'après votre législation, les enfants n'ont droit à rien; c'est à la République que tout est acquis. Dira-t-on que ces enfants peuvent détruire la République? Si cela était à craindre, votre République serait bien mal assurée. Comment penseriez-vous qu'à dix-huit ans ils peuvent l'attaquer, quand vous avez décrété qu'avant cet âge ceux qui sont dans son sein ne peuvent la défendre? Vous avez détruit cet odieux préjugé qui faisait rejaillir sur l'enfant la honte du supplice infligé au père; ne l'avez-vous donc détruit que pour renchérir sur le préjugé? Il condamnait l'enfant à la honte, vous le condamnez à la mort. Qu'on ne parle pas ensuite de philosophie, d'abolition de la peine de mort. Est-ce en infligeant avec barbarie cette peine à l'innocence que vous vous préparez philanthropiquement à cesser de l'infliger au crime? Frappez les émigrés, je ne les défends pas; mais respectez l'enfance, elle est sacrée comme la vertu. Je demande que l'on déclare d'une manière formelle que les lois sur l'émigration ne s'appliquent pas aux garçons âgés de moins de dix-huit ans et aux filles de moins de vingt et un ans. »

A peine Lasource a-t-il terminé son exposé que Robespierre s'élance à la tribune : « Je ne m'oppose point, dit-il, au sursis demandé en faveur de la jeune personne dont Lasource vient d'entretenir l'Assemblée, mais d'exception en exception jusqu'où irez-vous? Bientôt on vous demandera d'exempter des peines de la loi les femmes d'émigrés qui sont en puissance de maris et qui, par conséquent, sont liées d'une manière plus étroite à leurs époux que les filles à leurs pères. »

De violents murmures se font entendre ; Robespierre rassure aussitôt ses amis, il déclare qu'il n'a mis cette idée en avant que pour montrer l'absurdité de la proposition de Lasource.

« Si vous ouvrez, ajoute-t-il, la République aux enfants des émigrés, il n'est pas une de ces familles rebelles qui n'ait bientôt ici ses représentants ; vous verrez ces êtres pleins d'orgueil et de vengeance faire expier au peuple ce qu'ils appellent le crime de la Révolution. Rappeler les fils d'émigrés âgés de moins de dix-huit ans, c'est rappeler les héritiers de leurs crimes, qui ne cesseront de déchirer la patrie jusqu'à ce qu'ils aient vengé leurs pères ; c'est inoculer dans les veines de la République naissante le poison de l'aristocratie ; c'est appeler de nouveaux alliés au secours des intrigants et des traîtres qui conspirent autour de nous. Je demande la question préalable sur toute idée de rappeler les enfants mâles des émigrés ; je consens à ce que l'on adoucisse la peine prononcée contre les filles. »

L'Assemblée se hâte de se conformer à la sentence prononcée par Robespierre ; elle adopte la question préalable sur les modifications à apporter à la loi qui prononce la peine de mort contre tout émigré mâle de plus de quatorze ans, et, croyant faire preuve d'humanité, elle décrète que toute jeune fille âgée de plus de quatorze ans qui rentrerait en France sera déportée et, si elle y rentre une seconde fois, punie de mort.

Cette exception, quelque dérisoire qu'elle soit, confirme la règle et devient le signal de nouvelles motions contre les émigrés. Duhem demande qu'on les mette hors la loi ; Garnier (de Saintes), que tout citoyen soit autorisé à leur courir sus ; Charlier, qu'une fois leur identité reconnue, ils soient exécutés dans les vingt-quatre heures. C'est cette dernière rédaction qui prévaut et qui vient enrichir d'un article de plus le Code draconien que, depuis près de trois mois, la Convention élabore avec tant de persévérance, et qu'elle fait enfin promulguer le 28 mars [1].

---

[1]. La discussion de la loi sur les émigrés commença en décembre 1792 ; elle fut souvent interrompue et ne fut définitivement promulguée que le 28 mars 1793. Osselin, qui en avait été le rapporteur zélé, en fut l'une des premières victimes, comme nous le verrons plus tard. Le texte s'en trouve au dans le *Journal des Débats et Décrets*, nᵒ 179, et dans le *Répertoire de jurisprudence*, de Dalloz, vᵒ ÉMIGRÉS.

VIII.

Pendant ce temps, le tribunal révolutionnaire, qui avait été créé par les lois des 9, 10 et 11 mars, s'organisait assez lentement. Le 13, la Convention procéda à l'élection des juges et des jurés. Les choix se firent à de très-faibles majorités. Les élus obtinrent au plus 180 voix sur 749 membres dont se composait l'Assemblée; il est vrai qu'il y avait un certain nombre de représentants en mission.

Une grande partie des juges et des jurés n'acceptèrent pas les terribles fonctions auxquelles ils étaient appelés; il fallut épuiser la liste des suppléants pour atteindre le chiffre minimum indispensable à la constitution du tribunal. Encore se vit-on obligé d'autoriser le jury à fonctionner au nombre de dix membres seulement.

Le président devait être celui des juges qui obtiendrait le plus de suffrages; il fallut descendre jusqu'au troisième élu pour trouver une acceptation. Montané, ancien juge de paix dans le département de la Haute-Garonne, fut investi de ce terrible emploi; mais il ne le garda pas longtemps, parce qu'il montra trop de commisération vis-à-vis de certains accusés.

Fouquier-Tinville avait été élu, par 163 suffrages, premier adjoint à l'accusateur public. Sur le refus d'un personnage assez obscur, nommé Faure[1], qui avait

---

1. Faure était substitut de l'accusateur public près le tribunal

obtenu un plus grand nombre de voix, il devint immédiatement le chef du parquet. Comme il se garda bien de tomber dans la même faute que Montané, il conserva jusqu'au dernier jour de la Terreur les fonctions qui devaient rendre son nom déplorablement immortel.

Le greffier en chef était un grand ami de Danton. Il venait de remplir une mission en Belgique et, à cette occasion, il avait demandé l'autorisation de changer son nom de Pâris, qui risquait de lui donner un air de parenté avec l'assassin de Lepeletier, en celui de Fabricius qui rappelait le héros romain dont Jean-Jacques Rousseau, le grand inspirateur de la phraséologie révolutionnaire, avait naguère si éloquemment évoqué le souvenir.

En jetant un coup d'œil sur la liste des autres juges et jurés, on remarque les bizarreries étranges que produit un scrutin de liste, lorsque les votants connaissent à peine de nom ceux qu'ils nomment. Constitutionnels, Girondins, Jacobins s'y rencontrent et s'y coudoient. On y trouve, à côté l'un de l'autre, Feuquières et Fréteau, anciens constituants; Dufriche-Desmadeleines, propre frère de Dufriche-Valazé, Cabanis, beau-frère de Condorcet; puis, Jourdeuil, Leroy, Brochet, Duplain et quelques autres coryphées du club Saint-Honoré. Seulement, les premiers ou n'acceptèrent pas ou se retirèrent bientôt; les autres, au contraire,

---

criminel de Paris pendant la Terreur; il ne voulut accepter aucune fonction politique, mais il siégea plus tard au Conseil des Cinq-Cents et au Tribunat.

restèrent et devinrent ces jurés solides que prisaient, avec juste raison, Fouquier-Tinville et ses patrons.

L'élection à laquelle la Convention attacha le plus d'importance fut celle de la commission des Six, chargée de surveiller et de diriger la marche du tribunal. Là, chacun des députés pouvait voter en parfaite connaissance de cause, car c'était du sein même de l'Assemblée que cette commission devait être tirée. La Gironde et la Montagne avaient formé chacune une liste différente ; on peut donc mesurer la force des deux partis d'après le résultat de l'élection. Il y eut 413 votants ; la liste de la Gironde réunit de 240 à 220 voix, celle de la Montagne de 152 à 142. La commission fut composée de Garran-Coulon, La Reveillère-Lepaux, Rabaut-Saint-Étienne, Delaunay jeune, Gommaire, tous portés par la droite. Bréard, qui avait été présenté indifféremment par les deux partis, arrivait le sixième avec 209 voix ; mais il déclara qu'il ne se croyait pas assez de connaissances en législation criminelle pour pouvoir accepter cette mission difficile ; il fut remplacé par Prieur (de la Marne), le premier sur la liste de la gauche. La Montagne ne put dissimuler le mécontentement extrême qu'elle éprouvait de sa défaite, et se promit bien de se débarrasser promptement d'un rouage qu'elle regardait comme inutile du moment qu'il n'était pas à sa complète disposition.

A peine le Tribunal se trouva-t-il organisé que les démagogues demandèrent qu'on lui attribuât non-seulement la connaissance des délits contre-révolutionnaires sur lesquels les tribunaux criminels avaient ouvert une instruction, mais encore qu'on interrompît les débats commencés devant ces tribunaux pour traduire les accusés à la barre de la nouvelle juridiction. Ce fut Garnier (de Saintes) qui prit l'initiative de cette monstrueuse proposition, et voici en quels termes :

« J'annonce à la Convention que Blanchelande, le ci-devant gouverneur de Saint-Domingue, est sur le point d'être acquitté par le tribunal criminel de Paris; je demande qu'on suspende son procès, et qu'on le renvoie devant le Tribunal révolutionnaire. »

Personne ne proteste. La Convention approuve. Quinze jours après, Blanchelande, arraché à ses juges naturels, était condamné à mort.

Pour vouer plus sûrement à la haine et à la vengeance du peuple ceux qu'elle s'apprête à traduire devant le redoutable tribunal, l'Assemblée déroge pour eux aux lois de la Constituante, qui a proscrit toute appellation nobiliaire dans n'importe quel acte public; elle décrète que dans les jugements rendus contre les prévenus de complots contre-révolutionnaires il sera fait mention des titres et qualités que les condamnés avaient avant la Révolution.

En les envoyant à l'échafaud, on leur rendait par vengeance des qualifications que jadis on leur avait enlevées par envie [1].

---

1. Décret du 27 mars 1793.

IX.

L'article 8 de la loi du 10 mars maintenait aux municipalités et aux corps administratifs la police de sûreté générale dont ils avaient été investis par les lois antérieures, et étendait leurs attributions à la poursuite de tous les crimes et délits de la compétence du Tribunal révolutionnaire. Il est donc nécessaire d'étudier l'ensemble des pouvoirs confiés aux Conseils généraux des communes en matière de liberté individuelle. On verra combien étaient serrées les mailles du vaste réseau d'espionnage et de compression qui s'étendait sur toute la France.

La police politique s'exerçait par quatre moyens principaux : les certificats de résidence, les passe-ports, les certificats de civisme, les cartes de sûreté.

Tout citoyen qui pouvait être soupçonné d'avoir, depuis quatre ans, passé un seul jour au delà des frontières, était tenu de se pourvoir d'un certificat de résidence. Ce certificat devait être délivré par la commune sur le témoignage de huit témoins domiciliés et après quinze jours d'affiche. Le signer ou le délivrer par complaisance ou à prix d'argent était un crime frappé des peines les plus sévères. Si l'individu soupçonné d'émigration avait habité, même momentanément, plusieurs communes différentes, il fallait qu'il se munît d'autant de certificats qu'il avait eu de résidences depuis quatre années. On frémit quand on pense que l'omission d'une de ces nombreuses formalités pouvait faire inscrire un malheureux citoyen sur la fatale liste des émigrés et le rendre passible de la peine de mort, sur la simple constatation de son identité.

La loi exigeait que les notaires, avoués, huissiers et autres officiers ministériels, les administrateurs et employés de toute catégorie obtinssent un certificat de civisme de la commune de leur résidence. S'il leur était refusé, ils devaient aussitôt cesser leurs fonctions. Ainsi le pouvoir de destituer quiconque exerçait un emploi ou un office public, le droit de ruiner le présent et l'avenir d'un nombre considérable de familles, étaient livrés à l'arbitraire des corps municipaux qui, la loi le disait en termes exprès, n'avaient pas même à donner un motif de leur décision. Bien plus, l'employé, l'officier ministériel qui avait obtenu de sa commune cette précieuse attestation de son civisme n'était pas à l'abri de toute inquiétude, car il lui fallait encore la faire approuver au district et au département; à chaque degré de la hiérarchie administrative, l'animosité d'un ennemi obscur pouvait empêcher qu'on lui délivrât le certificat, sur lequel reposaient son existence, celle de sa femme et de ses enfants.

Les passe-ports étaient, comme les cartes civiques, accordés par les communes selon leur bon plaisir. Nul ne pouvait faire un voyage de quelques lieues, même dans la circonscription de son district, sans être muni d'un passe-port parfaitement en règle. Avant de le délivrer, le procureur-syndic interrogeait le pétitionnaire sur les motifs de son voyage, sur la longueur de son absence, entrait dans sa vie privée et scrutait ses affaires, le tout en séance publique du Conseil général de la commune. La tyrannie municipale allait si loin qu'à Paris on eut l'idée de refuser tout passe-port aux femmes, parce que, disait Chaumette, elles n'ont pas besoin de voyager. La faculté de circuler entre la capitale et les départements, voire même la banlieue, était pour ainsi dire intermittente. Tantôt on ouvrait les barrières, tantôt on les fermait. La Commune depuis longtemps ne connaissait d'autre règle que sa volonté, d'autre loi que son caprice. A l'intérieur de Paris, il fallait, pour circuler même en plein jour dans les rues, être pourvu de sa carte de sûreté, car on devait l'exhiber à la première réquisition de chaque agent de l'autorité, à chaque poste de garde nationale.

Enfin par deux décrets rendus à un mois de distance, en février et mars 1793, et applicables à toute l'étendue de la République, les propriétaires, locataires et concierges étaient obligés : 1° de déclarer à leur municipalité, dans les vingt-quatre heures, le nom, la qualité et le domicile ordinaire de tout individu qu'ils logeraient momentanément ; 2° d'afficher à l'extérieur de leurs maisons, dans un endroit apparent et en caractères lisibles, les noms, prénoms, surnoms, âge et profession de tous les individus y résidant habituellement. Tout manque de déclaration, toute déclaration inexacte, étaient punis de trois mois de prison ; le fait d'avoir recélé, moyennant salaire ou gratuitement, une personne assujettie aux lois de l'émigration ou de la déportation, était passible de six ans de fer.

Le système était complet; mais, dans l'application, il n'agissait pas avec autant de vigueur et de promptitude que l'auraient voulu ceux qui l'avaient organisé. Les Conseils généraux des communes, dont la loi ne cessait de multiplier les attributions, dirigeaient l'administration locale, devaient pourvoir aux levées d'hommes, aux fournitures de chevaux, d'habits, de vivres, aux réquisitions de toute sorte, et dès lors ne pouvaient donner qu'un temps relativement limité aux diverses mesures de police. Mais, à côté de ces conseils qui, par leur composition, présentaient encore quelques garanties, venait de s'élever une autorité nouvelle qu'avait créée la loi présentée par Jean Debry[1]; nous voulons parler des 36,000 comités formés dans les 36,000 communes de France. De la surveillance des étrangers, dont ils avaient été d'abord uniquement chargés, ils passèrent insensiblement à celle de tous les citoyens. Peu à peu, sous prétexte de suppléer les corps municipaux dans une besogne que ceux-ci ne pouvaient bien faire, ils s'emparèrent du droit de délivrer les passe-ports, les certificats de civisme et de résidence. Transformés en officines permanentes de dénonciation, ils remplirent les prisons de leurs victimes et se firent les pourvoyeurs ordinaires de la l'échafaud. Par leurs rapines, leurs concussions et leurs bassesses, ils devaient se rendre à jamais célèbres sous le nom de *Comités révolutionnaires.*

---

1. Voir plus haut, p. 284.

LIVRE XXXI

L'ARRESTATION DES COMMISSAIRES DE LA CONVENTION [1].

I.

La lettre que Dumouriez a écrite le 12 au président de la Convention est remise le 14 à Bréard, qui occupe

[1]. Au moment où nous allons dérouler aux yeux de nos lecteurs les diverses phases de la défection de Dumouriez, nous devons leur faire connaître à quelles sources nous avons puisé les éléments de notre récit.

Jusqu'à présent les historiens n'avaient à leur disposition que les *Mémoires de Dumouriez* et les *Mémoires tirés des papiers d'un homme d'État*. Ce dernier ouvrage ne doit être consulté qu'avec beaucoup de circonspection, car ce n'est qu'un perpétuel mélange de documents vrais et de documents apocryphes. Du reste, en ce qui regarde l'épisode qui nous occupe, il ne fait qu'analyser les mémoires de Dumouriez. Or ces mémoires, si intéressants et souvent si véridiques dans d'autres parties, sont pleins de lacunes, de réticences et de contradictions, aussitôt que le général commence à raconter ses négociations avec Cobourg. Dumouriez les a écrits dans les premiers mois qui suivirent sa rébellion. A chaque ligne on sent, d'un côté, qu'il ne veut rien dire de désagréable aux puissances à la solde desquelles il se trouve désormais; d'un autre côté, qu'il veut se grandir devant l'opinion publique, paraître avoir tout prévu et n'avoir succombé dans son entreprise que par une série d'incidents qu'il n'était pas en son pouvoir de prévenir. Il dénature les faits, transpose les dates et ne se souvient même plus qu'il existe, pour le convaincre

momentanément le fauteuil. Celui-ci, rien qu'en y jetant les yeux, en comprend toute l'importance. Il s'abstient de la lire à l'Assemblée et se hâte d'aller la porter lui-même au Comité de défense générale. Elle y cause une immense sensation. Sera-t-elle le lendemain communiquée publiquement à la Convention, ou bien restera-t-elle ensevelie dans le sein du Comité? Telle est la question sur laquelle s'engage aussitôt le débat.

Bréard insiste pour la lecture afin de dégager sa responsabilité; son opinion est appuyée par Barère et Robespierre, mais vivement combattue par Lacroix et Danton. Ces deux derniers déclarent que Dumouriez est indispensable au salut de l'armée et qu'il serait de la dernière imprudence d'engager une lutte ouverte avec le général en chef de l'armée du Nord au moment où il doit pourvoir à tous les embarras d'une retraite sous le

de mensonge, des pièces officielles imprimées au *Moniteur* du temps et souvent revêtues de sa propre signature. En effet, en lisant attentivement le *Journal officiel*, en se reportant pour certains incidents aux débats qui eurent lieu devant le tribunal révolutionnaire lors du procès des généraux et officiers condamnés comme complices de la révolte, il est facile de se convaincre que la vérité n'est pas dans les *Mémoires de Dumouriez*. Mais où est-elle?

Elle ne peut être dans les rapports officiels adressés par Dumouriez au ministre de la guerre, car il se serait bien gardé d'y faire la confidence de la nature et de la portée des communications incessantes qu'il entretenait avec l'état-major autrichien. Mais si le général français avait à se cacher de son supérieur, il n'en était pas de même du prince de Cobourg vis-à-vis de l'Empereur. Le général autrichien devait à son souverain la vérité, toute la vérité, rien que la vérité. C'était donc à Vienne qu'il fallait la chercher. Nous avons demandé au gouvernement autrichien qu'il nous fût permis d'explorer les archives du ministère de la guerre. Grâce à la bienveillante

feu de l'ennemi[1]. « D'ailleurs, cette lettre, ajoute l'ex-ministre de la justice, n'est qu'une boutade ; elle a été inspirée par la mauvaise humeur dont Dumouriez n'a pu se défendre en voyant entravés et détruits tous ses projets sur la Hollande. »

La majorité du Comité de défense générale finit par se ranger à l'avis de Danton et de Lacroix, et les charge d'aller demander au général en chef la rétractation de ce qu'il vient d'écrire.

Pendant que les deux amis s'apprêtent à remplir cette mission difficile, retournons auprès de Dumouriez. A Louvain, il avait trouvé ses deux lieutenants, Miranda et Valence, qui étaient enfin parvenus à opérer leur jonction, grâce à la prudence excessive que Cobourg avait mise dans la poursuite de l'armée française. Quoique plusieurs corps détachés eussent été rejetés sur

intervention de notre ambassadeur M. le duc de Grammont, cette demande a été accueillie avec une libéralité dont nous conserverons une éternelle reconnaissance. Bien plus, les archives particulières de l'archiduc Albert, l'illustre fils de l'archiduc Charles, ont été mises à notre disposition par une faveur toute spéciale et nous ont livré plusieurs documents intéressants, surtout des lettres confidentielles de l'empereur François à son frère. Tels sont les documents qui font la base du récit que l'on va lire.

Nous ne nous donnerons pas le puéril plaisir de relever une à une les erreurs volontaires que Dumouriez a semées à chaque page de cette partie de ses mémoires et qui ont été depuis soixante-dix ans servilement reproduites par la plupart des historiens. Nous nous permettrons seulement de signaler celles qui se démontrent par des rapprochements de dates ou de faits incontestables.

1. Voir, pour ce qui se passa dans le sein du Comité de défense générale, les discours de Bréard, de Penières, de Lasource, de Danton, de Barère (séances des 1er et 2 avril).

la haute Meuse, après l'échec d'Aldenhoven, cette armée était encore forte de 35 à 40,000 fantassins et de 7,500 cavaliers. Mais, depuis dix jours qu'elle battait en retraite, elle avait perdu une partie de son matériel, presque tous ses effets de campement. Elle n'avait plus ni cohésion ni entrain; il lui aurait fallu quelques jours de repos dans une bonne position pour se reconnaître et se refaire. Or, Dumouriez, dans la situation où il s'était mis vis-à-vis la Convention, ne pouvait pas s'arrêter un instant; il lui fallait au plus vite une revanche éclatante de son échec de Hollande, il lui fallait à tout prix une victoire qui le rendît maître des destinées de la France.

Décidé à jouer sur une seule carte la conservation ou la perte de la Belgique, le général arrête court la retraite et reprend l'offensive. Il marche sur Tirlemont que son armée a évacué deux jours auparavant et qu'il réoccupe presque sans coup férir. Cobourg, qui, à ce changement de front, comprend que Dumouriez a rejoint l'armée et veut se mesurer avec lui, rétrograde de plusieurs lieues, se retire derrière une rivière nommée la petite Gette, et s'établit solidement sur les hauteurs qui la dominent. Cent ans auparavant, le 28 juillet 1693, ces mêmes lieux avaient été le théâtre d'une bataille meurtrière, où le maréchal de Luxembourg était resté vainqueur des Hollandais et des Anglais commandés par Guillaume III. Dumouriez espère être aussi heureux que le général de Louis XIV et compte qu'il enlèvera les hauteurs de Nerwinde comme, il y a quatre mois, il a enlevé celles de Jemmapes.

II.

Le 18 mars au matin, ordre est donné de traverser la rivière et d'engager le combat sur toute la ligne. Valence commande la droite, le duc de Chartres le centre, Miranda la gauche. C'est le corps d'armée de celui-ci, qui est destiné à servir de pivot au mouvement tournant que doivent opérer les divisions de la droite et du centre chargées de débusquer successivement l'ennemi de toutes ses positions. Miranda n'a pas un grand espace de terrain à conquérir, de nombreux obstacles à vaincre; mais il faut qu'il reste inébranlable après avoir effectué l'opération dont il est chargé. Il faut qu'il conserve à tout prix le pont d'Orsmaël placé sur la grande route de Tirlemont à Saint-Trond. Car c'est par cette route que Dumouriez vainqueur compte poursuivre Cobourg, c'est par elle qu'il doit effectuer sa retraite si le sort le trahit.

La première attaque obtient un plein succès. Miranda s'empare des deux villages et du pont, dont la conquête lui a été confiée. Valence et le duc de Chartres emportent les hauteurs sur lesquelles les Autrichiens se sont établis. Un monticule, que l'on appelle la tombe de Middelwinde, est enlevé à la baïonnette; mais nos soldats, que leur ardeur emporte, négligent de le mettre en état de défense et se répandent dans la plaine qui s'étend au delà. A ce moment, les Autrichiens, qui viennent de recevoir des troupes fraîches, font un retour offensif sur toute la ligne. Valence, qui combat ayant la rivière à dos, court grand risque d'y être précipité. Heureusement, le duc de Chartres, qui s'aperçoit du péril, vole à son secours. Le village de Nerwinde est pris et repris, les cadavres s'y entassent; il n'est bientôt plus possible d'y pénétrer sans marcher sur des débris de toute espèce. Des charges vigoureuses sont faites contre les Autrichiens par la cavalerie de Valence. Dans l'une d'elles, le général français, entouré de dragons ennemis, reçoit à la tête plusieurs coups de sabre qui le forcent à abandonner son commandement. Enfin, après neuf heures de combat, les Autrichiens sont refoulés au delà des hauteurs; les divisions de Valence et du duc de Chartres campent sur le champ de bataille et se disposent à achever le lendemain une besogne si bien commencée.

Malheureusement, Dumouriez, au moment même où il croit son triomphe assuré, apprend une nouvelle qui ruine toutes ses espérances. Miranda n'a pu résister au retour offensif qui, vers midi, a été opéré sur sa division comme sur les autres. Les Autrichiens, commandés par le jeune prince Charles, qui débutait ce jour-là dans la carrière qu'il devait si brillamment parcourir, ont repris le pont d'Orsmaël et ont rejeté les Français au delà de la Gette. Le corps de Miranda était composé en grande partie de soldats de nouvelle levée; saisis d'une terreur panique, ils se débandent, courent d'un trait jusqu'à Tirlemont et laissent ainsi complétement à découvert le flanc gauche de l'armée française.

Ce n'est qu'à minuit que Dumouriez apprend ce désastre. Aussitôt il voit le danger de sa position. Une moitié de son armée est au delà de la Gette, une autre en deçà. Si les divisions de Valence et du duc de Chartres, qui campent dans ce moment sur les hauteurs qu'ils ont conquises au prix de tant de sacrifices, ont à subir le choc de l'armée autrichienne tout entière, elles peuvent être écrasées, tout au moins précipitées en désordre au fond de la vallée et acculées à la rivière qu'on ne peut traverser que sur des ponts très-étroits et fort peu nombreux.

Le général en chef court à Tirlemont pour parer au plus pressé et prendre lui-même le commandement du corps de Miranda. En même temps, il expédie au duc de Chartres, qui réunit sous ses ordres son corps d'armée et celui de Valence, l'ordre de repasser la Gette et de se joindre à lui.

Ce n'était pas chose facile que de dérober à l'ennemi ce mouvement de retraite. Le duc de Chartres s'en tire avec bonheur. Au point du jour il se met en marche et, sans se laisser entamer, repasse la rivière dont la possession avait été la veille si vivement disputée.

L'armée française était sauvée; mais elle avait perdu 4,000 hommes. L'ennemi n'avait eu que 2,000 hommes hors de combat, parce qu'il avait longtemps combattu à l'abri de ses retranchements.

III.

Danton et Lacroix arrivèrent au quartier général le lendemain de la bataille de Nerwinde. Dumouriez était aux avant-postes, il leur donna rendez-vous à Louvain pour la nuit suivante (20-21 mars).

L'entrevue fut triste et solennelle. Général et représentants comprenaient la gravité des circonstances. Le vainqueur de Jemmapes était devenu le vaincu de Nerwinde ; quoique son imagination enfantât chaque jour mille projets plus inexécutables les uns que les autres, il sentait que l'heure approchait où il lui faudrait prendre une résolution définitive.

Les deux conventionnels, sur toute leur route et depuis Bruxelles principalement, avaient pu apprécier la portée du désastre et reconnaître la nécessité d'y remédier avec énergie et promptitude. Ils avaient toujours été les défenseurs zélés de Dumouriez à la Convention et au Comité de défense générale. Ils s'étaient portés garants, non-seulement de sa capacité militaire qui n'était pas douteuse, mais encore de son attachement à la cause républicaine, qui l'était beaucoup plus. Il y allait de leur honneur, de leur crédit, peut-être de leur tête, d'obtenir du général la rétractation de la lettre du 12 mars.

Cette rétractation, Dumouriez ne voulait la donner à aucun prix ; il sentait bien qu'elle l'amoindrirait aux yeux de son armée, comme aux yeux de tous ceux qui, en France, comptaient sur son épée pour les débarrasser des saturnales du jacobinisme. Enfin, il consent à un *mezzo termine* ne donnant satisfaction complète à personne, mais permettant d'ajourner la solution des questions brûlantes qui s'étaient, cette nuit-là, agitées entre les trois interlocuteurs. Le général écrit au président de la Convention six lignes, dans lesquelles il le prie de ne rien préjuger sur sa lettre du 12, jusqu'à ce qu'il ait trouvé le temps d'en envoyer l'explication. Dès qu'ils sont en possession de cette pièce, les deux représentants se hâtent de retourner à Bruxelles pour faire part aux autres membres de la Commission de Belgique du résultat de leur ambassade. Là ils se séparent. Danton retourne immédiatement à Paris, Lacroix reste pour tenir son ami au courant des événements [1].

Les négociateurs avaient à peine quitté le général en chef, que celui-ci avait pris son parti. Il ne pouvait se faire d'illusion sur la manière dont serait accueillie la lettre du 12 mars, même atténuée par la demi-rétractation du 21. Il savait mieux que personne qu'il était impossible de soustraire ce document à la publicité, car, dans sa téméraire jactance, il en avait livré des copies à des journalistes de Bruxelles. Déjà des exemplaires imprimés circulaient dans l'armée. Sous peu de jours, Paris allait inévitablement être instruit de tous les

---

[1]. Danton était le 21 à Bruxelles, il dut en partir le soir même ou au plus tard le 22 au matin. Il était donc de retour à Paris le 24. Mais, pendant deux ou trois jours, il se tint caché et ne parut à la Convention que le 27 mars. Dans quel but le célèbre tribun s'éclipsat-il ainsi pendant plus de 48 heures, lorsqu'il apportait des nouvelles aussi graves? Nul ne peut le dire, mais, quant au fait matériel, il nous semble hors de toute contestation. Nous n'avons besoin pour le prouver que d'invoquer : 1° le rapport adressé à la Convention à la date du 22 mars et inséré au *Moniteur*, n° 86; 2° les deux lettres que Lacroix écrivait à Danton les 25 et 28 mars et dont nous donnons le texte à la fin du volume.

faits que le comité de défense générale s'était efforcé de cacher à l'Assemblée elle-même[1].

La Convention ne pouvait manquer de relever le gant, de mander à la barre le général rebelle et peut-être de lancer immédiatement contre lui le décret d'accusation. Bien convaincu qu'à Paris le tribunal révolutionnaire et, par suite, l'échafaud l'attendaient, Dumouriez était résolu à ne pas s'y rendre. Mais alors il fallait se mettre en révolte ouverte et faire marcher résolûment l'armée sur la capitale. C'est ce qu'avait tenté de faire Lafayette huit mois auparavant; mais, n'ayant pas voulu demander le concours ou du moins la neutralité aux armées ennemies, il avait été, dès la première heure, paralysé dans ses mouvements; bientôt obligé de chercher un refuge à l'étranger, il y avait trouvé les rigueurs autrichiennes et les cachots de la Coalition.

Comment éviter de tomber dans les mêmes errements? Il n'y avait qu'un moyen, s'entendre avec le prince de Cobourg, afin de s'assurer que l'armée qui irait opérer à l'intérieur une contre-révolution ne serait pas inquiétée sur ses derrières et n'aurait pas à combattre deux ennemis à la fois.

C'était pactiser avec l'étranger, mais Dumouriez depuis longtemps s'était familiarisé avec cette idée. Déjà plus d'une fois des émissaires de toute provenance étaient venus le sonder sur ses desseins ultérieurs; il

---

[1]. Le *Moniteur* du 25 mars, n° 84, donne la lettre du 12 mars sous la rubrique des Pays-Bas et annonce que cette lettre, quoique adressée à la Convention, ne lui a pas été lue, mais qu'elle a été imprimée et répandue dans toute la Belgique.

avait donné à tous des espérances, mais de promesses à aucun[1]. Il voulait traiter directement et sans intermédiaire le jour où il le faudrait. Ce jour était arrivé.

IV.

Depuis la bataille du 18 l'armée autrichienne n'avait pas cessé de se porter en avant, l'armée française de retrograder. Presque tous les jours, il y avait eu des escarmouches et même des combats d'arrière-garde.

Le 22, ce qui s'était passé à Nerwinde se renouvelle près de Louvain. Deux divisions abandonnent leur poste au milieu du combat et se retirent au delà de la Dyle. Le reste de l'armée est obligé de les suivre, d'évacuer Louvain et de se retirer avec précipitation sur Bruxelles.

Ce dernier revers exaspère Dumouriez et précipite la réalisation de ses projets. Il envoie, le 23 mars, au quartier général autrichien l'un de ses aides de camp, l'adjudant général Montjoie, sous prétexte de traiter d'un échange de prisonniers, mais en réalité pour faire connaître au prince de Cobourg « que le général en chef

---

1. Nous donnons à la fin de ce volume les documents relatifs à une des nombreuses combinaisons tentées pour amener Dumouriez à livrer ses conquêtes et son armée entre les mains de l'étranger. Ces documents, au bas desquels se trouvent les noms de Metternich, de Mercy d'Argenteau et de Breteuil, nous font connaître les étranges illusions qu'émigrés et étrangers se faisaient sur les moyens à prendre pour venir à bout de la Révolution.

de l'armée française est disposé à faire des communications de la plus haute importance à l'officier supérieur autrichien qui lui sera envoyé [1]. »

Cobourg n'hésite pas un instant à accueillir ces ouvertures et fait annoncer à Dumouriez que sous deux jours il lui enverra le général Mack, son chef d'état-major.

L'armée française évacue Bruxelles le 23 mars. La municipalité, élue au mois de novembre, reste en permanence et ménage, d'une manière plus heureuse que celle de Liége, la transition entre le régime français et le régime autrichien. Dumouriez se retire derrière la Dendre et établit son quartier général à Ath.

C'est là qu'il reçoit, le 25 au soir, la visite du colonel

---

[1]. D'après un rapport officiel fait par le prince de Cobourg à l'Empereur, Montjoie, dès la première entrevue, se serait exprimé très-catégoriquement. Il déclara au prince « que Dumouriez était décidé à mettre fin aux calamités qui désolaient sa patrie, à rétablir la royauté constitutionnelle, à dissoudre la Convention et à punir les scélérats de Paris. »

Voici le texte même d'une lettre écrite par Dumouriez ; elle précise la date de l'arrivée de Montjoie auprès du prince de Cobourg :

« Au quartier général de Halle, le 24 mars 1793.

« Mon prince,

« Je vous prie d'avoir la complaisance d'envoyer un officier de votre état-major avec la liste des prisonniers français, pour pouvoir traiter de l'échange, conformément à ce qui a été convenu hier avec l'adjudant général Montjoye. J'ai l'honneur d'être avec la plus respectueuse considération,

« Mon prince, votre très-humble et très-obéissant serviteur,

« Dumouriez. »

Mack. Celui-ci le trouve entouré d'un nombreux état-major et prêt à lui faire les honneurs d'un somptueux repas. On se met à table. Le général français place à sa droite le colonel autrichien et affecte de ne lui parler tout haut que de l'échange des prisonniers et des soins à donner aux blessés qu'il a laissés dans Liége, Bruxelles et les autres villes récemment évacuées; mais il lui porte tout bas la santé de l'Empereur, de l'archiduc Charles et du prince de Cobourg. On s'adresse les plus chaleureux compliments sur la brillante valeur que les deux armées ont déployée dans les combats des jours précédents et sur l'humanité avec laquelle la guerre est conduite aussi bien par les Français que par les Autrichiens, malgré les infâmes calomnies que ne cesse de débiter la presse jacobine.

Cependant, à travers ces conversations banales, Mack surprend chez son interlocuteur une pensée qui est pour lui un trait de lumière, c'est que le général français suppose à Cobourg des forces bien plus considérables que celles dont il dispose réellement. Le colonel autrichien en conclut, à part lui, qu'il peut se montrer, dans la négociation qui va s'entamer, plus difficile et plus roide qu'il n'avait d'abord l'intention de l'être[1].

---

1. Dans ce moment, les Autrichiens ne pouvaient mettre en ligne plus de 30,000 hommes. Dumouriez, au contraire, croyait avoir affaire à 60,000. Cobourg n'avait avec lui aucune artillerie de siége pour attaquer les places fortes de la Belgique. Il envoyait sans cesse courrier sur courrier au duc de Brunswick pour hâter la marche des Prussiens et des autres coalisés, attardés sur le Mein, et qui le laissaient ainsi exposé à tous les dangers d'un retour offensif des Fran-

A la fin du repas paraît le général Valence, la tête entourée de bandelettes apposées sur ses blessures de Nerwinde. Dumouriez l'avait fait prévenir de la prochaine visite du colonel Mack ; et, de Tournay, où ses premières colonnes venaient d'entrer, il avait rebroussé chemin pour se rendre au quartier général. L'arrivée de Valence fournit à Dumouriez un prétexte pour congédier les officiers subalternes et pour emmener l'envoyé autrichien dans un cabinet écarté, dont l'entrée est gardée par un aide de camp de confiance. Valence, le duc de Chartres, le chef d'état-major Thouvenot, le colonel Montjoie, sont seuls admis à la conférence.

Les portes fermées, Dumouriez exhale toute la douleur et toute la colère dont son âme est remplie. Il termine ainsi sa longue philippique :

« Il nous est impossible de rester plus longtemps spectateurs tranquilles de tant d'horreurs. Je veux disperser cette criminelle Convention, rétablir la royauté constitutionnelle, proclamer le dauphin roi de France, sauver les jours de la reine. Mais, pour exécuter ces résolutions avec sécurité et succès, il est nécessaire que le prince de Cobourg s'engage à me laisser tranquille dans mes positions derrière la Dendre et, bien loin de m'attaquer, me prête tous les secours que je pourrai lui demander. Il a reçu les ouvertures confidentielles que

çais. On peut voir, dans l'ouvrage de M. de Bourgoing, que nous avons déjà cité, les raisons de cette étrange conduite. Les tiraillements que suscitait entre les cabinets de Berlin et de Vienne le partage de la Pologne influaient fortement sur la marche des armées prussienne et autrichienne en Belgique et vers le Rhin.

j'ai chargé le colonel Montjoie de lui porter. Quelle est sa réponse, quelles sont ses dispositions? »

Le colonel autrichien avait laissé Dumouriez épancher sa bile contre les jacobins et détailler tous les griefs qu'il avait contre eux. Fort du secret qu'il a surpris quelques instants auparavant au milieu des fumées du vin de Champagne, il entend ne faire à son interlocuteur que le moins de concessions possible, et, tout en cherchant à assurer à son souverain le concours d'un homme si important, mettre à haut prix le ralentissement des poursuites auxquelles l'oblige l'inertie des autres coalisés.

« Général, répond-il, Son Altesse le Prince de Cobourg ne peut suspendre ses opérations, et par conséquent entrer avec vous dans aucune espèce d'arrangement, tant qu'il restera un seul Français dans les Pays-Bas. Avant toute chose, il est indispensablement nécessaire que non-seulement tout le plat pays soit évacué, mais encore que les places autrichiennes de Namur, Ostende et Anvers, les forteresses hollandaises de Bréda et de Gertruydenberg, le soient également; nous avons une armée victorieuse de soixante mille hommes, nous vous poursuivrons avec quarante mille, et les vingt mille autres iront couper toute retraite à votre armée de Hollande.

— Mais, réplique Dumouriez avec vivacité, je suis aussi fort que vous; j'attends dans peu de jours des renforts considérables, et je saurai me défendre. »

Le colonel Mack, par un simple geste, indique qu'il n'y a rien à modifier aux propositions qu'il apporte.

Dumouriez reste un instant abîmé dans ses réflexions. Puis, tout à coup, relevant la tête, il s'écrie :

« Les Pays-Bas ont toujours été la proie d'une bataille; j'en ai livré deux, j'ai eu le malheur de les perdre [1], je consens à ce que demande le prince. Je me retirerai sur la frontière de France et j'enverrai mes ordres aux commandants des places fortes pour qu'elles soient évacuées sans délai; mais il faut que vous donniez à mes soldats l'assurance d'une retraite libre et honorable. Dans peu de temps je n'aurai plus un seul de mes hommes ni dans les Pays-Bas ni en Hollande; vous pouvez voir, par l'accélération que j'imprime à ma retraite, combien je tiens à gagner le plus tôt possible les forteresses françaises et à marcher sur Paris. Tout ce que je demande pour le moment au prince, c'est que, arrivé avec son armée à la frontière, il cesse toute poursuite. Car je veux être à même d'employer toutes mes forces contre Paris, si je le juge convenable dans l'intérêt du pays.

— Le prince de Cobourg, répond Mack, a pleine et entière confiance dans la loyauté et la sincérité de vos intentions. Il m'autorise à vous donner l'assurance formelle qu'au moment venu il interdira, sous un prétexte convenable, le passage de la frontière, même aux troupes légères. Mais vous devez être le premier à reconnaître que cette inactivité de notre part ne saurait être durable que dans le cas où nous verrions s'accomplir vos projets

---

[1]. Celle de Nerwinde le 18 mars et celle de Louvain le 22. Dans ses *Mémoires*, Dumouriez passe à peu près cette dernière sous silence, quoiqu'il l'appelle lui-même la honteuse retraite de Louvain.

avec toute l'énergie voulue. Si, au contraire, nous nous apercevions que vous n'avez aucune chance de rétablir l'ordre en France, nous ne perdrions pas inutilement notre temps et nous aborderions immédiatement les opérations offensives. Pour leur exécution, nous avons dès aujourd'hui les forces et les moyens nécessaires, et bientôt nous en aurons encore sur une bien plus grande échelle.

— Avant trois semaines au plus tard, peut-être même bien plus tôt, le prince aura les preuves les plus irrécusables de la loyauté de mes intentions et de la fidélité que je mettrai à les réaliser. Voici les combinaisons auxquelles je pense m'arrêter. Avant tout, je tâcherai de gagner les derrières de Lille, je courrai sur Paris avec une avant-garde composée de mes soldats les plus sûrs; là, mon premier soin sera de m'emparer du club des Jacobins et de ses membres les plus dangereux, de mettre le Temple en sûreté, de sauver la reine et le dauphin, de disperser la Convention, de faire proclamer le dauphin roi de France par mes troupes. J'aurai pour moi les Parisiens bien pensants, et ils sont en grand nombre. Quant aux moyens d'établir une constitution raisonnable et stable, je ne puis les préciser dans ce moment, mais je voudrais que l'on prît pour base la constitution anglaise dont la bonté est affirmée par l'expérience; que, par conséquent, on accordât au roi plus d'autorité et de considération que la première Constitution ne lui en attribuait; que la noblesse fût réintégrée avec des restrictions raisonnables dans ses honneurs et dans ses biens; que le peuple obtînt la souveraineté par ses représentants. Mais, de même que je suis prêt à sacrifier des milliers d'existences pour la réalisation d'une pareille constitution à établir par la partie la plus nombreuse, la meilleure, la plus raisonnable de la nation; de même, je le déclare à l'avance et en toute sincérité, je suis prêt à sacrifier des centaines de mille hommes, si je les avais, pour empêcher que des puissances étrangères s'immiscent dans cette constitution future, pour empêcher qu'aucun émigré, à commencer par M. le duc de Provence, soit admis à y concourir. Car ce sont principalement les émigrés qui, en s'éloignant et en tenant une conduite déraisonnable, ont provoqué en France toutes les haines, tous les crimes et y ont perpétué l'anarchie. Il faudra qu'ils se soumettent sans conditions à la constitution qu'on établira. Du reste, comme ce sont nos amis et nos parents, ils se trouveront en bonnes mains; c'est moi qui ai empêché la vente de leurs biens, il y a donc possibilité de les leur restituer. Mais, quant aux biens du clergé, il en est autrement; ils sont vendus ou engagés; leur restitution aurait l'effet le plus fâcheux, non-seulement pour la France, mais encore pour beaucoup d'autres pays. Les sentiments que je professe sont partagés par tous les Français ici présents. »

Valence, le duc de Chartres, Thouvenot et Montjoie se lèvent et déclarent qu'ils partagent absolument les opinions de leur général en chef, et que la meilleure et la plus nombreuse partie de la nation pense comme eux.

La conversation roule alors sur quelques détails.

« Dans quels termes êtes-vous avec Custine, demande Mack, et qu'attendez-vous de lui?

— Je ne suis ni bien ni mal. C'est une tête bornée qui est incapable de rien faire par elle-même, on ne peut donc s'y confier. En attendant, j'ai ce double avantage sur lui, qu'il est, quant à présent, cloué sur place par l'armée prussienne et qu'il est bien plus loin que moi de Paris. Cependant, s'il marchait sur moi, je prierais le prince de Cobourg de me venir en aide avec son armée; et je saurais bien lui ouvrir le chemin pour venir jusqu'à moi...

« Mais une autre chose à ne pas omettre, ajoute-t-il négligemment; priez le prince de tenir prêts quelques vingt mille louis d'or pour le cas où j'aurais besoin de faire distribuer cette somme à mon entrée à Paris. J'ai bien, il est vrai, assez d'argent dans ma caisse militaire, mais peut-être vaudrait-il mieux ne pas puiser dans cette caisse, de peur d'éveiller les soupçons. »

Dumouriez renouvelle son engagement d'évacuer sur-le-champ les Pays-Bas, et Mack déclare en revanche, au nom du prince de Cobourg, qu'une fois arrivé à la frontière, celui-ci ne se mettra pas en mouvement avant que le général français ne l'ait requis de marcher à son secours.

Cette promesse réciproque ayant été solennellement donnée, les deux contractants se séparent. Mack court à Bruxelles faire part à son général du résultat de sa conférence et expédier à l'Empereur un courrier extraordinaire[1].

1. Cette conversation, d'une importance historique si considérable, est racontée dans un rapport officiel, daté du 26 mars et adressé de Bruxelles par Mack à l'empereur François. Nous nous

Par une singulière coïncidence, ce fut en sortant de son entrevue avec l'envoyé autrichien que Dumouriez reçut le décret qui lui ordonnait de faire arrêter le général Miranda à raison de sa conduite à Nerwinde. Dans cet ordre, qu'il se hâta du reste de faire exécuter, vit-il un présage du sort qui l'attendait, s'il se laissait devancer par la Convention? donna-t-il quelques regrets à la disgrâce d'un compagnon d'armes? Nul ne peut le dire.

V.

Dumouriez, fidèle à la promesse qu'il a faite à l'envoyé de Cobourg, ne reste pas longtemps à Ath et établit son quartier général à Tournay. A peine y est-

sommes borné à mettre sous forme de dialogue le récit qui, dans le rapport officiel, est naturellement à la troisième personne et à y ajouter quelques particularités qui se trouvent relatées dans un rapport postérieur du prince de Cobourg.

Pendant que nous faisions la découverte de ce précieux document, le professeur de Sybel, dans son remarquable ouvrage sur la Révolution française, *Geschichte der Revolutionszeit von 1789 bis 1795*, donnait l'analyse d'une lettre écrite du quartier général du prince de Cobourg par un officier prussien qui y était attaché, le comte Tauensien. La lettre prussienne, moins longue et moins détaillée que celle du colonel Mack, la confirme dans ses points les plus essentiels.

Par un motif que nous ne saurions expliquer, Dumouriez, dans ses *Mémoires*, commet une inexactitude palpable; il fixe au 27 mars la conférence d'Ath. Le rapport officiel de Mack porte la date du 26 au matin. Il fut écrit aussitôt après le retour de cet officier à Bruxelles. La conférence de Dumouriez et du colonel autrichien eut donc lieu dans la nuit du 25 au 26.

il arrivé qu'il reçoit la visite de trois commissaires envoyés par le ministre des affaires étrangères, Lebrun, pour nouer des intrigues en Hollande et en Belgique. L'évacuation de ces deux pays les mettant dans l'impossibilité de remplir leur mission, ils viennent se concerter avec le général sur ce qu'ils ont à faire dans les conjonctures présentes.

Ces commissaires étaient le Belge Proly, qui, disait-on, était fils naturel du prince de Kaunitz, Dubuisson, homme de lettres assez obscur, Pereyra, juif portugais[1]. Tous les trois avaient été fort mêlés aux troubles des Pays-Bas en 1787.

Proly, qui connaissait Dumouriez de longue date, se rend seul près de lui; il en est fort mal reçu. Le général commence par lui reprocher de l'avoir attaqué au club Saint-Honoré; mais, quittant bientôt la question particulière pour la question générale, et oubliant que la prudence est la première qualité du conspirateur, il exhale tout haut sa mauvaise humeur contre la Convention et les Jacobins; il rejette sur eux la responsabilité de tous les maux qui affligent sa patrie, déclare qu'il est assez fort pour se battre par devant et par derrière; que, dût-on l'appeler César, Cromwell ou Monck, il sauvera la France seul et malgré la Conven-

---

[1]. Ces trois commissaires du pouvoir exécutif, que la Convention déclara avoir bien mérité de la patrie pour avoir dévoilé les premiers les trames de Dumouriez, furent, huit mois après, compris dans la conjuration dite de l'étranger et traduits comme complices de ce complot imaginaire devant le tribunal révolutionnaire. Ils furent condamnés à mort et exécutés le 4 germinal an II (23 mars 1794).

tion. Ces propos fort compromettants étaient tenus devant tout l'état-major et aussi devant de nombreuses députations de la ville et des environs. Proly, se souciant fort peu de servir de but aux boutades du général, s'esquive et va se concerter avec ses compagnons afin d'obtenir une entrevue un peu moins publique où l'on puisse traiter sérieusement des graves affaires du moment.

L'entrevue est accordée pour le 27 à neuf heures du soir. Dumouriez reprend alors la conversation au point où il l'a laissée la veille.

« La Convention, dit-il, je l'ai en horreur, appelants, ou non appelants; le tribunal révolutionnaire, je ne le reconnais pas; la nouvelle constitution, il est impossible de l'accepter: il faut rétablir la royauté et la Constitution de 1791.

— Mais à qui, demande Dubuisson, ferez-vous prendre l'initiative d'une pareille révolution.

— Mon armée, oui, mon armée, l'armée des mameluks si vous le voulez, fera connaître de son camp qu'elle veut un roi, et son vœu sera accepté par les cinq cents districts de France. Les présidents de chaque district me répondront du vote de leur circonscription.

— Mais, bien avant d'avoir réussi, vous serez décrété d'accusation.

— Je me moque de tous les décrets que l'on pourra rendre contre moi, je défie la Convention de me faire arrêter au milieu de mon armée; au reste, j'aurai toujours pour dernière ressource un temps de galop vers les Autrichiens.

— Le sort de Lafayette n'est pas tentant pour ses imitateurs.

— Lafayette, par sa conduite aux 5 et 6 octobre, s'était attiré la haine des puissances de l'Europe ; mais moi, je suis aimé et estimé d'elles toutes. D'ailleurs, je passerai chez elles de manière à m'en bien faire recevoir.

« ... J'aurais déjà entamé l'exécution de mes projets, si je n'avais craint pour les jours de cette infortunée qui est au Temple et pour ceux de sa précieuse famille ; mais si je marche sur Paris, je n'irai pas en faire le siége à la manière de Broglie, qui n'a pas connu sa besogne. Je l'affamerai en huit jours avec douze mille hommes postés sur les rivières qui arrêteront tous les approvisionnements. »

La conversation se poursuit sur les jacobins et sur le rôle qu'ils pourraient jouer dans la révolution qui se prépare. Dubuisson, qui fait partie de la toute-puissante société, semble promettre à Dumouriez leur concours. Probablement chacun des interlocuteurs plaide le faux pour tâcher de savoir le vrai. Après de nombreux propos échangés sans que l'on puisse arriver à une conclusion nette et précise, les trois commissaires prennent congé de Dumouriez, se hâtent de quitter Tournay et courent à Paris rendre compte des confidences si extraordinaires qu'il viennent de recevoir [1].

---

1. Dumouriez fixe encore à cette entrevue une date inexacte. Il dit, chapitre x de ses *Mémoires,* que les trois émissaires de Lebrun arrivèrent le 29 à Tournay. Il avait oublié que lui-même, dans une lettre adressée à Beurnonville le 28 mars et imprimée au *Moniteur* du 2 avril, n° 92, il parlait de l'entrevue qu'il avait eue avec les trois

En passant par Lille, ils y trouvent réunis Lacroix, Robert, Merlin et Gossuin, auxquels ils recommandent de veiller de plus en plus à la sûreté de cette ville et des autres places fortes des environs, sans s'expliquer d'une manière très-explicite sur les dangers qui menacent la République. Le 30 mars, à huit heures du matin, ils arrivent à Paris et s'empressent de se rendre chez le ministre des affaires étrangères de qui ils tiennent leur mission.

VI.

Revenons de quelques jours en arrière, et sachons ce qui se passait pendant ce temps à la Convention.

La nouvelle du désastre de Nerwinde y est parvenue le 21 mars. Marat, naturellement, en prend texte pour déblatérer contre le chef et contre les soldats. « Oui, s'écrie-t-il, nous n'avons pas de généraux capables de faire face à l'ennemi, nous n'avons pas de troupes capables de livrer bataille. » Des cris d'indignation éclatent de toutes parts et font justice du misérable bouffon : « Il est payé par nos ennemis. — Il est en démence. — Laissez-le vomir ses calomnies. — Laissez-le se démasquer. » Marat est obligé de quitter la tribune ; mais les ferments de discorde qu'il y a apportés

---

commissaires et de leur départ. Du reste, Dumouriez reconnaît que le procès-verbal dressé par les envoyés de Lebrun à la date du 31 mars et inséré au *Moniteur* du 3 avril reproduit, sauf quelques détails peu importants, le caractère principal de la conversation qu'il eut avec eux.

ne font que se développer sous la pression des événements. Chaque mauvaise nouvelle transmise de la Vendée ou de l'armée du Nord déchaîne les passions les plus fougueuses ; chaque pétition écrite dans un sens montagnard ou girondin sert de texte aux déclamations les plus violentes du parti contraire[1] ; chaque manifestation des tribunes, et Dieu sait si elles les épargnent, devient le signal d'une proposition pour réprimer leur insolence, d'une contre-proposition pour la légitimer[2].

Dans la Convention, dans les clubs, sur les places publiques chacun a le pressentiment de la crise qui approche, chacun sent le souffle de la tempête s'agiter au-dessus de sa tête. On ne peut prévoir ni quand ni comment l'orage éclatera ; mais on comprend qu'avant tout il faut raffermir le bâtiment sur ses ancres et donner plus d'autorité et de force à ceux qui tiennent le gouvernail. Déjà plusieurs fois on a attaqué la composition vicieuse du Comité de défense générale, on a signalé les nombreux vides qui s'y sont faits par l'envoi en mission d'un grand nombre de ses membres. Le 25 mars, la Convention se décide à apporter des changements à l'organisation de ce Comité, auquel elle donne pour la première fois le nom de Commission de Salut public.

---

1. Voir les discussions soulevées par les pétitions de Marseille et d'Amiens dans les séances des 21 et 24 mars.

2. Dans la seule séance du 20 mars, il fut déposé sur le bureau du président huit propositions différentes ayant toutes pour but la police des tribunes. Elles furent renvoyées au comité de législation qui ne fit aucun rapport.

Mais ces changements ne sont ni assez radicaux, ni assez habilement combinés. On est d'accord pour trouver la machine trop compliquée, et on lui conserve les mêmes rouages; pour regarder le chiffre de vingt-cinq membres comme trop considérable, et on le maintient; pour blâmer la présence dans le Comité, avec voix consultative, de tous les députés, et on ne coupe pas court à ce monstrueux abus qui entrave toutes les délibérations et les livre à une publicité intempestive [1].

Le lendemain, le président Jean Debry propose, au nom du bureau, la liste des représentants appelés à faire partie du nouveau Comité.

Cette liste est accueillie par les murmures de l'extrême gauche, mais elle est adoptée sans aucun changement par le reste de l'Assemblée. Elle comprenait :

Neuf girondins : Pétion, Gensonné, Barbaroux, Vergniaud, Buzot, Guadet, Condorcet, Lasource, Isnard; neuf députés des centres : Sieyès, Camus, Cambacérès, Quinette, Guyton-Morveau, Delmas, Bréard, Barère, Jean Debry; six montagnards : Dubois-Crancé, Danton, Robespierre, Ruhl, Prieur (de la Marne), Camille Desmoulins.

Quoique Danton et Robespierre fissent tous les deux partie du nouveau Comité, les démagogues n'en furent pas moins furieux de l'espèce d'exclusion dont on avait usé vis-à-vis de leurs amis. Ils jurèrent de ne pas laisser longtemps subsister un Comité où on les avait

---

[1]. Voir au *Moniteur*, n° 86, le texte même du décret.

placés en état de minorité vis-à-vis de leurs adversaires.

Un autre incident vient encore compliquer la situation ; le *Moniteur* du 25 publie la fameuse lettre du 12 mars. Un grand nombre de députés, montagnards ou girondins, avaient eu des relations avec Dumouriez. Quelle conduite va leur inspirer le soin de décliner toute solidarité dans les entreprises que peut méditer le général en chef de l'armée du Nord?

Danton, qui a quitté la Belgique le 22 mars pour rentrer directement à Paris et qui depuis trois jours ne s'est pas montré à la Convention, signale tout à coup sa présence le 27 en saisissant la première occasion venue pour se disculper avant même d'être attaqué.

La discussion portait sur des nominations faites par le ministère de la guerre ; on demandait que la liste des officiers nouvellement promus fût soumise à la Convention. Ducos fait observer qu'il y a un décret qui défend aux députés toute sollicitation auprès des ministres. « Il est facile, dit-il, de savoir si cette loi a été exécutée ; le ministre n'a qu'à mettre en marge de la liste qu'on lui demande les recommandations qui ont pu lui être faites en faveur de chacun de ces officiers. » Danton, prenant sans doute ce que vient de dire le jeune girondin pour une insinuation qui peut le toucher personnellement, se lève de sa place et déclare qu'il a recommandé aux ministres d'excellents patriotes, d'excellents révolutionnaires. « Il n'y a, dit-il, aucune loi qui puisse ôter à un représentant du peuple sa pensée. La loi que l'on vient de rappeler est absurde. Elle a été révoquée par la Révolution. » Puis, comme frappé par l'illumination soudaine d'une pensée qu'il a cependant habilement préparée, il s'écrie : « Il faut que la Convention déclare au peuple français, à l'Europe, à l'univers, qu'elle est un corps révolutionnaire. Oui, soyez peuple. La Révolution ne peut marcher, ne peut être consolidée qu'avec le peuple. »

Des tonnerres d'applaudissements, partis de la Montagne et des galeries, accueillent les paroles du véhément orateur, qui court à la tribune pour mieux dominer l'Assemblée et lui imposer ses volontés.

« Une nation en révolution, reprend-il, est comme l'airain qui bout et se régénère dans le creuset. La statue de la Liberté n'est point encore fondue. Le métal bouillonne, le fourneau est en feu ; si vous ne savez en diriger la marche, vous en serez tous consumés. Il faut qu'aujourd'hui même vous décrétiez : 1° que tout homme du peuple aura une pique aux frais de la nation, les riches la payeront ; 2° que quiconque aura eu l'audace de prêcher la contre-révolution sera mis hors la loi ; 3° que le tribunal révolutionnaire sera sur-le-champ mis en activité.

« Sortons de cette léthargie politique dans laquelle nous sommes plongés. Déjà Marseille, dans sa dernière pétition, s'est déclarée la Montagne de la République. Eh bien ! les flots sortis du flanc de cette montagne se gonfleront de jour en jour et rouleront avec fracas les rochers de la liberté sur ceux qui conspirent contre elle. Je ne veux pas rappeler de fâcheux débats, je ne veux point rallumer des haines particulières, je ne vous citerai qu'un fait et je vous prie de l'oublier aussitôt. Roland écrivait à Dumouriez (c'est ce général qui nous a montré la lettre à Lacroix et à moi) : « Liguez-vous « avec nous pour écraser ce parti de Paris, et surtout « ce Danton [1]. »

« Jugez, d'après de pareils écarts, du mal qu'a pu faire une imagination aussi ardente occupant la première place de la République. Tirons le rideau sur le passé ; qu'un même sentiment nous anime tous, et nous aurons sauvé la République. Que dis-je, la République, elle est immortelle ! Tandis que nous délibérions, les ennemis se sont avancés et ont repoussé nos troupes jusqu'à la frontière ; mais les Français, en touchant le sol de leur patrie, semblables au géant de la Fable, reprendront de nouvelles forces et disperseront les soldats des despotes. »

L'Assemblée se lève tout entière et adopte d'enthousiasme les propositions de Danton.

Cambon, que Dumouriez a personnellement pris à partie dans sa lettre du 12 mars, réclame la parole :

« On vient de vous dire que pour sauver la liberté, s'écrie-t-il, nous devons être unis au peuple. Je suis convaincu de cette vérité ; aussi je viens vous demander que toutes nos opérations soient connues du peuple. Un

---

[1]. Le lendemain, Roland écrivait au *Moniteur*, n° 88, pour donner un démenti formel à Danton et pour nier la lettre qu'on lui imputait. Mais peu importait, le coup était lancé, Roland et ses amis étaient désignés au peuple comme seuls responsables des trahisons futures de Dumouriez.

général ambitieux, dans une lettre qu'il vous a écrite, attaque vos décrets. Cette lettre, nous l'avons cachée soigneusement, nous l'avons enterrée dans un Comité, et pendant ce temps elle était imprimée, affichée dans toute la Belgique. Il faut que le peuple, qui est appelé à nous juger, connaisse tous les documents qui doivent lui servir à asseoir son jugement. »

Robespierre ne pouvait abandonner à Danton le monopole des mesures révolutionnaires. Il reproduit à sa manière, c'est-à-dire avec plus d'emphase et d'acrimonie les arguments de son collègue :

« Il est temps, dit-il, de sonder les plaies de la patrie et d'y appliquer les véritables remèdes. Eh quoi ! nous apprenons que les espérances que nous inspirait l'entrée de notre armée en Hollande se sont évanouies, et nous sommes tranquilles ! Nous apprenons qu'à Aix-la-Chapelle, à Maëstricht, nous avons été lâchement trahis et nous sommes tranquilles ! Nous apprenons que les Liégeois, que les Belges sont abandonnés au fer ennemi, que nos armées rétrogradent, qu'une seconde bataille perdue livre nos magasins à l'ennemi, que Lille et Givet sont menacés, et nous sommes tranquilles ! Nous apprenons que Custine lui-même, emporté par ce mouvement, va faire retourner sur ses pas sa glorieuse armée, et nous sommes tranquilles ! Nous apprenons qu'un général français parle et agit en dictateur, qu'il manifeste les plus grandes préventions contre l'Assemblée, que les discours qu'il tient publiquement sont de nature à alarmer les amis de la liberté, et nous sommes tranquilles ! Vous ensevelissez dans un Comité toutes ces nouvelles importantes, toutes ces dénonciations. Vous faites un secret de ce qui n'en est pas un ; car votre Comité est ouvert à tous les députés. Mais les nouvelles qui s'y concentrent ne sont connues que de ceux qui assistent à ses séances et n'ont pas cette publicité éclatante qui relève le courage en excitant l'indignation d'un peuple généreux.

« Comment dompter tant d'ennemis et tant de traitres ? En prenant des mesures bien autrement révolutionnaires que celles que vous avez adoptées jusqu'à présent, en frappant tous les coupables, en n'en épargnant aucun. Eh quoi! la punition d'un tyran, obtenue après tant de débats odieux, sera-t-elle le seul hommage que nous ayons à rendre à la liberté et à l'égalité ? Souffrirons-nous qu'un être, non moins coupable, non moins accusé par la nation soit ménagé par un reste de superstition pour la royauté? Souffrirons-nous qu'il attende ici le fruit de ses crimes? »

Pour qu'aucun doute ne subsiste sur l'infortunée qu'il a voulu désigner, Robespierre termine sa harangue en proposant un décret, aux termes duquel « Marie-Antoinette d'Autriche doit être traduite au tribunal révolutionnaire et poursuivie comme ayant participé aux forfaits tramés contre la liberté publique. »

Le tribun demande en outre : « Que tous les parents des Capets soient tenus sous huitaine de sortir du territoire français et de toutes les contrées occupées par les armées de la République, mais que le fils de Capet reste détenu au Temple. »

Ces propositions sont peu goûtées par l'Assemblée,

qui trouve qu'elles n'ont pas directement trait aux mesures de salut public, seules à l'ordre du jour. Elles sont rejetées à la presque unanimité.

La prisonnière du Temple obtient ainsi un sursis de quelques mois, sursis qui ne sera levé que lorsque Robespierre, devenu tout-puissant, dictera à la Convention ses volontés souveraines.

VII.

Les séances des 28 et 29 mars se passèrent sans incident bien remarquable.

A la veille de la crise, de plus en plus imminente, chaque parti s'étudiait à décliner la responsabilité des événements, quels qu'ils fussent, ou plutôt à la faire retomber sur ses adversaires.

Girondins et Montagnards avaient, tour à tour, cherché à accaparer à leur profit l'influence de Dumouriez. Gensonné et Pétion, d'une part, Danton et Lacroix, de l'autre, avaient eu jusqu'à ces derniers jours des relations intimes avec le général. L'extrême gauche et Robespierre lui-même, dans une occasion toute récente, s'étaient laissé aller à faire l'éloge de son républicanisme. Mais la lettre du 12 mars, les dépêches des commissaires de la Convention, les rapports des agents subalternes dénonçant les propos contre-révolutionnaires qui se tenaient à haute voix dans les antichambres du quartier général, tout prouvait que

Dumouriez ne tarderait pas à passer d'un mécontentement assez mal dissimulé à une révolte ouverte.

Le général en chef de l'armée du Nord venait de faire filer ses troupes vers Condé et Valenciennes, et s'apprêtait à évacuer complétement la Belgique en transportant de Tournay à Saint-Amand son quartier général. Ce mouvement avait l'avantage de l'éloigner de plus en plus des commissaires de la Convention qui, de Lille, surveillaient ses mouvements et contrecarraient ses projets.

Ceux-ci, aussitôt après avoir reçu les demi-confidences de Proly et de ses deux compagnons, avaient expédié une réquisition ainsi conçue :

« Les commissaires de la Convention nationale près les armées de la Belgique et dans les départements du Nord et du Pas-de-Calais, réunis, requièrent le général Dumouriez de se rendre aujourd'hui, 29 mars, dans l'après-midi, à Lille, maison du citoyen Mouquet, place du Lion-d'Or, pour s'expliquer avec eux sur des inculpations graves qui le concernent et dont il lui sera donné communication.

« Le général Dumouriez confiera le commandement de son armée, pendant son absence, à l'officier général à ses ordres qu'il jugera le plus propre à le remplacer.

« Lille, le 29 mars 1793, an IIe.

« Gossuin, Lacroix, Carnot, Merlin (de Douai), Robert, Treilhard, Lesage-Sénaut. »

Dumouriez, au lieu d'obéir, adressa, le jour même, aux commissaires, cette réponse tant soit peu ironique :

« 29 mars.

« Il m'est impossible, Citoyens commissaires, de laisser un instant l'armée dans le moment où ma présence seule la retient, où, par la défection de la droite et de la gauche, je suis en l'air par l'approche de Clairfayt qui est aujourd'hui à Ath, de l'archiduc Charles qui est arrivé cette nuit à Mons, et du général Mylius qui s'avance sur Courtrai. Me voilà presque cerné et forcé à un mouvement rétrograde que je suis obligé de diriger moi-même.

« Si j'allais à Lille, l'armée aurait des craintes, et certainement je n'entrerais dans cette ville qu'avec des troupes pour la purger de tous les lâches qui ont fui et qui me calomnient. Envoyez-moi deux ou quatre d'entre vous pour m'interroger sur les imputations graves que l'on met en avant. Je répondrai sur tout avec ma véracité connue ; mais je vous déclare que je ne peux pas en même temps plaider et commander. Ma tête ne suffirait pas à ces deux genres de guerre.

« Dumouriez. »

Cette réponse envoyée, le général en chef repasse la frontière, établit au camp de Maulde l'armée des Ardennes, au camp de Bruille celle de Belgique. Ces deux camps ont leur front couvert par l'Escaut et ne sont séparés entre eux que par la Scarpe, au moment où elle va réunir ses eaux à celles du fleuve. Pour les mettre en communication permanente l'un avec l'autre, il fait jeter plusieurs ponts sur la Scarpe. Il fixe son quartier général dans la petite ville de Saint-Amand, et s'installe de sa personne à l'établissement des bains, situé à quelques kilomètres, dans les bois, entre Saint-Amand et Condé.

Comme il espère dissimuler jusqu'au dernier moment au ministre de la guerre et à la Convention l'accord tacite qui existe entre les Autrichiens et lui, il s'attache, dans toute sa correspondance, à grossir les difficultés que l'indiscipline des troupes, le défaut d'approvisionnement, le mauvais état des places, lui ont opposées ; à faire valoir l'avantage des capitulations obtenues par les garnisons d'Anvers, de Bréda, de Gertruydemberg, « qui n'auraient pu être secourues et auraient été plus tard prisonnières de guerre ». Tantôt, pour inspirer le désir de faire la paix, il présente l'ennemi comme prêt à envahir le territoire français et à lancer jusqu'aux environs de la capitale des partis de cavalerie qui mettront tout à feu et à sang. Tantôt, au contraire, pour inspirer une fausse sécurité et expliquer l'inaction de l'armée autrichienne, il la présente comme manquant de vivres et de fourrages et comme ayant besoin d'une dizaine de jours au moins pour se refaire et attaquer. Mais, s'il dissimule son accord avec les Autrichiens, il laisse percer dans chacune de ses lettres sa haine contre la Convention et sa résolution formelle de résister à ses ordres, si elle l'appelle à la barre [1].

---

[1]. Voici quelques fragments des lettres adressées par Dumouriez à Beurnonville pendant les derniers jours de mars 1793 :

Bien que son attitude, comme sa correspondance, soit pleine de menaces, Dumouriez désire laisser à ses adversaires l'initiative de l'attaque; il veut pouvoir proclamer bien haut que la Convention, au moment où les armées coalisées s'apprêtaient à envahir le territoire français, n'a pas craint d'enlever à l'armée son chef, à la patrie son sauveur. Il ne fera dès lors que repousser la force par la force et obéir à la loi de défense personnelle.

« Je saurai, avec quelques braves gens, m'ensevelir sous les ruines de ma patrie, mais il m'est impossible d'empêcher l'ennemi de pénétrer dans telle partie de notre frontière qu'il voudra, de prendre sans résistance telle place qu'il jugera à propos et d'arriver à Paris...

« Pensez bien même que, sans s'arrêter à prendre nos places, il a 20,000 hommes de cavalerie, avec lesquels il peut mettre à feu et à sang toute la partie du royaume qui avoisine Paris; que je n'ai pas la même ressource que j'avais en Champagne pour l'arrêter; qu'alors l'énergie du républicanisme était dans toute sa force; qu'alors la Convention nationale avait de l'ensemble et de l'autorité; qu'alors le royaume n'était pas déchiré par la guerre civile; qu'alors enfin il y avait des ressources pécuniaires qui n'existent plus..... »

« Il faut arrêter les criminelles exagérations de ceux qui tyrannisent l'Assemblée par les tribunes. On a bientôt dit que la nation se lève : ce n'est pas tout d'être debout, il faut agir. Ce n'est ni avec des clameurs, ni avec des poignards, ni même avec des piques, ce n'est qu'avec de bonnes armes, de la sagesse et de la discipline que nous sauverons la France; c'est surtout avec un plan sage, et ce plan nous indique de chercher à faire la paix. Pensez bien à négocier puisque vous n'avez pas la faculté de vous battre et croyez que les hommes qui, comme vous et moi, ont soutenu le poids de la guerre ne se laisseront pas écraser par de vils assassins..... »

« J'ai déjà, mon cher Beurnonville, joué plus d'une fois le rôle de Décius en me jetant dans les bataillons ennemis, mais je ne jouerai pas celui de Curtius en me jetant dans un gouffre.

« Les commissaires de la Convention viennent de me sommer d'aller

VIII.

Le nouveau Comité de défense générale siégeait presque en permanence. Suivant les errements de ses prédécesseurs, il laissait tous les membres de la Convention assister à ses délibérations et, sous prétexte qu'ils avaient voix consultative, pérorer à leur aise. Assidu à toutes les séances, Marat faisait perdre un temps infini par ses récriminations, ses bouffonneries et son intarissable faconde. D'autres députés suivaient l'exemple de *l'ami du peuple*. De longues heures de jour

à Lille. Je vous déclare que je regarde ma tête comme trop précieuse pour la livrer à un tribunal arbitraire ; je ne peux être jugé de mon vivant que par la nation entière, comme je le serai après ma mort par l'histoire..... »

« Je crains bien d'être poussé à bout par les atrocités que se permettent contre moi les Jacobins et par les interprétations absurdes qu'on donne à tout ce que je fais ou à tout ce que j'écris. La séance du 27 de la Convention me montre ce que je dois attendre des suivantes. Je mettrai toute la prudence possible dans ma conduite, mais j'annonce que je ne me laisserai pas accabler. J'aurai pour juge la nation entière. Je soutiendrai les articles de ma lettre du 12, je prouverai dans quel esprit elle a été lue. Sa publicité fera ma justification ; il ne sera pas dit qu'un Cambon, un Robespierre, puissent perdre, par des sophismes orgueilleux, un homme qui a déjà eu le bonheur de sauver plusieurs fois sa patrie..... »

« J'ai fait ce matin, citoyen ministre, sans beaucoup d'inquiétude de la part de l'ennemi, ma retraite dans les camps de Maulde et de Bruille. J'attribue la mollesse de sa poursuite au défaut de fourrages qui retarde ses mouvements, parce que sa cavalerie est de plus de 20,000 hommes. »

et de nuit se passaient en attaques personnelles entre les représentants, en accusations contre les ministres. On n'était d'accord que sur un point, c'est que, dans sa lettre du 12 mars, Dumouriez avait passé toute mesure, et qu'il était impossible de laisser entre ses mains le commandement des deux plus importantes armées de la République. Mais fallait-il dès à présent le décréter d'accusation? Les torts de Dumouriez étaient moins connus que ses victoires; malgré ses revers récents, il était encore l'idole de ses soldats. La Convention, en prenant contre lui une mesure acerbe, risquait d'être accusée de précipitation, de légèreté, d'ingratitude; tandis que le mander simplement à la barre, c'était l'obliger à se déclarer. S'il refusait de se soumettre au décret, il dévoilait ses projets criminels et s'exposait à être abandonné de tous ceux qui font passer l'intérêt de la patrie avant celui d'un individu quel qu'il soit [1].

Ces considérations, fortement développées par Camus qui, depuis quelques jours, était de retour de Belgique, entraînent la majorité du Comité de défense générale.

Quatre commissaires sont désignés pour se rendre au camp de Dumouriez. Beurnonville est invité à se joindre à eux; car, dans une circonstance donnée, la présence du ministre de la guerre, d'un général qui s'est illustré à Valmy et à Jemmapes, peut être précieuse pour rallier l'armée indécise entre le fait et le droit, entre celui qui l'a conduite si souvent à la victoire et

---

[1]. Voir le rapport de Camus, Bancal, Quinette et Lamarque, lu au conseil des Cinq-Cents le 24 nivôse, an IV (p. 9 et suivantes).

ceux qui auront à lui parler au nom de la nation et de la République.

Sur ces entrefaites, Lebrun arrive au Comité ; il est accompagné de ses trois émissaires, Proly, Dubuisson et Péreyra, qui viennent de lui raconter les confidences de Dumouriez. Ce récit ne change rien aux déterminations déjà prises ; seulement il est convenu que vingt-quatre heures après le départ des commissaires, Cambacérès, au nom du Comité, viendra lire à la tribune tous les documents propres à faire connaître au pays le véritable état de choses et proposera les mesures de salut public exigées par les circonstances.

Camus est chargé de présenter le décret à l'Assemblée. Dès l'ouverture de la séance du samedi 30 mars, il monte à la tribune et, d'une voix grave, s'exprime ainsi :

« Le Comité de défense générale m'a chargé de vous proposer des mesures de sûreté, qu'il a arrêtées cette nuit après une longue délibération, en présence d'un grand nombre de députés. Il est arrivé hier de l'armée des dépêches qui ont dévoilé les trames perfides ourdies par les ennemis de la République. Nous ne les connaissons pas tout entières. Le Comité est sur la voie. Bientôt il tiendra le fil de ces criminelles manœuvres.

« Voici le décret qu'il m'a chargé de vous proposer ; je n'ai pas besoin d'en indiquer les motifs :

« Art. 1er. La Convention mande à la barre le général Dumouriez.

« Art. 2. Le ministre de la guerre partira à l'instant

pour l'armée du Nord, à l'effet d'en connaître l'état et d'en rendre compte à la Convention.

« Art. 3. Quatre commissaires, pris dans le sein de la Convention nationale, se rendront de suite à ladite armée avec pouvoir de suspendre et de faire arrêter tous généraux, officiers, militaires, quels qu'ils soient, fonctionnaires publics et autres citoyens qui leur paraîtront suspects ; de les faire traduire à la barre et d'apposer les scellés sur leurs papiers.

« Art. 4. Lesdits commissaires ne pourront agir qu'autant qu'ils seront réunis au nombre de quatre.

« Art. 5. Les commissaires qui sont actuellement auprès de l'armée de Belgique se rendront dans le sein de la Convention nationale pour lui donner de vive voix tous les renseignements qu'ils ont acquis sur l'état de l'armée et des frontières. »

Les conclusions du Comité de défense sont adoptées à la presque unanimité. Mais à peine le président a-t-il proclamé le résultat du vote que Marat s'écrie : « Un décret emporté par acclamation n'indique que le jeu des passions. Une des dispositions qu'il contient peut devenir funeste. Il ne s'agit que de faire rentrer les troupes. Pour cela nous avons des officiers de confiance. Je demande que le ministre de la guerre reste à Paris, où il est plus utile qu'aux frontières. »

Camus, qui ne peut dire tout haut la raison qui fait désirer à la Commission l'adjonction de Beurnonville, se contente de répondre que le ministre de la guerre, plus que tout autre général, sera à portée de connaître l'ensemble des dispositions militaires à prendre.

L'Assemblée, qui comprend à demi-mot, impose silence à Marat et passe à l'ordre du jour sur sa motion.

Le président annonce que le Comité propose pour commissaires Camus, Quinette, Lamarque et Bancal. A ce dernier nom, des murmures s'élèvent de l'extrême gauche : « Il n'a pas voté la mort du roi, il n'a pas notre confiance, » crient plusieurs députés. Chénier émet l'avis de remplacer les noms de Lamarque et de Bancal par ceux de Bréard et de Dubois-Crancé. Mais la majorité adopte purement et simplement la proposition du Comité de défense générale. Seulement on adjoint à la Commission Carnot, qui avait été chargé d'inspecter les places fortes de la frontière du Nord et qui se trouvait en ce moment à Lille.

IX.

Les quatre commissaires qui viennent d'être désignés se rendent immédiatement au Comité de défense générale, pour recevoir leurs dernières instructions et se concerter avec Beurnonville. Celui-ci demande quelques heures, afin de donner dans son ministère des ordres urgents pour l'approvisionnement de l'armée et des places. Ces ordres sont bientôt expédiés et le même jour, 30 mars, à huit heures du soir, le ministre et les commissaires montent en chaise de poste.

La route de Flandre était sillonnée d'estafettes.

Presque à chaque relais, les envoyés de la Convention reçoivent des nouvelles du quartier général et de leurs collègues de Lille et de Valenciennes. Deux courriers, expédiés par Dumouriez à Beurnonville, le 29 et le 30, rencontrent le ministre, l'un à quelques lieues de Paris, l'autre beaucoup plus loin, et lui remettent les dépêches dont ils sont porteurs. Beurnonville garde avec lui le premier de ces courriers[1] et expédie l'autre à la Convention avec les lettres du général. Ces lettres ne faisaient que répéter, en les accentuant davantage, les plaintes et aussi les menaces contenues dans les missives précédentes.

Les commissaires et le ministre prennent le parti de se diriger sur Lille pour conférer avec leurs collègues et apprendre d'eux le dernier état des choses. Ils y arrivent le lundi premier avril de grand matin[2], trouvent les anciens commissaires réunis et leur donnent connaissance du décret de la Convention. Ceux-ci, à la lecture de la disposition qui les rappelle à Paris, ne dissimulent pas leur mécontentement. Mais les moments sont trop précieux pour les perdre en récriminations inutiles. Après avoir échangé les renseignements les plus importants et sur la situation de l'armée et sur celle de la capitale, les deux groupes de commissaires se séparent;

---

1. Il se nommait Longuet. Nous aurons plusieurs fois occasion de reparler de lui dans le cours de ce récit.

2. Ils mirent ainsi quarante et quelques heures pour franchir la distance qui sépare Paris de Lille. Ils furent très-probablement retardés à plusieurs relais par la solennité de la fête; car le dimanche 31 mars était jour de Pâques, et le culte n'était pas encore aboli.

les nouveaux pour se rendre au quartier général de
l'armée du Nord, les anciens pour se diriger vers Paris
en conformité des ordres de l'Assemblée [1].

Camus avait espéré trouver Carnot à Lille, mais
celui-ci l'avait quittée la veille pour se rendre à Arras
et en inspecter les fortifications. Il est impossible d'attendre son retour ; ses collègues se contentent de lui
donner rendez-vous à Douai, ville où ils comptent se
rendre en quittant Saint-Amand.

Ce fut donc par un incident imprévu, un hasard
vraiment providentiel, que Carnot échappa au sort de
ses collègues et que fut conservé à la France celui qui
devait la sauver en organisant la victoire.

X.

Deux routes conduisent de Lille à Saint-Amand :
l'une passe par Orchies, l'autre par Douai ; la première

---

[1]. Lacroix, Gossuin, Merlin et Robert, partis de Lille le 1er avril
dans l'après-midi, s'arrêtèrent quelques heures à Douai et le 2 avril
au matin à Roye. C'est dans cette dernière ville que les rejoignit le
courrier envoyé par l'administration départementale du Nord pour
leur apprendre l'arrestation de leurs collègues et la révolte de Dumouriez. Le courrier qui leur apporta à Roye cette nouvelle fit une
extrême diligence, car les autorités de Douai n'avaient pu écrire
que le 2 au matin et le même jour, dans l'après-midi, leur rapport
parvenait aux commissaires de la Convention. Ceux-ci voyagèrent
toute la nuit et apportèrent eux-mêmes la nouvelle à l'Assemblée au
commencement de la séance du mercredi 3 avril.

est de beaucoup la plus courte, mais elle est très-rapprochée de la frontière et se trouvait dans ce moment fort exposée aux incursions de l'ennemi. Camus et ses collègues la choisissent cependant. Sur la réquisition de Beurnonville, le général Duval, que nous avons laissé commandant la place de Bruxelles et qui, celle-ci évacuée, a été envoyé à Lille en la même qualité, donne aux commissaires de la Convention une escorte de cent cavaliers du 13me régiment de chasseurs à cheval.

Ce corps, de récente formation, était presque entièrement composé de mulâtres ; il avait pour colonel Saint-Georges, si connu avant la Révolution par ses duels, son élégance, ses bonnes fortunes, et pour lieutenant-colonel Alexandre Dumas, dont le nom était aussi destiné à une grande célébrité. Ces deux officiers tiennent à honneur d'accompagner le ministre de la guerre et les commissaires. Mais, à Orchies, les chevaux, fatigués d'une course de trente-trois kilomètres presque entièrement faite au galop, ne peuvent aller plus loin. Le ministre requiert le général Miaczinski, qui commande à Orchies un corps d'armée destiné à protéger la gauche de l'armée, de lui fournir une nouvelle escorte. Celui-ci met à obéir une lenteur calculée. Les commissaires se plaignent hautement de ce manque d'égards. Miaczinski vient lui-même s'excuser, mais il est fort mal reçu. Enfin l'on se remet en route et bientôt, après avoir traversé la petite ville de Saint-Amand, on arrive à l'établissement des bains. Il était presque nuit close.

Dumouriez achevait de dîner. Depuis plusieurs heures, l'arrivée des nouveaux commissaires dans le département du Nord lui avait été signalée par le poste d'observation qu'il avait établi à Pont-à-Marcq, sur la route de Douai à Lille. Depuis quelques minutes, il était averti de leur passage à Orchies par une estafette que Miaczinski lui avait expédiée.

Le général en chef reçoit le ministre et les commissaires au milieu de son état-major. Beurnonville l'embrasse affectueusement et lui annonce que les représentants du peuple viennent lui notifier un décret de la Convention. Dumouriez se fait nommer les trois commissaires qui accompagnent Camus et qu'il ne connaît pas encore. Il complimente Quinette et Bancal sur ce qu'il sait de leur mérite et de leur modération. Il ne dit rien à Lamarque. Sortant bientôt du cercle des politesses banales, il entame brusquement l'entretien et, s'adressant à Camus, s'écrie : « Vous venez apparemment me faire arrêter? » Pour toute réponse, le chef de la députation s'apprête à lire le décret. Beurnonville demande que la conférence ait lieu dans le cabinet du général en chef, et non au milieu d'une foule d'officiers allant et venant. Celui-ci y consent, mais ses aides de camp exigent que les portes du cabinet restent ouvertes, parce que, disent-ils, ils ne veulent pas un instant perdre de vue leur général.

Dumouriez prend des mains de Camus le décret, le lit et le lui rend. « Je ne puis, dit-il, abandonner dans ce moment mes troupes, ce serait le signal de la désorganisation générale. Lorsque j'aurai remis l'armée en état de faire campagne, je rendrai compte de ma conduite. Vous êtes sur les lieux. C'est à vous de voir si, dans l'état actuel des choses, vous devez, oui ou non, mettre à exécution le décret dont vous êtes porteurs. L'Assemblée, en vous confiant une mission aussi délicate, a dû compter sur votre prudence et sur votre fermeté. Songez à l'immense responsabilité que vous assumez sur votre tête si vous me déclarez suspendu de mes fonctions. Acceptez plutôt ma démission, je l'ai offerte plusieurs fois depuis trois mois.

— Si nous l'acceptons, répond Camus, que ferez-vous ?

— Ce qui me conviendra ; mais je vous déclare sans détour que je ne me rendrai pas à Paris pour me voir assassiner en chemin, ou condamner par un tribunal révolutionnaire.

— Vous ne reconnaissez donc pas le tribunal érigé par un décret formel ?

— Je le reconnais pour un tribunal de sang et de crime. Tant que j'aurai un pouce de fer dans ma main, je ne m'y soumettrai pas. Si j'en avais le pouvoir, il serait aboli demain ; c'est l'opprobre d'une nation libre. »

Camus, fidèle à ses habitudes puritaines, avait engagé le colloque avec trop de roideur. Ses collègues essayent de le reprendre sur un ton plus modéré; ils cherchent à calmer les craintes que le général a manifestées et à réfuter les motifs qu'il a mis en avant pour ne pas se présenter à la barre.

« Nous vous promettons, dit Quinette, de vous accompagner jusqu'à Paris, prêts à recevoir les premiers coups si on voulait attenter à votre vie. »

Bancal cite les grands exemples d'obéissance et d'abnégation donnés par plusieurs généraux de l'antiquité. Mais Dumouriez répond :

« Nous ne sommes plus au temps de la Grèce et de Rome. Ces peuples avaient une république bien réglée, de bonnes lois. Ils n'avaient ni club des Jacobins, ni Tribunal révolutionnaire. Ne défigurons pas l'histoire des anciens en donnant pour excuse à nos crimes l'exemple de leurs vertus. Des tigres veulent ma tête, je ne veux pas la leur donner.

— Vous vous abusez sur l'état de Paris, répètent avec insistance les commissaires, vous n'avez aucun péril à courir...

— Allons donc! la Convention n'est même pas assez forte pour se mettre à l'abri des fureurs de Marat. D'ailleurs, moi absent, qui répondra du salut de mon armée? Ne savez-vous pas que nous avons en face de nous quarante mille hommes soutenus par une immense cavalerie?

— Pendant les quelques jours que vous serez absent, dit Beurnonville, je vous remplacerai s'il le faut, et je puis vous assurer que l'ennemi ne pénétrera pas sur le territoire français. Je connais parfaitement cette frontière ; elle n'a jamais été insultée tant que j'y ai commandé. Avec un corps de 3,000 hommes, j'ai contenu 20,000 Autrichiens.

— C'est-à-dire, réplique en riant Dumouriez, que vous êtes venu pour me souffler mon commandement?

— Comment pouvez-vous faire cette supposition? Si j'ai accepté le ministère, cela a été par pure obéissance et pour mettre les armées en état d'entrer en campagne. Mon poste est sur les bords de la Moselle, mon armée m'y attend, je n'ai qu'un désir, aller la rejoindre. »

Enfin, impatienté de voir le temps se perdre en récriminations inutiles et en propositions contradictoires, Camus renouvelle à Dumouriez sa question catégorique :

« Vous ne voulez donc pas obéir au décret de la Convention ?

— Je ne le puis ; mon armée est désorganisée et mécontente ; la quitter dans ce moment, ce serait risquer de la voir se débander entièrement. Prenez sur vous de surseoir, vu les circonstances, aux mesures ordonnées par la Convention. Retournez à Valenciennes et rendez compte à l'Assemblée des motifs de votre conduite. »

XI.

Huit heures approchaient. C'était l'heure à laquelle les représentants du peuple avaient décidé qu'ils enverraient un courrier, afin qu'il pût arriver à l'ouverture de la séance du mercredi 3 avril et donner à la Convention des nouvelles positives des premiers résultats de leur mission.

Sur un signe de Camus, les commissaires saluent le général et se retirent dans une pièce écartée pour délibérer.

Pendant ce temps, Dumouriez, resté avec Beurnonville, cherche à convertir celui qui a été son élève, son ami, son *Ajax*. « Demeurez avec nous! lui dit-il, prenez le commandement de l'avant-garde. Ici du moins vous trouverez sécurité et liberté, vous serez à l'abri des accusations de Marat. Rappelez-vous ce que vous avez eu à souffrir depuis deux mois de la part des anarchistes. Ils traduiront en crimes vos travaux et vos veilles et vous enverront à l'échafaud.

— Quelque événement qui arrive, dit Beurnonville, je mourrai à mon poste. Je me sacrifierai avec bonheur pour ma patrie, mais je ne la trahirai jamais. Ma situation est horrible. Je vois que vous êtes décidé, que vous allez prendre un parti désespéré. Ce que je vous demande en grâce, c'est de me faire subir le même sort qu'aux députés.

— N'en doutez pas, et en cela je crois vous rendre un service signalé. »

A ce moment, les commissaires rentrent dans la salle où se trouve réuni l'état-major. Ils font appeler Valence, auquel ils ont résolu de confier le commandement de l'armée. Dès que ce général est arrivé, Camus, à la tête de la députation, s'avance vers Dumouriez qui est adossé à la cheminée et attend, la tête haute, le sourire sur les lèvres, la sommation dont on l'a menacé. « Général, dit Camus, vous connaissez le décret de la Convention qui vous ordonne de vous rendre à la barre; voulez-vous l'exécuter?

— Non, pas dans ce moment.

— Vous désobéissez à la loi.

— Je suis nécessaire à mon armée.

— Par cette désobéissance, vous vous rendez coupable.

— Allons, ensuite !

— Aux termes du décret, nous allons mettre les scellés sur vos papiers. »

Jusque-là un silence absolu avait régné dans l'assistance ; mais, à cette déclaration, de violents murmures se font entendre. Plusieurs officiers s'avancent vers les commissaires.

« Quels sont, reprend Camus avec autorité, ces militaires qui osent menacer les représentants du peuple ?

— Ils se nommeront eux-mêmes, » dit Dumouriez.

Et aussitôt les plus rapprochés de s'écrier : « Je m'appelle Devaux, je m'appelle Denize, etc. » Dumouriez présente ironiquement à son interrogateur les demoiselles Fœrnig, les jeunes et gracieuses volontaires qui ne l'ont pas quitté de toute la campagne.

« Assez, dit le représentant de la Convention. Ce serait trop long ; qu'ils me donnent tous leurs portefeuilles ; nous mettrons les scellés sur leurs papiers. Et quant à vous, général, vu votre désobéissance à la loi, nous vous déclarons que vous êtes suspendu de vos fonctions. »

Les assistants s'écrient : « Suspendus ! nous le sommes tous ! On veut nous enlever Dumouriez, Dumouriez notre père, Dumouriez qui nous mène à la victoire !... »

Mais, d'un geste, le général arrête ces cris tumultueux.

« Allons, s'écrie-t-il, il est temps que cela finisse. Lieutenant, appelez les hussards ! »

Aussitôt trente cavaliers, apostés depuis longtemps, se précipitent dans la salle et entourent les commissaires.

Dumouriez leur dit en allemand : « Arrêtez ces quatre hommes, ils me serviront d'otages; qu'on ne leur fasse aucun mal. Arrêtez aussi le général Beurnonville et laissez-lui ses armes. »

Celui-ci veut exciper de son titre de ministre de la guerre et donner des ordres aux soldats. Mais on ne l'écoute pas et on se dispose à le conduire avec les députés dans une chambre voisine.

A ce moment, Camus se débarrasse de ceux qui le retiennent, s'avance vers Dumouriez et lui dit :

« Général, vous perdez la République.

— C'est bien plutôt vous, vieillard insensé ! »

Sur un signe de leur chef les hussards entraînent rapidement Camus.

On réunit aux conventionnels et au ministre Menoire, l'aide de camp de Beurnonville, Villemur, son secrétaire particulier, et Foucaud, secrétaire de la commission.

Personne ne s'informe si le ministre et les représentants du peuple ont froid ou faim. La chambre est sans feu, le temps est glacial; ils n'ont pas de manteaux et n'ont pas mangé depuis le matin. Mais ils trouvent au-dessous de leur dignité de se plaindre. Dumouriez fait dire à Beurnonville qu'il désire le voir et qu'il ait à se rendre auprès de lui. Le ministre répond qu'il ne veut rien avoir de commun avec un traître et que si Dumouriez a quelque chose à lui dire, il vienne le trouver. Longuet, le courrier que le ministre a attaché en route à sa personne, peut seul, grâce à sa longue familiarité avec tous les officiers de l'état-major, pénétrer jusqu'aux prisonniers, leur apporter les effets dont ils ont le plus pressant besoin et les assurer de son dévouement.

XII.

Au bout de deux heures, on avertit les commissaires qu'ils aient à s'apprêter à partir.

« Au nom de qui nous est donné cet ordre? demande Camus.

— Au nom du général Dumouriez, répond Denize, l'aide de camp chargé de veiller à la translation des prisonniers.

— Dumouriez est suspendu de ses fonctions et n'a pas d'ordres à donner. »

A cette observation, Denize se contente de hausser les épaules :

« Avez-vous un ordre écrit? »

L'aide de camp sort pour aller le chercher et revient, un moment après, annoncer que son général a répondu qu'un ordre par écrit n'est pas nécessaire, que son ordre verbal suffit parfaitement et que, s'il le faut, on emploiera la force pour le mettre exécution.

Beurnonville déclare qu'il ne bougera pas si on ne lui dit où on le mène. Déjà il porte la main à son sabre ; mais les hussards se précipitent sur lui et l'empêchent d'en faire usage. On propose à Foucaud, à Villemur et à Menoire de les laisser libres, mais ils veulent partager le sort du ministre et des membres de la Convention. On les entasse tous dans les deux voitures qui les ont amenés, avec deux aides de camp de Dumouriez, Denize et Rainville.

Les commissaires ne savaient où on les conduisait. Ils pensaient qu'on les dirigeait sur Valenciennes, pour les déposer dans la forteresse de cette ville ; ils se résignaient au sort qu'avaient eu, huit mois auparavant, les trois députés de l'Assemblée législative arrêtés à Sedan par Lafayette.

Du reste, il était presque impossible de reconnaître la route qu'on leur faisait suivre. Les chemins étaient horribles ; on avançait très-lentement, les voitures s'embourbaient à chaque instant ; les hussards ne laissaient descendre personne.

Dans un moment d'arrêt, Beurnonville met la tête à la portière et demande au postillon où il va. « A Rumegies, » répond celui-ci. Beurnonville connaissait parfaitement toutes les localités de la frontière. Le nom de Rumegies, dernier village français sur la route de Tournay, est pour lui un trait de lumière. S'adressant à l'aide de camp de Dumouriez : « Vous m'avez dit que nous allions à Valenciennes, s'écrie-t-il ; prenez garde ! si vous me trompez, je vous tue sur place. »

Rainville ne répond rien ; mais, un instant après, il prend pour prétexte que l'on est trop entassé dans la voiture, quitte le général, monte à cheval et se met à la tête de l'escorte.

Bientôt on arrive sur une chaussée. Beurnonville reconnaît qu'on prend la route de Belgique.

Il cède à son indignation, ouvre la portière, suivi du fidèle Menoire, et tous deux, sabre en main, courent à Rainville. Mais celui-ci s'écrie : « A moi, hussards, frappez sur tout ce qui paraîtra hors des voitures ! » Le ministre est aussitôt entouré ; il reçoit plusieurs coups de sabre, dont un lui fait une large entaille à la cuisse.

La partie n'était pas égale. Bancal, qui était dans la même voiture et qui n'avait pas cru devoir suivre le général dans sa brusque agression, lui ordonne, au nom de la Convention, de cesser le combat et de remonter. Beurnonville obéit, mais, à peine a-t-il repris sa place, que l'on s'aperçoit que le sang coule à grands flots de sa blessure. On bande la plaie avec quelques mouchoirs et on se remet en route.

Le jour paraît et les prisonniers ne peuvent plus douter du sort qui leur est destiné. Ils sont sur le territoire belge ; ils rencontrent des détachements d'Impériaux qui les laissent passer tranquillement. Bientôt on s'arrête ; les dragons autrichiens de la Tour remplacent les hussards de Berchiny.

Une demi-heure après, les voitures entraient dans Tournay. Beurnonville, Camus et ses collègues étaient conduits devant Clerfayt, auquel on remettait en même temps, de la part de Dumouriez, la lettre suivante[1] :

« Mon général,

« Je vous adresse quatre députés de la Convention nationale qui sont venus de la part de cette assemblée tyrannique pour m'arrêter et me conduire à leur barre. Leur projet, ou du moins celui de leurs commettants, était de me faire assassiner à Paris.

« Je vous prie de les envoyer à Son Altesse le prince de Saxe-Cobourg pour être gardés en otages pour empêcher les crimes de Paris. Je marche demain sur la capitale pour faire cesser cette horrible anarchie. Je compte, comme on me l'a expressément promis, sur la trêve la plus parfaite pendant l'expédition que je vais faire, et même sur le secours de vos troupes en cas que j'en aie besoin, pour venir à bout des scélérats que je veux châtier, pour remettre l'ordre dans le royaume de France et rendre à toute l'Europe le repos et la tranquillité qu'ils ont troublés si criminellement.

« Je vous envoie aussi particulièrement le général Beurnonville, ministre de la guerre, avec son aide de camp ; je vous prie de séparer ces deux militaires d'avec

---

[1]. Dumouriez, dans ses *Mémoires,* fixe au 2 avril au soir la date de l'arrivée et de l'arrestation des commissaires de la Convention. Il est contredit par toutes les pièces officielles, même par celles qui sont revêtues de sa signature. (Voir la lettre à Clerfayt que nous donnons ici, la proclamation à l'armée et la lettre adressée à Miaczinski que nous donnerons dans le livre suivant.)

les quatre membres de la Convention nationale, et de les traiter avec plus d'égards.

« Aux bains de Saint-Amand, le 1ᵉʳ avril, à dix heures du soir.

« DUMOURIEZ. »

C'est ainsi que le vainqueur de Valmy et de Jemmapes cimentait son pacte avec les ennemis de la France. A la violence il ajoutait la perfidie ; à la trahison, le mensonge [1].

1. Ici finit le rôle des commissaires de la Convention et du ministre. Prisonniers des Autrichiens, ils ne peuvent plus influer sur les événements politiques, mais ils méritent l'intérêt de tous ceux qui honorent le courage et le dévouement. On trouvera à la fin de ce volume une note relative à leur captivité.

LIVRE XXXII.

LA FUITE DE DUMOURIEZ.

I.

Suivant la célèbre expression de Catherine de Médicis, au moment où son fils venait de se débarrasser des Guises, Dumouriez *avait bien coupé*. Il avait fait arrêter les commissaires de la Convention chargés de le traduire à la barre; il avait trouvé dans les officiers et dans les troupes qui l'entouraient des instruments dociles et dévoués; par la gravité de l'acte qu'il leur avait fait accomplir, il les avait engagés à fond dans sa querelle et avait fait de sa cause celle de tous. Maintenant, il fallait *recoudre,* c'est-à-dire réunir dans une même pensée, dans une même volonté, dans un même élan, tous les corps d'armée disséminés sur un front de soixante lieues, depuis Dunkerque jusqu'à Maubeuge.

Dumouriez avait sous la main les camps de Maulde et de Bruille. Placés derrière l'Escaut, ils présentaient une ligne de défense respectable vis-à-vis de l'ennemi, mais n'étaient pas en état de résister à la moindre agression venant de l'intérieur. Le général insurgé devait donc nécessairement s'assurer de deux ou trois places fortes, qui seraient pour lui un point d'appui formidable en cas de revers, et qu'au besoin il remettrait momentanément entre les mains des Autrichiens, comme garantie de sa bonne foi. Ces places ne pouvaient être que Lille, Valenciennes et Condé.

Il avait confié le commandement de Lille au général Duval, celui de Valenciennes au général Ferrand, deux vieux colonels qui lui étaient redevables de leur avancement, et sur l'obéissance passive desquels il se croyait en droit de compter. Mais, surpris à l'improviste par l'arrivée de Camus et de ses collègues, il n'avait pas eu le temps de mettre ces deux officiers dans la confidence de ses desseins et de s'assurer de leur concours.

En s'établissant, le 31 mars, aux bains de Saint-Amand, il pensait avoir encore quelques jours devant lui sans avoir besoin de se déclarer ouvertement; il comptait mettre à profit ces instants si précieux pour asseoir ses cantonnements, connaître exactement la position et la force de chacune de ses brigades et de ses divisions, préparer peu à peu l'esprit de ses troupes, leur faire accepter avec joie et enthousiasme les ordres qu'il se préparait à leur donner [1].

Habitués que nous sommes aujourd'hui au succès

---

[1]. Dumouriez avait employé la journée du 31 mars : 1º à faire expédier à tous les généraux et commandants de place l'ordre de dresser l'état des troupes placées sous leur commandement; 2º à rédiger un ordre du jour annonçant l'armistice qu'il avait conclu avec les Autrichiens. Dans cet ordre du jour il faisait connaître à l'armée l'arresta-

de conspirateurs habiles et heureux, nous devons prendre en pitié ce chef de parti qui livre l'expression de ses ressentiments à tous les échos, confie ses secrets aux trois premiers individus qui lui tombent sous la main, écrit au ministre de la guerre les lettres les plus compromettantes, et, pendant ce temps, ne prend aucune précaution, ne sait à quel dévouement il peut se fier, quelle faiblesse il doit suspecter, s'imagine que les ordres qu'il donnera seront partout et par tous exécutés comme s'ils étaient les plus simples et les plus ordinaires du monde.

Dumouriez oublie que le général d'armée, et encore plus le conspirateur, ne doit rien laisser au hasard de ce que la prudence peut lui enlever. Il emploie la plus grande partie de la nuit du 1er au 2 avril à écrire des lettres, à faire des proclamations. Après avoir instruit Mack des événements qui viennent de se passer, et l'avoir averti qu'il recevra prochainement les otages par lui livrés à Clairfayt, il fait connaître à son armée, aux administrateurs du Nord, à ses généraux divisionnaires, les dangers qu'il prétend avoir courus et les résolutions qu'il a prises.

Voici le texte même des deux pièces principales qui sont datées du 1er avril à onze heures du soir :

---

tion des généraux Harville et Bouchet, que les représentants Hentz et Laporte venaient de faire emprisonner à Givet. Il prenait texte de cette mesure violente pour s'élever « contre les scélérats qui voulaient désorganiser la France et faire massacrer successivement tous les généraux ayant bien mérité de leur pays. »

Le général Dumouriez à l'armée française.

« Mes compagnons,

« Quatre commissaires de la Convention nationale sont venus pour m'arrêter et me conduire à la barre, le ministre de la guerre les accompagnait. Je me suis rappelé ce que vous m'avez promis : que vous ne laisseriez pas enlever votre père, qui a sauvé plusieurs fois la patrie, qui vous a conduits dans le chemin de la victoire et qui dernièrement encore vient de faire à votre tête une retraite honorable. Je les ai mis en lieu de sûreté pour nous servir d'otages. Il est temps que l'armée émette son vœu, purge la France des assassins et des agitateurs et rende à notre malheureuse patrie le repos qu'elle a perdu par le crime de ses représentants. Il est temps de reprendre une Constitution que nous avons jurée trois ans de suite, qui nous donnait la liberté et qui peut seule nous garantir de la licence et de l'anarchie dans laquelle on nous a plongés. Je vous déclare, mes compagnons, que je vous donnerai l'exemple de vivre et mourir libre. Nous ne pouvons être libres qu'avec de bonnes lois ; sinon, nous serions les esclaves du crime.

« DUMOURIEZ.

« Aux bains de Saint-Amand, le 1ᵉʳ avril, onze heures du soir. »

Dumouriez aux citoyens administrateurs
du département du Nord.

« Citoyens administrateurs, la tyrannie, les assassinats, les crimes, sont à leur comble à Paris ; l'anarchie nous dévore, et, sous le nom sacré de la liberté, nous sommes tombés dans un insupportable esclavage. Plus nos dangers sont grands, plus la Convention semble mettre d'aveuglement dans sa conduite; je lui ai dit des vérités dans ma lettre du 12 mars, et elle a envoyé, pour m'arrêter ou pour se défaire de moi, quatre commissaires. Le ministre de la guerre, Beurnonville, dont j'ai fait la fortune militaire, les accompagne.

« Depuis plusieurs jours, l'armée est révoltée des calomnies et des attentats dirigés contre son général, et ils auraient été victimes de ceux qui les avaient envoyés, si je n'avais retenu son indignation.

« Je les ai fait arrêter et je les ai envoyés dans un lieu sûr pour servir d'otages, en cas qu'on se prépare à commettre de nouveaux meurtres et de nouveaux crimes.

« Je ne tarderai plus à marcher sur Paris pour faire cesser la sanglante anarchie qui y règne; j'ai trop bien défendu la liberté jusqu'à présent pour m'arrêter au moment où elle est le plus en danger.

« Nous avions juré, en 1789, 1790 et 1791, une Constitution qui, en nous soumettant à des lois, nous donnait un gouvernement stable; ce n'est que depuis que nous l'avons renversée que nos malheurs ont commencé. En la reprenant, je suis sûr de faire cesser sur-le-champ la guerre civile et la guerre étrangère, la licence, le brigandage et de rendre à la France la paix et le bonheur qu'elle a perdus.

« Je connais la sagesse du département où je suis né, et dont j'ai été le libérateur. Puissé-je l'être bientôt de la France entière!

« Je vous jure que je suis bien loin d'aspirer à la dictature, et je m'engage à quitter toute fonction publique dès que j'aurai sauvé ma patrie.

« DUMOURIEZ[1]. »

II.

Ces lettres écrites, ces proclamations lancées, Dumouriez tourne toutes ses pensées vers Lille, Valenciennes et Condé. Il se croit sûr de cette dernière place ; il y a envoyé le général Neuilly avec une nombreuse cavalerie ; la population n'y est pas considérable et ne saurait résister à la pression de l'autorité militaire. Mais il ne saurait se faire la même illusion relativement aux deux autres villes. Il n'a pas pu encore y introduire les régiments de ligne qui viennent de faire la campagne de

---

1. Il nous est impossible de deviner le motif qui poussa Dumouriez à faire connaître si vite et si ouvertement sa rébellion aux autorités départementales du Nord, autorités dont il n'était rien moins que sûr et parmi lesquelles il n'avait pas même un affidé auquel il pût adresser ses instructions.

Cette confidence intempestive n'eut d'autre résultat que de faire connaître à Paris, 24 heures plus tôt, la rébellion du général ; car aussitôt que l'administration départementale du Nord, qui siégeait à Douai, eut reçu cette lettre, elle en envoya une copie aux commissaires de la Convention, Lacroix, Gossuin, Merlin et Robert, qui la déposèrent sur le bureau de la Convention au commencement de la séance du 3. Avec un peu moins d'imprévoyance de la part de Dumouriez, la nouvelle ne serait certainement arrivée à Paris que 24 heures plus tard. Dans un pareil moment, un jour est un siècle.

Belgique, et qu'il considère comme lui étant entièrement dévoués. Il n'a aucune confiance dans les volontaires de nouvelle levée qu'on vient d'y rassembler. Il sait aussi qu'un commissaire de la Convention, Bellegarde, se trouve à Valenciennes, que deux autres commissaires, Carnot et Lesage-Senaut, sont à Lille et que leur présence et leurs réquisitions peuvent singulièrement contrarier l'exécution de ses projets.

Son parti est bientôt pris. Il fait choix du grand prévôt de l'armée, Lescuyer, pour se saisir de Valenciennes ; de Miaczinsky, pour s'emparer à tout prix du boulevard de la Flandre française [1].

Lescuyer était un vieux militaire qui avait passé par tous les grades subalternes de la gendarmerie et qui, assez souffrant dans ce moment, était venu demander un congé de convalescence. Il avait quitté Valenciennes quelques heures auparavant et avait assisté aux dernières scènes que nous avons racontées. Dumouriez le fait venir dans son cabinet :

« Ce n'est plus de congé qu'il s'agit, lui dit-il, il y

---

[1]. Afin de se donner le rôle d'un habile conspirateur qui n'a pas été pris au dépourvu, Dumouriez, dans ses mémoires, place les tentatives sur Valenciennes et sur Lille un jour ou deux avant l'arrestation des commissaires. Tous les historiens ont suivi sa version; il n'y avait cependant qu'à consulter les pièces insérées au *Moniteur* et au *Bulletin du tribunal révolutionnaire*, deux documents qui sont à la portée de tous, pour se convaincre de la complète fausseté de cette partie du récit du général. Les pièces inédites que nous avons retrouvées et que nous donnons, soit dans le texte de ce livre, soit dans les notes à la fin du volume, rendent encore plus palpable le mensonge de Dumouriez.

a trop de besogne urgente. Je vous expédie à Valenciennes pour y arrêter le représentant Bellegarde. Je vais vous donner quatre hussards pour vous accompagner; vous me le ramènerez à la pointe du jour dans votre voiture. Dites-lui que je veux conférer avec lui sur les affaires de l'armée, et que, si j'avais pu, je serais allé moi-même le voir. Voici l'ordre d'arrestation :

« Il est ordonné au citoyen Lescuyer de s'emparer
« cette nuit de la personne du citoyen Bellegarde, dé-
« puté de la Convention nationale, et de l'amener à la
« petite pointe du jour au quartier général des bains
« Saint-Amand.

« Ce 1er avril 1793, an 4e de la liberté.

« *Le général en chef*, DUMOURIEZ. »

« *P.-S.* Si le général Ferrand s'oppose à cette expé-
« dition, il en sera responsable.

« DUMOURIEZ. »

Lescuyer ne fait aucune observation. En sa qualité de grand prévôt de l'armée, il est accoutumé à arrêter tous ceux que lui désigne le général en chef. Quatre membres de la Convention viennent d'être saisis par les hussards; il ne lui sera pas plus difficile d'en faire saisir un cinquième par ses gendarmes.

Au moment où il va faire préparer sa voiture, après avoir reçu les dernières instructions de Thouvenot, chef d'état-major, il se retrouve sur les pas de Dumouriez. L'impatience du général ne lui permet pas de calculer le peu de minutes qui se sont écoulées depuis qu'il a donné l'ordre d'arrestation. « Comment, Lescuyer, s'écrie-t-il, vous n'êtes pas encore parti? Hâtez-vous, et revenez de suite avec Bellegarde. »

Une fois en route, le grand prévôt combine son plan de manière à engager le moins possible sa responsabilité. L'ordre fait mention du général Ferrand ; le mettre dans la confidence sera moins dangereux que d'agir sans lui.

Les portes de Valenciennes s'ouvrent naturellement devant le grand prévôt. Sans perdre de temps, Lescuyer court chez Ferrand. En route, il rencontre le commissaire ordonnateur, Beauvallon, qu'il sait être l'un des confidents les plus intimes de Dumouriez. Il l'entraîne chez le commandant de la place dans l'espérance que celui-ci, ayant à soutenir deux assauts au lieu d'un, se rendra plus facilement. Les deux visiteurs sont à l'instant même introduits dans la chambre de Ferrand, qu'ils trouvent couché. Lescuyer, après les compliments d'usage, entame un long discours sur la nécessité d'obéir aveuglément aux ordres de ses chefs hiérarchiques, quand bien même on serait obligé de contrevenir aux réquisitions des commissaires de la Convention. Au milieu de sa harangue, il se tourne vers Beauvallon, espérant que celui-ci confirmera de sa parole les principes qu'il vient d'émettre ; mais celui-ci lui répond en bâillant : « Je dors et je vais me coucher. » Resté seul avec Ferrand, Lescuyer se décide à aller droit au but.

« Où demeure le député Bellegarde? lui dit-il.
— Pourquoi cette demande?

— C'est que j'ai ordre de l'arrêter.

— Ordre d'arrêter Bellegarde? Pourquoi celui-là plutôt qu'un autre?

— Il y en a donc d'autres?

— Oui, Lequinio et Cochon, qui viennent d'arriver. »

Trois arrestations à opérer au lieu d'une, cela changeait fort la question. La ruse était plus difficile, la force plus périlleuse à employer. Lescuyer se tire de cette position comme le font généralement les subalternes, qui en réfèrent à leur supérieur, au risque de perdre des heures précieuses et de laisser échapper l'occasion. Il écrit à Dumouriez une lettre pour lui annoncer qu'au lieu de lui livrer un seul député, il espère lui en amener trois; mais qu'il lui est impossible de songer à s'emparer de la personne des représentants au milieu de la ville et en présence de la population ; qu'une telle entreprise amènerait une division entre les corps administratifs, la garde nationale et la troupe de ligne; que cette division dégénérerait inévitablement en une rixe sanglante, qui pourrait bien ne pas tourner à l'avantage des projets du général; mais qu'en guettant le moment où les représentants sortiront de la ville, comme ils en ont annoncé l'intention, rien ne sera plus facile que de les enlever avec les hussards que Dumouriez lui a donnés et les gendarmes que lui fournira le général Ferrand.

Ce dernier jouait, en effet, un jeu double. Il ne savait qui allait triompher dans la collision qui se préparait; mais il voulait se mettre d'avance en règle avec le vainqueur. Aussi ne fait-il point d'objection à Lescuyer lorsque celui-ci vient lui apporter sa lettre, avant de l'envoyer à Dumouriez. Il lui accorde l'ouverture des portes pour l'ordonnance qui va être expédiée aux bains de Saint-Amand (il était à ce moment trois heures du matin), et le congédie en lui disant de revenir sur les huit heures chercher l'ordre nécessaire pour mettre en mouvement les gendarmes dont il lui a promis le concours.

Mais, dès que Lescuyer est parti, Ferrand fait enjoindre au maître de poste de ne fournir à qui que ce soit des chevaux sans sa permission expresse et par écrit. Puis il envoie un de ses aides de camp aux trois représentants pour leur conseiller à mots couverts de veiller à leur propre sûreté.

Les commissaires, sans se douter du péril qui les menace, ne négligent pas cet avis indirect. Ils font dire à un bataillon très-patriote de volontaires de la Charente de venir se mettre à leur disposition, et lui confient la garde des abords de l'auberge où ils sont descendus.

III.

A huit heures du matin, Lescuyer se rend de nouveau chez Ferrand et lui apporte une lettre qu'il vient de recevoir de Dumouriez, en réponse à sa missive de la nuit. Le général en chef lui mande « que Neuilly va arriver à Valenciennes avec des forces supérieures; qu'aussitôt ce renfort arrivé, il ne faut plus hésiter, mais qu'il faut être *sûr de la ville.* » Ferrand, certain que par suite des mesures qu'il a prises, des avis qu'il a donnés, les commissaires ne pourront ni ne voudront sortir, délivre sans hésiter l'ordre suivant à Lescuyer :

*Ordre du général Ferrand, commandant
à Valenciennes.*

« Il est ordonné à un détachement de gendarmerie nationale, dont le nombre sera fixé par le citoyen général Lescuyer et qui se trouve être sous mes ordres à Valenciennes, de mettre à exécution les ordres du général en chef Dumouriez.

« A Valenciennes, le 2 avril 1793, an 2e de la République, huit heures du matin.

« *Le général de brigade,* FERRAND. »

A la lettre que Dumouriez adressait à Lescuyer étaient joints : 1° un certain nombre d'exemplaires de la proclamation du général en chef à son armée ; 2° une note qui enjoignait de transmettre un de ces exemplaires à chacun des commandants de place des villes environnantes. Ferrand expédie ces pièces par des ordonnances spéciales, mais ne les accompagne d'aucun commentaire.

Se fiant au zèle que le général semble déployer pour la cause de Dumouriez, Lescuyer le quitte, plein d'espérance, et court préparer les embuscades où doivent tomber les trois commissaires. Mais, à l'auberge, où ceux-ci sont logés, rien ne semble dénoter des apprêts de départ. Neuilly et ses régiments ne paraissent pas. Le bruit de l'arrestation de Camus et de ses collègues commence à se répandre. Bientôt circulent quelques exemplaires de la proclamation de Dumouriez à l'armée; des groupes, de plus en plus nombreux et bruyants, se forment dans les rues et sur les places. Lescuyer envoie un émissaire faire part de ces symptômes peu rassurants à Ferrand; mais celui-ci lui fait dire qu'il n'ait à se préoccuper de rien, car les rumeurs vagues qui commencent à se répandre en ville paraissent inspirer aux trois représentants le désir d'aller en personne demander à Dumouriez des explications.

Soit qu'il se laisse prendre à cette ruse grossière, soit que, voyant la chance tourner, il se prépare à tourner avec elle, le grand prévôt écrit à Dumouriez une nouvelle lettre, où se trouvent encore des protestations de dévouement, mais aussi des propositions dilatoires, des questions naïves et des marques évidentes de tergiversation[1].

---

1. Voici cette lettre, dont le style et l'orthographe laissent beaucoup à désirer. Elle fut retrouvée dans la redingote que Dumouriez, lors de sa fuite du 4 avril, laissa entre les mains des volontaires de l'Yonne, ainsi que nous l'expliquerons plus loin. Expédiée au Comité de salut public, elle suffit pour faire envoyer Lescuyer au tribunal révolutionnaire et le faire condamner à mort.

« Mon général,

« Je sors dans la minute de communiquer votre dernière lettre au général Ferrand. Il ignorait que le général Neuilly venait à Valenciennes avec des forces et il m'a paru fort étonné de ne pas recevoir aucunes de vos nouvelles.

Vers le milieu de la journée, le général Ferrand, voyant la situation se dessiner de plus en plus en faveur des commissaires, leur envoie un second aide de camp pour leur dévoiler tout ce qu'il sait du complot et leur

« Les esprits de cette ville sont dans une fermentation étonnante, et le général Ferrand me repette encore, ainsi que le commandant temporaire, qu'il y aurait eu une scène terrible si l'arrestation eût eu lieu dans la ville; que les brigands qui y sont encore auraient couvert leurs lâchetés, leurs infamies en se montrant dans un tel moment, et il y a plus qu'à craindre qu'ils n'eussent été secondés par la cavallerie de l'école militaire et par un grand nombre de la gendarmerie nationalle.

« Le citoyens général Ferrand vient de me dire encore, mon général, qu'il avait vu ces trois messieurs ce matin, qu'ils connaissait votre proclamation de ce matin et l'arrestation d'hier soir; qu'ils se proposait d'aller cet après-dîné à Saint-Amand en conferré avec vous, je m'empresse de vous en donné avis; dans ce cas voilà la marche sûre et prudente que je dois tenir. Aussitôt qu'ils enverront cherché des cheveaux de postes, vitte j'irais rejoindre mon détachement, qui les attends sur ce chemins comme sur celui de Douai, Lille et Paris; alors je les laisse presqu'arrivé à Saint-Amand et au moment je les prie de trouver bon que je leur enseigne votre demeure. Mais il est bon que vous en soyez prévenu. Changeront-ils d'avis? c'est ce que j'ignore et les commandants, car tout ceci va leur faire prendre un parti quelconque. Je vous le repette, si c'est de resté en ville et de n'en pas sortir, il y a tout à craindre de les manqué ou du moins de soulevé le peuple. C'est à vous, mon général, à prononcé et à donné des ordres aux citoyens général Ferrand et au commandant temporaire. La place comme toutes les rues regorgent de monde aux écoutes; voilà les choses aux naturelles, jugez d'après le tableau parlant.

« Le général Ferrand a peine à comprendre ce que veut dire le bas de votre lettre, général; *il faut que demain nous soyons sûr de Valenciennes.* Je vous avoue que je n'ai pu le satisfaire à cet égard; esse qu'il doit être attaqué. On peut tout présumer, craindre enfin un mouvement d'insurrection. Il serait bon que lui et moi en soient

apprendre qu'on est en train de réimprimer, à Valenciennes même, la proclamation de Dumouriez. Aussitôt les trois représentants accourent chez le général, le requièrent de faire fermer les portes de la ville, de mettre à leur disposition toutes les troupes placées sous ses ordres et de les accompagner chez l'imprimeur Prignet [1]. Là, ils saisissent des exemplaires de la proclamation sortant de la presse et mettent les planches sous le scellé; puis ils se rendent dans les casernes, haranguent la troupe et font lire à la tête de chaque bataillon un arrêté qu'ils viennent de prendre et aux termes duquel ils déclarent, au nom du peuple et de la Convention, Dumouriez suspendu de ses fonctions, défendent à toute autorité civile ou militaire d'obéir à ses ordres.

Après cette tournée où ils sont admirablement reçus par les soldats et par les citoyens, les commis-

---

instruits. La suspension d'armes avec les Autrichiens nous force-t-elle à des sacrifices quelconques. Voilà ce qu'il désire savoir et *recevoir de vos nouvelles.*

« Valenciennes, le 2 avril 1793.

« Le général de divisions de la gendarmerie nationale,

« Lescuyer. »

1. Le 31 mars, le jour même où l'état-major de Dumouriez s'établissait aux bains de Saint-Amand, le général Thouvenot avait fait venir de Valenciennes l'imprimeur Prignet en lui recommandant de se munir d'une presse et de caractères. Ce fut cette presse qui servit à imprimer les premiers exemplaires de la proclamation à l'armée. Une copie de cette pièce fut expédiée par Prignet à son atelier principal de Valenciennes et y fut réimprimée.

saires se rendent chez Ferrand. Ils s'y trouvent face à face avec un autre confident de Dumouriez, le général Neuilly. Celui-ci vient d'arriver de Condé avec deux régiments de cavalerie et trois bataillons ; mais, ayant trouvé les portes fermées, il a pénétré seul en ville. Les députés défendent à Ferrand de recevoir ces nouveaux arrivants et envoient à chacun des commandants des régiments et des bataillons, l'ordre de bivouaquer sur les glacis de la place. Neuilly, s'apercevant que le projet dont il est chargé d'assurer l'exécution est éventé, comprend qu'il n'a rien de mieux à faire que de s'esquiver et de regagner Condé avec sa troupe. Il lui est facile de sortir du quartier général et de la ville, grâce au trouble et à la confusion qui y règnent.

Rassurés sur le sort de Valenciennes, les commissaires écrivent à la Convention pour lui annoncer le péril auquel cette ville vient d'échapper et lui faire connaître tous les détails du complot qui devait les livrer à Dumouriez. Ces détails, qui les leur avait donnés? Celui-là même qui avait accepté la mission de les arrêter, le grand prévôt Lescuyer. Il espérait que ses menées ne seraient pas connues ; car Ferrand, qui en avait été en quelque sorte le complice, avait autant d'intérêt que lui à les tenir secrètes. Aussitôt après la disparition de Neuilly, il se rend résolûment à l'hôtel de ville où les trois députés siègent en permanence au milieu des autorités municipales ; il leur remet l'ordre d'arrestation de Bellegarde dont il est porteur depuis le matin, leur jure qu'il n'a jamais eu la pensée de l'exécuter, et se confond en protestations de dévouement à la République. Les députés l'accueillent parfaitement, et, croyant pouvoir se fier au zèle d'un officier qui vient leur apporter la preuve palpable de la trahison de Dumouriez, ils l'investissent d'un commandement important.

Ainsi se passa la journée du 2 avril à Valenciennes. Dumouriez dut se repentir amèrement d'avoir confié à des instruments si peu habiles, à des cœurs si peu décidés, le succès de son entreprise. Autant les agents du général rebelle montrèrent de maladresse, de lenteur et de tergiversation, autant les commissaires de la Convention, surpris à l'improviste, déployèrent d'énergie et d'activité. Du reste, la tentative sur Lille échoua peut-être plus misérablement encore, mais par des circonstances entièrement différentes.

IV.

En même temps qu'il expédiait Lescuyer à Valenciennes, Dumouriez ordonnait à Miaczinski de lever son camp d'Orchies dès la pointe du jour, de marcher sur Lille, d'arrêter les représentants Carnot et Lesage-Senault qui devaient s'y trouver, de s'assurer de cette place importante, d'y proclamer la Constitution de 1791 ; puis de se rendre à Douai, à Cambrai, de pousser enfin une avant-garde jusqu'à Péronne, et, cela fait, d'attendre ses ordres [1].

[1] Voici le texte même de la lettre que Dumouriez adressait à

Dumouriez avait si peu d'officiers de confiance sous la main qu'il en est réduit à envoyer ses instructions à Miaczinski par le même courrier Longuet, qui avait accompagné le ministre et les quatre députés depuis leur départ de Paris. Longuet avait, il est vrai, été l'homme du ministre depuis vingt-quatre heures, mais il avait été l'homme du général en chef pendant plusieurs mois. Dumouriez avait d'ailleurs une si bonne opinion de lui-même qu'il croyait inspirer un dévouement absolu à tous ceux qui l'approchaient. Il fait donc venir le courrier, lui dit qu'il ne le croit pas assez fou pour s'attacher à une cause désormais perdue, et, sans attendre sa réponse, lui remet ses dépêches en lui recommandant la plus grande

Miaczinski. On y voit percer l'agitation fébrile qui animait le général au moment où il écrivait. Elle est pleine d'incohérence et de redites.

« Aux bains de Saint-Amand, le 1er avril.

« Je viens, mon cher Miaczinski, de faire arrêter le ministre de la guerre Beurnonville et les quatre commissaires de la Convention nationale, envoyés ici pour m'arrêter ou plutôt pour me faire assassiner, et les généraux ainsi que tout l'état-major de l'armée.

« Mettez-vous en campagne dès la pointe du jour. Marchez sur Lille, entrez-y avec une partie de vos troupes, allez trouver le général Duval; montrez-lui la lettre; annoncez qu'il faut, si les commissaires ne sont pas encore partis, les arrêter sur-le-champ. Vous les conduirez à Orchies, où je vous enverrai des ordres de ce qu'il faudra en faire. Dites-lui aussi que je lui donne ordre de s'emparer du trésor, d'ordonner au commissaire ordonnateur Malet de nommer sur-le-champ un payeur et de faire arrêter le citoyen Le Meunier que vous ramènerez à Orchies et pour lequel je vous donnerai des ordres. Ce Le Meunier est contrôleur général de la trésorerie nationale près l'armée. Vous direz à Duval de m'envoyer sur-le-champ Petit-jean, parce que je fais faire demain un mouvement à l'armée. Vous lui direz que l'armée est décidée à proposer à la nation entière

diligence. Il prend seulement la précaution de le faire accompagner par deux hussards.

En route, Longuet s'égare ou feint de s'égarer et met cinq ou six heures pour franchir les dix-huit kilomètres qui séparent Orchies des bains de Saint-Amand; il n'arrive qu'au grand jour chez Miaczinski.

Celui-ci avait donné à déjeuner à Saint-Georges, à Dumas et aux autres officiers de l'escorte qui, la veille au soir, avaient, de Lille à Orchies, accompagné le ministre et les députés. Les hôtes du général s'apprêtaient à lui dire adieu; déjà les chevaux étaient sellés, les cavaliers rangés en bataille sur la place. On en était aux dernières poignées de main et aux derniers toasts,

de reprendre la Constitution que nous avions jurée en 1789, 90 et 91, qui peut seule nous tirer de l'anarchie et de l'infâme tyrannie des Robespierre et des Marat; vous lui direz de l'annoncer aux administrations et vous enverrez, par un officier, à Douai, la lettre ci-incluse pour les administrateurs du département. Faites cette mission avec intelligence et zèle, et revenez sur-le-champ de Lille à Douai où vous arrêterez le général Moreton et vous laisserez le commandement de la place, jusqu'à nouvel ordre, à l'officier général d'artillerie qui y est en résidence. Ces deux missions faites, vous vous rendrez avec votre troupe à Cambrai, dont vous prendrez le commandement jusqu'à nouvel ordre, et vous pousserez 300 ou 400 hommes sous un bon chef à Péronne pour y tenir garnison. Vous direz à mes compatriotes de Cambrai quel noir complot on a tramé contre leur défenseur, et vous leur ajouterez que je n'ai pris le parti de me soustraire à l'assassinat que pour rétablir l'ordre et la Constitution, que nous avons jurée en 1789, 90 et 91, qui peut seule nous sauver de l'anarchie. Je vous embrasse, mon cher Miaczinski, et je compte sur vous et sur vos troupes pour le salut de la France.

« Le général en chef,
« DUMOURIEZ. »

lorsque arrive Longuet qui demande à parler en particulier à Miaczinski et l'entraîne dans un arrière-cabinet.

Bientôt le général revient le visage en feu. Jetant les ordres de Dumouriez sur la table, il s'écrie : « Messieurs, le ministre et les commissaires de la Convention sont arrêtés ; j'ai ordre de marcher sur Lille, marchez-vous avec nous ?

— Nous sommes sous les ordres du général Duval, répond Saint-Georges, c'est à lui que nous devons obéir.

— Attendez-moi quelques instants et nous partirons ensemble. »

Saint-Georges et Dumas déclinent cette offre et se retirent précipitamment. Ils sautent en selle et se font suivre par leurs chasseurs. Mais le détachement ne marche pas assez vite au gré de leur impatience ; ils envoient en estafette le capitaine Colin qui monte un des meilleurs chevaux des écuries de Saint-Georges.

Miaczinski, laissé seul par ses convives, ne s'aperçoit de la faute qu'il vient de commettre que lorsque ceux-ci sont déjà bien loin. Il veut la réparer par son activité ; il fait battre la générale, seller ses chevaux et ceux des cavaliers qui doivent l'accompagner ; car il compte devancer de quelques heures son infanterie qui, ayant trente-trois kilomètres à faire, ne peut dans tous les cas arriver à Lille que vers la fin du jour. Il écrit à Dumouriez pour l'assurer de son dévouement à toute épreuve et se met en marche[1].

---

1. Voici le texte même de la lettre écrite par Miaczinski à Dumouriez :

Cependant le capitaine Colin, qui a toujours couru ventre à terre et n'a pas mis plus d'une heure et demie à franchir la distance qui sépare Orchies de Lille, s'est rendu sur-le-champ chez le général Duval. Il lui raconte et ce qui s'est passé la veille au soir à Saint-Amand et ce qui se prépare pour surprendre la ville placée sous son commandement. Le général ne veut pas croire au récit du capitaine et menace de le faire arrêter. Surviennent heureusement Saint-Georges et Alexandre Dumas qui confirment en tous points le rapport de leur subalterne.

Enfin arrive Longuet, qui, après avoir remis ses dépêches à Miaczinski, s'est habilement esquivé et a eu l'adresse de se faire donner un cheval frais, en qualité de courrier du général en chef. Duval ne peut plus douter ; car ce que Saint-Georges, Dumas et Colin n'ont pu lui rapporter que par ouï-dire, Longuet le lui confirme comme témoin oculaire. Mais le général veut, avant tout, mettre sa responsabilité à couvert. Il se rend à l'hôtel de ville, où siégent en permanence les conseils

---

« Mon cher général, je viens de recevoir votre lettre et votre ordre ; mais j'étais surpris que le courrier qui me les avait remis est arrivé à 8 heures du matin, tandis que d'après la date de la lettre je dusse la recevoir la nuit.

« Je vous embrasse et vous aime plus, si je puis, pour le parti vigoureux que vous avez pris ; je vous réponds de mes troupes. Je me suis mis à 9 heures en marche pour Lille ; j'exécuterai vos ordres ou je périrai. »

Cette lettre fut trouvée, comme celle de Lescuyer, dans la redingote que Dumouriez fuyant laissa entre les mains des volontaires de l'Yonne. Elle fut l'arrêt de mort du malheureux général.

de la commune et du district; il expose ce qu'il vient d'apprendre et déclare que, dans des circonstances aussi graves, l'autorité militaire ne doit agir que de concert avec l'autorité civile. Son discours est couvert d'applaudissements. Ordre est donné de faire fermer les portes de la place, de ne laisser pénétrer en ville que les officiers et généraux qui se présenteraient avec une faible escorte.

Toutes les mesures de précaution étaient prises, tous les préparatifs achevés, quand Miaczinski arrive au faubourg de Paris. Il n'a que cent cavaliers avec lui; on ne voit aucun danger à le laisser entrer lui et ceux qui l'accompagnent. Mais, au lieu de le conduire chez le général Duval, comme il en exprime le désir, on le mène à l'hôtel de ville. Il monte sans défiance au premier étage, s'arrête dans la première salle et fait dire à Duval qu'il a besoin de lui parler en particulier; celui-ci lui fait répondre qu'il est au milieu de ses concitoyens et qu'il ne veut recevoir de communications qu'en présence des autorités lilloises. Miaczinski hésite, il fait un mouvement pour se retirer et aller sur la place rejoindre ses cavaliers; mais on l'entoure, on l'entraîne dans la salle des séances. Là, le président du district lui demande compte de la mission dont il est chargé, et le somme d'exhiber les ordres dont il est porteur.

Miaczinski assure qu'il n'a rien que des ordres verbaux apportés par un aide de camp.

« Quels sont-ils?

— Je dois me concerter avec le général Duval et me rendre à Douai et Cambrai.

— Lille n'est pas sur la route de ces deux villes, et l'on ne fait pas marcher une armée pour se concerter. Persistez-vous à déclarer que vos ordres étaient purement verbaux ?

— Oui.

— Eh bien, voilà des témoins qui ont vu des ordres écrits. »

Le président montre Saint-Georges, Colin et Dumas, dont Miaczinski ne soupçonnait pas la présence dans l'assemblée. Le général se trouble, balbutie. De violents murmures s'élèvent. « Qu'il soit général ou non, s'écrie-t-on, il faut le fouiller. » Pour éviter ce traitement ignominieux, Miaczinski tire enfin de sa poche la lettre de Dumouriez. Le président en fait la lecture à haute voix ; aussitôt l'assemblée déclare unanimement qu'il y a lieu de mettre en arrestation l'officier qui a accepté d'exécuter de pareils ordres.

Duval s'efface devant l'autorité civile et n'élève pas la voix en faveur de son ancien compagnon d'armes. Miaczinski est désarmé et gardé à vue. Puis les autorités civiles requièrent tous les militaires présents de renouveler leur serment de fidélité à la liberté, à l'égalité, à la République, à la Convention nationale ; elles se transportent sur la place et exigent le même serment de toutes les troupes qui y sont réunies. Les cavaliers qui ont accompagné Miaczinski le prêtent sans hésitation, aussi bien que les troupes de ligne. Lorsque les conseils rentrent en séance, le général, qui des fenêtres de l'hôtel de ville a été témoin de la défection de ses propres soldats, veut tâcher de racheter sa faute; il demande qu'on l'admette à se joindre à ses frères d'armes et à prêter aussi serment. On le lui permet, mais à la condition qu'il ordonnera : 1° aux trois mille hommes qui l'attendent au faubourg de Paris de se rendre au camp de la Madeleine, plus directement commandé par le feu de la place ; 2° aux deux mille hommes qu'il a laissés à Orchies de venir se réunir à Lille au reste de la brigade. Miaczinski écrit les ordres exigés, puis il est constitué prisonnier à l'hôtel de ville jusqu'à ce que le directoire du département ait statué sur son sort.

V.

Tandis que les tentatives sur Lille et Valenciennes avortaient ainsi dans la journée du 2 avril, que se passait-il aux camps de Bruille et de Maulde ainsi qu'au quartier général des bains de Saint-Amand?

Dans les deux camps, les esprits étaient fort divisés; les régiments d'infanterie de ligne et encore plus ceux de cavalerie témoignaient un grand dévouement à leur général. Ils avaient déclaré hautement depuis plusieurs jours qu'ils suivraient toujours et partout la fortune du vainqueur de Jemmapes et de Valmy, qu'ils l'accompagneraient jusqu'à Paris, s'il le fallait. L'artillerie et les volontaires ne montraient pas à beaucoup près les mêmes intentions. Les généraux et les officiers étaient fort perplexes, mais aucun d'eux n'était préparé à une levée de boucliers aussi prompte et aussi décisive que celle que venait de faire Dumouriez. Aussi, lorsque la proclamation à l'armée[1] était arrivée à l'état-major de chacun des deux camps, avait-elle été un véritable coup de foudre pour tous ceux qui, par leurs fonctions spéciales, étaient chargés de la porter à la connaissance des troupes.

Leveneur, comme le plus ancien lieutenant général, commandait le camp de Maulde en l'absence de Valence, que la nécessité de soigner ses blessures retenait presque toujours au quartier général des bains Saint-Amand. Quand il reçut la proclamation, il refusa de la publier. Il fallut que Valence vînt lui-même au camp pour lui en intimer l'ordre. Encore Leveneur ne se rendit-il que lorsqu'il eut en main une réquisition écrite du général en chef.

Au camp de Bruille, c'était le général Rosières qui commandait provisoirement et jusqu'à la prochaine réorganisation de l'armée. Quand on lui remit la depêche de Dumouriez, il avait près de lui les généraux de brigade Kermorvan, Davesnes, Chancel, les adjudants généraux Pille, Chérin et Pinon.

Une espèce de délibération s'ouvre entre ces officiers pour savoir ce qu'il y a à faire dans une circonstance si délicate. Pille et Chérin se prononcent hautement contre le général rebelle. Ils émettent l'avis de s'emparer à l'instant de sa personne et de l'envoyer à Paris. Mais les autres officiers s'effrayent d'une proposition si téméraire ; on convient qu'il sera distribué aux troupes,

---

1. Voir plus haut, page 356.

avec la proclamation de Dumouriez, un ordre particulier leur rappelant le serment qu'elles ont prêté de maintenir la République, la liberté et l'égalité.

Le général en chef est bientôt instruit par ses espions de l'opposition énergique de Pille et de Chérin. Sous prétexte d'un ordre de service à recevoir et à transmettre, il les fait appeler tous les deux au quartier général. Mais déjà Chérin s'est esquivé et a couru à Valenciennes se concerter avec les trois représentants du peuple qui s'y trouvent. Pille, moins avisé, est resté au camp; il se rend sans défiance au quartier général. Il y est aussitôt saisi et jeté en prison.

Dans un bataillon de Seine-et-Oise faisant partie du camp de Bruille se trouvait un capitaine de canonniers, fils du député Lecointre (de Versailles). Dumouriez lui fait envoyer une ordonnance pour l'inviter à se rendre au quartier général, où l'on doit lui communiquer une lettre de son père. Lecointre, comme Pille, répond à cet appel; comme lui, il est arrêté dès son arrivée à Saint-Amand.

Mais Dumouriez ne s'occupe pas seulement du soin d'augmenter le nombre des otages qui doivent, suivant lui, répondre de la vie des prisonniers du Temple; il consacre la plus grande partie de sa matinée à rédiger une proclamation au peuple français [1].

---

1. Cette proclamation a été insérée *in extenso* au *Moniteur,* n° 120. La date ne se trouve ni au commencement ni à la fin, mais elle est précisée par un passage ainsi conçu : « Hier, 1ᵉʳ avril, sont arrivés quatre commissaires de la Convention nationale avec un décret pour me traduire à la barre; le ministre de la guerre Beurnonville, mon

Dans cette proclamation, après avoir rappelé les nombreux et importants services qu'il a rendus à la liberté, la défense de l'Argonne, la conquête de la Belgique, le général s'élève avec force contre les intrigues du parti jacobin qui est parvenu à désorganiser son armée par la famine et veut aujourd'hui lui enlever ses généraux pour les entasser dans les prisons de Paris et les y faire *septembriser*. Il annonce que ces complots ont été déjoués par l'arrestation des envoyés de la Convention et par la suspension d'armes qui vient d'être conclue avec les Impériaux ; qu'il marche vers la capitale afin d'éteindre le plus tôt possible les germes de la guerre civile et de proclamer le rétablissement de la Constitution de 1791 « qui, tout imparfaite qu'elle est, peut encore assurer le bonheur des Français et établir un équilibre sage entre tous les pouvoirs. »

Il s'élève « contre le pouvoir tyrannique qu'ont usurpé sept cents hommes, presque tous sans mœurs et sans principes, qui délibèrent sous le glaive des satellites de Marat et de Robespierre, qui viennent de faire périr l'infortuné Louis XVI sans procédure juridique et sans tribunal compétent. » Il demande à la Convention ce qu'elle a fait pour soutenir la guerre qu'elle a provoquée contre toutes les puissances de l'Europe. « Au lieu de recruter et de renforcer ses troupes de ligne et ses anciens bataillons de volontaires, elle les a désorganisés ;

élève, a eu la faiblesse de les accompagner, pour succéder à mon commandement. »

au lieu de récompenser ses braves guerriers par de l'avancement et des éloges, elle a laissé les bataillons incomplets, nus, désarmés, mécontents ; elle a formé de nouveaux corps composés des satellites du 2 septembre, commandés par des hommes qui n'ont jamais servi et ne sont dangereux que pour l'armée française, où ils portent le désordre ; elle sacrifie tout pour ces suppôts de la tyrannie, pour ces coupeurs de têtes ; elle ordonne la conquête et la désorganisation de l'univers ; elle dit à un de ses généraux d'aller prendre Rome, à un autre d'aller conquérir l'Espagne pour pouvoir y expédier des commissaires spoliateurs, d'affreux proconsuls ; elle envoie dans la plus mauvaise saison de l'année la seule flotte qu'elle ait dans la Méditerranée se briser contre les rochers de la Sardaigne ; elle allume la guerre civile dans les départements par des vexations et des persécutions de tout genre, par l'indignation qu'excite la fin tragique et inutile de Louis XVI.

« L'armée va punir tous ces forfaits ; elle n'a point à s'occuper à faire face à l'ennemi, car il a promis de suspendre sa marche, de ne point passer les frontières, de laisser à Dumouriez et à ses compagnons d'armes le soin de terminer toutes les dissensions intérieures. Les puissances étrangères n'ont de haine que contre les factieux ; elles ne demandent qu'à rendre leur estime et leur amitié à une nation dont les erreurs et l'anarchie troublent toute l'Europe. »

La proclamation se termine ainsi :

« La paix sera le fruit de cette résolution ; les troupes de ligne et les braves volontaires nationaux, qui depuis un an se sont sacrifiés pour la liberté et qui abhorrent l'anarchie, iront se reposer au sein de leurs familles après avoir accompli ce noble ouvrage. Quant à moi, j'ai déjà fait le serment, et je le réitère devant toute la nation et devant toute l'Europe, qu'aussitôt après avoir opéré le salut de ma patrie par le rétablissement de la Constitution, de l'ordre et de la paix, je cesserai toutes fonctions publiques et irai jouir dans la solitude du bonheur de mes concitoyens. »

A trois heures de l'après-midi, Dumouriez monte à cheval et se dirige vers les camps auxquels, par un ordre du jour, il a annoncé sa visite[1]. Il se présente

[1]. Voici le texte de cet ordre du jour :

« Au quartier général de Saint-Amand, le 2 avril 1793,
2ᵉ de la République française.

Mot d'ordre : *Camarades, suivez-moi.*
Ralliement : *Tout ira bien.*

« L'armée conservera sa position. Le général la prévient qu'il ira la voir aujourd'hui à 3 heures. Pour laisser reposer ses braves troupes et pour mieux servir son pays, il est convenu d'une suspension d'armes avec les généraux de l'armée impériale, et comme les deux armées sont très voisines, il ordonne une surveillance exacte pour la police ; il défend sous peine de mort de passer les limites du territoire français. Les généraux de l'armée impériale ont proclamé chez eux la même défense et sous la même peine. »

Le même jour, 2 avril, Dumouriez avait adressé un ordre du jour particulier aux régiments de cavalerie commandés par le général Neuilly ; cet ordre du jour est remarquable par une invocation à l'obéissance passive beaucoup plus explicite que celle que l'on trouve dans les autres pièces datées du même jour et des jours suivants.

Ordre du jour du général Dumouriez adressé au général Neuilly.

« Annoncez à votre corps d'armée que nous voulons être libres,

d'abord au camp de Bruille ; il y est reçu avec enthousiasme ; il harangue les troupes bataillon par bataillon, et s'enivre de leurs acclamations ; il reçoit des adresses toutes préparées, où on lui prodigue les noms de père de la patrie et de sauveur de la France [1]. Mais il est trop

que les étrangers ne se mêlent pas de nos affaires, et que nous reprenons la Constitution que nous avons jurée en 1789, 1790 et 1791, qui nous donnait des lois et un roi constitutionnel. Par ce moyen nous nous tirons de l'anarchie et des crimes, nous redevenons une nation honorable ; tel est le vœu de la totalité des bons citoyens. Cette mesure rendra le calme et la paix à la France, et les braves volontaires seront à même de retourner tranquillement dans leurs foyers et de donner leurs soins à la culture et au commerce.

« Le général prévient qu'il a reçu les ordres les plus exprès pour agir avec la plus grande sévérité contre les corps ou individus qui chercheraient à établir la mésintelligence ou une espèce de guerre civile parmi l'armée.

« Tous les braves soldats se souviendront que l'armée est essentiellement obéissante et qu'elle ne doit pas balancer dans cette circonstance puisqu'il s'agit de sauver la patrie et d'avoir une paix intérieure et extérieure qui adoucira les maux dont nous sommes rongés depuis quatre ans.

« Le général est le premier à donner des marques d'obéissance aux ordres de ses supérieurs, quand ils tendent au bien-être de sa patrie. »

1. Le *Moniteur*, n° 98, donne une de ces adresses, qui fut signée par le cinquième bataillon de Saône-et-Loire ; elle est ainsi conçue :

« Les méchants qui vous persécutent sont vos ennemis sans doute et ce sont vos vertus qui les attirent, mais ils sont encore plus les nôtres et nous les détestons sans les craindre.

« Général, sauvez l'armée, sauvez encore votre patrie. C'est au nom de cette mère commune, au nom des bons citoyens, que nous vous en conjurons. La victoire a marché à votre voix ; elle vous suivra partout ; notre obéissance et notre confiance vous en sont de sûrs garants.

« Cherpieux, premier lieutenant-colonel commandant le 5e bataillon

tard pour aller au camp de Maulde recevoir les mêmes hommages et les mêmes assurances de dévouement. Le général remet au lendemain cette seconde visite et va se délasser des fatigues et des émotions de la journée à Saint-Amand, où un dîner réunit chez Mme de Genlis la plus grande partie de ses officiers les plus dévoués.

Dumouriez, en se mettant à table, annonce qu'il vient de recevoir un paquet contenant des mandats d'amener contre plusieurs généraux et notamment contre le duc de Chartres. Il ajoute que cette manière de procéder démontre bien quelle était l'intention de l'Assemblée, lorsqu'elle l'appelait à la barre, et justifierait, s'il en était besoin, la conduite qu'il a tenue depuis vingt-quatre heures[1]. Pendant le repas, les têtes s'échauffent. On invite à grands cris le général à poursuivre l'œuvre de la régénération de la France ; on jure de rétablir la constitution de 1791 et de punir la Convention de tous ses forfaits. On fait le dénombrement des officiers dont on se croit sûr et qui, par une circonstance fortuite, ne se trouvent pas dans ce moment au quartier général. On leur écrit, sur la table même du festin, qu'ils aient à revenir immédiatement par-

---

de Saône-et-Loire ; Lelong, adjudant-major, autres officiers, sous-officiers et volontaires au nombre de vingt-six. »

1. Ces mandats d'amener avaient été envoyés, sous pli cacheté, à Beurnonville par le Comité de sûreté générale, mais ils étaient arrivés à Saint-Amand après l'arrestation du ministre. Dumouriez, que les scrupules arrêtaient peu, ouvrit la lettre et put ainsi montrer les ordres d'arrestation à ceux qu'ils concernaient.

tager les périls et la gloire de leurs compagnons d'armes [1].

VI.

Dumouriez paraissait être dans une sécurité complète. Cependant il connaissait, le 2 avril au soir, l'insuccès de la tentative faite sur Valenciennes ; il pouvait se douter que celle sur Lille n'avait pas eu un meilleur sort, puisque, depuis le matin neuf heures, il était sans nouvelles de Miaczinski. Mais il était résolu à pousser jusqu'au bout ses chances et croyait qu'elles étaient grandes encore. La réception du camp de Bruille l'avait rempli d'espérances, il comptait sur le même accueil au camp de Maulde ; aussi fit-il annoncer sa visite au général Leveneur pour le lendemain 3 avril.

En recevant cette nouvelle, le malheureux Leveneur est de plus en plus embarrassé. Il voudrait rester fidèle à la République, mais il n'ose se mettre en résistance ouverte vis-à-vis de Dumouriez. Pour être en règle avec tout le monde, il expédie à Paris un de ses aides de camp porteur d'une lettre pour la Convention ; puis il se met au lit, se déclare malade, afin de ne pas paraître à la revue que Dumouriez et Valence vont venir passer [2].

1. Une de ces lettres tomba entre les mains des commissaires de la Convention et fut imprimée au *Moniteur*, n° 68. Elle est datée du 3 avril à une heure et demie du matin.
2. L'aide de camp que Leveneur envoyait à la Convention s'appelait le capitaine Lazare Hoche. C'est la première fois que ce nom, destiné à être si célèbre, paraît dans l'histoire. La lettre de Leveneur

Dumouriez s'est fait précéder au camp de Maulde par une nouvelle proclamation, dont le mot d'ordre est encore : « Mes enfants, suivez-moi » et dont le mot de ralliement est cette fois : « Je réponds de tout. » Il y renouvelle ses récriminations contre la Convention qui emploie les revenus publics à faire voyager des intrigants, des factieux sous le nom de commissaires ; contre le parti jacobin qui veut envoyer à l'échafaud les généraux que l'armée a vus si souvent à sa tête braver des dangers de toute espèce. Il y fait, à la fin, ce suprême appel : « Si vous me secondez, si vous avez confiance en moi, je partagerai vos travaux, vos dangers. La postérité dira de nous : « Sans la brave armée de « Dumouriez, la France serait un désert aride ; elle l'a « conservée, elle l'a régénérée : soyons les dignes fils « de si glorieux pères ! [1] »

Bientôt le général en chef arrive au camp ; durant quatre heures, il se mêle aux soldats, leur promet la paix et le repos dans deux mois, s'ils veulent marcher avec lui sur Paris.

---

se trouve *in extenso* au *Moniteur*, n° 97. Elle est datée du camp de Maulde, 3 avril, 8 heures du matin. Hoche parut à la barre de l'Assemblée le 5 avril, au commencement de la séance.

Le post-scriptum qui se trouve au bas de cette lettre faisait pressentir que, si les circonstances devenaient plus critiques encore, Leveneur chercherait à s'échapper et à se réfugier dans une ville où il pourrait attendre les ordres de la Convention. C'est ce qui arriva vingt-quatre heures après. Leveneur, trompant la surveillance que Dumouriez avait établie autour de lui, s'enfuit à Bouchain et de là gagna Arras, où il se remit entre les mains de la municipalité de cette ville.

1. Cette proclamation se trouve *in extenso* au *Moniteur*, n° 98.

Valence, qui est connu plus particulièrement de cette partie des troupes depuis trois mois sous ses ordres, parle avec chaleur de la gloire passée et des triomphes à venir. Il aborde familièrement les simples soldats, donne des poignées de main aux sergents et comble de caresses les officiers. Il en présente individuellement un grand nombre à Dumouriez et l'assure, en leur nom, d'une obéissance aveugle, d'un dévouement absolu.

Dans ce camp se trouvait un bataillon de volontaires parisiens, le cinquième. Il attire naturellement l'attention de Dumouriez, qui le harangue en ces termes :

« Mes enfants, je veux vous donner la paix et sauver la patrie. Je l'ai déjà sauvée plusieurs fois ; vous en êtes témoins. Il nous faut la constitution que nous avons jurée pendant trois années de suite, en 1789, 1790 et 1791. Il nous faut sauver la France de ses assassins..... Si vous voulez me suivre, les moyens sont entre vos mains. »

Valence s'avance alors et, prenant par la main le lieutenant-colonel qui est à la tête de son bataillon, il dit au général en chef :

« Voilà notre brave commandant du cinquième, il ne nous abandonnera pas. »

Cependant cet officier, mis en demeure de confirmer cette déclaration, balbutie quelques mots de regret sur l'arrestation du ministre de la guerre et des commissaires de la Convention. « Je réponds de tout, se hâte de dire Dumouriez. Il ne sera fait aucun mal aux députés. Quant au ministre, il n'est point fâché d'être arrêté. »

A un autre bataillon qui paraît hésitant, Valence dit : « Mes amis, vous n'aurez jamais la paix sans un roi. La voulez-vous? — Nous voulons bien la paix, répondent quelques voix, mais nous ne voulons pas de roi. »

Ces faibles dissidences se noient dans les flots d'enthousiasme qu'excite la présence du vainqueur de Jemmapes. Il est accueilli, sur tout le front du camp, par de frénétiques applaudissements qui lui semblent le présage d'un dévouement sans bornes et d'une adhésion sans réticence. Aussi s'inquiète-t-il fort peu de l'absence calculée de Leveneur. Il se contente de lui envoyer l'ordre de venir le trouver le lendemain matin à son quartier général, où il ne rentre lui-même qu'à la tombée de la nuit.

A peine y est-il arrivé qu'on lui annonce une députation des volontaires de Saône-et-Loire. Elle est composée d'un lieutenant et de cinq sous-officiers, qui tous ont inscrit sur leurs chapeaux : « La république ou la mort. » L'orateur de la troupe lit une adresse, où l'on engage en termes très-énergiques le général en chef à obéir aux ordres de la Convention et à se rendre à sa barre. Dumouriez leur répond qu'ils sont aveuglés par de faux rapports et que la République ne peut s'affermir avec un gouvernement sans frein, sans justice et sans lois, tel que celui que la Convention impose à la France. Les motionnaires ne paraissent pas disposés à se laisser persuader. Baptiste Renard qui, quoique élevé par décret de la Convention au rang de capitaine [1], ne quitte pas

---

[1]. Voir tome V, page 9.

son maître, les surveille de près, dans la crainte qu'ils ne se portent à des violences. Au premier mouvement menaçant, il appelle la garde. Sur l'ordre du général, les six volontaires sont saisis, garrottés et réunis à Pille et Lecointre, arrêtés la veille.

Le 4 avril, à la pointe du jour, les huit prisonniers sont envoyés sous bonne escorte au camp autrichien ; Dumouriez les recommande à Clairfayt d'une manière toute particulière comme des brigands et des assassins [1].

VII.

Tandis que Dumouriez se croyait assuré du succès, la catastrophe se préparait rapidement. Les autorités civiles de Valenciennes, de Douai et de Lille, les représentants Lequinio, Cochon et Bellegarde dans la première de ces villes, Carnot et Lesage-Senaut dans la seconde, le Comité de sûreté et de défense établi dans la troisième ont déployé autant d'énergie que d'habileté pour contre-balancer l'influence que six mois de

---

[1]. Dans ses mémoires, Dumouriez attribue cette démarche à des volontaires de la Marne et en fixe la date au 31 mars. L'erreur est peut-être involontaire pour la désignation du département, elle ne peut l'être pour la fixation du jour. La date du 3 avril est donnée par Dumouriez lui-même dans son second manifeste à la nation française. (*Moniteur* du 1er mai 1793, n° 121.)

En antidatant la démarche des volontaires, Dumouriez évidemment a voulu donner à penser que, même avant l'arrestation des commissaires, il avait été exposé aux poignards des assassins.

victoires ont acquise au général rebelle sur son armée. Sans s'être concertés, les deux groupes de représentants ont pris des arrêtés presque identiques. Ils ont déclaré Dumouriez suspendu de ses fonctions pour cause de révolte contre la loi et d'attentat à l'autorité du peuple souverain. Ils ont interdit à tout militaire français, de quelque grade qu'il fût, de le reconnaître pour général et de lui obéir; ils ont ordonné de se saisir de sa personne et de le faire conduire, mort ou vif, sous bonne et sûre escorte, à la barre de la Convention.

Ces arrêtés, aussitôt imprimés, sont répandus de tous côtés. L'adjudant général Chérin, qui est venu à Valenciennes conférer avec les représentants, retourne au camp de Bruille, porteur d'un grand nombre d'exemplaires. Il les donne et les lit lui-même aux soldats, qu'il exhorte, au nom de la patrie, à rester fidèles à leurs devoirs. On l'arrête; mais, pendant la nuit, il trouve encore moyen de s'échapper et de revenir à Valenciennes, déguisé en simple garde national.

Perrin, sous-lieutenant au 19me bataillon des fédérés de Paris, est envoyé de Lille dans le même but. Il parvient également à introduire au camp de Maulde un grand nombre de proclamations et à s'esquiver au moment où on veut le saisir et le conduire au quartier général.

Des émissaires plus subalternes, déguisés en paysans ou en soldats, sont expédiés dans les cantonnements. Les conventionnels prodiguent l'argent à quiconque leur promet de pénétrer jusqu'au foyer de la rébellion et d'y provoquer des manifestations contraires à celles qui viennent d'éclater en faveur de Dumouriez[1]. Les commissaires de Valenciennes, plus rapprochés du théatre de l'action, essayent de jeter la division entre les généraux ; ils écrivent à Valence et à Égalité, pour les requérir de refuser toute obéissance au rebelle et de faire lire devant les troupes qu'ils commandent la proclamation qui suspend Dumouriez de ses fonctions. Mais, désespérant bientôt de les détacher de la cause qu'ils ont embrassée, ils investissent du commandement en chef le général Dampierre, qui vient de se prononcer ouvertement pour la Convention[2], et lui ordonnent de recueillir au camp de Famars les soldats isolés qui commencent à quitter les deux camps de Bruille et de Maulde et affluent à Valenciennes et dans les villages environnants.

---

1. « De l'or, de l'or ; envoyez nous des fonds. Nous sommes dans un moment où il est impossible de tenir un compte régulier des dépenses secrètes que nous faisons à chaque instant, » écrivaient à la Convention Lequinio et ses deux collègues de Valenciennes.

2. Voici le discours qu'à cette occasion prononça le général Dampierre :

« Soldats de la République française, vous venez d'entendre les ordres de la Convention ; c'est de cette assemblée que sortent tous les pouvoirs légitimes ; c'est à elle que tout citoyen doit obéir. Eh bien, cette obéissance que Dumouriez avait juré de maintenir, il est le premier à y manquer, et c'est dans un temps où l'ennemi est à nos portes, c'est lorsqu'il traite avec nos ennemis, qu'il fait arrêter quatre représentants du peuple et le ministre de la guerre, que nous partagerions ce crime affreux ! N'aurions-nous vaincu à Jemmapes que pour être sous le joug d'un nouveau tyran ? Non, la liberté restera et les tyrans passeront. Je jure de ne jamais vous abandonner, je jure de ne jamais trahir la liberté. »

A Lille se passaient des événements encore plus graves et plus décisifs. Le 2 avril au soir, Dumouriez avait expédié un aide de camp pour savoir ce qu'était devenu Miaczinski et réitérer au général Duval les instructions qu'il lui avait fait transmettre le matin. Mais cet aide de camp, trouvant le poste de Pont-à-Marcq changé et apprenant que Miaczinski était arrêté, n'avait pas osé s'aventurer au delà. A cette défaillance, il avait ajouté une faute plus grande encore : au lieu de rapporter à Dumouriez l'ordre qu'il n'avait pas exécuté, il l'avait confié au courrier de la malle, pour qu'il le remît au général Duval [1].

En apprenant que la plus importante des places du Nord lui est échappée, Dumouriez veut au moins rappeler à lui les cinq mille hommes que Miaczinski a

---

1. L'ordre de Dumouriez à son aide de camp était ainsi conçu :

« Aux bains de Saint-Amand, 2 avril 1793.

« Il est ordonné à l'aide de camp Perrault de partir au reçu du présent pour se rendre à Pont-à-Marcq, avec le courrier de la malle destinée pour Lille. Il remettra ce courrier sous la garde du commandant du poste de Pont-à-Marcq, et immédiatement après il se rendra de sa personne à Lille, il instruira le général Duval des événements d'hier, de l'arrestation de quatre commissaires et du ministre de la guerre et de leur envoi à Tournai comme otages ; il lui ordonnera de ma part de presser l'exécution des ordres que j'ai donnés pendant la nuit au général Miaczinski, et s'il trouve pour l'exécution de ces ordres des obstacles de la part des corps administratifs et militaires ou de quelques-uns de leurs membres, ou enfin de tout autre individu, il les fera arrêter et les enverra sous bonne garde au quartier général des bains Saint-Amand.

« *Le général en chef de l'armée du Nord,*

« DUMOURIEZ. »

emmenés d'Orchies et qui errent sur les glacis de Lille, sans ordre et sans chef. L'entreprise était délicate et périlleuse ; Dumouriez la confie à son aide de camp de prédilection, au confident le plus intime de ses pensées, au jeune Philippe Devaux, fils naturel du prince Charles de Lorraine.

Personne n'est plus propre aux coups de main, où les scrupules ordinaires ne sont pas de mise, que ces enfants de l'amour et du hasard, qui n'ont ni feu ni lieu, ni foi ni loi, ni famille ni patrie, qui, dans toutes les actions de leur vie, ne consultent que leur ambition, n'écoutent que leur intérêt et, habitués qu'ils sont de demander au jeu les ressources de leur existence, n'hésitent pas à se faire les instruments dociles de quiconque, sur un coup de dé, s'avise de risquer les destinées d'une nation.

Dumouriez avait compris que ce jeune homme, plein d'esprit et de courage, embrasserait la cause de son bienfaiteur avec d'autant plus d'ardeur qu'il avait rompu les derniers liens qui le rattachaient à l'Autriche ; il le fait donc appeler le 4 avril de grand matin et lui remet un ordre ainsi conçu :

« Il est ordonné à toutes les troupes qui étaient sous le commandement du général Miaczinski et qui sont en ce moment sous Lille, d'en partir sur le champ pour se rendre aux ordres du maréchal de camp Philippe Devaux.

« Saint-Amand, le 4 avril 1793.

« *Le général en chef de l'armée,* DUMOURIEZ. »

Devaux passe sans encombre devant le poste toujours si dangereux de Pont-à-Marcq. L'officier qui y commande n'ose le faire arrêter et se contente de signaler son passage au général Duval. L'émissaire de Dumouriez arrive dans l'après-midi au faubourg de Paris, espérant y trouver les troupes de Miaczinski. Il apprend que, par ordre des autorités de Lille, elles ont fait un mouvement circulaire autour des remparts et sont allées camper au faubourg de la Madeleine, mettant ainsi le corps de la place entre elles et le quartier général de Dumouriez. Devaux ne peut voir qu'un triste présage dans ce changement de direction ; mais il se rassure dès qu'il sait que le camp de la Madeleine est commandé par Macdonald. Cet officier, destiné à une si brillante carrière, avait été aide de camp d'abord de Beurnonville, ensuite de Dumouriez pendant la dernière campagne ; quelques jours auparavant, Dumouriez l'avait nommé colonel du 2me régiment de ligne. Devaux ne doute pas que cet ancien compagnon d'armes ne l'accueille avec joie et ne mette le plus vif empressement à servir les desseins de son général, de son protecteur. Mais, quand le jeune aide de camp arrive après mille détours à la Madeleine, il apprend que le commandant a été mandé en ville et ne reviendra que dans la soirée. Devaux était connu de tous les régiments qui composaient le camp parce qu'il avait fait avec eux la campagne de Belgique. Il donne l'ordre au colonel du 6me dragons de tenir des cavaliers prêts à monter à cheval; mais, ne voulant pas confier son secret à d'autres qu'à Macdonald, il se fait conduire au logement de celui-ci. Accablé de fatigue, il se jette tout habillé sur le lit de son ami et s'endort.

A huit heures du soir, il est réveillé en sursaut par un bruit de voix ; il se jette à bas du lit, se précipite dans les bras de son ancien compagnon d'armes et lui annonce qu'il a des choses importantes à lui communiquer. Mais celui-ci est entouré d'officiers que Devaux ne connaît pas et auxquels la municipalité de Lille a donné pour mission d'accompagner le commandant au camp de la Madeleine, autant au moins pour le surveiller que pour lui prêter leur concours.

Macdonald repousse doucement Devaux : « Mon ami, lui dit-il, je ne sais ni ne veux savoir ce dont tu es accusé, mais j'ai reçu l'ordre de t'arrêter et j'y obéis. » Le malheureux aide de camp voit que toute résistance est impossible ; il se laisse prendre sans essayer de faire usage de ses armes; on le conduit à l'hôtel de ville de Lille ; il y est interrogé, fouillé ; on trouve sur lui l'ordre de Dumouriez. Le directoire du district ordonne qu'il sera maintenu en état d'arrestation et déposé dans un appartement voisin de celui où Miaczinski est enfermé depuis quarante-huit heures.

Quelques jours après, les deux prisonniers partaient pour Paris, où les attendait le tribunal révolutionnaire.

VIII.

Dumouriez avait promis aux Autrichiens de leur livrer une place de sûreté, en garantie des arrangements qu'il avait pris avec eux. Il ne pouvait plus espérer enlever Valenciennes, où Lequinio et ses deux collègues faisaient bonne garde; il ne pouvait se hasarder à marcher sur Lille avant d'avoir reçu des nouvelles de Devaux. Il devait donc tourner ses vues sur la petite ville de Condé.

La cavalerie, avec laquelle le général Neuilly avait tenté de s'emparer de Valenciennes, s'était repliée sur cette place et sur les villages environnants. Le général en chef était persuadé qu'à son premier signe elle intimiderait, s'il était nécessaire, le reste de la garnison et lui assurerait la possession de la ville sans coup férir. Aussi ne s'était-il pas inquiété de prescrire à Neuilly de faire une démonstration qu'il croyait pouvoir retarder sans danger.

Mais le 4 avril était le jour fixé pour l'entrevue avec le prince de Cobourg, entrevue qui devait avoir lieu sur la limite des deux frontières, à moitié chemin de Condé et de Boussu. Que répondre si les Autrichiens exigent la livraison immédiate de la place de sûreté promise? Dumouriez mande au quartier général le commandant de place Langlois, qu'on lui a signalé comme un homme qui n'est pas sûr. Celui-ci, imitant la conduite de presque tous les officiers que nous avons vus successivement paraître en scène, tenait à se mettre en règle vis-à-vis des deux partis. Ce n'est qu'après avoir envoyé aux commissaires de Valenciennes une soumission aussi explicite que possible[1] qu'il se résout à aller trouver Dumouriez. Il arrive aux bains de Saint-Amand le 4 avril, à cinq heures du matin. Le général le fait aussitôt introduire et, le regardant fixement :

« Commandant, lui dit-il, on prétend que je dois vous soupçonner.

— Pas de trahison, général, j'ai toujours été fidèle à mon serment.

— Vous me promettez que vous obéirez aux généraux ?

— Oui, comme je leur ai toujours obéi.

— Puisqu'il en est ainsi, vous pouvez retourner à Condé, j'y serai du reste presque en même temps que vous. »

Langlois, dès qu'il est de retour à Condé, fait avertir

---

[1]. Voici le texte même de la lettre écrite par Langlois aux commissaires :

« Condé, le 3 avril 1793, l'an 2ᵉ de la République.

« Citoyens, je suis dans une position bien critique ; je reçois continuellement des ordres de Dumouriez ; dois-je refuser ou non ? Il a envoyé ce matin un de ses aides de camp avec ordre de commander à Condé à ma place et de me rendre de suite à Saint-Amand. J'ai eu la maladresse de m'y rendre ; où étant, j'ai appris que vous étiez à Valenciennes et qu'il était déchu de son commandement. En conséquence, je suis revenu vite sans le voir. Dictez-moi actuellement la marche que je dois tenir.

« Le commandant temporaire,

« LANGLOIS. »

Neuilly de l'arrivée très-prochaine de Dumouriez. Mais Neuilly est à peu près aussi embarrassé que son commandant de place; car il vient de recevoir des commissaires de Valenciennes l'injonction formelle de déclarer par écrit s'il est prêt à se prononcer, ouvertement et dans le jour, pour la Convention; faute de quoi « il sera réputé complice de Dumouriez et comme lui déclaré traître à la patrie. » Le général veut se donner le temps de la réflexion et s'assurer des deux côtés une porte de derrière. Il écrit en même temps aux commissaires et à Dumouriez; aux commissaires pour les assurer de son obéissance et de son dévouement, à Dumouriez pour lui annoncer qu'une grande fermentation règne parmi les troupes et lui conseiller de ne pas venir dans ce moment à Condé, dont la garnison, formée mi-partie de soldats de ligne et de volontaires, pourrait d'un instant à l'autre se diviser et en venir aux mains.

Mais déjà la résolution du général en chef est prise : rien ne peut l'empêcher d'aller au rendez-vous où l'attend le prince Cobourg; seulement il prend la précaution de rassurer les troupes des camps de Maulde et de Bruille sur son absence momentanée. Par un nouvel ordre du jour il leur promet de venir le soir même se mettre à leur tête [1].

---

1. Cet ordre du jour est ainsi conçu :
« Le général prévient la partie de ses braves soldats qu'il n'a pas vue hier, que des affaires indispensables l'ont obligé d'aller à Condé; il revient ce soir. Il adresse avec cet ordre l'exposé de sa conduite et de ses intentions qu'il a promis hier à l'armée; il ne tentera point de

Dumouriez se met en route de très-bonne heure. Il est tellement impatient d'arriver, qu'il n'attend pas l'escorte qui doit l'accompagner. Il n'a avec lui que ses aides de camp, huit hussards, son secrétaire et ses domestiques, en tout trente chevaux. Mais qu'importe! dans une heure il sera à Condé au milieu de ses régiments de cavalerie les plus dévoués; dans deux heures il sera à la frontière, où il trouvera les généraux autrichiens; après avoir signé le traité qui assure la neutralité de l'ennemi, il pourra revenir à son quartier général donner à toute l'armée l'ordre de marcher sur Paris dès le lendemain 5 avril.

A quatre ou cinq kilomètres de Condé, entre les villages de Fresnes et de Doumet, il rencontre l'aide de camp de Neuilly qui lui apporte la lettre dans laquelle le général lui conseille de ne pas aller plus loin, à raison de l'effervescence qui règne dans la garnison. Mais il est trop tard pour reculer; Dumouriez renvoie l'aide de camp avec ordre à Neuilly et au 18me régiment de cavalerie de venir le rejoindre au village de Doumèt, dont il n'est séparé que par quelques centaines de pas. Mais, en ce moment, apparaissent trois bataillons de volontaires marchant avec leur bagage et leur artillerie. Dumouriez s'étonne de ce mouvement qu'il n'a pas commandé et

leur donner aucune impulsion étrangère à leur volonté, il est bien persuadé que la force et l'habileté de ses intentions suffiront pour leur faire prendre et suivre avec courage le seul parti qui nous reste pour sauver notre pays.

« Les officiers généraux et supérieurs des corps voudront bien donner beaucoup de publicité à cet ordre et à l'imprimé qui y est joint. »

qui va renforcer la garnison de Condé de troupes très-peu sûres. Il s'avance vers un officier et lui demande brusquement où vont ces bataillons :

« A Valenciennes.

— Mais vous tournez le dos à cette ville... »

Ce colloque attire l'attention des volontaires qui marchent en tête de la colonne ; ils s'arrêtent et entourent le groupe formé par le général et sa suite. Déjà quelques propos menaçants se font entendre, car Dumouriez a été reconnu. Dans la crainte de se voir enlevé, lui et sa faible escorte, par cette troupe qui ne paraît pas animée pour lui de bonnes intentions, il quitte la route et se dirige vers une maison de Doumet, où il compte mettre pied à terre et écrire l'ordre aux trois bataillons de retourner au camp de Bruille qu'ils viennent de quitter.

A peine a-t-il fait quelques pas dans le chemin de traverse, que des cris tumultueux s'élèvent du bataillon de l'Yonne, qui est le plus rapproché. Les noms de traître, de rebelle lui sont lancés pendant qu'il s'éloigne. Bientôt on s'encourage à le poursuivre. « Arrête! arrête! » crie-t-on de toutes parts. Le commandant du bataillon, Davoust[1], guide lui-même les volontaires. Dumouriez pique des deux, mais, ne connaissant pas les localités, il s'engage dans un terrain marécageux. Des coups de fusil sont tirés sur lui et sur sa suite; toute la colonne s'ébranle et, pendant qu'un bataillon lui coupe la route de Condé, un autre intercepte celle du camp de

1. Depuis prince d'Eckmühl et maréchal de l'Empire.

Bruille. Il n'a d'autre ressource que de s'élancer à travers champs. Son cheval refuse de sauter un fossé ; il est obligé de mettre pied à terre, puis, le fossé franchi, de monter un autre cheval que lui donne un domestique du duc de Chartres. Il se dirige droit sur l'Escaut. Par bonheur, il trouve une barque qui le transporte sur l'autre rive avant que ceux qui le poursuivent aient pu l'atteindre. Là il est en pays impérial et n'a plus à craindre de fâcheuses rencontres. Mais dans la bagarre deux hussards ont été tués, plusieurs chevaux ont été blessés, son secrétaire, Quentin, a été pris[1].

Dumouriez se dirige à pied, au milieu de terrains que les pluies ont détrempés, vers le village de Bury, fait annoncer à Mack sa mésaventure et le prie de l'excuser auprès du prince de Cobourg s'il n'a pas pu être exact au rendez-vous ; car cette course à travers champs, d'abord à cheval, puis à pied, l'a fort détourné de son chemin et lui a fait perdre un temps précieux. Quelques heures après il est rejoint par le fidèle Baptiste. Celui-ci lui raconte qu'ayant réussi à s'échapper il est retourné au camp et y a annoncé le danger auquel a été exposé son général. L'indignation contre les trois bataillons a été fort vive ; on demandait à grands cris que Dumouriez revînt le plus tôt possible au milieu de ses soldats, de ses enfants ; on jurait de punir ceux qui avaient attenté à ses jours. Ces nouvelles raniment toutes les illusions du général.

1. Quentin était porteur de la redingote de Dumouriez, dans la poche de laquelle on trouva les lettres de Miaczinski et de Lescuyer. Voir plus haut, p. 365 et 373.

IX.

Mack arrive pendant la nuit à Bury et félicite Dumouriez d'avoir échappé à un si pressant danger. Il ne peut en croire ses oreilles, lorsque celui-ci lui annonce qu'il compte retourner dès le lendemain matin au quartier général. Malgré toutes les objections, l'aventureux conquérant de la Belgique persiste dans sa résolution et expose, avec le plus grand sang-froid, ses derniers projets, son suprême espoir.

La fusillade qu'il a essuyée n'est, selon lui, qu'un fait isolé, imputable seulement à un ou deux bataillons de volontaires. Déjà l'armée tout entière lui a fait manifester par plusieurs officiers, qui sont venus le rejoindre dans la soirée, son horreur d'un pareil guet-apens et son désir d'en effacer le souvenir par son obéissance et son dévouement. Il est prêt à remplir tous les engagements qu'il a pris vis-à-vis du prince de Cobourg, bien plus, à lui livrer immédiatement Condé, mais à une condition qui seule peut lui permettre de retourner avec honneur auprès de son armée et le laver du reproche de trahison que ses ennemis lui jettent à la face : c'est que le général en chef de l'armée impériale apposera sa signature au bas d'une proclamation qu'il remet toute rédigée à Mack.

L'officier autrichien prend la pièce qui contient l'énoncé des promesses que le prince de Cobourg doit faire au nom de son souverain, la lit attentivement, en discute les termes et, après y avoir obtenu quelques modifications, l'emporte en promettant de la renvoyer aussitôt que le prince l'aura signée.

Cette proclamation débute par un magnifique éloge des vertus de Dumouriez. Puis on y déclare que tous les souverains coalisés, et spécialement l'empereur d'Allemagne et le roi de Prusse, veulent uniquement « la prospérité et la gloire de la nation française, le rétablissement du trône constitutionnel et des institutions que le pays s'est données, sauf à la nation à en rectifier les parties qui seraient reconnues imparfaites. » En conséquence, le généralissime des armées impériales et royales se dit prêt à joindre les troupes sous ses ordres à l'armée française « pour coopérer, en amis et en compagnons d'armes dignes de s'estimer réciproquement, à la réalisation de ce projet si désirable. » Il s'engage, sur sa parole d'honneur, à ne faire aucune conquête en France, à ne considérer les places, qui seront remises entre ses mains, que *comme un dépôt sacré*, à les rendre aussitôt que le gouvernement qui sera établi ou Dumouriez le demanderont, à maintenir dans son armée la plus stricte et la plus sévère discipline[1].

Mack, après avoir quitté le général à trois heures du matin, se rend à Mons auprès de Cobourg. Lorsque celui-ci lit la proclamation, il élève les plus graves objections sur la portée des engagements qu'on veut lui faire prendre. Ce qui lui répugne le plus, c'est de

---

1. Le *Moniteur*, n° 104, donne cette proclamation *in extenso*.

contre-signer les éloges que Dumouriez se prodigue à
lui-même et les flatteries qu'il adresse à la nation française. Mais le colonel Mack était depuis quelques jours
sous le charme de Dumouriez; il lui avait promis, en le
quittant, d'arracher le consentement du généralissime;
aussi emploie-t-il toute son éloquence et toute son
habileté à faire valoir les raisons qui semblent devoir
faire accepter la demande dont il est porteur [1].

« Dumouriez, dit-il au prince, croit être certain de
réussir dans son entreprise s'il obtient cette lettre; il désespère de la partie s'il ne l'obtient pas. S'il réussit, les
deux armées n'en forment qu'une; la nôtre s'assurera

---

[1]. Il n'existe pas, on le comprend facilement, un procès-verbal de
la conversation qui eut lieu dans la nuit du 4 au 5 entre Mack et
Cobourg. Mais nous avons trouvé trois mémoires adressés, quelque
temps après les événements, à l'Empereur par Cobourg et très-vraisemblablement rédigés par Mack. Dans ces mémoires sont exposées
les raisons qui leur firent apposer leurs signatures à la proclamation
préparée par Dumouriez. Ces raisons sont celles que nous mettons
ici dans la bouche de Mack. Il est certain que celui-ci se servit, auprès de Cobourg, des mêmes arguments qu'ils firent ensuite valoir
tous les deux auprès de l'Empereur.

Du reste, en écrivant ce chapitre et le chapitre précédent, nous
avons consulté avec le plus grand soin les correspondances échangées
entre les généraux, les ministres et l'empereur d'Autriche, correspondances dont nous avons parlé déjà page 297, et dont nous donnons
de nombreux extraits dans la note XIV à la fin de ce volume.

Nous avons eu également à notre disposition plusieurs rapports
faits par des officiers appartenant aux camps de Maulde ou de Bruille,
rapports qui se trouvent aux archives du dépôt de la guerre, à Paris.

Nous avons donc pu contrôler, les uns par les autres, les documents français et les documents autrichiens; nous croyons être ainsi
arrivé aussi près que possible de la vérité.

des places qu'on nous remettra ; la sienne marchera sur Paris et délivrera la famille royale, nous attaquerons la République et l'anarchie dans leur foyer ; l'armée se dissoudra ou se joindra à nous ; la marche des événements deviendra rapide et sûre, nous ferons la loi en France. S'il ne réussit qu'à demi et même pas du tout, nous aurons toujours gagné de propager en France la fermentation et le désordre, de diviser et d'exaspérer, plus encore qu'ils ne le sont, les partis qui s'y disputent en ce moment le pouvoir, nous aurons privé l'armée française d'un chef qui a opéré avec elle de grandes choses, de généraux dans lesquels elle a le plus de confiance. En échange de ce papier, au bas duquel il vous répugne d'apposer votre signature, Dumouriez nous promet une et peut-être plusieurs places de sûreté ; nous les obtenons immédiatement sans coup férir, tandis qu'il nous est impossible en ce moment de les prendre de vive force. Nous n'avons pas avec nous une seule pièce de siége et nous ne disposons que d'un nombre insuffisant de troupes ; il nous faudra attendre six semaines au moins pour rassembler le matériel et pour recevoir les renforts nécessaires au siége de Condé et de Valenciennes. Vous reconnaissez, il est vrai, dans la proclamation que les places que Dumouriez vous livrera resteront entre vos mains comme un *dépôt sacré*; mais cette promesse vous la lui avez faite par mon organe il y a déjà près de dix jours, car il m'a dit à notre première entrevue et il m'a toujours répété depuis qu'il ne consentirait jamais au démembrement de sa patrie. Supposez que la cour de Vienne, que vous n'avez pas le temps de consulter, désavoue cette déclaration, vous serez toujours à même de tenir vos promesses aux Français et d'obéir à votre souverain; vous rendrez les places qui vous auront été confiées, mais vous aurez eu l'avantage d'en avoir acquis une connaissance exacte, et sans compromettre votre parole, vous aurez de très-grandes facilités pour en opérer plus tard la reprise à main armée. L'occupation de ces places, quoique conditionnelle, sera d'une très-grande utilité dans les négociations à entamer ultérieurement, et, avant qu'elles n'aboutissent, vous aurez tout le temps de recevoir les instructions de la cour de Vienne.

« Examinée en détail, même sévèrement analysée, cette déclaration est-elle de nature à froisser chez les souverains alliés les susceptibilités les plus délicates? Dans les premières lignes, elle fait, il est vrai, l'éloge des vues et du caractère de Dumouriez; mais ne devons-nous pas tenir ce langage, puisque nous faisons de sa cause la nôtre et puisque nous joignons notre armée à la sienne? On dit plus bas que Dumouriez veut faire cesser l'anarchie et les calamités qui déchirent la France en lui procurant le bonheur d'une constitution et d'un gouvernement sage et libre, et on ajoute que les puissances s'associent à ce vœu. Mais les puissances ont-elles jamais annoncé d'autre but dans leurs manifestes; et d'ailleurs, les rédacteurs de proclamations politiques disent-ils jamais exactement ce qu'ils pensent? Vous répugnez à faire l'éloge de la nation française, que la déclaration suppose abjurer les atrocités et les extravagances qui se commettent en son nom;

mais n'est-ce pas le moyen le plus sûr de l'exalter contre les coupables, de lui rendre de l'énergie, de la faire rentrer en elle-même, de donner plus d'essor à sa haine contre les monstres qui la déshonorent, la ruinent et l'avilissent?

« Quant à la promesse de rétablir la première Constitution, vous ne la faites qu'en votre propre et privé nom ; d'ailleurs, la cour de Vienne et les autres puissances coalisées restent complétement en droit et en mesure de mettre à cette concession telles restrictions que la politique, les circonstances, leur volonté et nos succès peuvent ultérieurement suggérer. Quant à la déclaration de ne vouloir pas faire de conquêtes, quoi de plus facile que de désavouer, modifier ou éluder une promesse du moment, prise en son nom seul par un général qui peut toujours déclarer n'avoir pas reçu préalablement de son souverain les pouvoirs nécessaires, et n'avoir agi que par sa propre impulsion? »

Nous n'avons pas à juger dans ce moment cette morale un peu trop commode, mais à constater que Cobourg l'adopta et apposa sa signature si désirée sur la proclamation que lui avait fait remettre Dumouriez. Mack l'expédie aussitôt à son nouvel ami, qui d'avance en avait fait faire plusieurs copies par les officiers qui l'entouraient. Aussitôt qu'il a reçu cette pièce, l'impatient général ne veut pas différer son retour d'un seul instant ; il part à la pointe du jour, et se fait accompagner par une escorte de dragons impériaux. Il envoie en avant quelques-uns de ses aides de camp avec ordre de faire battre la générale dans tous les cantonnements et de mettre la troupe sous les armes.

X.

Quoique dans les camps de Bruille et de Maulde les choses n'aient pas en apparence, depuis la veille, changé de face, bien des convictions se sont modifiées, bien des enthousiasmes se sont refroidis. La nuit a porté conseil. Dans chaque compagnie, dans chaque escouade, aux corps de garde, aux avant-postes, il s'est tenu des conciliabules secrets; officiers et soldats ont échangé leurs sentiments, leurs craintes et leurs espérances.

Tâchons d'esquisser en peu de mots les pensées qui jaillirent de ces discussions et qui dictèrent la conduite de l'armée dans la journée du 5 avril. Généralement on détestait les excès qui avaient ensanglanté Paris et plusieurs départements depuis huit mois; on y avait très-peu de sympathie pour les commissaires de toute espèce et de toute catégorie, qui étaient venus s'abattre sur la Belgique, s'arroger un pouvoir souverain, dénoncer et faire arrêter à tort et à travers officiers et généraux. On aimait Dumouriez, qui s'était toujours montré zélé pour les intérêts du soldat et l'avait conduit souvent à la victoire. Plus d'un volontaire était vivement touché de l'espoir, qu'on avait fait luire à ses yeux, de terminer avant deux mois la guerre, et de le renvoyer définitivement à ses champs abandonnés, à sa famille désolée. Les vieux soldats, accoutumés à marcher au feu aux cris de *vive le roi,* détestaient le meurtre du

21 janvier, qui les avait frappés dans ce que leurs souvenirs de jeunesse et de gloire avaient de plus intime.

L'Assemblée, par ses débats scandaleux, par ses votes déplorables, était tombée très-bas dans l'estime générale. Mais, après tout, c'était la Convention nationale, c'est-à-dire la seule autorité qui pût prétendre à représenter le peuple français dans son intégrité et dans son indivisibilité. Fallait-il allumer la guerre civile au nord, lorsqu'elle incendiait déjà les provinces de l'ouest? Pendant que celles-ci étaient accusées d'appeler à leur aide les Anglais, fallait-il pactiser avec les Autrichiens? Fallait-il mettre un homme, quel qu'il fût, en balance avec la patrie? Fallait-il abaisser l'honneur du pays jusqu'à recevoir des mains de l'étranger la pacification de la France? Ne devait-on pas être éclairé par les faits alors connus de toute l'armée? L'arrestation des commissaires et du ministre, celle plus récente de plusieurs officiers appelés par surprise au quartier général, et livrés aussi aux Autrichiens; ces allées et venues continuelles du quartier général français au quartier général autrichien; cette retraite précipitée à travers la Belgique, qui ne pouvait être que le résultat d'une connivence coupable entre Dumouriez et Cobourg; la reddition des places fortes belges et hollandaises accordée sans coup férir, lorsque les garnisons pouvaient résister pendant plusieurs mois et attendre un retour offensif de leurs compagnons d'armes : tout cela n'indiquait-il pas assez clairement que Dumouriez n'était qu'un traître?

Cette épithète accolée à son nom décide de son sort.

D'abord elle est murmurée à voix basse et par quelques audacieux ; bientôt elle sera répétée par la masse des troupes, et anéantira le souvenir de tous les services rendus, de tous les périls bravés.

Cependant Dumouriez arrive aux avant-postes de Mortagne, occupés par une demi-brigade formée d'un bataillon du 71me de ligne (ci-devant Vivarais) et de deux bataillons de volontaires parisiens. Il est escorté d'un escadron de dragons impériaux de La Tour et accompagné d'un général autrichien. « Mes enfants, dit-il aux soldats, j'ai toujours été votre père, j'espère que je le serai encore. Votre régiment s'est toujours bien montré dans toutes les affaires où il s'est trouvé. Vous apprendrez avec indignation l'assassinat dont j'ai failli être victime hier de la part de trois bataillons de volontaires. Ils m'ont tiré plus de six cents coups de fusil, tué un domestique et plusieurs chevaux ; j'ai été obligé de m'enfuir et de prendre ma retraite chez l'ennemi ; on m'y a très-bien reçu ; on m'y a fait beaucoup d'accueil. J'espère que vous ferez de même envers lui, car il n'est plus votre ennemi, mais bien votre ami. Ce n'est point à vous qu'il en veut, c'est à ces coupeurs de têtes, à ces prétendus patriotes, à ces danseurs de carmagnole.. Nous irons à Paris, mes enfants ; nous n'avons rien à craindre de l'ennemi ; nous mettrons un roi sur le trône, et nous réclamerons la Constitution de 91. Si nous ne sommes pas assez forts, le prince Cobourg nous offre cinquante mille hommes qui marcheront avec nous sur Paris. Je ne vous laisserai manquer de rien ; j'espère que vous ne m'abandonnerez pas. »

La plus grande partie de la troupe accueille cette harangue par les cris de « Vive monsieur Dumouriez! vive le roi! »

Le général autrichien quitte sa cocarde noire et prend celle d'un soldat, en criant : « Vive le roi et la première Constitution de France! »

Ordre est donné de charger fusils et canons, de marcher mèche allumée et de tourner le dos à la frontière. Bientôt on rencontre le ci-devant régiment royal suédois. Harangué par Dumouriez, il répond par de nouveaux cris de « Vive le roi, vive monsieur Dumouriez! »

Après avoir défilé en portant les armes devant les dragons de La Tour, les deux régiments s'avancent vers Mortagne. Là, plusieurs bataillons sont rangés en bataille. Pendant que le général leur parle, ils gardent le silence, et, le discours fini, donnent quelques signes de désapprobation.

« Les républicains sont libres de partir, dit Dumouriez ; qu'ils s'en aillent! Que les royalistes seuls restent avec moi ; rien ne leur manquera, quoique l'on ait fait courir le bruit que les vivres étaient arrêtés. J'ai de l'argent ; rien ne vous sera refusé. »

Personne ne répond. Pour bien marquer qu'il a complétement rompu avec la République, Dumouriez fait reconnaître, en tête d'un régiment, un nouveau lieutenant-colonel au nom du roi.

Au camp de Maulde, comme à Mortagne, les troupes sont mises sous les armes au moment où se présente le général en chef ; on fait former un cercle très-restreint aux bataillons de la division de droite, car Dumouriez, étant fort enroué, ne peut être entendu de loin. Il raconte de nouveau, dans les termes les plus véhéments, « comment la veille il a failli être assassiné, comment il a été forcé de fuir, ce qu'il n'a jamais fait de sa vie, et comment il a été sauvé de la mort, grâce aux braves dragons de La Tour. »

Montrant les quelques cavaliers impériaux qui sont venus jusque-là avec lui : « Ces militaires, dit-il, sont les plus braves gens du monde ; ils ne veulent que la paix et sont comme nous las de la guerre ; ils nous laisseront tranquillement faire de bonnes lois. Reprenons la Constitution de 91. Après quoi, je réponds de la paix. Chacun retournera dans ses foyers. Moi-même, je me retirerai chez moi. Que tous les braves soldats qui pensent comme moi ne m'abandonnent pas. Homme libre, je laisse la liberté de me quitter à tous ceux qui ne partagent pas ma manière de voir. Mais qu'ils manifestent leur sentiment dans la journée et qu'ils sachent bien que je regarde ceux qui ne se rangeront pas de mon côté comme des ennemis de leur patrie. »

Le général, pendant qu'il parlait, avait aperçu des visages sombres, avait recueilli des propos peu équivoques. Dans ce moment, on vient lui apprendre que l'artillerie, dont le parc est à Saint-Amand, s'est mise en complète insurrection, qu'elle a chassé les officiers qui voulaient s'opposer à ses projets ; qu'elle attelle ses pièces et se dispose à partir pour Valenciennes.

Dumouriez renonce à aller haranguer les troupes du camp de Bruille, et se dirige à toute bride vers Saint-

Amand. Il se jette au milieu des artilleurs et leur fait entendre les accents les plus pathétiques de son éloquence militaire [1].

Mais les canonniers restent muets et continuent leurs préparatifs de départ. Dumouriez, désespérant de les arrêter, les quitte; mais, au lieu de revenir au camp de Maulde, il se dirige vers Rumegies, ce dernier village français qu'avaient traversé, quatre jours auparavant, Camus et ses compagnons d'infortune, et qui devait être aussi pour le rebelle la dernière étape vers l'exil.

A peine le général s'est-il retiré que les canonniers, avec leurs quatre-vingts pièces, se mettent en route pour Valenciennes. Bientôt le bruit de leur départ se répand dans les deux camps et fait éclater les sentiments, longtemps comprimés, des volontaires. Quelques anciens régiments, notamment ceux de la Couronne, d'Auvergne et de Royal-Vaisseau, tiennent encore, il est vrai, pour leur chef; mais ils déclarent en même temps qu'ils ne combattront jamais contre des compatriotes, contre des frères d'armes.

A ce langage, on peut prévoir qu'ils ne résisteront pas longtemps à l'exemple des autres corps et qu'ils se détacheront bientôt à leur tour du général, rendu

---

1. Dumouriez, dans ses *Mémoires,* semble faire entendre qu'il ne se présenta pas à Saint-Amand au parc d'artillerie, parce qu'on lui fit voir les dangers et l'inutilité de cette démarche; mais son témoignage est plus que suspect, il nous paraît invalidé par plusieurs déclarations formelles que nous avons retrouvées aux archives du dépôt de la guerre. Dumouriez a cru devoir passer sous silence cette démarche, parce qu'elle lui réussit fort mal.

de plus en plus suspect par son cortége de cavaliers impériaux.

La vue d'uniformes étrangers au milieu de l'état-major du vainqueur de Jemmapes a, en effet, changé les dispositions de presque tous les soldats. L'éloge qu'à plusieurs reprises le général a fait des services à lui rendus par les dragons autrichiens, mis en parallèle avec les accusations de guet-apens et d'assassinat qu'il a deversées sur les volontaires français, a fait vibrer la fibre du patriotisme dans tous les cœurs. Des fautes commises depuis cinq jours par Dumouriez celle-là était sans contredit la plus grave et la plus irrémédiable.

De nombreuses défections individuelles éclaircissent les rangs des régiments le mieux intentionnés pour le général rebelle. Dans les autres, la débandade est complète. Des bataillons entiers quittent leurs campements sans même songer à emporter leurs tentes, tant ils sont pressés de se soustraire à la fatale influence qui depuis trois jours pèse sur eux. Cette retraite est imitée par le reste de l'artillerie, que le lieutenant-colonel Songis, sous-directeur du parc, amène du camp de Maulde à Valenciennes.

Le général rebelle n'avait plus avec lui qu'un ou deux bataillons d'infanterie, deux escadrons des hussards de Berchiny, un des hussards de Saxe, un des dragons de Bourbon et cinquante cuirassiers. Mais sa force de caractère ne l'abandonne pas. Il donne des ordres pour rallier les divers corps et faire venir près de lui les caisses militaires, ainsi que ses propres équipages. Sur l'ordre de Thouvenot, un détachement de grenadiers du 67ᵐᵉ de ligne s'apprête à conduire de Saint-Amand à Rumegies le trésor de l'armée qui contient en numéraire, les uns disent un million, les autres deux; mais le 3ᵐᵉ dragons qui s'est déclaré pour la Convention s'oppose au départ du précieux convoi. Les grenadiers veulent résister; on peut craindre une collision sanglante. Des renforts partis des camps de Maulde et de Bruille viennent appuyer les dragons, et le trésor reste définitivement en leur possession.

Ce dernier échec décide du sort de la rébellion; Dumouriez et ses compagnons comprennent que, s'ils restent à Rumegies, ils courent risque d'être enlevés d'un moment à l'autre. Il ne faut que deux ou trois régiments pour cerner le village, leur couper tout moyen de fuir et les amener prisonniers aux pieds des commissaires de la Convention.

Ils franchissent la frontière avec les quelques troupes qui leur ont promis de partager leur sort[1]; deux heures après, ils sont à Tournay.

XI.

Déjà la terre étrangère avait donné asile à deux classes distinctes d'émigrés.

La première, nombreuse, bruyante, irréfléchie, avait quitté la France le lendemain de la prise de la Bastille. Suivant l'exemple du comte d'Artois et ani-

---

1. Nous donnons à la fin du volume la statistique des troupes qui suivirent la fortune de Dumouriez.

mée du même esprit, elle s'était répandue dans toutes les cours et avait travaillé avec ardeur à développer les ferments de colère et de haine que la Révolution avait fait naître dans le cœur des potentats de l'Europe.

La seconde avait eu La Fayette pour chef, et le 10 août pour motif. Elle comprenait quelques patriotes sincères qui, désespérant de l'alliance de la liberté nouvelle avec l'ancienne monarchie, avaient abandonné leur patrie lorsqu'un péril manifeste et imminent leur avait imposé l'obligation de songer à leur sûreté personnelle.

A ces deux catégories venait s'en ajouter une troisième, séparée par un abîme de l'émigration purement royaliste de la première heure, divisée par des nuances à peine sensibles de celle qui avait voulu rester fidèle à la Constitution de 1791.

Aussi vit-on bientôt ces deux dernières se confondre en se traçant la même ligne de conduite. Le temps de l'exil se passa pour l'une comme pour l'autre dans le silence et la résignation. Dès que l'apaisement de la tempête révolutionnaire rouvrit les portes de la France aux compagnons de La Fayette et de Dumouriez, beaucoup d'entre eux s'empressèrent de se mettre à la disposition de leur pays et le servirent brillamment, soit dans les armées, soit dans l'administration [1].

---

[1]. Voir la notice que nous avons donnée, tome III, page 441, sur les officiers qui accompagnèrent La Fayette, et celle que l'on trouvera à la fin de ce volume et dans laquelle nous ferons connaître la destinée des généraux et officiers qui jouèrent un rôle dans les événements du 1er au 5 avril 1793.

Pourquoi le sort de ces deux hommes fut-il si différent? C'est que, avant, pendant et après les événements qui les forcèrent à abandonner leur armée, ils n'eurent pas les mêmes mobiles, ne suivirent pas les mêmes errements, ne conservèrent pas la même dignité.

Dès les premiers jours de la Révolution, La Fayette se trace une ligne de conduite dont il ne se départira plus; il s'expose résolûment à déplaire à tous les partis en ne voulant être d'aucun, il reste jusqu'au bout le serviteur désintéressé d'une idée.

Préoccupé avant tout de ses intérêts et exempt de scrupules, Dumouriez flatte toutes les factions et se sert tour à tour de chacune d'elles. C'est le précurseur des aventuriers militaires qu'enfantera la Révolution.

La Fayette se refuse à reconnaître le régime qui s'intronise sur les ruines sanglantes du trône constitutionnel qu'il a juré de défendre. Dumouriez, après avoir accepté avec enthousiasme la République, se met en révolte ouverte contre l'Assemblée souveraine qui la représente.

La Fayette ne songe pas un instant à entamer des négociations avec les chefs des armées étrangères. Au moment où il est obligé de fuir, il n'est préoccupé que du soin de pourvoir à la sûreté des cantonnements de son armée. Il rend à la liberté les commissaires de l'Assemblée arrêtés par ses ordres; il ne cherche à débaucher ni un régiment, ni un soldat. La frontière une fois franchie, il préfère supporter la captivité la plus dure plutôt que d'avoir avec les envahisseurs de son pays la moindre connivence, plutôt que de renier les principes qui ont dicté sa conduite antérieure.

Dumouriez pactise avec l'étranger; il lui abandonne ses conquêtes pour obtenir une neutralité suspecte; non-seulement il lui remet, sans coup férir, les places fortes qu'il détient en Belgique et en Hollande, mais il lui promet les clefs de Lille, de Valenciennes et de Condé, trois des principaux boulevards de la France. Violant les principes les plus élémentaires du droit des gens, il livre aux Autrichiens ceux-là mêmes, qui sont venus vers lui revêtus du caractère sacré d'ambassadeurs. Il entraîne dans sa défection toutes les troupes qu'il peut séduire. Pour prix de sa trahison, il accepte des récompenses et des pensions; il se fait le conseiller des ennemis de sa patrie. Pendant dix ans, il remplit de ses intrigues les cours de l'Europe, colportant partout ses plans de campagne et partout écarté comme un aventurier qui a épuisé sa chance [1].

Lorsqu'au sortir des cachots d'Olmütz La Fayette rentre dans sa patrie, pour laquelle il ne lui a pas été donné de combattre, il y est accueilli par les hommages des amis de la liberté et l'estime de ses ennemis. Malgré les faiblesses et les fautes que l'on peut signaler dans sa longue carrière, tous les partis honorent en lui la loyauté des convictions et l'honnêteté politique.

---

[1]. Dans une note que l'on trouvera à la fin du volume, nous racontons aussi succinctement que possible les intrigues, les sollicitations et les pérégrinations sans nombre que Dumouriez tenta successivement jusqu'à ce qu'il se fût résigné à son malheureux sort.

Dumouriez, au contraire, qui, plus heureux, a eu l'insigne honneur de sauver son pays de l'invasion, languit trente années dans l'exil et y meurt oublié de tous.

Devant le contraste de ces deux destinées, qui oserait nier la salutaire et implacable moralité de l'histoire?

FIN DU TOME SIXIÈME.

NOTES

ÉCLAIRCISSEMENTS

ET

PIÈCES INÉDITES

I

LETTRES CONFIDENTIELLES DES GÉNÉRAUX.

(Voir page 91.)

Au citoyen Pétion, député à la Convention nationale.

« Liége, le 29 novembre, l'an 2ᵉ de la République.

« Si vous continuez, mes bons amis, à soupçonner vos généraux, à accuser vos administrateurs, à les remplacer par leurs calomniateurs, à faire protester des lettres de change d'argent contre assignats, que j'ai été forcé de faire pour emprunter de quoi payer la solde, qui n'avait ni payeur ni numéraire; si votre tribune, au lieu de ne recevoir que des orateurs s'occupant de législation, de plans de gouvernement, ne présente que des hommes qui se permettent des délations et des injures contre tous les préposés; si enfin, à peine entrés chez un peuple ami, nous y établissons le monopole et les compagnies exclusives : alors la première année de la République pourra bien devenir la dernière ; alors vous n'aurez pour généraux que des ambitieux, des intrigants ou des sots; alors ou vous m'ostraciserez, ou je me retirerai. Car rien au monde ne pourra m'engager à être le fléau des nations, l'instrument de la tyrannie ou de la sottise. Ainsi je me réfère à ma lettre à la Convention nationale; elle décidera de mon sort et de celui des provinces que je viens de rendre à la liberté. Vos bureaux de la guerre sont pires que jamais; la bureaucratie est plus tyrannique que sous l'ancien régime, et tout le système actuel nous conduit à notre perte et à vivre ensemble comme des loups enragés. Si les gens sensés et honnêtes ne se rallient pas, la France perdra tout le fruit de nos victoires et retombera dans la plus dangereuse des anarchies. Quant à moi, je ne fuirai pas les dangers personnels ; mais je fuirai tout emploi et je pleurerai dans un coin sur l'ingratitude et l'imprudence de mes concitoyens.

« DUMOURIEZ. »

« *Post-Scriptum.* Je vous envoie les deux Égalité qui sont pénétrés du plus profond chagrin, mais qui resteront fidèles à leur devoir. Ils ont une carrière plus longue que la mienne à remplir ; tant pis pour eux. La mienne a été bien agitée, bien brillante, bien utile ; il est temps que j'enraye puisqu'on brise mes roues et qu'on tue mes chevaux. »

Au citoyen Cochon-l'Apparent, député à la Convention nationale.

« Au quartier général, à Sarrelouis, le 10 janvier 1793, l'an 2ᵉ de la République.

« Je vous adresse, mon cher l'Apparent, copie d'une réponse que je fais au Ministre, et d'une autre à Custine.

« Il y a huit jours qu'on m'a permis de me cantonner et de me réparer ; je vous devais et à nos amis cette juste faveur. Custine l'a su, et n'a fait que deux petites demandes pour s'y opposer.

« La première, que je porte le tiers de cette armée à Hombourg et Kaiserlautern, où il sera tourné, enlevé, sans que Custine ni moi puissions le secourir.

« La deuxième, il a obtenu l'ordre du ministre qu'il puisse disposer du reste de mon armée pour la porter à Mayence.

« Il finit par demander de dégarnir mes places qui ne sont pas garnies au tiers, pour augmenter le renfort qu'il me demande. Il exige enfin que je ne laisse presque rien dans Metz.

« Me voilà bientôt les mains vides avec 40 lieues de frontière à garder, et 35,000 hommes dans le Luxembourg à observer qui ne manqueront pas de faire des politesses à nos places. C'est le ministre Pache qui me prescrit l'obéissance aux ordres extravagants de Custine. Lisez ma réponse à l'un et à l'autre.

« L'armée, réduite à 12,000 hommes par la maladie et la désertion, est sans souliers, sans bas, sans culottes, sans habits et sans chapeaux; elle est dégoûtée, désespérée, et celui qui la commande n'a pas envie de se déshonorer.

« J'ai toutes les munitions à régénérer. Custine a perdu tous mes chevaux d'artillerie par la sotte campagne de Trèves; il me faut un équipage neuf; idem pour les vivres et l'ambulance. Il en est de même de ma cavalerie, et les cavaliers sont sans selle, sans bottes et sans culottes.

« Communiquez ma lettre à nos amis et au comité qui peuvent réagir efficacement.

« Le Directoire d'achats des subsistances militaires va nous faire crever de faim, hommes et chevaux.

« La compagnie d'habillements est une compagnie de fripons qui nous laissent tout nus.

« Custine ne voit le salut de la France que dans celui du pont de Mayence : son projet est de commander toutes les armées, depuis la Suisse jusqu'à la mer, et de les rassembler à son f.... pont. A coup sûr, c'est un enthousiaste, s'il est de bonne foi, ou un homme bien dangereux, s'il est de mauvaise foi. Ce qui me peine, c'est que le Ministre et le Pouvoir exécutif font ce qu'il veut.

« Si on ne réunit les généraux à Paris, si l'on ne restreint notre plan de campagne, si l'on ne répare nos armées nues et exténuées, si nous ne nous retirons sur nos frontières, si nous n'y prenons de bonnes positions en avant de nos places, si nous n'établissons des magasins d'abondance, je vois la France battue et aux fers.

« Occupons 100,000 cordonniers sous la surveillance de toutes les municipalités du royaume, nous aurons 600,000 bonnes paires de souliers en six jours.

« Occupons *idem* 100,000 tailleurs pendant quinze jours, nous aurons 300,000 bonnes paires de culottes en trois jours, 300,000 vestes en trois autres, et 300,000 habits en neuf autres.

« En quinze jours nos armées seront chaussées et habillées, et nous aurons un excédant pour un an de plus. Il ne faudra pas un mois pour réunir en poste tous ces objets.

« Adieu, mon ami, j'ai le cœur déchiré de tout ce que je vois et de tout ce qui se prépare. Notre force armée est réduite à moitié; il lui faut une nouvelle organisation, et l'on ne s'occupe que de chimères. Nous ne pensons qu'à donner la liberté à des gens qui n'en veulent point, et nous ne savons pas être libres, tout en voulant l'être.

« Adieu, je suis toujours extrêmement faible, je ne vous en aime pas moins très-fortement.

« Votre bon ami,   BEURNONVILLE. »

Biron, commandant en chef, à Pache, ministre de la guerre.

« Au quartier général, à Nice, le 11 février 1793,
l'an 2ᵉ de la République.

« Il est de ma franchise, citoyen ministre, d'avoir avec vous, sans plus attendre, une explication qui doit convenir également à votre loyauté et à la mienne; je ne vous dissimulerai donc pas que votre correspondance avec moi pendant que j'ai commandé dans les départements m'a beaucoup affligé; non parce qu'elle était sèche et souvent désobligeante, car les formes sont peu importantes, et il suffit qu'elles soient les mêmes pour tous; mais parce que vous n'aviez aucun égard à mes représentations les plus fondées, et que vous ne répondiez pas à mes demandes les plus pressantes. Je n'ai pas dû vous cacher combien vous aviez désorganisé l'armée du Rhin, et combien il était dangereux d'en retarder la réorganisation que j'avais tant sollicitée; et je vous avoue que lorsque je me suis vu destiné à commander une autre armée, j'ai cru que vous n'aviez pas été fâché de vous débarrasser de mes importunes réclamations en Alsace. A mon passage à Paris, votre patriotisme prononcé, les différentes conversations que nous avons eues ensemble m'ont inspiré une confiance en vous que n'avait pu me donner le commencement de votre ministère. Vous avez bien voulu me dire que rien de ce qui m'avait peiné dans nos rapports ensemble ne vous appartenait, et que, surchargé d'affaires, beaucoup de choses vous échappaient nécessairement. Je l'ai cru avec plaisir, et j'ai compté sur vos secours les plus actifs pour remettre en état de servir une armée dont le délabrement sous tous les rapports ne pouvait être exagéré et qui cependant paraît destinée à tirer des coups de fusil la première. Nous sommes convenus ensemble d'une organisation plus pressée que tout, et indispensable pour ramener l'ordre. Il ne fallait que votre signature pour la mettre à exécution, et depuis un mois cette organisation tant désirée n'est pas arrivée à l'armée. Je vous ai proposé à Paris la levée d'une légion d'artillerie volante dont vous m'avez paru sentir les avantages, et qui pouvait rendre les plus grands services aux armées des Alpes et d'Italie; nous en avons parlé plusieurs fois au Conseil, comme d'une mesure d'une utilité capitale, et que l'on ne pouvait prendre trop promptement. Vous la voyant adopter, je n'ai pas cru nécessaire de vous demander l'augmentation de l'artillerie à pied, dont je ne puis me passer, et de l'artillerie à cheval, et je ne m'attendais pas, je vous jure, citoyen ministre, étant parti dans cette confiance, de recevoir de vous la lettre dont je joins ici copie (convaincu que vous n'avez pas eu le temps de la lire avant de la signer). D'après cette lettre, je dois présumer que vous ne voulez pas de la légion d'artillerie volante, que les secours que vous me donnez en artillerie, et peut-être en tout genre, seront sûrement insuffisants, et arriveront probablement trop tard. Vous êtes trompé, sans doute, car il n'est ni de votre patriotisme, ni de votre sagesse, de mettre par ces dangereuses lenteurs une armée hors d'état de servir la République, et de me forcer de rejeter sur vous une responsabilité dont il ne serait pas juste de me laisser chargé, en me refusant ou en me donnant trop tard ce qui m'est indispensable pour défendre l'entrée de la France à ses ennemis. Lorsque je l'ai pensé, j'ai dû vous dire que vous compromettiez la sûreté des départements du Rhin, et je dois vous dire aujourd'hui que vous compromettez de la manière la plus alarmante le comté de Nice et les départements du Var et des Bouches-du-Rhône par le moindre retard. Au nom de votre amour pour la liberté, surveillez ce qui vous entoure, et craignez de faire à votre patrie un mal irréparable, en ne plaçant pas bien votre confiance. Cette lettre, dont je serais bien fâché que vous fussiez choqué, et qui est, malgré sa sévérité, une forte preuve d'estime, n'est nullement officielle, et ne sera connue que de vous; mais je dois vous prévenir que j'adresserai dorénavant au Comité de défense nationale le double de ma correspondance officielle, ce qui me semble devoir nous faire gagner du temps à vous et à moi; croyez, citoyen ministre, que je serais plus heureux que je ne puis vous l'exprimer de vous devoir de la reconnaissance pour le service de la République et de vous vouer un attachement inaltérable.

« *Le citoyen général d'armée* : Biron. »

II

PIÈCES CONCERNANT SÉMONVILLE

AMBASSADEUR DE LA RÉPUBLIQUE FRANÇAISE AUPRÈS DE LA PORTE.

(Voir page 95.)

Au général Paoli.

« De Saint-Florent, le 15 novembre 1792.

« Citoyen général,

« Le contre-amiral Truguet s'adresse à vous avec confiance pour obtenir de la juste influence que vous avez dans votre patrie des moyens d'étendre sur nos frontières l'empire de la liberté. L'escadre, mouillée aujourd'hui à Spezzia, va faire voile pour la Sardaigne. Elle a besoin pour assurer ses succès des braves concitoyens du général Paoli; le contre-amiral sait, comme tous les Français, combien on est assuré de trouver dans les Corses d'ardents défenseurs de la liberté; il veut les associer à la gloire que la marine française, victorieuse de Nice et d'Oneille, va recueillir à Cagliari. J'ai cru vous plaire, citoyen général, en me chargeant d'être, auprès de vous, l'interprète de cette demande; j'ai cru aussi servir ma patrie, en présentant à celui qui, depuis tant d'années, a bravé le despotisme une nouvelle occasion de déployer sa haine contre les tyrans.

« Veuillez, citoyen, accueillir les sollicitations pressantes du contre-amiral; veuillez les faire valoir auprès des administrateurs du département, et m'instruire du résultat de ces délibérations et de vos soins. Retenu par des ordres que j'attends, j'ignore si je pourrai m'écarter soit de Bastia, soit de Saint-Florent, une corvette devant arriver d'un moment à l'autre presser mon départ pour Constantinople. Mon désir me porterait à Corte; si j'y suis nécessaire pour quelques explications, j'y vole; si, au contraire, les lettres du contre-amiral vous suffisent, citoyen, ainsi qu'au département, je quitterai la Corse avec le regret de n'avoir pas vu le créateur de sa liberté, mais avec la satisfaction de m'être retrouvé un moment au milieu de mes concitoyens, dont je ne me sépare que pour leur sacrifier toute ma vie.

« SÉMONVILLE. »

« Le 23 mars 1793, an 2ᵉ de la République.

« Législateurs,

« Plusieurs d'entre vous cherchent Sémonville sur les mers qui mènent à Constantinople, d'autres croient déjà à son débarquement sur la terre musulmane. Toute la République se berce des heureux succès de son génie et de ses talents.

« Tous ces calculs sont faux, et la confiance publique est indignement trompée. Sémonville, comme tous les diplomates amis du peuple républicain, est aujourd'hui la victime de la bureaucratie et de la trahison ministérielle. Sémonville languit dans les filets de la perfidie et traîne de port en port des jours que la coalition royale de nos ennemis rend inutiles. Lebrun lui ordonne de quitter Gênes le 27 octobre, de publier son départ diplomatique et d'aller se mettre en charte privée dans les murs d'Ajaccio. Sémonville reçoit cet ordre de bonne foi, il l'exécute avec cette ponctualité d'un homme qui imagine des intentions politiques. Il ensevelit sa correspondance dans le bureau des affaires étrangères et attend sous son secret le dernier signal de sa mission. Après une longue attente, il expédie son secrétaire au ministre, et alors seulement sa correspondance, égarée dans les mains des commis du ministère, a repris son cours.

« Cependant, on propage dans le lieu de sa naissance qu'il s'est émigré avec l'argent de la République, on menace ses propriétés et on déshonore le citoyen qui fut l'effroi diplomatique des tyrans.

« Lebrun, dans sa traîtreuse politique, a-t-il prêté, a-t-il rendu hommage à la vérité, quand il a vu attaquer Sémonville, qu'il faisait assassiner lui-même en le dérobant à tous les yeux, en murant sa solitude par l'impossibilité de relationner avec personne? Lebrun asservirait-il encore le Comité diplomatique, puisqu'il est incroyable que le Comité tout entier ait trempé dans cette affreuse trahison?

« Sémonville n'est rendu à ses relations premières que pour apprendre qu'il doit retourner sur le continent français, et que Descorches va aplanir devant lui les obstacles de la Porte Ottomane.

« Ce n'est point là une élaboration de difficultés diplomatiques ; c'est purement une manœuvre, une intrigue, une cabale, une véritable proscription d'agent accrédité par la haine des tyrans.

« Où est donc la nécessité préalable d'aplanir, quand le sultan, en signe d'alliance, se décore de nos couleurs nationales et regarde avec intérêt l'arbre sacré de la liberté?

« Pourquoi Sémonville est-il à Marseille, quand toutes les relations locales nous garantissent le zèle et l'impatience que l'amitié et la politique suggèrent envers nous au sultan?

« Pourquoi Sémonville est-il à Marseille, quand son génie républicain aurait suscité l'antipathie musulmane contre la femme néronienne du Nord et contre le dernier des empereurs? Ses talents sont au niveau de cette puissante diversion, dont la perte ou le retard provient de l'humiliante protection qu'on accorde à de perfides ministres.

« Sémonville aurait dû depuis longtemps, et tel était le projet, paraître dans l'Archipel sur une escadre imposante ; il eût dû redonner, par l'appareil de cette force réelle, la mesure fière d'une puissance aussi redoutable que calomniée ; et, débarquant alors sur la terre musulmane, il se serait aidé de l'effet nouveau d'une pareille garantie, pendant que cette même escadre aurait balayé à son retour les vaisseaux du commerce dont les mers étaient alors couvertes, et aurait, par ce succès, porté un dommage irréparable aux ennemis belligérants.

« Tels sont les faits de notre dénonciation. Rendez donc, législateurs, une éclatante justice au patriote ambassadeur Sémonville ; décrétez authentiquement la punition à mort de la trahison ministérielle, et sans perdre un moment, ordonnez que Sémonville parte, qu'il soit parti au gré de tous les vœux des côtes méridionales.

« Guinot, *président de l'Assemblée ;*
Giraud, *vice-président ;*
Pierre Trahan, *président de correspondance ;*
Pierre Beysse-Ferry, P. André.

« Vu l'adresse délibérée par la Société des Amis de la république de cette ville de Marseille, relative à la mission qui avait été confiée par le Conseil exécutif provisoire de la République auprès de la Porte Ottomane au citoyen Sémonville, et qui lui a été retirée ;

« Sur le rapport et ouï le citoyen procureur-syndic ;

« Le directoire du district de Marseille, vivement affecté de l'espèce de disgrâce, qu'essuie sans aucun motif le vertueux patriote Sémonville, dont le génie républicain eût été d'un bien puissant secours à la patrie menacée de toutes parts, déclare adhérer à ladite adresse dans tout son contenu, et reconnaît qu'elle contient le vœu et l'expression des sentiments qui animent ses administrés.

« Fait à Marseille, en directoire, le 23 mars 1793, l'an II de la République, présents tous les membres.

« Brémond, *président ;* Donjeon, *secrétaire.*

« Vu l'adresse de la Société des Amis de la liberté et de l'égalité de cette ville de Marseille ; l'avis du directoire du district de Marseille sur ladite adresse ;

« Ouï le procureur général syndic *en absence*, l'administration du département des Bouches-du-Rhône, affligée des délais et des obstacles apportés à l'arrivée du citoyen Sémonville à

Constantinople, et sentant combien la présence de cet ambassadeur dans le Levant et auprès de la Porte Ottomane intéresse la République française, a arrêté d'adhérer à la susdite adresse, de manifester l'espoir qu'elle fonde sur l'ambassade dudit citoyen, et de solliciter vivement son départ pour aller remplir une mission dont les succès sont présagés par l'estime et la confiance que Sémonville a inspirés à tous les patriotes et surtout au commerce de cette ville.

« Fait à Marseille, en l'administration du département, le 23 mars 1793, an II de la République française. »

III

DOCUMENTS SUR LA PHALANGE MARSEILLAISE

ET L'EXPÉDITION DE SARDAIGNE.

(Voir page 97.)

Dès les premiers mois de 1789, la ville de Marseille s'était placée à la tête du mouvement démocratique dans le Midi. Elle avait créé une garde nationale, dont la partie la plus remuante s'était donné une existence à part, avait pris le nom de phalange marseillaise, et était devenue, dès 1791, l'instrument docile des volontés de Barbaroux et de Rebecqui, les chefs du parti girondin dans les Bouches-du-Rhône et les départements voisins. Le commandant de cette espèce d'armée révolutionnaire s'appelait d'HilaireChanvert, il avait été autrefois capitaine de cavalerie et était alors âgé de plus de soixante ans.

Comme celle qui fut plus tard instituée par la Convention, afin de porter le système de la terreur autour de Paris, cette petite armée rayonnait autour de Marseille pour mettre *au pas*, suivant le langage du temps, les villes qui étaient accusées d'être peu favorables aux idées nouvelles. C'est ainsi que l'on vit successivement des détachements de la phalange marseillaise occuper les villes du Comtat-Venaissin, Carpentras et Cavaillon, y assurer le triomphe de la révolution avignonaise, se rendre à Aix pour y désarmer le régiment d'Ernst, puis, bravant les défenses des autorités civiles et militaires, marcher sur Arles et s'ouvrir à coups de canon les portes de cette ville.

A de tels exploits, restreints dans la sphère d'action de l'antique cité phocéenne, devaient succéder de plus nobles triomphes. Appelés par Barbaroux et Rebecqui, qui avaient été mandés à la barre de l'Assemblée législative pour donner des explications sur l'expédition d'Arles, cinq cents volontaires choisis parmi les hommes les plus déterminés de cette phalange partirent de Marseille le 1er juillet 1792, et vinrent faire à Paris le 10 août et le 2 septembre. Nous ne reviendrons pas sur ces deux journées que nous avons racontées en détail dans nos volumes II et III. Nous saisirons cependant l'occasion de réparer une erreur que nous avons commise à l'égard du bataillon marseillais.

Page 126 du tome III, nous nous exprimions ainsi :

« Ces héros d'un genre tout spécial, lorsqu'ils eurent accompli l'œuvre pour laquelle on les avait expédiés à Paris, n'eurent pas la pensée d'aller retrouver à Valmy les braves qui défendaient le sol sacré de la France ; ils tournèrent le dos à l'ennemi et demandèrent à reprendre le chemin de Marseille. Après leur départ de Paris, on perd complétement leurs traces. »

Ces traces, nous les avons retrouvées.

Sur les registres de la municipalité de Marseille, on peut constater que les prétendus vainqueurs des Tuileries firent le 22 octobre 1792 leur rentrée solennelle sous des arcs de triomphe. Une députation de citoyennes vint leur offrir des couronnes d'immortelles et de lauriers ; des fêtes brillantes leur furent offertes pendant plusieurs jours de suite ; le conseil général de la commune ordonna que le nom des vingt Marseillais, tués aux Tuileries, fût inscrit sur une table de marbre [1].

Les héros du 10 août arrivèrent donc à temps dans les Bouches-du-Rhône pour reprendre leurs rangs dans la petite armée que d'Hilaire-Chanvert emmena en Sardaigne et qui y joua un si triste rôle.

---

1. Nous avons évalué (t. II, p. 494) à 22 morts les pertes du bataillon marseillais ; ce chiffre a été très-vivement contesté par les écrivains qui veulent encore faire croire à la légende d'un assaut meurtrier livré le 10 août aux Tuileries. Par le document officiel que nous avons retrouvé, on voit que dans nos calculs nous avions été au delà de la vérité.

Pour édifier nos lecteurs sur les faits et gestes des héros marseillais, nous nous contenterons de mettre sous leurs yeux quelques-uns des documents inédits, que nous avons recueillis sur cette expédition.

Premier rapport du commandant d'Hilaire-Chanvert.

« Au golfe Juan, à bord du vaisseau de ligne *le Commerce de Bordeaux*, le 29 janvier 1793, an 2e de la République française.

« Citoyen ministre,

« J'ai eu l'honneur de vous écrire de Nice, au commencement de ce mois, que j'allais m'embarquer à Villefranche avec les huit bataillons de volontaires nationaux que je commande. Nous sommes effectivement partis de ce port le 8 du mois au nombre de trente-neuf navires de transport escortés par un vaisseau de ligne et une corvette. Notre destination était pour Ajaccio, lieu destiné pour le rassemblement général des troupes. Après deux jours d'une navigation heureuse, nous arrivâmes tout près du golfe, et, au moment d'y entrer, les vents contraires ne permirent qu'à quelques-uns des navires d'y mouiller ; le reste fut repoussé au large, et, après avoir erré pendant deux ou trois jours, il fut dispersé par de violents coups de vent sur les côtes de Corse, d'Italie et de Provence. Je relâchai avec le vaisseau de ligne, la corvette et treize bâtiments de transport au golfe de Saint-Florent, d'où j'espérais pouvoir me rendre par terre à Ajaccio avec les quinze cents hommes ou environ qui m'avaient suivi, et en conséquence je les fis mettre à terre pour me rendre à Bastia, qui n'est qu'à trois lieues ; je reçus dans cette ville la réponse du lieutenant général Paoli qui commande en Corse, et à qui j'avais dépêché des exprès à Corte de même qu'aux autres commandants dans les différents ports de l'île, pour avoir des nouvelles des navires dispersés. Le général Paoli m'écrivit qu'il n'en avait aucune et que je ne pourrais pas me rendre à Ajaccio par terre, parce que la communication était entièrement coupée par les neiges sur les montagnes qu'il fallait traverser. Je me décidai donc alors à faire rembarquer les troupes pour m'y rendre par mer, d'autant mieux que le capitaine du vaisseau de ligne me fit avertir que le temps devenait beau. Je partis donc de Bastia le 20, la plus grande partie des troupes s'embarqua le même jour à Saint-Florent; le reste, le lendemain matin et la flotte mit à la voile le 22 pour Ajaccio. Les vents furent passables pendant vingt-quatre heures; mais après cela, ils nous repoussèrent au large, et, après avoir lutté contre eux pendant deux jours, nous nous trouvâmes vis-à-vis de Monaco où nous fûmes pris par un calme, auquel succéda un violent coup de vent qui nous jeta dans le golfe Juan, où nous sommes mouillés depuis deux jours. Nous croyons pouvoir en appareiller ce matin pour aller en droiture au golfe de Palmas, en Sardaigne, d'après l'avis que le général de l'armée d'Italie nous a donné, que la plus grande partie de nos navires dispersés devait y être avec le contre-amiral Truguet. Nous avons eu quelques volontaires déserteurs qui craignent la mer; mais, en général, le courage et le patriotisme animent nos bataillons et nous font espérer un bon succès. En arrivant en Sardaigne, j'aurai l'honneur de vous instruire de nos opérations ultérieures.

« Le commandant général des légions marseillaises, commandant le corps de six mille hommes levé dans le département des Bouches-du-Rhône, pour renforcer l'armée d'Italie.

« D'HILAIRE CHANVERT. »

« Je vous prie, citoyen ministre, de ne pas différer davantage l'expédition du brevet de maréchal de camp, que le département des Bouches-du-Rhône et la municipalité de Marseille vous ont demandé pour moi et que vous leur avez fait espérer. Je puis vous assurer, tout intérêt personnel à part, que ce degré d'autorité m'est indispensablement nécessaire pour le bien du service de la République. »

Extrait d'une lettre écrite au ministre de la marine le 26 janvier 1793, par le citoyen Pourcel, commissaire provisoire de la marine, à Villefranche.

« *Le Commerce de Bordeaux*, n'ayant pu débarquer dernièrement à Ajaccio, fut forcé d'arriver à Saint-Florent, avec une partie de son envoi ; reparti de là ensuite pour se rendre à sa destination, un vent contraire le conduisit hier, avec neuf à dix navires de transport, devant Villefranche. Il *appela* les deux bâtiments entrés de relâche ici le 17. Je leur signifiai, en conséquence, l'ordre exprès de partir; et ils se disposaient effectivement à le faire dans la nuit, lorsque deux autres navires du convoi ayant quitté leur escorte, sont entrés ici ce matin de très-bonne heure, forcés par les troupes qu'ils ont à bord qui ne veulent plus suivre leur destination. »

Lettre du maréchal de camp Casabianca au ministre de la guerre.

« Ajaccio, le 25 janvier 1793.

« Citoyen ministre,

« J'ai reçu du citoyen Brunet la commission de me rendre en Sardaigne pour commander les troupes qui doivent y descendre.

« Je me conformerai aux instructions du Conseil exécutif.

« Nous partirons cette nuit pour les îles de Saint-Pierre, où est le rendez-vous indiqué par le contre-amiral Truguet. Là, je me concerterai avec lui sur les dispositions à faire pour l'attaque de Cagliari et des autres places de la Sardaigne.

« Je me concerterai également avec le citoyen Arena, et je tâcherai de rendre cette expédition aussi avantageuse à la République qu'aux peuples de cette île.

« Je ne connais pas assez les volontaires des Bouches-du-Rhône pour pouvoir présager le succès de notre campagne. Quelques compagnies du 1er bataillon de la phalange me donnèrent avant-hier le désagrément de les voir en insurrection. Elles ont osé menacer. J'ai opposé la fermeté, et le bruit a cessé. J'espère que, lorsque nous serons en présence de l'ennemi, elles sentiront la nécessité de se soumettre à la discipline militaire, et que la majorité de l'armée sera animée par l'esprit de soumission aux lois et aux chefs, et dès lors rien ne me sera difficile.

« Le maréchal de camp commandant l'armée de Sardaigne :

« CASABIANCA. »

Lettre adressée au ministre de la marine par Bertin, commissaire ordonnateur des forces navales, escadre de la Méditerranée.

« En rade de Cagliari, à bord du *Tonnant*,
le 26 janvier 1793.

« Citoyen ministre,

« L'escadre est arrivée dans la rade de Cagliari le 23 de ce mois au nombre de onze vaisseaux, trois bombardes et quatre frégates. Le premier soin du général a été d'envoyer un canot parlementaire au vice-roi de la Sardaigne, mais il a été repoussé à coups de canon. Le major-général Villeneuve qui était chargé avec les citoyens Peraldi, commissaire du département de l'île de Corse, et Buonarotti, Florentin, apôtre de la liberté, de porter des paroles de paix, ont couru les plus grands dangers. Mais, par la bonne manœuvre du major-général, personne n'a été atteint du feu de l'ennemi.

« Le convoi, attendu de Villefranche avec 4,000 gardes nationales de l'armée du Var, ne nous est point encore parvenu. Sans ce secours il nous est impossible de faire une descente et de nous emparer de la ville, qui, outre des batteries qui la défendent, est gardée par près de 25 à 30,000 Sardes que le vice-roi a fait venir des campagnes. Les 4,000 Corses qui devaient faire une diversion ne paraissent pas devoir remplir leur promesse, et la pénurie de vivres dans laquelle nous nous trouvons ne nous permet pas de rester plus de huit à dix jours sur cette rade. Ainsi, sans l'arrivée des secours promis, il faudra nous borner à canonner et à bombarder la ville et retourner ensuite à Toulon. Les 1,400 hommes de troupes de ligne pris à Ajaccio ne peuvent pas suffire pour la prise de cette place. C'est avec la plus vive douleur que nous serons forcés d'abandonner une conquête assurée si nous n'avions éprouvé une suite de contrariétés inexplicables.

« Le commissaire ordonnateur :

« Bertin. »

Deuxième rapport d'Hilaire-Chanvert.

« La plus grande partie des navires de transport, de la flotte française, partis de Villefranche le 8 janvier, arriva les premiers jours de février dans le golfe de Cagliari, après avoir essuyé sur la mer les plus mauvais temps et les plus grands dangers; elle s'y réunit à l'escadre commandée par le contre-amiral Truguet qui, de concert avec le général Casabianca fixa la descente au 14 du même mois; et, en effet, le débarquement des troupes se fit le jour fixé, sur la plage dite des Espagnols, à deux lieues de la ville de Cagliari, sous la protection du feu de trois frégates.

« On donna des vivres pour trois jours, et l'armée composée du régiment ci-devant Limousin, d'un détachement de 300 hommes du régiment ci-devant Bresse, d'un pareil nombre du ci-devant La Fère, avec environ 3,000 volontaires nationaux, se retrancha au bord de la mer et coucha au bivac.

« Le lendemain, 15 du même mois, elle se mit en marche vers Cagliari, sous les ordres du général Casabianca, pour aller attaquer les hauteurs et les redoutes du mont Saint-Élix.

« Il devait y avoir, en même temps, une autre descente et une contre-attaque du côté de la mer au pied du même mont Saint-Élix, à une demi-lieue de la ville, et sous le feu du fort et des redoutes ennemies. Cette contre-attaque était sous les ordres du général d'Hilaire, qui était arrivé le même jour, avec une partie de l'état-major général marseillais, près de Cagliari, sur le vaisseau de ligne *le Commerce de Bordeaux*, et qui devait avoir avec lui 800 hommes de troupes de ligne, un détachement de volontaires nationaux du bataillon de Martigues et quelques volontaires marins. Il devait effectuer sa descente et commencer cette seconde attaque lorsqu'il aurait été assuré que le général Casabianca aurait commencé la sienne.

« Vers les trois heures après midi du même jour, le contre amiral Truguet fit signal de faire préparer les troupes pour le second débarquement en donnant avis que le général Casabianca, qui s'était mis en marche depuis neuf heures du matin sur trois colonnes, l'avait instruit qu'il approchait du lieu qu'il devait attaquer.

« Les préparatifs pour la seconde descente se firent en conséquence ; mais le général Casabianca, qui marchait fort lentement, parce que les volontaires et soldats étaient obligés de traîner eux-mêmes les canons, n'ayant ni mulets, ni chevaux, arriva fort tard, à l'entrée de la nuit, près des postes qui devaient être attaqués, et, ne jugeant pas le temps ou les circonstances favorables, il ordonna un mouvement rétrograde à l'armée d'une demi-lieue. Ce mouvement se fit dans la nuit, et l'armée eut ordre après cela de s'arrêter et de se reposer.

« A peine était-elle dans cet état qu'on entendit quelques coups de fusil vers l'avant-garde, qui était devenue, par le mouvement retrograde, l'arrière-garde ; il était alors huit ou neuf heures et l'obscurité de la nuit ne permettant pas aux troupes de distinguer si le feu partait des ennemis ou des Français, nos colonnes se fusillèrent mutuellement pendant un demi-quart d'heure. Deux ou trois dragons ennemis, qui avaient paru vers la fin du jour et que nos troupes avaient dispersés par quelques volées de canon, ont pu donner lieu à cette méprise, qui, jointe au mouvement rétrograde qu'on fit devant l'ennemi, inspira des craintes et des méfiances et fit désirer de retourner sur les lieux où avait été fait le débarquement[1].

« Cependant les troupes, qui étaient disposées pour la contre-attaque, ayant entendu tirer, derrière la montagne, quelques coups de canon et de fusil, commençaient à s'embarquer sur des chaloupes et des canots pour attaquer, de leur côté, le fort Saint-Élix et la batterie qui était au-dessous. Mais la cessation des coups de fusil ayant fait douter de la réalité de l'attaque

1. D'Hilaire-Chauvert, comme on le voit, passe très-légèrement sur la conduite de ses Marseillais ; les détails que nous avons donnés dans notre récit, page 104, sont tirés des rapports officiels de l'amiral Truguet et du général Casabianca, rapports qui ont été imprimés à une époque contemporaine de l'expédition et dont l'exactitude n'a jamais été contestée.

du général Casabianca, et la mer étant devenue très-grosse, de manière à rendre la descente impraticable, suivant l'avis de tous les marins, il fut résolu d'attendre jusqu'au point du jour où la mer aurait pu être plus calme et où on pourrait avoir des nouvelles plus positives de l'armée.

« Le vent, au lieu de se calmer, étant devenu plus violent, presque tous les vaisseaux et navires de transport furent le lendemain en danger de périr. La plus grande partie des chaloupes et canots coula à fond. Le vaisseau de ligne *le Léopard* échoua ; trois frégates furent dématées ou désemparées ; deux navires de transport, qui heureusement avaient mis à terre les troupes qu'ils portaient, furent jetés à la côte ; les équipages furent noyés ou tués par les Sardes et les navires brûlés ; le vaisseau de ligne *le Patriote*, sur lequel était la plus grande partie des troupes qui devaient faire la seconde attaque, ayant perdu ses câbles et ses ancres, se vit dans le danger le plus imminent, étant près de se briser sur les rochers.

« Enfin, le 18 au matin, le temps étant devenu plus calme, on apprit la triste nouvelle du désastre et de la retraite de l'armée de Casabianca, et on vit alors clairement que, si la mer n'avait pas empêché le débarquement des troupes qui, sous les ordres du général d'Hilaire, devaient faire la seconde attaque, leur perte entière était inévitable, ce général ne pouvant être secouru et étant sans espoir de retraite.

« Pour comble de malheur, la perte de la plus grande partie des chaloupes et des canots, jointe à la tempête, n'ayant pas permis de porter des vivres et des secours à l'armée, ni de la rembarquer assez promptement, elle se trouva pendant plusieurs jours dans la plus triste situation, exposée au froid, à la pluie et à la faim, n'ayant ni tente, ni maison pour se mettre à couvert.

« Enfin, le 19 et le 20, on parvint à faire rembarquer toutes les troupes qu'on résolut de faire retourner en France. On ne peut pas encore savoir la perte des hommes, mais on croit qu'il y a cent ou cent cinquante hommes tués ou morts de misère. On ne conçoit pas pourquoi un gros village, qu'on prétendait intermédiaire entre le lieu de débarquement et le point qui devait être attaqué par nos troupes, pourquoi ce village, qui n'était pas à une lieue du rivage et à deux portées de fusil de notre colonne de droite et dans lequel on pouvait trouver des chevaux pour traîner les canons, dans lequel on pouvait se retrancher et loger les troupes qui n'avaient aucune tente pour se mettre à couvert, pourquoi ce village n'a été ni occupé, ni même fouillé.

« A l'égard du désordre qu'il y a dans l'armée, il n'est pas bien surprenant qu'un mouvement rétrograde et subit, en présence de l'ennemi et à l'entrée de la nuit, produise le découragement et même la défiance et la confusion et des méprises sur des troupes peu disciplinées et qu'on fait marcher en plusieurs corps dans l'obscurité.

« On ne se permettra pas beaucoup de réflexions qu'il y aurait à faire sur les causes du mauvais succès de cette expédition, entreprise dans la plus mauvaise saison de l'année, et que toutes sortes d'événements et de circonstances ont contrariée. On se contentera d'observer que quatre ou cinq mille hommes n'étaient pas suffisants pour conquérir un royaume qui veut se défendre et qui est deux fois plus grand que la Corse, laquelle le maréchal de Vaux ne put soumettre qu'avec vingt mille hommes, quoique nous fussions déjà les maîtres de Bastia et de plusieurs autres places.

« Le commandant général des légions marseillaises commandant le corps des six mille hommes levés dans le département des Bouches-du-Rhône pour renfoncer l'armée d'Italie.

« D'Hilaire-Chanvert. »

Le général Jean Lapoype, chef d'état-major général, au général Biron, commandant en chef de l'armée des Alpes.

« Nice, ce 21 mars 1793, l'an 2ᵉ de la République.

« Mon général,

« D'après les ordres que vous m'aviez transmis, je me suis fait rendre compte de la revue générale passée par un commissaire des guerres, lors du débarquement des huit bataillons des Bouches-du-Rhône revenus de l'expédition de Sardaigne ; à cette époque le résultat de cette revue portait ces huit bataillons à 3,135 hommes. J'ai été informé officiellement que le désir de revoir leur pays et leurs familles avait engagé beaucoup de volontaires à quitter leurs drapeaux ; les bataillons de Martigues, de Liberon, et le deuxième de Vaucluse, ont perdu, chacun, plus de 200 hommes ; les autres bataillons ont souffert en proportion, de sorte qu'il serait imprudent de calculer aujourd'hui l'effectif de ces huit bataillons au delà de 2,000 hommes [1].

« Le général de brigade, chef d'état-major de l'armée :

« JEAN LAPOYPE. »

Notre tâche ne nous paraîtrait pas terminée si nous ne disions pas quelques mots de la destinée de quelques-uns des personnages qui ont joué un rôle dans l'expédition de Sardaigne, si surtout nous ne rendions pas un hommage mérité au courage et au malheur des officiers, soldats et marins, qui furent abandonnés dans les îles Saint-Pierre et Saint-Antioche.

Nous n'avons pas besoin de faire la biographie de Truguet ni celle de la Touche-Tréville ; elles se trouvent partout, et nous n'avons découvert aucun document nouveau qui les concernât. Quant à d'Hilaire-Chanvert, on voit par le post-scriptum de sa lettre du 29 janvier que le chef de la phalange marseillaise n'oubliait pas ses intérêts particuliers au milieu de ses préoccupations militaires. Il était capitaine de cavalerie dans l'armée depuis 1770. De ce grade il sauta directement à celui de général de brigade. Pache lui en expédia le brevet le 1er février 1793, au moment même où la portion de l'armée expéditionnaire, qui n'avait pu aborder la Corse, quittait pour la deuxième fois les

---

[1]. Au départ de Villefranche, le 8 janvier, l'effectif de la phalange marseillaise était au moins de quatre mille hommes, à raison de cinq cents hommes pour chacun des huit bataillons (D'Hilaire-Chanvert annonçait dans tous ses rapports qu'il commandait un corps de six mille hommes). Sur cet effectif, cent ou cent cinquante hommes sont morts en Sardaigne, d'après le deuxième rapport de D'Hilaire. Il n'en restait plus que deux mille un mois après le retour. D'où l'on est obligé de conclure que mille huit cent cinquante hommes avaient déserté du 8 janvier au 21 mars.

côtes de Provence. Au retour de l'expédition de Sardaigne, d'Hilaire-Chanvert compta dans les cadres de l'armée d'Italie; mais, malgré toutes les sollicitations dont il fatigua les ministres de la guerre, il ne put franchir le grade de général de brigade, et fut mis à la retraite en 1795, peu de temps avant que le futur vainqueur de Rivoli ne vînt prendre le commandement de cette armée.

Le général Raphaël Casabianca avait longtemps servi dans le régiment provincial de Corse, et était général de brigade depuis le 30 mai 1792. Il commandait l'avant-garde de la petite armée de Montesquiou, lorsqu'au mois d'octobre de cette année elle fit la conquête de la Savoie. Il venait d'être envoyé en Corse sous les ordres de Paoli, quand l'amiral Truguet vint lui apporter, de la part du général Brunet, l'ordre de prendre le commandement de l'expédition de Corse. Paoli ne fit aucune objection à cette nomination qui le débarrassait d'un surveillant incommode. Casabianca appartenait en effet au parti opposé au général Paoli, et celui-ci profita de la non-réussite de l'expédition de Sardaigne pour le faire destituer. Mais les trois commissaires de la Convention, Delcher, Salicetti et Lacombe Saint-Michel n'eurent aucun égard à l'arrêté du Conseil exécutif et le maintinrent dans son grade. A cette occasion, ce dernier écrivit à la Convention une lettre qui donne une idée exacte de l'état où se trouvait la Corse au milieu de l'année 1793.

Le représentant du peuple délégué en Corse, aux ministres composant le Conseil exécutif.

« Calvi, le 24 juillet 1793.

« Citoyens ministres,

« J'ai l'honneur de vous envoyer un arrêté pris par la Commission, pour réintégrer dans sa place le général Casabianca destitué par le Conseil exécutif. Il est de mon devoir d'opposer mon estime aux manœuvres des calomniateurs qui cherchent à surprendre votre bonne foi.

« Je me déclare l'accusateur de celui qui est venu noircir

la conduite du général Raphaël Casabianca ; depuis son retour en Corse on ne l'aurait pas dénoncé, s'il avait voulu céder aux insinuations de l'âme de boue, Paoli. Envoyé en Corse et faisant partie d'une commission nationale qui, ayant des pouvoirs illimités, devait être investie d'un égal degré de confiance, j'ai le droit, et c'est un besoin pour moi, de rendre justice à l'homme de bien dévoué à la République, et que les calomniateurs de son pays osent attaquer. Ils ne l'eussent pas fait, si, comme le département, il eût voulu voler 570,000 fr., s'il avait voulu applaudir à la municipalité d'Ajaccio au moment où elle vidait les magasins de la République, où elle faisait vendre les munitions de bouche et les poudres. Il n'eût pas été dénoncé, si, comme le général Grazio Rossi que nous avons destitué, il eût été prêt à opprimer les patriotes.

« J'ai donc pensé que ce serait donner à Paoli un triomphe funeste à la chose publique, que d'exécuter la lettre du ministre.

« En vertu des pouvoirs qui nous sont confiés par le décret du 2 avril, je l'ai réintégré et je suis sûr que le Conseil exécutif, si digne de la confiance de la République, me saura gré d'empêcher une injustice que l'on commettrait sous son nom.

« Il y a quatre mois que j'étudie l'esprit des Corses. Quiconque voudrait les juger depuis Paris ne les connaîtrait pas.

« Le décret qui met Paoli en état d'arrestation est une école ; celui qui en suspend l'exécution en est une plus forte ; celui qui fait deux départements de la Corse ne vaut pas mieux. Tous ces moyens terre à terre ne servent qu'à avilir l'autorité. Je vous indiquerai le seul moyen de détruire tous les partis qui déchirent la Corse ; c'est, lorsque les escadres ennemies seront forcées de rentrer dans leurs ports, d'envoyer ici une division de 12 à 15,000 hommes de l'armée d'Italie, de marcher sur Corte en deux colonnes. Je réponds que, presque sans tirer un coup de fusil, en moins de trois semaines, on s'empare de la Corse et de toutes les places ; on fait couper la tête à trente personnes et la Corse est tranquille.

« Il faut y opérer un désarmement général. Depuis la Révolution, le paysan abandonne visiblement la culture des terres. Il faut les faire administrer par des étrangers, car il est impossible qu'un Corse d'un parti soit juste envers un Corse d'un autre parti.

« Qu'on change tant qu'on voudra les administrateurs; tous s'accordent sur ces points : abus d'autorité *Et venga il denaro.*

« J. P. LACOMBE SAINT-MICHEL. »

Casabianca fut nommé général de division le 29 ventôse an II. Ayant suivi la fortune de son compatriote le général Bonaparte, il devint sénateur dès l'an VIII et grand-officier de la Légion d'honneur quelques années plus tard. Il mourut pair de France en 1825, à l'âge de quatre-vingt-sept ans.

Les 700 hommes laissés à Saint-Pierre et à Saint-Antioche étaient sous les ordres du lieutenant-colonel Sailly. Deux frégates, *l'Hélène* et *le Richemont*, composaient les forces navales qui devaient défendre la petite garnison de toute attaque par mer.

La correspondance de Sailly et celle des représentants du peuple en mission en Corse vont nous instruire de l'effroyable position qui fut faite à cette poignée de braves.

Au ministre de la guerre.

« De l'île Saint-Antioche, le 5 mars 1793,
l'an 2° de la République française.

« Citoyen,

« J'ai été chargé par le contre-amiral Truguet de la défense des deux îles de la Liberté et de Saint-Antioche; il m'a laissé pour me maintenir dans ces deux établissements le noyau de deux détachements du 26° et du 52° régiment, que l'insalubre séjour des vaisseaux et la malheureuse expédition de Sardaigne a réduits dans le plus fâcheux état. Cependant, mon dévouement et le leur pour la République, dont il n'a pas dépendu d'eux d'augmenter la gloire, leur fait supporter avec résignation les privations de toute espèce qu'ils éprouvent ici. J'ai pris avec l'ingénieur Raviez les mesures de défense qu'exigeait la localité et la présence permanente de l'ennemi, et j'écris au contre-amiral Truguet, afin qu'il fasse parvenir à ces deux filles de la patrie les secours de première nécessité que l'urgence la mieux prononcée exige de sa sollicitude. Je lui dis aussi qu'avant deux mois plus de la moitié des 550 hommes que je commande sera hors d'état par les maladies de faire le service forcé que demande une telle position, et je le prie de faire relever avant cette époque ces deux détachements par des troupes fraîches envoyées de Corse ou de France; il vous rendra sans doute compte de mes demandes, que je vous prie au nom de la nécessité de prendre dans la plus grande considération.

« Le citoyen lieutenant-colonel commandant les détachements des îles de la Liberté et de l'Égalité

« SAILLY. »

« De l'île Saint-Antioche, le 14 mars 1793,
l'an 2ᵉ de la République française.

« Citoyen ministre,

« J'ai l'honneur de vous envoyer l'état de situation des troupes cantonnées dans les deux îles de la Liberté et de Saint-Antioche, dont le contre-amiral Truguet m'a confié le commandement; vous jugerez par cet état, auquel j'ai joint celui du service et des détachements, de ma situation militaire.

« La municipalité de Saint-Pierre m'a fait différentes réquisitions pour lui envoyer une augmentation de forces que je n'ai pas cru de mon devoir de lui accorder, la présence de celles de l'ennemi m'oblige de garder ici la plus grande partie de mes troupes pour lui ôter tout espoir de forcer l'isthme de Saint-Antioche, qui est la clef conservatrice de ces deux îles.

« Je vous prie de demander à la Convention nationale qu'elle envoie dans ces colonies adoptives des commissaires pour y organiser les pouvoirs administratifs et judiciaires; sans quoi elles seront bientôt, malgré ma surveillance scrupuleuse, dans une anarchie profonde. Des municipalités se sont emparées des propriétés de différents citoyens, propriétés qu'ils tenaient à titre de concessions du ci-devant gouvernement; ils ont porté leurs réclamations à mon tribunal provisoire. Je n'ai pas voulu trancher des questions qui ne sont nullement ni de la science, ni de la compétence militaire, et je les ai renvoyés à la justice de la Convention nationale.

« Le contre-amiral avait ordonné à un détachement d'artillerie de ligne qui faisait partie de l'armée de Sardaigne de se diriger sur Saint-Pierre pour y rester en garnison sous mes ordres; ce détachement a pris sans doute une autre direction et n'y est point arrivé. J'ai été obligé de prendre sur les frégates des canonniers marins qui menacent chaque jour de me quitter; il est urgent que vous m'en fassiez passer de France. J'ai calculé qu'une compagnie d'artillerie me serait nécessaire tant pour le service des forts que celui du pourtour des deux îles.

« Je vous ai fait part dans ma première lettre de mes craintes relativement à l'état fâcheux où se trouvaient les troupes que je commande; je le remets une seconde fois sous vos yeux, et j'ai tout lieu de croire qu'avant deux mois, si vous n'en envoyez de nouvelles, ma position sera extrême.

« Le lieutenant-colonel commandant les détachements des îles de la Liberté et de Saint-Antioche :

« SAILLY. »

Les représentants du peuple français, députés en Corse par la Convention nationale, au citoyen ministre de la guerre.

« Bastia, 13 mai 1793, l'an 2ᵉ de la République française.

« . . . . Il est un article qui mérite la plus grande attention de votre part, c'est qu'on a laissé à l'île de la Liberté, ci-devant l'île Saint-Pierre, 700 hommes des régiments 26ᵉ et 52ᵉ. Les commissaires en Corse étaient convenus avec le général Biron de les faire relever et conduire en Corse; mais le général Biron ayant vu à Toulon les contre-amiraux Truguet et Latouche, ceux-ci mirent beaucoup d'importance à laisser à Saint-Pierre cette garnison, et, en quelque sorte, le sommèrent de ne rien changer à leur disposition jusqu'à ce qu'ils eussent rendu compte au pouvoir exécutif. Depuis ce temps, rien n'est changé dans leur sort; nous avons reçu des lettres de l'officier qui commande. Il demande avec instance d'être relevé. Il n'a pu se maintenir à Saint-Pierre, il est à l'île d'Antioche. La maladie s'est mise dans son détachement, et nous pensons qu'il serait très-à-propos de faire rentrer en Corse cette garnison qui périra, si elle n'est faite prisonnière, d'autant qu'elle est entièrement sans correspondance avec le continent et sans aucun moyen pour se défendre. Nous croyons devoir vous donner connaissance de ces détails, afin que vous les soumettiez au Conseil exécutif.

« Il est bien fâcheux pour la chose publique que des officiers généraux, ayant fait une expédition mauvaise ou malheureuse, veuillent soutenir leur opinion en sacrifiant en pure perte *sept cents hommes excellents*, tirés des garnisons corses où ils seraient si nécessaires. On ne peut pas être abandonné comme nous le sommes ici, et, si des escadres ennemies viennent nous attaquer, nous ne passerons pas sous silence l'obstination de laisser à Saint-Pierre *sept cents hommes*, tandis qu'on nous laisse ici sans forces. C'est à vous, citoyen Bouchotte, à qui nous dénonçons une disposition que les événements peuvent rendre un crime national, persuadés que votre civisme bien connu vous fera prendre une marche opposée à vos prédécesseurs, qui croyaient éloigner le danger en ne le regardant pas et se tirer d'embarras en ne répondant à aucune lettre...

« Delcher, J. P. Lacombe Saint-Michel, Salicetti. »

Joseph Étienne Delcher, l'un des représentants du peuple envoyés en Corse, aux représentants membres du comité de Salut public de la Convention nationale.

« Bastia, le 24 mai de l'an II de la République.

« Vous avez été instruits par notre dernière lettre des

motifs et des objets de la division momentanée de la Commission : mes collègues sont partis cette nuit pour leur destination avec des forces et des moyens proportionnés à la nature des opérations que nous avons concertées. Tout semble nous promettre le succès, et j'espère pouvoir vous apprendre incessamment la reddition de la citadelle d'Ajaccio et la prise de l'officier rebelle qui s'y est renfermé pour la conserver à Paoli et à son parti.

« Mes collègues et moi avons pris hier un arrêté pour faire rentrer en Corse les détachements des 26° et 52° régiments, nous nous sommes déterminés à prendre ce parti par deux raisons également pressantes : la première, parce que les 700 hommes qui sont à l'île Saint-Pierre y éprouvent une épidémie destructive. la seconde, parce que, étant trop éloignés de la France, il sera impossible de les ravitailler et les secourir dans le cas d'une attaque du premier vaisseau ennemi ; ce qui ne paraît pas éloigné d'après l'avis que nous a donné un capitaine de navire suédois, qui assure avoir vu au détroit les flottes combinées d'Espagne et d'Angleterre.

« Nous ne cesserons de vous répéter que l'établissement d'une garnison française aux îles Saint-Pierre a été plutôt l'effet et le complément de l'orgueilleuse obstination des contre-amiraux Truguet et Latouche, qui ont cru couvrir d'un voile l'odieux de leur conduite dans la fatale expédition de la Sardaigne, dont les suites seront funestes à la République. . . . . »

Sailly, ex-commandant des troupes françaises à l'île Saint-Pierre, au ministre de la guerre.

« Citoyen ministre,

« J'ai l'honneur de vous rendre compte qu'une escadre espagnole, forte de vingt-quatre vaisseaux et six frégates, parut dans le golfe de Palmas le 20 mai, et qu'elle y surprit la frégate *l'Hélène*, qui, sans aucuns moyens de fuir, se rendit.

« Le 21, les Espagnols manœuvrèrent dans la rade et communiquèrent fréquemment avec les chefs des troupes sardes cantonnées de l'autre côté de l'isthme de Saint-Antioche. Dans cet état de choses, me trouvant hors d'état de me défendre dans le camp retranché que j'avais formé sur cet isthme pour me défendre des attaques des Sardes (ce camp pouvait être battu par tous les vaisseaux de l'escadre qui s'embossaient), je fis donc mes préparatifs de retraite pour réunir toutes mes forces à Saint-Pierre. Les attaques presque journalières des Sardes redoublèrent avec plus de vivacité que jamais pendant toute cette journée. La retraite était difficile devant une cavalerie nombreuse, n'ayant point de canons de campagne qui pouvaient en assurer le succès; je l'effectuai cependant avec le plus grand bonheur et sans perdre un seul homme, ayant trompé la vigilance de l'ennemi. J'avais, avant mon départ, fait enclouer tous les canons et disperser les munitions; je marchai toute la nuit, des barques m'attendaient à Callacetta, et j'arrivai à Saint-Pierre. Cette île n'a d'autres défenses qu'une tour construite contre les incursions des corsaires barbaresques; j'y avais ajouté une batterie de quatre pièces de canons, construite dans le sable. Aussitôt arrivé, je m'occupai d'augmenter sa défense, et je fis élever une batterie en terre aux environs de la tour avec des canons de la frégate *le Richemont*, qui se trouvait bloquée dans la rade de cette île par plusieurs vaisseaux ennemis qui la cernaient. Le 23, deux vaisseaux et une frégate mouillèrent dans la rade.

« Le 25, l'escadre entière y entra; le 26, tout se disposa pour l'attaque, les vaisseaux s'embossèrent et la frégate se brûla. A onze heures du matin, il arriva un parlementaire me portant une sommation du commandant de l'escadre; je sentis l'impuissance où j'étais de tenir sur une butte de sable, sans autres forces qu'une batterie de terre élevée à la hâte, contre près de 1,800 bouches à feu et les troupes de débarquement des Espagnols et des Sardes réunis. Dans cette position critique j'assemblai les officiers, et il fut résolu que je lirais aux soldats la sommation qui venait de m'être faite. Quand ils en eurent entendu la lecture, je leur dis de délibérer et de me faire connaître leur vœu par des députés qu'ils nommeraient à cet effet; ce vœu fut que, toute résistance étant inutile, parce que leur mort ne servirait de rien à la patrie, il fallait se rendre aux conditions les plus honorables que je pourrais obtenir. Dans cette considération, et vivement pressé par les prières des habitants de cette peuplade craintive, j'acceptai la capitulation, dont je joins ici la copie.

« SAILLY, *commandant les troupes françaises.*

« A la citadelle de Barcelonne, le 14 juin 1793. »

Sailly ne revit pas sa patrie et mourut prisonnier des Espagnols. Nous avons pu retrouver les traces d'un de ses principaux compagnons d'infortune, le lieutenant de vaisseau Devienne, qui commandait la frégate *le Richemont*.

Lorsque, le 25 mai 1793, les Espagnols se présentèrent devant Saint-Pierre avec huit vaisseaux et trois frégates, ils surprirent *l'Hélène* qui fut obligée de se rendre. Mais *le Richemont* s'étant approché aussi près que possible de la côte, l'équipage débarqua la moitié de sa batterie et ses poudres, mit le feu au bâtiment et se réunit à la petite troupe de Sailly. Obligés bientôt de se rendre, marins et soldats furent conduits à Barcelonne. Devienne resta prisonnier vingt-huit mois. La paix ayant été conclue entre l'Espagne et la France, il rentra dans sa patrie et trouva, pour récompense de sa belle conduite, un arrêté de destitution, parce que, disait-on, il avait appartenu aux classes privilégiées. Il demanda à être traduit devant un conseil de guerre. Ce conseil se rassembla à Rochefort le 10 brumaire an IV, et déclara que le commandant du *Richemont* s'était comporté en bon républicain. Devienne fut réintégré dans son grade par Truguet, devenu ministre de la guerre. En l'an IX, il était capitaine de vaisseau de première classe.

IV

DOCUMENTS SUR L'EXPÉDITION DE LA MAGDELAINE.

(Voir page 112.)

Nous donnons sans commentaires la série des pièces officielles que Paoli envoya au ministre de la guerre et dont il conserva les originaux par devers lui. Les notes qui accompagnent plusieurs de ces documents émanent, selon toute apparence, du général ou plutôt encore de son neveu. Nous avons scrupuleusement respecté l'orthographe et les tournures peu françaises de Cesari Colonna, qui était Corse, et de Goyetche, qui était Basque (de Saint-Jean-de-Luz).

I.

Paoli, lieutenant général, commandant la 23ᵉ division militaire, au ministre de la guerre.

« Corte, le 10 mars 1793, l'an 2ᵉ de la République.

« Citoyen ministre,

« Les succès malheureux de l'expédition de la Sardaigne et de l'attaque de Cagliari vous seront déjà connus par les informations directes des commandants de terre et de mer destinés à cette entreprise, et qui sont passés en France sans me donner aucun renseignement sur cet objet.

« J'ai l'honneur de vous joindre une copie de la relation qui m'a été adressée par le citoyen Colonna Cesari, commandant la contre-attaque sur les isles de la Magdelaine et de Saint-

Étienne. Vous verrez, citoyen ministre, que la défection de l'équipage de la corvette la Fauvette a mis les gardes nationaux corses dans la nécessité de se retirer, au moment où ils étaient décidés à tenter avec courage la prise définitive de ces isles.

« Si de pareils attentats et des actes d'insubordination et de lâcheté si marqués ne sont pas punis avec un exemple éclatant, nous aurons des inconvénients réitérés, et les meilleurs combinaisons militaires pourront échouer, car il n'y a pas de général qui puisse être à l'abri des conséquences d'une défection inattendue.

« Je dois rendre la justice qui est due au citoyen Colonna ; il est aussi brave que patriote, et, sans la captivité dans laquelle l'équipage de la corvette l'avait réduit, je suis persuadé qu'il aurait péri avant d'abandonner le champ de bataille ; tous les officiers s'accordent à lui rendre ce témoignage, et à convenir de la valeur et de l'intrépidité des gardes nationaux et de la troupe de ligne qui ont été employés dans cette expédition, et il est bien malheureux qu'ils n'aient pas été couronnés par de meilleurs succès.

« Le maréchal de camp Casabianca, ainsi que le colonel Colonna, ont tiré de l'artillerie, destinée à la défense des places de cette division, pour employer chacun dans l'expédition qui leur était confiée, il ne me conste encore qu'elle ait été rendue à sa destination, j'aurai l'honneur de vous en informer plus amplement à la première occasion.

« Je vous prie, citoyen ministre, d'être convaincu que je ne négligerai aucune circonstance pour contribuer, avec mes concitoyens de ce département, à toutes les entreprises auxquelles je serais appelé pour la gloire et le succès des armées de la République.

« Le lieutenant général commandant la 23ᵉ division militaire en Corse.

« PASQUALE PAOLI. »

II.

Essay sur la conduite du citoyen Pierre Paul Colonna Cesari, commandant l'expédition de la contre-attaque dans le nord de la Sardaigne, et notamment sur tout ce qui est arrivé dans la journée du 25 février, relativement à l'attaque des isles de la Magdelaine et de Saint-Étienne, présenté à ses concitoyens, à l'administration du département et au lieutenant général Pascal Paoli, commandant la 23ᵉ division militaire.

« Citoyens,

« Honoré de la confiance du général de cette division, invité par l'administration supérieure et par le contre-amiral Truguet de l'escadre de la République dans la Méditerranée, et surtout excité par l'amour de la patrie et le zèle le plus ardent de la servir, j'ai entrepris le projet d'une descente dans le nord de la Sardaigne.

« Cette opération devoit être précédée par la conquête des isles de la Magdelaine et de Saint-Étienne, qui sont des ouvrages avancés formés par la nature, et qui servent de défense à la grande isle dans la partie où j'étois destiné à l'attaquer.

« Après avoir vaincu tous les obstacles qui s'opposèrent au rassemblement de la petite armée que j'étois destiné à commander, mes frères d'armes ainsi que moi nous attendions avec impatience le moment de passer la mer; les vents et les temps orageux nous ont condamnés à une inaction forcée jusqu'à la nuit du dix-huit février.

« Ce moment, le premier dans lequel on pouvoit tenter le passage, fut saisi avec transport et nous nous embarquâmes, brûlants du désir de nous mesurer avec l'ennemi.

« Le jour suivant, nous arrivâmes à la vue de la Sardaigne; le calme arrêta notre marche pendant quelques heures; mais, à l'approche de la nuit, le vent se fit sentir avec violence; les gondoles de débarquement qui portoient la troupe furent contraintes de regagner le port de Bonifacio, et la corvette *la Fauvette* sur laquelle je m'étois embarqué se tint à la cape pendant deux jours.

« Le 22, les gondoles escortées de la corvette sortirent une autre fois ; nous arrivâmes aux isles de la Magdelaine et de Saint-Étienne.

« L'ennemi, déjà prévenu depuis longtemps du projet d'attaque, s'étoit mis en état de défense ; malgré ses précautions et sa résistance, le débarquement s'exécuta dans le meilleur ordre, et la petite armée campa le soir même dans l'isle de Saint-Étienne.

« Le lendemain nous attaquâmes la tour où l'ennemi s'étoit retranché ; après deux heures d'un combat très-vif, la garnison se rendit ; les magasins, le petit fort, trois pièces d'artillerie, et toute l'isle enfin, furent soumis aux armes de la République.

« La garnison de la Magdelaine, beaucoup plus nombreuse, nous opposoit une résistance soutenue. L'isle de Saint-Étienne étant assez à portée pour pouvoir battre celle de la Magdelaine, nous fîmes élever une batterie qui joua avec beaucoup de succès jusqu'au soir du 24.

« Cependant l'ennemi, qui avoit lui-même des pièces de position en batterie, ne paroissoit nullement disposé à se rendre.

« Dans cette situation, je fis tenir un conseil de guerre qui eut lieu dans les magasins de l'isle de Saint-Étienne. Les officiers de tous les corps y assistèrent, ainsi que ceux qui montoient la corvette. Il fut résolu dans ce conseil d'attaquer le lendemain l'isle de la Magdelaine, et d'en tenter la prise de vive force et d'assaut.

« Le résultat en fut communiqué à la petite armée, qui le reçut avec le plus grand enthousiasme ; la nuit fut employée aux préparatifs de l'attaque. Nous avions le petit détroit entre les deux isles à passer, mais les dispositions prises et le courage des troupes nous promettoient la victoire.

« Dans cette situation, je fus instruit que l'équipage de la corvette, qui devoit soutenir notre passage et nous garantir des galères sardes dispersées sur la côte, se refusoit d'y coopérer et menaçoit d'abandonner le littoral. Cette défection, qui tranchoit le fil de nos espérances, étoit propre à m'alarmer; je passai à bord de la corvette en toute diligence, et j'eus la douleur de me convaincre que l'équipage étoit réellement dans une insubordination complète.

« Les insinuations patriotiques et les exhortations les plus amicales, que je lui suggérois, parurent le faire désister pour quelques instants de son projet. A la pointe du jour, et comme l'heure du combat s'approchoit, l'insurrection éclata complétement; je fus appelé avec dédain et menacé d'un départ subit.

« Tout ce que ma situation, l'amour de la patrie, la gloire de la république pouvoit suggérer à mon esprit, tout fut employé pour les dissuader d'un si lâche complot; mais rien ne pouvoit toucher des cœurs insensibles à tout sentiment d'honneur; les officiers de la corvette se réunirent à mes sollicitudes, mais leur zèle, comme le mien, demeura sans succès.

« Désespéré de ne pouvoir rien obtenir des hommes qui désertoient les drapeaux de la liberté avec tant de lâcheté, je demandai du moins de descendre à terre pour me réunir à mes frères d'armes, et périr ou vaincre avec eux; cette satisfaction me fut encore refusée, et je n'obtins en réponse qu'un refus brutal.

« Si la corvette se retiroit dans le moment, les troupes isolées sur l'isle Saint-Étienne demeuroient sans aucune communication, nos gondoles elles-mêmes n'auroient pu échapper aux galères sardes qui cherchoient à les envelopper.

« Dans cette situation, voulant sauver mes frères avec lesquels il m'étoit impossible de me réunir et de combattre dans ce moment, je demandai du moins à l'équipage mutiné de protéger leur retraite, et ce ne fut qu'après bien des difficultés que je parvins à obtenir cette triste ressource; elle fut ordonnée et exécutée avec autant de surprise que de précipitation. Le convoi fit voile vers la Corse, où il arriva le lendemain dans le golfe de Santa-Manza.

« Citoyens, je vous ai exposé le récit de cette malheureuse aventure, vous en trouverez la preuve la plus éclatante dans la déclaration authentique des officiers de la corvette qui ont été les témoins de la lâcheté de l'équipage, et qui ont partagé avec moi toute l'indignation d'une pareille inconduite.

« J'avois calculé tous les moyens de force dans l'attaque

projetée; l'assistance de la corvette devenoit indispensable, puisqu'elle étoit le seul moyen de nous garantir des gardes-côtes sardes et de protéger le débarquement; j'ai cru que je pouvois en toute confiance me jeter au milieu de l'équipage, que j'ai dû supposer composé de Français dignes de ce nom, espérant, par ma présence, de dissiper ses craintes, et de le ramener à son devoir; devois-je m'attendre à une captivité qui m'arrachoit, ainsi que mes frères d'armes, du sein de la victoire ou du moins de l'accomplissement de mes devoirs? Puisse l'exemple de trahison et de lâcheté de la plus grande partie de l'équipage de cette corvette inspirer l'horreur et l'indignation la plus sentie dans les cœurs de tous les marins français! Je dois au courage et au patriotisme de la garde nationale et de la troupe de ligne qui étoient sous mes ordres les témoignages les plus éclatants; leur bravoure étoit digne d'être couronnée d'un succès plus heureux, et ils ont droit à l'approbation de leurs concitoyens.

« Quant à moi, j'invoque avec confiance le jugement de mes concitoyens. Ils savent que, dans toutes les circonstances, j'ai servi ma patrie avec honneur, et que, dans la série de mes jours, j'en compte plusieurs dans lesquels mon dévouement pour elle a contribué essentiellement à la liberté; c'est pour acquérir des nouveaux titres à leur estime, que j'avois saisi cette nouvelle occasion; je n'ai rien négligé pour l'obtenir, et certes ma conduite est un titre de plus pour y prétendre. Si mon courage n'a pas été secondé, il ne dépendoit de moi ni d'aucune force humaine de rendre meilleurs ceux des marins qui ont trahi mes espérances, et qui, réunissant la trahison à la lâcheté, ont arrêté le cours de mes opérations militaires, en m'enlevant à mes frères d'armes qu'ils abandonnoient et que j'ai été assez heureux de sauver.

« Citoyens, jaloux de conserver l'estime que vous m'avez accordée, et qui est la meilleure partie de mon existence, je vous ai exposé ma conduite avec la franchise et la loyauté que vous avez toujours connues dans mon caractère, et j'attends votre jugement avec la confiance de l'homme qui a rempli ses devoirs. COLONNA CESARI.

« Bonifacio, le 1ᵉʳ mars 1793, l'an 2ᵉ de la République. »

III.

Copie de la lettre du commandant de l'expédition au citoyen Quenza, lieutenant-colonel des gardes nationales sous ses ordres.

« A bord de *la Fauvette*, le 25 février 1793.

« Citoyen lieutenant-colonel,

« La circonstance [1] exige de donner les ordres les plus pressants afin que l'armée se mette aussitôt en mouvement et pense à la retraite. Vous garderez de votre côté toute la continence possible. Vous ferez jeter à la mer les effets de guerre que vous ne pourrez pas faire embarquer, et aussitôt rendu sur le convoi, vous viendrez vous mettre sous la protection de la frégate, pour que les demi-galères ne puissent pas vous offenser [2].

« Dans une crise aussi grave, j'exhorte l'armée et vous à faire connaître de la promptitude et de l'adresse, comme je vous l'ai dit [3].

Le commandant de l'expédition de la contre-attaque de la Sardaigne.

« COLONNA CESARI. »

---

1. « Fut celle d'avoir fait désister l'équipage de la corvette du projet infâme du départ, et de l'avoir ému à ne pas commettre les excès menacés. »
2. « Le commandant de l'expédition eut la précaution d'engager celui de la corvette à ce que celle-ci guettât au moins à l'entour, dans le temps de l'embarquement, les demi-galères : 1° pour ne pas donner de l'avantage à l'ennemi ; 2° pour mettre le convoi et l'armée à l'abri des insultes hostiles. »
3. « Cet ordre fut dicté à haute voix, à bord de la corvette, d'après le délai fatal que l'équipage voulut exiger pour la retraite. »

IV.

Déclaration du commandant et des officiers de la corvette la Fauvette.

« Le commandant de l'expédition de la contre-attaque de la Sardaigne étant à bord dans sa chambre, il fut appelé par l'équipage de monter sur la couverte vers les sept heures du matin. Il me fit appeler [1] pour me demander *qu'est-ce qu'on voulait*, et je lui répondis que l'équipage voulait lui parler, et nous montâmes ensemble. Le commandant de l'expédition demanda à l'équipage *qu'est-ce qu'on voulait*, et l'équipage répondit *qu'il voulait partir*.

« Le commandant de l'expédition dit à l'équipage qu'il ne pouvait pas croire qu'ils voulussent laisser ses frères d'armes sur l'île de Santo Stefano, qu'il faisait occuper par la petite armée. On lui répondit hautement *qu'on voulait partir*, et quelques unes des têtes gâtées coururent à la voile.

« Le commandant de l'expédition, partant de la poupe, parcourant le long de la couverte les larmes aux yeux, conjurait de le jeter à la mer si on ne voulait pas lui faire le plaisir de le débarquer à l'île Santo Stefano, qui était là à quatre pas, pour périr, s'il le fallait, avec ses frères d'armes [2].

« La réponse fut de *vouloir partir*. Le commandant susdit proposa de lui donner au moins le temps, de six à huit heures, pour ordonner la retraite à la petite armée qui occupait l'île de Santo Stefano ; car les galères ennemies qui étaient à la vue n'eussent eu qu'à en profiter.

« Les matelots suspendirent à cette proposition, et j'en profitai habilement en ordonnant que ceux qui étaient d'avis de rester à protéger la retraite se portassent à tribord, et ceux qui étaient de l'avis contraire restassent à babord.

---

1. « C'est le citoyen Goyetche, commandant la corvette, qui parle. »
2. « Il fut nécessaire que le commandant de l'expédition pratiquât de la prudence pour éviter des dangers et pour se mettre à l'abri des funestes inconvénients. »

« Je fus secondé par plusieurs citoyens d'honneur de mon bord qui, également avec les larmes aux yeux, criaient à l'équipage qu'il fallait adopter ce parti.

« La grande majorité se porta à tribord, ce qui marquait la décision d'attendre pour protéger la retraite, et une partie, qui était d'avis contraire, resta à babord.

« Le commandant de l'expédition profita du moment et dicta l'ordre de retraite aux troupes[1]; lequel ordre fut lu hautement et remis entre les mains d'un officier de mon bord, pour le remettre sur l'île de Santo Stefano au citoyen Quenza, lieutenant-colonel commandant sous ses ordres.

« Le canot partit avec la lettre, et, après s'être éloigné de la corvette, il retourna. Je vis alors que quelques lâches de matelots, qui avaient prétendu de se faire un mérite en s'offrant d'aller les premiers pour effacer l'idée qui était parmi eux, et qui avait excité l'équipage à demander à partir, n'avaient pas eu le courage d'aller, et ils retournèrent encore. J'en fis partir d'autres qui furent faire le service.

« Golphe Santa-Manza, le 28 février 1793, 2ᵉ de la République françoise, au bord de la corvette *la Fauvette*.

GOYETCHE, commandant de *la Fauvette*; PIERRE-LOUIS DUCY, officier; A. LANGEVIN, lieutenant de détail; JEAN-FRANÇOIS PILON, officier; BATTISTE FABRE, officier; PREMOVENGE, chirurgien; DULIEU, commandant le 15ᵉ régiment; BLESCHAMPS, sous-chef; RUAUX, maître; HENRI, contre-maître. »

---

[1]. « Cet acte politique fut rendu pour ne pas encourager l'ennemi, et pour que la petite armée campée sur l'île de Santo Stefano ne fût sa victime. »

V.

Déclaration des officiers des différents corps de l'armée.

« Les officiers des différents corps qui composent votre armée, citoyen commandant, avaient vu avec étonnement l'ordre que vous aviez donné de la retraite dans un moment où les troupes étaient pleines d'espoir de la victoire. Ils voient aujourd'hui avec indignation la trame qui vous a obligé à le dicter. Ils espèrent que vous vous empresserez pour en faire punir les auteurs. Ils se félicitent de devoir toujours conserver de votre zèle et de votre patriotisme l'opinion qu'ils ont toujours eue.

« Bonifacio, le 28 février 1793, 2º de la République.

« Ortolli de Tallano, capitaine; Guiducci, capitaine; Peretti, capitaine de grenadiers; Gabrielli, capitaine; Bonelli, capitaine; Ortoli de Sartène, capitaine; Peretti d'Olmetto, capitaine; Pietri, capitaine; Gugliemi, capitaine; Tavera, capitaine; Ottavi, capitaine; Peraldi, capitaine; Panattieri, lieutenant; Ciacaldi, lieutenant; Ambrosini, lieutenant; Peraldi de Zicavo, lieutenant; Leonardi, lieutenant; Rebulli, lieutenant; Ortoli, lieutenant; Quenza, lieutenant; Pandolfi, lieutenant; Pietri, lieutenant; Giuseppe Quilichini, lieutenant; Antonio Padero Pietri, lieutenant; Robaglia, quartier-maître; Peretti, adjudant-major; Buonaparte; Quenza, commandant le 2º bataillon. »

VI.

Déclaration des officiers du 52ᵉ régiment d'infanterie présentée au commandant de l'expédition.

« Les officiers du 52ᵉ régiment d'infanterie, qui se sont trouvés sous vos ordres à l'expédition de la Magdelaine, ont examiné de nouveau, avec la plus scrupuleuse attention, citoyen commandant, l'exposé par écrit de ce qui se passa le 25 du mois de février à bord de la corvette *la Fauvette*, signé par les officiers de ce bord ; ils avaient eu hier l'honneur de vous présenter à ce sujet le résultat de leurs plus mûres réflexions ; et ce résultat était tel que le leur avaient dicté le sentiment de l'honneur qui les anime et leur amour pour la justice et la vérité.

« Ils avaient vu avec un sentiment pénible et une sorte d'étonnement l'ordre de la retraite, qui leur avait été transmis de votre part au moment où tous les officiers et soldats étaient pleins de l'espoir de la victoire ; nous croyons à présent que les circonstances où vous vous êtes trouvé peuvent justifier votre conduite dans ce moment de crise. Veuillez être persuadé qu'ils mettront au rang de leurs devoirs les plus sacrés de rendre dans tous les temps hommage à la vérité, d'éclairer ceux qu'on aurait pu égarer sur la nature de vos intentions, et qu'ils se félicitent de pouvoir conserver de votre zèle et de votre patriotisme l'idée qu'ils ont toujours eue.

« A Bonifacio, le 1ᵉʳ mars 1793, 2ᵉ de la République.

« Ricard, capitaine ; Delage ; Ledoyen ;
Husquin, lieutenant ;
Petriconi, sous-lieutenant ; Danos. »

Il nous paraît superflu d'indiquer point par point tout ce que ces certificats présentent entre eux de contradictoire. Nous ne relèverons qu'un seul fait, parce qu'il porte sur la partie la plus essentielle du récit. Goyetche et ses officiers de marine attestent dans leur certificat que la révolte de l'équipage de *la Fauvette* éclata lorsque Cesari Colonna était à bord ; celui-ci, au contraire, déclare qu'il ne s'y rendit que pour apaiser une insubordination qui était déjà complète. Il y a là une contradiction flagrante. Une autre remarque est à faire sur la pièce n° V. Quoiqu'elle soit donnée comme émanant des officiers des différents corps de l'armée, elle n'est signée que par les officiers du bataillon de volontaires corses, en commençant par le grade de capitaine et en finissant par celui de lieutenant. Les deux chefs de bataillon, Quenza et Bonaparte ont signé les derniers ; Quenza a accompagné sa signature de la mention de son grade, Bonaparte n'a fait suivre la sienne d'aucune qualification. D'après ces indices, il est bien à croire que le certificat n'a été signé par le futur empereur des Français qu'à contrecœur et au dernier moment.

Nous avons voulu, autant qu'il était en notre pouvoir, vérifier si les officiers de terre et de mer, qui ont signé les certificats présentés par Paoli et Cesari Colonna, faisaient bien réellement partie de l'expédition de la Magdelaine. Lorsqu'il s'agit d'officiers de grade aussi peu élevé, les vérifications sont difficiles. Cependant nous avons pu nous assurer, en consultant leurs états de service, que Goyetche, commandant *la Fauvette*, Jean-François Pilon, enseigne de vaisseau, Dulieu, lieutenant au 15e régiment, faisaient tous trois partie de l'expédition de la Magdelaine. Dulieu était embarqué sur *la Fauvette* depuis le mois de mars 1792 ; il ne quitta ce bâtiment que le 8 juin 1793 pour retourner, avec le détachement qu'il commandait, rejoindre son régiment. Goyetche mourut en mai 1794, à Saint-Florent (Corse), des suites d'une maladie contagieuse qui décima, à cette époque, les équipages des vaisseaux français réfugiés dans cette île après la reprise de Toulon par les troupes conventionnelles.

Cette vérification, quoique partielle, nous a démontré la parfaite authenticité des certificats dont Paoli envoya les copies au ministre de la guerre. Ils furent signés par ceux dont les noms figurent au bas de la copie que nous avons retrouvée ; mais contiennent-ils la vérité ? C'est là la question.

Pour compléter ce qui concerne le général Paoli, pour bien

faire connaître les sentiments d'hostilité à peine dissimulée qui l'animaient vis-à-vis de la Convention et de ses commissaires, avant même qu'un décret ne l'eût mandé à la barre, nous mettons sous les yeux de nos lecteurs la lettre qu'il écrivit au ministre de la guerre un mois après l'envoi des certificats dont nous venons de donner le texte, et au moment même où il apprenait le débarquement en Corse de Salicetti, Delcher et Lacombe-Saint-Michel. C'est déjà presque une déclaration de guerre.

Paoli, lieutenant général, commandant la 23ᵉ division militaire, Au ministre de la guerre.

« Corte (île de Corse), le 8 avril 1793, an 2ᵉ de la République.

« Citoyen ministre,

« J'ai l'honneur de vous prévenir que je suis informé de l'arrivée des commissaires de la Convention nationale dans ce département : ils sont débarqués à Saint-Florent avec le régiment ci-devant Vermandois, qu'ils ont fait passer à Bastia : je n'ai pas eu le bonheur de recevoir de leur part aucune communication.

« Le bruit s'est répandu que des personnes très-accréditées auprès d'eux menacent d'exciter en Corse des troubles et des désastres; le peuple de ce département, fidèle à ses promesses, est invinciblement attaché à la République; mais, toujours irréconciliable avec le despotisme et l'arbitraire, il voit avec inquiétude les abus d'autorité.

« Si les commissaires veulent le bien, il ne dépend que d'eux; au contraire, si, trompés par des faux rapports, ils cherchent à accumuler sur les Corses le poids de l'autorité, et les accabler, certes ils ne peuvent pas se promettre d'obtenir leurs bénédictions.

« Je doute, citoyen ministre, que cette lettre vous parvienne, puisque la correspondance est entièrement soumise à un complot de méchants qui a la force de l'intercepter; mais ma conscience me commande de remplir envers vous un devoir que je vous dois, et comme citoyen et comme subordonné.

« Quel que soient les calomnies dont vous êtes obsédés sur le compte des Corses, je prévois un temps où la Convention nationale et le conseil exécutif leur rendront justice, et je me flatte d'obtenir d'eux l'estime qu'on a cherché à altérer par tant des manœuvres insidieuses.

« *Le lieutenant général, commandant la 23ᵉ division militaire,*

« PASQUALE DE PAOLI. »

V

PROCÈS-VERBAUX

DES ASSEMBLÉES DE BRUXELLES ET D'OSTENDE

DANS LESQUELLES FUT VOTÉE LA RÉUNION DE CES VILLES A LA RÉPUBLIQUE FRANÇAISE.

(Voir page 144.)

PROCÈS-VERBAL DE L'ASSEMBLÉE DE BRUXELLES.

Liberté. — Égalité.

« L'an 2ᵉ des peuples libres et le 25 février 1793,
à 10 heures du matin.

« Le peuple de la ville libre de Bruxelles et de sa banlieue, assemblé en très-grand nombre dans l'église des S. S. Michel et Gudule, conformément à la convocation qui a été faite par la proclamation du lieutenant général Moreton, commandant en chef le Hainaut et le Brabant, laquelle a été affichée et publiée aux termes du décret de la Convention nationale du 31 janvier 1793, pour émettre librement son vœu sur la forme du gouvernement qui convient le mieux au Brabant;

« L. J. B. Lavalette, lieutenant-colonel, commandant le bataillon des Lombards, ayant été chargé par le lieutenant général Moreton de le représenter et de remplir en son nom les fonctions que le décret attribue aux commandants militaires;

« Lavalette a dit : « Citoyens, c'est en vertu de cette réqui-
« sition des commissaires de la Convention nationale députés

« dans la Belgique, et d'après les ordres du général Moreton,
« que je viens vous réunir. Par la lecture du décret et de la
« proclamation, vous jugerez que l'objet qui vous assemble
« est le plus important dont un peuple libre peut s'occuper.
« Vous allez prononcer entre la liberté et l'esclavage; vous
« allez choisir le gouvernement qui vous convient le mieux ;
« je vous engage à faire librement et avec courage le premier
« acte de votre souveraineté. »

« Le discours du citoyen Lavalette, applaudi, a été souvent interrompu par l'impatience que l'assemblée témoignait d'émettre son vœu.

« La parole ayant été donnée au citoyen Gonchon pour un discours patriotique, et dont le but était d'éclairer le peuple sur ses vrais intérêts, malgré les applaudissements dont les vérités, qu'annonçaient le citoyen, étaient couvertes, il a été impossible d'arrêter l'ardeur des citoyens; ils ont ordonné l'impression du discours, et demandaient à prononcer un vœu sur lequel ils ont assuré qu'ils étaient assez instruits.

« Le citoyen Gonchon ayant applaudi à l'ordre du peuple, Lavalette a dit :

« Peuple de Bruxelles, votre impatience est bien louable ;
« mais il faut, pour que les malveillants n'attaquent pas votre
« suffrage, que vous remplissiez les formes qui assurent la li-
« berté de vos décisions.

« Vous avez un président et des secrétaires à élire : quel mode
« voulez-vous employer pour l'élection ? » Le cri unanime a été :
« Par acclamation et surtout la réunion, la réunion !... »

« La présidence mise aux voix, la très-grande majorité y a porté J. B. C. Verlooy, qui, ayant prêté le serment d'être fidèle à la liberté et à l'égalité, en a occupé la place. L'assemblée ayant procédé à l'élection des secrétaires, les citoyens Grégoire, Lorenzo, A. d'Aubremez, G. J. Claeysens, F. F. Baret, ont été appelés au bureau et ont prêté le serment.

« Le président a proposé à l'assemblée, avant de procéder à émettre son vœu, de prêter aussi le serment de liberté et d'égalité. Les transports les plus vifs se sont manifestés, et l'église a retenti des cris de : « Fidélité à la liberté et à l'éga-
« lité! Vive la République française! Vive la réunion! »

« Le président, ayant rappelé l'assemblée au recueillement, a répété le serment au nom du peuple de Bruxelles et de sa banlieue ; le président ayant proposé les différents modes de voter, on a demandé à l'unanimité le mode d'acclamation ; le président ayant demandé si on connaissait bien l'objet de la délibération, tous répondent : « oui, oui! » Alors il propose que le peuple choisisse entre le gouvernement aristocratique, qui comprend les anciens États et le gouvernement autrichien, et le démocratique. Le vœu unanime, les cris d'allégresse ont annoncé que *tous* voulaient le gouvernement démocratique. Il a proposé ensuite de prononcer entre le gouvernement *simplement libre, ou la réunion départementaire à la France*.

« Que ceux qui veulent la réunion à la France, a-t-il dit, *pas-*
« *sent à gauche*. » Un cri spontané et universel a déclaré vouloir la réunion ; les bras se sont élevés, toutes les voix s'écrient :
« Nous sommes Français, vive la France ! nous voulons la
« réunion ! »

« Le président répète le même cri et annonce le vœu unanime de l'assemblée. « Vive la République ! Vive l'union ! » se répètent à l'envi.

« Un citoyen fait la motion qu'il soit envoyé à la Convention nationale une députation qui exprime le vœu de la réunion départementaire à la France, émis par la ville et banlieue de Bruxelles.

« Cette demande arrêtée à l'unanimité, les citoyens Rosières, lieutenant général, Chapel, l'aîné, Lavalette, lieutenant-colonel, et Verlooy, ont été chargés de porter ce vœu dans le plus court délai à la Convention nationale [1].

« Un citoyen a demandé :
« 1° Que toutes les cloches de la villes sonnent depuis l'instant de l'émission du vœu du peuple jusqu'à la nuit;

---

[1]. De ces quatre délégués du peuple bruxellois, deux au moins étaient Français : 1° le général Rosières, qui, du service de France, était passé au service belge, et sur le compte duquel Dumouriez s'exprime ainsi dans ses *Mémoires* : « Cet ancien officier français sans mérite et sans talent gouvernait le comité de la guerre très-ignorant et très-fripon ; » 2° le colonel Lavalette, qui commandait le bataillon des Lombards. Il devint plus tard un des séides de Robespierre et fut guillotiné avec lui le 10 thermidor.

« 2° Que le commandant militaire fasse tirer le canon ;

« 3° Que la ville soit illuminée ce soir.

« Ces différentes motions accueillies, le président a été chargé de surveiller l'exécution de la volonté du peuple souverain, qui désire mettre la plus grande solennité au jour précieux qui assure son bonheur.

« On a demandé une nombreuse députation aux députés de la Convention commissaires dans la Belgique; chacun avec joie a crié : « Nous irons tous! » On a proposé qu'un registre soit ouvert à la ville pour recevoir la protestation de ceux qui voudraient s'opposer à la réunion. Un mouvement d'indignation générale aurait fait repousser cette proposition, si l'on n'avait pas annoncé qu'il ne faut laisser aucune ressource aux malveillants.

« Sur la demande d'un citoyen, on a arrêté que le procès-verbal de cette séance mémorable serait imprimé, affiché, envoyé à la Convention nationale, aux quatre-vingt-cinq départements, aux commissaires de la Convention, à ceux du pouvoir exécutif, aux généraux d'armées et commandants des places de la Belgique, aux autorités constituées et aux sociétés patriotiques.

« Un citoyen demande que l'hymne des Marseillais termine la séance, et que les cris de réunion, de liberté et d'égalité se fassent entendre dans toute la ville : Arrêté.

« Fait et clos les jours et an, avant dits, à midi.

« J. B. C. VERLOOY, président; LORENZO, secrétaire; G. J. CLAEYSENS, secrétaire; J. F. BARET, secrétaire; LAVALETTE, commissaire. »

Procès-verbal de l'Assemblée d'Ostende convoquée le 28 février pour le dimanche 3 mars.

« Liberté, égalité.

« Cejourd'hui, dimanche 3 mars, l'an deuxième de la République française et le dernier du règne des tyrans, à midi précis, l'assemblée s'est ouverte après l'ordre donné à la force

armée de s'éloigner du lieu des séances. Le citoyen Amandry, remplissant les fonctions de commissaire national du pouvoir exécutif de la République française, a fait l'ouverture de l'assemblée par un discours dans lequel il a retracé que sa nation libre et généreuse ne pouvait attendre plus longtemps à connaître le vœu des Ostendais. « Eh quoi, leur a-t-il dit, quelqu'un
« d'entre vous regretterait-il les chaînes honteuses que le Fran-
« çais vainqueur a brisées? — Non, non! » s'est-on écrié de toutes parts. « Je proposerai donc ces deux points importants :
« l'option vous est accordée, citoyens, ou vivre sous le régime
« du prince, ou vivre sous celui de la liberté. Que chacun de
« vous consulte la liste, et près de son nom qu'il émette son
« vœu. » A ces mots, on n'entendait que des cris : « La réunion
« à la France! nous sommes Français! » Le commissaire poursuivit : « Quoique le vœu paraisse unanime, je n'en ouvre pas
« moins un registre pour ceux qui ne voudraient pas de la
« réunion. — Point de registre! s'est-on écrié, personne ne
« protestera. » Le commissaire reprit : « Ostende et son arron-
« dissement, convoqués bien légalement tant par le général
« O'Moran que par les représentants provisoires du peuple, sont
« réellement représentés dans cette assemblée. En conséquence,
« je déclare Ostende et son arrondissement comme faisant par-
« tie de la République française; cette déclaration sera ratifiée
« par les députés de la Convention nationale. »

« Le serment fut proposé dans cette ville, formule écrite dans les deux langues :

« Je jure que je renonce à tous les priviléges, je jure de
« maintenir la liberté et l'égalité, et de mourir à mon poste
« en les défendant. Je jure aussi que je consens à la réunion
« d'Ostende à la France. »

« Chaque citoyen l'a prêté individuellement et signé ; aussitôt la réunion a été proclamée dans toutes les places publiques. Le canon a été tiré, les cloches ont été sonnées, les illuminations ont été ordonnées et deux pièces de vin ont été bues à la santé de la République française.

« Le peuple a demandé les drapeaux des anciennes confréries sur lesquels étaient peintes les armoiries d'Autriche; ils n'ont pas tardé à être mis en pièces.

« L'assemblée a nommé les citoyens Delplanque et Forcade comme porteurs du vœu des Ostendais auprès des députés de la Convention nationale, et le citoyen Amandry a été chargé d'exhiber leur commission. »

« Amandry, Grycpeare, Greenwood. »

VI

MANIFESTE DE LA SECTION POISSONNIÈRE.

(Voir page 231.)

Reponse du citoyen Faro, président de la section Poissonnière, aux députés de la Convention nationale envoyés dans son sein, le 8 mars 1793, l'an 2ᵉ de la République française.

Citoyens,

« Il est des circonstances où quelques revers de la fortune des armes tournent à l'avantage de la République.

« Le trait qui perce nos frères aux frontières atteint le cœur de tous les Français.

« Le peuple tout entier va se lever, et, comme un nouvel Hercule, il ne posera ses armes qu'après avoir banni de la terre et l'esclavage et la tyrannie.

« Législateurs, vous serez témoins de ce sublime effort, et sous peu les despotes vaincus et humiliés courberont la tête devant le peuple souverain. Paris s'estime heureux, et particulièrement la section Poissonnière, de pouvoir fournir une nouvelle preuve éclatante de son amour pour la liberté.

« Maintenant, mandataires du peuple, je dois vous exprimer les justes plaintes et réclamations des citoyens ici présents.

« La Convention n'a pas déployé toute l'énergie que le peuple attendait d'elle. Beurnonville n'eût jamais dû parvenir au ministère; il n'a point la confiance du peuple, et, au nom de cette assemblée, je vous demande sa destitution.

« Les officiers généraux n'étaient point à leur poste, et, par leur perfidie, notre avant-garde a été sacrifiée par les satellites des tyrans dans les plaines de la Belgique.

« Nous vous demandons le décret d'accusation contre Dumouriez et contre son état-major. Nous demandons que le décret du 15 décembre dernier rendu en faveur de la Belgique soit commun à toute la République, qu'aucun individu des ci-devant classes privilégiées ne puisse être revêtu d'une fonction publique. La responsabilité des ministres jusqu'à présent n'a été qu'un mot. Un vampire de l'État, dont le plus léger chef d'accusation contre lui aurait dû faire tomber la tête sur l'échafaud, Roland, respire encore ; nous vous demandons le décret d'accusation contre lui.

« Un autre agent non moins dangereux, le ministre des contributions publiques, ce suppôt de l'agiotage, fait couler par des sources impures les contributions du pauvre destinées au soutien de l'État. Il n'a pas la confiance du peuple, nous vous demandons sa destitution, et que sa conduite soit renvoyée au tribunal qui doit en connaître. Nous demandons à la Convention nationale qu'elle rapporte le décret désastreux qui déclare l'argent marchandise ; qu'elle tienne ses engagements envers nos volontaires ; qu'elle ne souffre pas plus longtemps qu'un assignat qu'ils reçoivent pour 5 livres n'ait de valeur que 45 sols. Nous lui demandons qu'elle fasse fermer la Bourse, ce repaire infâme de toutes les sangsues du peuple.

« Nous lui demandons qu'elle s'occupe des subsistances d'une manière favorable et utile au peuple, et que l'accaparement soit à jamais banni du sol de la liberté.

« La Convention nationale n'est pas sans avoir les plus graves reproches à se faire ; elle a souvent passé à l'ordre du jour sur des pétitions les plus dignes de fixer son attention, présentées par la commune de Paris et les départements.

« Le peuple ne voit pas sans inquiétude que beaucoup de ses délégués ne se rendent pas exactement à leur poste ; que les séances commencent fort tard ; que cette insouciance met la chose publique dans le plus grand danger ; de là résulte le mauvais choix des membres du bureau ; car cette section vient d'apprendre avec douleur que la Convention nationale a nommé Gensonné pour son président.

« Citoyens, dites à la Convention nationale que le peuple est à la hauteur de la Révolution, qu'il n'est nullement coupable des excès commis dernièrement par quelques-uns de ses membres égarés. Dites-lui qu'elle prenne des mesures dignes du grand caractère dont elle est revêtue, et tous les mouvements populaires disparaîtront. Le peuple est levé encore une fois, il veut la liberté tout entière; il l'aura : il en est digne. Depuis quatre ans, sans lois, sans gouvernement, attaqué de toutes parts au dehors, calomnié, trahi, persécuté au dedans; presque tous ses chefs vendus à ses ennemis; n'ayant pour lui que ses malheurs et ses vertus; ces citoyens généreux se détachant des affections les plus douces, abandonnant père, mère, sœurs, épouse, enfants, pour voler à la défense de la patrie qui leur tend les bras; tous les sacrifices ne sont rien pour eux; la mort ou la liberté, voilà leur devise; un tel peuple est invincible; c'est un *peuple de dieux!*

« Citoyens législateurs, la section Poissonnière volerait tout entière aux frontières s'il n'en pouvait résulter les inconvénients les plus graves. Mais elle détachera de son sein le plus de membres possible, et ceux qui resteront serviront de boucliers à la Convention nationale, feront respecter la souveraineté du peuple dans la personne de ses représentants. Voilà le vœu des citoyens de cette assemblée ; j'omets sans doute quelques articles, mais les citoyens ici présents se reposent sur votre énergie et sur votre patriotisme.

« FARO, *président;* GRANGER, *secrétaire.* »

VII

LE PRÉTENDU ASSASSINAT DE LÉONARD BOURDON.

(Voir page 278.)

Léonard Bourdon, qui se faisait appeler, avant la Révolution, Bourdon de la Crosnière et exerçait la profession de maître de pension, était devenu, lors de la formation des sections, l'un des plus ardents agitateurs de la capitale. Il avait été chargé en septembre 1792, avec Fournier l'Américain, de la mission de ramener à Paris les prisonniers de la haute Cour d'Orléans[1]. Après qu'il eut livré au commandant de la force armée parisienne les malheureuses victimes qui devaient être immolées à Versailles, Bourdon resta dans le Loiret et, par la terreur qu'il inspirait, s'y fit élire député à la Convention nationale. En mars 1793, l'Assemblée ayant résolu d'envoyer dans les départements quatre-vingt-seize représentants pour activer les opérations du recrutement, il fut désigné avec un député assez obscur, nommé Prost, pour se rendre dans le Jura et la Côte-d'Or.

Orléans n'était pas sur sa route. Le désir de se montrer dans toute sa gloire et dans toute sa puissance aux meneurs jacobins auxquels il doit son élection lui fait faire un détour de plus de trente lieues. A son arrivée, il ne va voir aucune autorité locale, mais il court à la Société populaire où il est reçu avec enthousiasme.

Il y tient les propos les plus incendiaires. Après la séance,

---

1. Voir tome III, pages 366 et suivantes.

les frères et amis lui offrent un repas patriotique où ne sont épargnées ni les libations ni les menaces aux aristocrates. On sort de la salle du banquet fort échauffé. Bourdon n'est pas le moins animé ; il se met à parcourir les rues à la tête d'une bande avinée, qui crie et qui hurle. Pour dernier exploit ces sacripants viennent insulter la sentinelle du poste de l'hôtel de ville. Celle-ci appelle aux armes. Le poste sort et maltraite assez rudement les perturbateurs. Dans la bagarre, Bourdon reçoit deux ou trois coups de baïonnette qui lui effleurent la peau[1]. Le commandant de la garde nationale, Dulac, accourt et délivre le conventionnel. Transporté à son auberge, il y est l'objet des soins les plus attentifs. Les autorités locales s'empressent de venir le visiter et de lui témoigner leur regret de n'avoir pas su empêcher un conflit qu'aucune prudence humaine ne pouvait prévoir. Bourdon n'accepte pas les excuses et écrit à la Convention une lettre, dans laquelle il se pose comme un confesseur de la liberté, comme une victime dévouée au fer des assassins, comme un autre Lepeletier succombant sous les coups de l'aristocratie et du royalisme. Pour un peu il demanderait qu'on lui décernât de son vivant les honneurs du Panthéon.

La lecture de la lettre de Léonard Bourdon cause dans la Convention une grande émotion. Par un décret rendu le jour même, la ville d'Orléans est déclarée en état de rébellion jusqu'à ce que les citoyens aient livré les individus prévenus de l'attentat commis contre un membre de la représentation nationale. Le maire, les officiers municipaux, le procureur de la commune, sont suspendus de leurs fonctions et traduits à la barre. Les auteurs, instigateurs et complices de l'attentat sont déférés au Tribunal révolutionnaire.

Au reçu de ce décret, le maire d'Orléans écrit à la Convention une lettre qui est un monument de courage et de patriotisme, tel que l'on en rencontre rarement dans l'histoire de ces temps malheureux :

---

1. Bourdon, dans sa lettre à la Convention, datée du 16 mars, dit lui-même : « Aucun des coups que j'ai reçus n'est dangereux. Une redingote que je portais sur mon habit a paré les coups. »

« Orléans, le 22 mars 1793, l'an 2ᵉ de la République.

« Citoyens législateurs,

« Votre décret rigoureux a répandu la consternation dans Orléans ; un grand crime, à la vérité, a été commis samedi sur un représentant de la nation ; il faut un exemple ; la vengeance nationale doit être déployée dans toute sa rigueur, mais elle ne doit tomber que sur moi. Je dois être censé le seul coupable en ma qualité de maire, puisque je réponds de la tranquillité de la ville. Ma négligence et peut-être mes imprudences ne doivent nullement rejaillir sur mes collègues et sur la ville. Il est de votre justice, citoyens législateurs, d'annuler une partie de votre décret en rendant la liberté aux officiers municipaux et au procureur de la commune ; ordonnez que le maire seul sera responsable de tous les événements survenus, qu'il se rendra sur-le-champ à Paris pour paraître à votre barre et y rendre compte de sa conduite. J'attends vos ordres pour voler à Paris ; trop heureux si je puis, moi seul, rendre l'honneur à mes concitoyens et leur assurer la tranquillité et le bonheur. Je laisserai sept enfants auxquels mes concitoyens serviront de pères.

« ARMAND-LÉON SAILLY, maire d'Orléans. ».

Émue d'une si noble démarche, la Convention, sur la proposition de Garran-Coulon, rapporte la partie du décret qui déclare Orléans en état de rébellion ; mais, quelques jours après, les montagnards parviennent à faire revenir l'Assemblée sur cette décision et à rétablir le régime exceptionnel sous lequel gémit le chef-lieu du Loiret. Ce n'est que le 26 avril, c'est-à-dire après six semaines de sollicitations, que l'état de siége est levé. Mais en quel état se trouvait alors la malheureuse cité ? C'est ce que va nous apprendre une lettre de deux membres de la Convention, Lesage (d'Eure-et-Loir) et Duval-Beauprey, auxquels une mission de l'Assemblée fit traverser Orléans quinze jours après le décret d'amnistie.

« Orléans, 11 mai 1793.

« ...Tous les citoyens sont ici dans la désolation. Il n'est point de famille qui n'ait à gémir sur la détention d'un père, d'un mari, d'un ami. Ces détentions ont un caractère de despotisme, de tyrannie, qui fait frémir les amis de la liberté. Vous connaissez la malheureuse affaire de Léonard Bourdon. Digne enfant du vieux de la Montagne, il vient ici prêcher des maximes subversives de tout ordre social. Il va ensuite s'enivrer avec quelques hommes, très dignes par leur défaut d'éducation et leur immoralité de former sa compagnie; il va à la municipalité, il insulte une sentinelle, il essaye de la tuer d'un coup de feu, il reçoit quelques coups de baïonnette. Tous ceux qui étaient au corps de garde particulier à la sentinelle sont en prison.

« Aux écuries de la maison commune étaient plusieurs citoyens de garde sous le commandement de la gendarmerie. Par la position des lieux, il était impossible que ce corps de garde eût pris part à la rixe de Bourdon ou l'ait pu voir. Cependant tous ceux qui étaient de garde à ce poste sont en prison, et les gendarmes, qui les commandaient, n'y sont pas.

« Enfin plus de cent citoyens sont consignés dans la ville, leurs affaires de commerce demanderaient leur sortie; mais un ordre arbitraire les retient...

« LESAGE, BEAUPREY-DUVAL. »

Les réclamations de la municipalité et les plaintes des femmes et des filles des prévenus sont enfin entendues. Le 19 mai, Noël (des Vosges), au nom des Comités de législation et de sûreté générale, donne lecture d'un rapport qui constate :

1° que Bourdon, envoyé avec Prost dans le Jura et chargé de l'urgente mission de presser le recrutement dans ce département, s'est détourné de trente lieues de la route qui lui était tracée, pour se rendre à Orléans.

2° Qu'arrivé à Orléans, le 15 mars dans l'après-midi avec son collègue, il n'a pas donné avis de sa présence à la municipalité, mais est allé tout droit aux Jacobins, où il a prononcé les discours les plus propres à fomenter le désordre dans la cité;

3° Qu'il a été donné un banquet, à la suite duquel Bourdon

et ses coreligionnaires allèrent au café, à la Société des Jacobins et chez l'évêque [1] ;

4° Que le même jour, à cinq heures, la municipalité, sur une plainte de Prost qui venait d'avoir des difficultés avec le maître de poste, avait fait délivrer des chevaux aux deux représentants et devait les croire partis ;

5° Que vers les dix heures, un grand tumulte avait été entendu de la salle du conseil ; que les officiers municipaux, étant sortis, avaient trouvé Bourdon blessé et s'étaient empressés de le recueillir et de l'entourer de soins.

Noël termine son rapport en faisant le plus grand éloge du zèle et du dévouement de la municipalité orléanaise, qui a déjà envoyé cinq mille hommes contre les départements insurgés, et en proposant d'ordonner l'élargissement provisoire de tous les détenus, contre lesquels ne s'élèveraient pas de charges graves.

Ce rapport excite l'indignation de la Montagne [2]. Collot-d'Herbois, Laplanche, Marat, s'élèvent avec force contre ces conclusions ; Louvet, en leur répondant, dénonce la conduite des commissaires envoyés à Orléans depuis que cette ville a été déclarée en état de rébellion. « Ils ont pris sous leur protection, s'écrie-t-il, des hommes dont le métier était de prêcher dans la ville le meurtre et le pillage. Ils ont emprisonné des citoyens dont la fortune et les emplois excitaient l'envie

---

1. L'évêque d'Orléans n'était autre que le fameux Jarente, l'un des trois prélats de l'ancien régime qui avaient adhéré à la constitution civile du clergé. Comme son collègue Loménie, archevêque de Sens, il n'avait trouvé d'autre moyen de se faire pardonner son origine aristocratique que de se jeter dans les bras des plus ardents démagogues et d'accepter la présidence de la Société populaire. A tous ces titres, Léonard Bourdon lui devait bien sa première visite.

2. Six mois plus tard, Noël payait de sa tête le courage et l'indépendance qu'il avait déployés dans cette circonstance. Inscrit sur la liste de proscription du 3 octobre, il essaya, pour se soustraire à ses persécuteurs, de se réfugier en Suisse. Il fut arrêté à quelques pas de la frontière, ramené à Paris, traduit devant le Tribunal révolutionnaire, condamné à mort et exécuté le 18 frimaire an II (8 décembre 1793). Les seuls crimes qu'on avait à lui reprocher étaient son rapport dans l'affaire de Léonard Bourdon et son abstention dans le procès de Louis XVI. (Voir tome V, page 405.)

de certaines gens. Ils les ont accusés d'être des aristocrates et des contre-révolutionnaires ; mais vous savez que l'on est aristocrate et contre-révolutionnaire, lorsqu'on demande que la Convention soit entourée du respect qui lui appartient. On est aristocrate, lorsqu'on prêche l'amour de l'ordre et l'obéissance aux lois ; on est aristocrate lorsqu'on réclame la conservation des hommes et des propriétés. On a destitué l'ancienne municipalité, on en a établi une nouvelle. Eh bien! savez-vous ce que celle-ci fait des deniers du peuple? Elle dépense 6,000 livres dans des dîners, elle régale à 10 livres par tête les sans-culottes. Les femmes, les mères et les filles des citoyens détenus viennent implorer la grâce de ceux qui pourvoient à leur subsistance ; les patriotes, bien repus, les forcent à danser et à célébrer par des démonstrations de joie le triomphe de leurs persécuteurs. Après la danse, elles espéraient, pour prix de tant d'outrages, obtenir un adoucissement à leurs peines. Elles demandent l'élargissement de leurs maris, de leurs pères, de leurs fils. On le leur refuse, elles insistent, un sans-culotte tire son sabre ; mais il n'y avait là que des femmes et tant de vaillance est perdue. »

En entendant les sarcasmes dont l'orateur girondin accable les démagogues orléanais, les tribunes prennent fait et cause pour les frères et amis ; elles éclatent en murmures. Des cris *à bas! à bas!* se font entendre. Le président Isnard menace de dénoncer à la France entière l'insulte que l'on fait à la représentation nationale ; le tumulte est à son comble. Marat essaye en vain de se faire entendre. La Convention lui refuse la parole et adopte les conclusions du rapport de Noël.

C'était un triomphe pour la justice et l'humanité, mais il devait être de peu de durée. Moins de quinze jours après, les journées du 31 mai et du 2 juin consacraient la défaite de Louvet et de ses amis, le triomphe des démagogues.

Les malheureux Orléanais subirent le contre-coup de ces événements. Du moment qu'ils n'eurent plus de protecteurs, Fouquier-Tinville les traduisit à son tribunal. Léonard Bourdon appelé en témoignage se montra implacable. Après de longs et pénibles débats, le 12 juillet, neuf condamnations à mort furent prononcées contre les gardes nationaux dont les noms suivent : Couët, agent de change, âgé de cinquante ans, chasseur de la garde nationale ;

Buissot, marchand, âgé de vingt-cinq ans, chasseur ;

Gellet-Duvivier, marchand de bas, trente-neuf ans, grenadier ;

Jacquet, rentier, âgé de vingt-cinq ans, lieutenant de grenadiers ;

Poussot, rentier, âgé de quarante-deux ans ;

Quesnet, musicien, âgé de trente-huit ans ;

Nonneville, rentier, âgé de trente ans, chef de bataillon de la garde nationale ;

Tassin-Montcourt, propriétaire, âgé de trente-trois ans ;

Broue de la Salle, blanchisseur de cire, âgé de trente-trois ans, chef de bataillon en second de la garde nationale.

Le lendemain, le président de la Convention recevait cette pétition ; nous en avons retrouvé l'original, écrit en partie au crayon :

« Législateurs,

« Les mères, épouses et enfants des malheureux Orléanais qui doivent être aujourd'hui victimes de l'erreur d'un moment trop fatal, réclament de votre indulgence et de votre compassion la grâce de neuf pères de famille, qui vont mourir aujourd'hui, ou le sursis à l'exécution. »

Des femmes éplorées, des jeunes filles en larmes sont introduites à la barre ; à peine si, au milieu de leurs sanglots, on peut distinguer les cris de grâce et de miséricorde. Mais l'Assemblée, depuis qu'elle est dominée par les démagogues, ne connaît plus aucun sentiment humain ; elle passe froidement à l'ordre du jour. Quelques heures après, neuf têtes innocentes tombaient sur la place de la Révolution.

VIII

LETTRES DE LACROIX A DANTON.

(Voir page 305.)

I.

« Je n'ai pu me rendre à l'armée, mon cher ami, comme nous en étions convenus. Un accident arrivé à ma voiture m'a retenu à Gand. Pendant cet intervalle, j'ai écrit au général Duval pour lui demander des nouvelles positives de la situation de nos armées ; il m'a fait réponse que Dumouriez était à Bruxelles, qu'il imaginait que les ennemis y entreraient le lendemain. Au retour de mon domestique qui avait porté ma lettre, je pris le parti de venir à Lille. Gossuin et Merlin s'y sont rendus avec moi, et Robert avec Treilhard y sont arrivés. Nos affaires vont de mal en pis, nos revers se succèdent et la confiance est bien altérée, pour ne pas dire entièrement perdue.

« Dumouriez fait précisément tout ce qu'il faut pour accréditer les soupçons que sa conduite et sa légèreté ont fait naître. On assure qu'avant la retraite de l'armée il est venu à Bruxelles et que, pendant la nuit, il y a eu une conférence avec les représentants provisoires de cette ville. Ce fait se confirme assez, mais on en ignore le résultat et l'objet qui fut mis en discussion. Mais tu t'en feras aisément une idée, lorsque tu sauras que, des quatre-vingts représentants provisoires, trois seulement ont quitté leurs foyers et se sont expatriés ; les autres ont attendu avec sécurité et même avec impatience l'armée ennemie.

« Un grand nombre d'hommes ont été au-devant des Autrichiens, ils ont été reçus dans la ville avec transport. Ces f..... Belges parlaient d'aller faire sauter le pont d'Alost, afin d'intercepter la communication avec Gand, ville par laquelle nous évacuons.

« Avant que l'ennemi n'eût pris possession de Bruxelles, nos magasins avaient été pillés. On assure que les gendarmes nationaux avaient donné ce bon exemple. Les effets de campement et habillement n'ont pas été épargnés.

« Notre armée belgique fait sa retraite sur deux colonnes; l'une marche sur Mons et l'autre sur Tournay. On m'a assuré que Dumouriez avait le projet de tenter encore une bataille devant Mons; je désire que notre armée soit plus heureuse que dans les précédentes, mais je crains bien que cela n'arrive point.

« Dans la dernière affaire, nos troupes ont montré du courage, mais il n'a pas été général. La portion de l'armée commandée par Miranda a encore très-mal fait. Je crois que la confiance est absolument usée et qu'il serait temps de le remplacer.

« Je vais partir demain, au plus tard après-demain, pour me rendre à Mons. Je suivrai très-exactement le quartier général et les opérations des états-majors. On crie de toutes parts, on déclame, mais on ne dit rien de positif. J'ai assemblé aujourd'hui plusieurs commissaires nationaux, je les ai priés de me donner les faits des plaintes dont ils avaient connaissance contre les généraux et leur agents. Ils m'ont indiqué des généraux, des commissaires des guerres, des officiers de l'état-major qu'il fallait entendre et je vais m'en occuper.

« Je recueillerai tous les renseignements qu'ils auront à me donner et je te les ferai parvenir.

« Les deux commissaires que nous avons trouvés à Louvain, et qui nous ont remis beaucoup de papiers trouvés chez l'ambassadeur d'Espagne, sont venus s'informer de l'usage que nous en avions fait. Je ne sais si tu les as emportés, ou s'ils ont été oubliés à Bruxelles. Ils m'ont assuré que dans le nombre il y en avait de la plus haute importance, notamment un mémoire de Mirabeau sur la Révolution, apostillé par l'ambassadeur, avec des notes marginales qui nous indiquaient la manière dont il s'était procuré cet ouvrage.

« Je n'ai point trouvé de chevaux à acheter à Gand. Tu sais cependant qu'il m'est indispensable d'en avoir pour remplir ma mission. Saint-Georges, qui est ici, m'en a cédé un, et Col, capitaine dans cette légion, et qui te remettra cette dépêche, m'a donné le sien qui est excellent, mais à condition que Beurnonville lui permettra d'en choisir deux dans le nombre de ceux qui restent encore à la disposition du conseil exécutif. S'il s'en trouvait de bons, je te conseille de les faire conduire ici pour ton usage à l'armée. Tu sais que ce n'est pas dans une voiture que l'on peut haranguer l'armée et lui montrer la place d'honneur.

« Ces chevaux, que j'ai eus, ne sont point pour moi ; ma mission remplie, je les remettrai au lieu qui me sera indiqué par le ministre de la guerre ; il faut donc qu'ils soient remplacés ou payés par Beurnonville.

« Ce n'est pas tout, il faut que tu lui demandes et qu'il m'adresse l'ordre aux gardes-magasins des fourrages de l'armée de nous délivrer des rations de fourrages équivalentes au nombre de nos chevaux. Sans cela il nous serait impossible de nous en procurer à l'armée. Vois-le donc exprès pour ce double objet et donne-lui connaissance des détails affligeants que je te donne.

« Je n'ose pas te proposer encore de venir me rejoindre, je sais combien ta présence est nécessaire à Paris. Provoque les lois rigoureuses, mais salutaires, dont nous sommes convenus avant ton départ. N'oublie pas surtout celle contre les généraux qui voudront se mêler de nos affaires intérieures. Fais presser le recrutement. Je ne suis pas fâché que Dumouriez n'ait pas engagé de combat à la Montagne-de-Fer. Il ne faut pas rebuter nos troupes ; laissons-les reprendre haleine, se rasseoir, se fortifier, et nous nous mesurerons ensuite avec confiance et sécurité.

« La ville de Lille n'est pas suffisamment approvisionnée de munitions de guerre. Les administrateurs et les officiers municipaux s'inquiètent, et il serait dangereux de faire naître au peuple l'idée de l'inquiétude. Il faut donc envoyer ici sans délai des munitions de guerre de toutes espèces et en grande quantité.

« Le commandant de la place est détestable, il n'a pas la confiance, et il paraît que si le ministre ne prenait pas le parti de s'en défaire, nous le ferions pour lui.

« En voilà si long pour une fois, que je crains bien que tu ne me lises pas jusqu'au bout. Mes compliments à Brune.

« Je suis tout à toi.
 « LACROIX. »

« On vient de m'assurer que j'étais maréchal de camp. Cette nouvelle m'a fort surpris, mais elle ne m'a pas fait de peine. Tu voudras bien t'informer de la vérité ou fausseté de cette nouvelle [1]. »

« Lundi 25 mars 1793, l'an 2e de la République.

« Je reçois à l'instant de Beurnonville une lettre à notre adresse; je te fais passer la réponse que j'y fais, quoique cependant celle-ci pût servir pour toi et pour moi.

 « LACROIX. »

« Le citoyen qui te remettra ce paquet est un de mes anciens camarades de gendarmerie et un de mes meilleurs amis. Le ministre, auprès duquel il a été recommandé, l'a nommé lieutenant-colonel du 22e régiment de chasseurs avec l'un de tes parents. Je te prie de mettre pour lui de l'intérêt auprès de Beurnonville pour ce que je lui demande pour lui, et de faire dans cette circonstance ce que je ferais pour un de tes meilleurs amis, si tu me l'adressais.

« Adieu, ne sois pas longtemps à me faire réponse.

« Prends ma lettre pour Beurnonville et va toi même chez le ministre terminer tout avec lui. Tu ne recevras de mes nou-

---

1. Cette nouvelle était vraie. Le grade de maréchal de camp fut accordé à Lacroix pour quelques anciennes années de service dans la gendarmerie. Dans la séance du 14 mai 1793, Barbaroux fit une allusion sanglante à cette nomination qui avait transformé en officier général un ancien gendarme, devenu homme de loi (*Moniteur*, n° 136).

velles que lorsque tu m'auras donné des tiennes. Oublie pour moi ta paresse ordinaire. »

II.

« Je suis, mon cher Danton, dans un état que je ne saurais t'exprimer ; les dangers qui menacent notre patrie augmentent de jour en jour, et nos ressources, nos espérances diminuent, s'affaiblissent et s'enfuient pour ainsi dire. Nous sommes ici occupés à déjouer, jour et nuit, les manœuvres des malveillants. Ils sont en grand nombre et la confusion qui règne dans cette grande ville rend insuffisants et presque inutiles tous nos projets de perquisitions et de recherches.

« Dumouriez me paraît à moi bien dangereux pour la République ; je ne reconnais plus en lui ce général que j'aimais personnellement, dont j'estimais la bravoure et les talents et respectais l'audace. Je l'envisage comme un ennemi de son pays qui veut l'enchaîner ou le traîner sur le bord du précipice pour l'arrêter dans sa chute et se faire déclarer son sauveur, son protecteur. Que d'idées noires se succèdent les unes aux autres ! tout m'est suspect. Les événements les plus naturels peut-être me paraissent combinés et concertés. Je ne vois que traîtres et conspirateurs. Apprends, mon ami, que Dumouriez fait évacuer aujourd'hui Tournay, que Mons et Namur le sont ou vont l'être ; qu'à Lille il n'y a pour toute garnison que deux cent quarante-cinq volontaires nationaux ; que la confiance y est faible, que les dispositions des habitants y paraissent équivoques ou douteuses, que l'esprit public à Valenciennes est détestable. Ah, mon cher Danton, dans quelle situation la République va-t-elle se trouver ! Beaucoup d'ennemis à vaincre, beaucoup d'armées à combattre, et pas un homme à la tête de nos troupes, pas un général sur lequel nous puissions compter.

« Je t'envoie, mon cher Danton, une copie fidèle d'une note de la conversation de Dumouriez avec Goguet. Tu te rappelles ce qu'il nous a dit à Bruxelles ; eh bien, celle-là s'est passée avant-hier. J'ai tout réfléchi, tout rapproché, tout calculé et, je te l'avoue, ma patrie est tout pour moi ; mes amis ne viennent qu'après. J'ai proposé ce matin de suspendre Dumouriez et de le mettre en état d'arrestation ; mes collègues ont cru qu'il fallait temporiser. Je ne sais s'ils avaient raison, mais j'ai dû respecter la majorité.

« Adieu, mon cher Danton, j'ai le cœur navré de douleur, j'ai l'humeur noire, je suis furieusement rembruni. Je t'ai déjà écrit bien des lettres, tu ne m'as pas encore répondu. Ce n'est pas le moment d'être paresseux ou indifférent ; fais de ma lettre l'usage que tu voudras, je la livre à ta prudence ainsi que la note de Goguet. Je crois cependant que tu dois la communiquer à Beurnonville, à Lebrun et ensuite au Comité de défense générale.

« Trois commissaires envoyés dans la Hollande partent à l'instant pour Paris. Ils sont bien mécontents de Dumouriez ; parles-en à Lebrun.

« Je t'embrasse de tout mon cœur. Donne-moi de tes nouvelles.

« LACROIX.

« Lille, 28 mars 1793, an 2e de la République française. »

IX

TENTATIVE DE NÉGOCIATIONS A FAIRE PRÈS DE DUMOURIEZ.

(Voir page 307.)

Les pièces qui suivent sont extraites des archives du ministère de la guerre à Vienne. Le document principal ne porte ni signature, ni date. Nous croyons qu'il a été rédigé dans les derniers jours de février, au moment où Dumouriez envahissait la Hollande. C'est du moins ce qu'on peut inférer de la lettre par laquelle le baron de Breteuil transmet ce document au comte de Mercy-Argenteau. Celui-ci avait été longtemps ambassadeur d'Autriche à Paris, et n'avait cessé d'être le confident et le guide de la reine Marie-Antoinette. Il était alors retiré à Wesel sur le Rhin et entretenait de nombreuses correspondances avec plusieurs groupes d'émigrés, les uns réunis à Londres, les autres dispersés dans différentes villes d'Allemagne. Il était surtout en relations très-suivies avec le baron de Breteuil, autrefois ministre de Louis XVI, alors l'agent le plus actif de l'émigration.

« L'extrême attachement de M. Dumouriez pour la personne du feu roi, son dévouement pour le jeune roi et pour la reine sa mère, sa ferme résolution de rétablir la monarchie en France, et son aversion pour le système actuel, me sont si parfaitement connus, que je n'hésite pas à croire qu'il s'entendrait volontiers avec les puissances combinées pour accélérer le retour de l'ancien gouvernement, si l'on trouvait un moyen de le faire concourir à ce but important, sans anéantir totalement l'espèce de gloire militaire qu'il a acquise dans la campagne dernière et dont il est fort jaloux, et si on consentait à lui assurer une existence aisée qu'il n'a pas, et une grande place militaire ou politique à son choix.

« Voici donc ce que je propose :

« Ce que ferait M. Dumouriez.

« 1° *A l'égard de la Hollande.*

« Si M. Dumouriez n'est pas forcé dès actuellement, par des ordres supérieurs, de tenter l'invasion de la Hollande, et s'il en est encore temps lorsque ceci aura été accepté de part et d'autre, M. Dumouriez renoncera à ce projet et y fera renoncer le Conseil exécutif.

« Dans le cas, au contraire, où il aurait déjà commencé l'attaque, ou ne pourrait pas absolument l'éviter, il la ferait assez mollement et perdrait assez de temps auprès des premières places, comme Berg-op-Zoom ou Maëstricht, pour laisser le temps à l'armée prussienne d'arriver tellement en force et de faire présumer une telle résistance qu'il pût, sans inspirer aucune méfiance, lever les siéges qu'il aurait entrepris et se replier sur les Pays-Bas autrichiens.

« 2° *A l'égard des Pays-Bas.*

« M. Dumouriez, suivi dans sa retraite de Hollande par l'armée prussienne et feignant de craindre que ses communications avec la France ne fussent coupées par l'armée autrichienne, se retirerait alors au delà de Bruxelles et laisserait à découvert Liége et

« Ce que l'on pourrait faire pour M. Dumouriez.

« 1° Montrer par tous les moyens praticables une grande considération pour ses talents militaires.

« 2° Promettre et garantir à M. Dumouriez, sur l'honneur des puissances coalisées, qu'au moment du rétablissement de la monarchie en France il y aurait une amnistie pour lui et pour les personnes qu'il désignerait, sans exception.

« 3° Lui promettre sous la même garantie qu'à cette époque, ou aussitôt qu'il le demandera, il lui serait donné un commandement militaire ou une grande ambassade qu'il désignerait.

« 4° Enfin mettre à la disposition de M. Dumouriez ou de la personne qu'il indiquera, immédiatement après l'exécution de la première partie des engagements de M. Dumouriez, une somme que lui seul peut indiquer, mais telle qu'elle puisse lui assurer, à tout événement, une fortune indépendante, et lui donner les moyens d'acheter les membres nécessaires de la Convention.

Anvers, qui, vivement attaqués par l'une des deux armées, pendant que M. Dumouriez serait tenu en échec par l'autre, ne pourraient résister longtemps.

« L'évacuation successive du surplus des Pays-Bas se ferait assez facilement ensuite, M. Dumouriez affectant les mêmes craintes et témoignant hautement le désir d'éviter une action générale.

« 3° *Dans le cas d'une bataille.*

« Si les puissances combinées jugeaient convenable de livrer une bataille, ou si la position respective des armées ou des ordres exprès forçaient M. Dumouriez à en risquer une, il est évident que M. Dumouriez, pour sa propre sûreté, serait contraint de se servir de tous ses moyens; mais dans ce cas M. Dumouriez, s'il était vainqueur, poursuivrait assez faiblement la victoire pour laisser le temps à l'armée ennemie de se rallier et de se renforcer, et, s'il était vaincu, pourrait abandonner plus de terrain qu'il n'y serait militairement obligé.

« 4° *A l'égard des armées commandées par les autres généraux.*

« M. Dumouriez renoncerait à régler de son camp, comme il l'a fait jusqu'à présent, les opérations des autres généraux français; il les laisserait livrés à leurs propres forces, et dirigerait tellement les opérations de son armée, qu'elles ne soutinssent point celles des autres.

« 5° *A l'égard des places que les puissances combinées voudraient assiéger.*

« Dans le cas présumable où, après avoir repoussé de gré ou de force M. Dumouriez jusque dans la Flandre française, les puissances combinées voudraient entreprendre quelques siéges, M. Dumouriez, qui n'est pas maître de changer à son gré les commandants des villes de guerre, se bornerait à établir son système de défense sur une seule place, et ne ferait que de faibles efforts pour dégager les autres.

« 6° *Le rétablissement de la monarchie.*

« M. Dumouriez profiterait du premier moment où la terreur des succès des puissances combinées agirait avec force en France, pour accélérer sa soumission, en démontrant l'impossibilité de la résistance, et emploierait alors toute son influence pour hâter le rétablissement de la monarchie dans la personne du roi actuel. »

« N. B. — *Il est une hypothèse qu'il faut prévoir :*

« Si M. Dumouriez, pour accélérer les succès des puissances étrangères, préférait de se faire prendre lui-même, soit avec la totalité de son armée, soit avec une partie, peut-on assurer à M. Dumouriez que les puissances étrangères tiendront les promesses ci-dessus établies ?

« Dans ce cas, on ne regarderait pas comme une chose impossible que les deux enfants de M. le duc d'Orléans, ou l'un d'eux, fussent pris avec M. Dumouriez. »

*Note à Son Altesse Sérénissime M*gr *le prince de Cobourg.*

« Je crois devoir ne pas tarder à mettre sous les yeux de Votre Altesse l'extrait d'une lettre que je reçois de M. le baron de Breteuil avec la pièce qui en fait l'objet. Je lui réponds que l'arrangement proposé n'est dans le fait qu'un projet fondé sur une conjecture de la part de celui qui l'a formé; que de là à l'aveu de celui que cela regarde il y a bien loin encore; qu'il me semble cependant que cet objet mérite d'être suivi, parce que, s'il n'aboutit pas à des avantages réels, il ne produira pas non plus d'inconvénients, dès lors que l'on s'y prendra de manière à n'être point compromis.

« A cet effet, il faut supposer que l'intermédiaire aura assez de poids auprès de M. Dumouriez, pour qu'il n'ait besoin d'autre lettre de créance que sa propre assertion.

« Il pourrait demander les conditions, lesquelles devraient poser sur d'autres errements que ne le sont ceux indiqués par l'écrit, puisque les circonstances ont changé.

« Ce serait de convenir que M. Dumouriez se laisserait prendre prisonnier de guerre avec les deux fils du duc d'Orléans, point très-capital ;

« Qu'il procurât une ou deux places fortes ou tels autres avantages que Votre Altesse jugerait convenables.

« Par contre, on s'engagerait à une somme stipulée, à une amnistie pour tels et tels, même à procurer une place honorable au service du roi de France.

« Que le préliminaire à tout cela était de savoir : si l'on voulait, et ce que l'on voulait.

« Que je ferais usage de tout cela auprès de notre cour, et auprès de Votre Altesse, mais que le jugement que je portais de cette proposition n'étant que mon opinion propre, elle exigeait une sanction pour pouvoir être regardée comme quelque chose.

« Dans toutes les hypothèses, je ne puis m'empêcher de croire que la défection de M. Dumouriez serait toujours d'un très-grand effet, ne fût-ce même que sur l'opinion du public factieux, qui, regardant cet homme comme la pierre angulaire de l'édifice révolutionnaire, se persuaderait qu'il doit crouler dès lors que le personnage, qui en est l'étai, prouve lui-même qu'il ne peut plus le soutenir ; car si Dumouriez se laissait prendre, on ne se tromperait pas sur ce *fait exprès*.

« Depuis bien longtemps, j'avais préparé des moyens d'aborder ce chef audacieux de la force révolutionnaire.

« Après avoir exposé l'objet à Votre Altesse, j'attendrai qu'elle veuille rectifier mon jugement par le sien.

« J'ai l'honneur d'être avec respect, etc. »

Note à Son Altesse Sérénissime Mgr le prince de Saxe-Cobourg.

« La note ci-jointe était écrite, prête à être expédiée, au moment où je reçois de Maëstricht l'avis préliminaire de la grande journée du 18. Ce nouveau laurier, ajouté à tous ceux que Votre Altesse a déjà cueillis et cueillera encore, me procure la double joie de l'importance de l'objet et d'en offrir mon compliment très-humble à Votre Altesse, qui est destinée à la gloire de sauver l'Europe du plus terrible des dangers que nous présente l'histoire des siècles.

« Sans savoir encore les détails de la victoire de Neerwinden, j'espère qu'ils décideront en grande partie du sort de cette campagne, et d'abord de celui des provinces belgiques. Tout cela est beaucoup et n'est pas tout, quand on considère jusqu'où la frénésie d'une nombreuse nation en délire peut s'obstiner dans les efforts et dans l'usage de ses immenses moyens. Cette considération et bien d'autres du même genre m'ont porté à ne pas supprimer ma note sur M. Dumouriez. Peut être sera-t-il conduit uniquement par les résultats de son imprudente audace; mais, s'il parvient, malgré des revers, à soutenir auprès de la nation la magique influence qu'il exerce sur elle, alors il serait peut-être utile d'user des moyens propres à se débarrasser d'un adversaire au moins incommode par sa bouillante activité, qui électrise les hordes, d'ailleurs si mal composées, qu'il commande.

« J'ai l'honneur d'être avec respect,

« MERCY ARGENTEAU. »

« D'après les dépêches de M. le comte de Stahremberg à la cour, je vois se réaliser tout ce dont j'ai eu l'honneur de prévenir Votre Altesse sur l'apathie des Hollandais; on ne saurait être trop en garde contre cet inconvénient, qui pourrait influer de la manière la plus fâcheuse sur les opérations subséquentes auxquelles Votre Altesse se déterminera.

« M. le comte de Stadion a fait bon usage à Londres de ce que je lui avais suggéré pour presser la marche des Hanovriens.

« Wesel, 21 mars 1793. »

Extrait d'une lettre de S. Ex. M. le baron de Breteuil au comte de Mercy-Argenteau.

« Dusseldorf, le 18 mars 1793.

« Je fais, monsieur l'ambassadeur, le vicomte de Caraman porteur de cette lettre, afin qu'il vous explique clairement tout ce qui a rapport à la note qu'il vous communiquera. Vous verrez si son objet peut vous convenir, et, sur ce que vous m'en direz, je m'occuperai volontiers des moyens de succès de cet objet. C'est à Londres que l'ouverture m'en a été faite, douze ou quinze jours avant mon départ, avec le désir marqué de s'entendre avec l'Angleterre sur le point d'intérêt général. »

X

CAPTIVITÉ DES COMMISSAIRES DE LA CONVENTION ET DU MINISTRE DE LA GUERRE [1].

(Voir page 352.)

Les quatre représentants du peuple, Camus, Lamarque, Quinette et Bancal, le ministre de la guerre Beurnonville, les secrétaires et officiers qui avaient déclaré vouloir partager leur sort, furent amenés au général Clerfayt qui commandait à Tournay. Leur premier soin fut de protester contre la violation du droit des gens, commise en leurs personnes; mais le général leur dit qu'il n'était qu'un subordonné; qu'ils devaient adresser leurs réclamations au prince de Cobourg; que, du reste, on allait les conduire au quartier général de Mons où se trouvait le prince.

Arrivés dans cette ville, Cobourg refuse de les voir et leur envoie son confident Mack. Celui-ci leur déclare qu'ils sont retenus en otages pour la reine et son fils, et les engage à faire connaître à la Convention, que, si l'on attentait à ces personnes sacrées, leur tête en répondait. « Quant à moi, dit

---

[1]. Nous avons puisé les éléments de cette note : 1° dans le rapport fait par Camus et lu au conseil des Cinq-Cents les 22, 23 et 27 nivôse an IV; 2° dans une brochure dont nous ne connaissons qu'un seul exemplaire possédé par le British Museum; elle est intitulée : *Addition aux rapports des représentants du peuple Camus*, etc., et nous paraît l'œuvre de Camus, qui y a consigné plusieurs particularités qui n'ont pas pris place dans son rapport officiel; 3° dans les rapports envoyés à Vienne par le prince de Cobourg et ensuite par les chefs des escortes chargées de la translation des représentants et de leurs compagnons d'infortune.

Camus, je n'ai aucun conseil à donner à la Convention et à mes collègues. Je suis captif et hors des terres de la République; je ne m'appartiens plus. — Vous parlez de république, répond Mack, mais son existence n'est reconnue par personne. Songez à être plus réservé. Votre tête n'est pas bien solide sur vos épaules. — Que m'importe! Pensez-vous que parce que j'ai été trahi et livré aux ennemis de la France, je changerai de sentiment et que vous me ferez craindre la mort? — Tel, qui semble bien hardi, change de ton lorsqu'il la voit de près. Songez que vous êtes dans notre pouvoir. — Oui, libres dans vos fers, reprend un autre représentant. Quand on s'est engagé dans une révolution telle que celle de France, quand on a accepté d'être membre de la Convention, on a bien dû mettre dans son compte que l'on pourrait y périr. Ainsi on tenterait inutilement de nous effrayer en nous représentant la mort comme plus ou moins prête à nous frapper. »

Mack, en se retirant, accorda aux prisonniers la permission d'écrire. Ils en usèrent pour donner de leurs nouvelles à leurs familles, mais ils s'abstinrent d'adresser un rapport à la Convention parce qu'ils étaient persuadés d'avance qu'il ne parviendrait pas à sa destination. Beurnonville seul expédia à ses collègues du Pouvoir exécutif la lettre suivante :

« Mons, le 4 avril 1793.

« Vous êtes instruits, sans doute, mes chers collègues, de mon arrestation et de celle des citoyens commissaires de la Convention nationale, au quartier général de Dumouriez, aux bains de Saint-Amand; les motifs qui y ont donné lieu sont faits pour faire époque, et ma stricte et étrange captivité ne me permet pas de vous en présenter les détails, que la conduite future de Dumouriez pourra seule, dans les circonstances, vous faire connaître.

« Je ne suis pas dans le cas de me croire ni prisonnier de guerre ni prisonnier d'État. Il paraît ici que c'est à ce dernier parti que l'on s'arrête; c'est ce que les nations peuvent juger d'après le droit sacré des gens. Dans tous les cas, ferme dans mes principes, ma vie ne sera jamais qu'un léger sacrifice à ma chère patrie, et ce tendre amour de mon pays, qui a toujours dicté mes résolutions, sera toujours mon guide. Je dois cependant vous dire qu'à la grande surveillance près, que l'on observe près de moi, je suis traité avec tous les égards dus à mon rang, et que l'on agit de même avec les citoyens commissaires de la Convention dont je n'ai pas été séparé.

« Nous partons aujourd'hui, dit-on, pour Maëstricht. J'ignore quelles seront les conséquences de cette étrange aventure, que je ne pouvais ni ne devais prévoir : quels qu'en soient les résultats, je vous prie de croire aux sentiments inviolables que je vous ai voués; je vous prie de les transmettre avec mon hommage à la Convention nationale.

« Le général d'armée ministre de la guerre,

« BEURNONVILLE[1]. »

Le lendemain on vint annoncer aux prisonniers qu'ils allaient être transférés à Maëstricht. Le voyage dura huit jours parce que l'escorte était composée en partie de troupes à cheval et en partie de troupes à pied. A chaque couchée, un factionnaire veillait toute la nuit, un sabre nu à la main, dans la chambre des prisonniers. Il n'y eut naturellement aucune tentative d'évasion. Mais plusieurs fois les représentants furent insultés. Un émigré, en les voyant, s'écria : *Ah! voilà ces messieurs qu'on a escroqués!* » Ce mot, au dire de Camus, peignait très-exactement la situation.

Les représentants et leurs compagnons arrivèrent à Maëstricht le 11 avril. Ils y furent bien traités; on leur laissa du papier, de l'encre et la faculté d'écrire; ils en profitèrent pour adresser à l'empereur des protestations individuelles contre leur détention. De ces protestations, une seule avait été conservée par les commissaires français, c'était celle de Camus, il la donne en note de son rapport; nous avons eu le bonheur de retrouver l'original de deux autres, celles de Quinette et de Lamarque. Il ne manque donc plus à l'histoire que celle de Bancal; peut-être sera-t-elle retrouvée un jour. Nous croyons devoir

---

1. Cette lettre ne fut pas interceptée, car nous avons trouvé sur les registres des délibérations du Pouvoir exécutif la mention de sa réception, à la date du 19 avril, et celle de son renvoi au président de la Convention.

donner *in extenso* les deux pièces que nous avons exhumées de la poussière des archives viennoises :

A Sa Majesté l'Empereur et Roi
Nicolas Quinette, membre de la Convention nationale de France
et l'un des commissaires de la République
près l'armée que commandait le général Dumouriez.

« Comme il importe à Votre Majesté, pour être juste, de connaître la vérité, je dois la lui dire sur les faits qui ont amené l'état d'oppression où je suis; ma situation étant commune avec MM. Camus, Lamarque et Bancal, mes collègues, je parlerai tant en leur nom qu'au mien.

« Chargés par la Convention nationale de faire connaître à Dumouriez, général de l'armée du Nord, le décret qui le mandait à la barre de l'Assemblée pour rendre compte de sa conduite, nous sommes arrivés le lundi 1er avril au quartier général situé à Saint-Amand.

« Comptant pour l'exercice de notre magistrature sur l'empire de la loi et sur la soumission d'un soldat français, nous sommes entrés seuls dans l'appartement du général Dumouriez. Il nous a reçus debout, il était environné d'un nombreux état-major.

« M. Beurnonville, ministre de la guerre et adjoint à nos fonctions par le même décret, donna lecture de la loi. Dumouriez, étonné, déclara d'abord qu'il ne voulait point quitter l'armée dans la situation où elle était. Nous lui avons rappelé avec bonté ses devoirs et nous lui avons déclaré que nous remplirions le nôtre avec courage.

« Le général Dumouriez resta longtemps agité; ensuite il s'abandonna à ses propres réflexions et à celles qu'une longue conférence devait lui suggérer. Il reçut les conseils du général Valence; ce dernier paraissait vouloir tout concilier, il indiquait des termes moyens; il s'aperçut bientôt que toutes nos réponses étaient dictées par la loi; elle dirigea toute notre conduite.

« En effet, de retour auprès du général Dumouriez, l'un de nous lui dit : « Citoyen vous connaissez la loi, il est temps de lui « obéir. — Non, répondit-il. — Remettez-nous tous vos papiers,

« — Non, messieurs. — Au nom de la nation et de la loi nous
« vous suspendons de vos fonctions. »

« A l'instant, Dumouriez donne l'ordre de nous arrêter. Son état-major, composé en grande partie d'hommes étrangers à la France et à toutes les nations, répète l'ordre. Un détachement de hussards se précipite dans la chambre et nous presse. Comment cet ordre n'aurait-il pas été exécuté? il n'y avait pas un seul soldat français parmi ces hussards.

« Dumouriez, devenu citoyen rebelle, a violé ce qu'il y a de plus sacré parmi les hommes, dans les gouvernements et entre les nations : la liberté et la sûreté des citoyens, le caractère auguste de représentant du peuple, et le caractère non moins respectable d'envoyé. Enfin il nous fait entraîner dans une voiture, une nombreuse escorte nous environne, des chefs insolents la commandent et, au moment où nous entrons sur le territoire ennemi, l'ordre est donné de nous assassiner si nous faisons le moindre mouvement. M. Beurnonville, que Dumouriez appelait son ami, eut le bonheur d'échapper à vingt sabres dirigés contre lui.

« Après avoir voyagé une nuit entière, par des chemins affreux, nous sommes arrivés à Tournay, où l'on nous descendit au quartier général de Clerfayt.

« Ainsi placés par la violence sous la domination de Votre Majesté, nous avons pensé que la trahison de Dumouriez n'aurait pas les suites qu'il en attendait, et que le droit des gens étant à notre égard la règle d'un gouvernement étranger, on ne balancerait pas à nous rendre à notre patrie.

« En effet, par quelles qualifications pourrait-on justifier notre situation présente ?

« Nous appellera-t-on des prisonniers de guerre ? Nous n'avons pas été pris sur le champ de bataille, ou les armes à la main; mais nous avons été lâchement livrés par un traître, à une époque même où il existait une trêve entre les armées ennemies.

« Nous donnera-t-on le nom de prisonniers d'État ? Nous sommes citoyens français et non sujets de Votre Majesté. Nous n'avons commis aucun délit sur votre territoire; mais nous remplissions sur le nôtre les fonctions civiles dont la confiance publique nous avait honorés.

« Voudrait-on nous considérer comme des otages? Votre Majesté s'apercevra facilement que ce serait une violation manifeste du droit des gens. Les otages sont le résultat d'une convention réciproque entre les gouvernements. On donne des otages, mais il n'est pas permis de les dérober, autrement les désordres les plus funestes à la société ravageraient toute l'Europe. Il faudrait rompre toute communication entre les hommes et les nations, en un mot, il serait possible que les citoyens de tous les États de l'Europe, que des circonstances variées à l'infini retiennent en ce moment hors de leur patrie, fussent privés tout à coup de l'espoir de la revoir jamais.

« Votre Majesté ne souffrira sans doute pas qu'on donne, en son nom, l'exemple de désordres qui outrageraient les lois saintes de l'humanité et qui menaceraient de détruire les sociétés et les gouvernements.

« Tels sont les principes que nous avons fait valoir dans les conférences que nous avons eues avec M. le général de Clerfayt et avec M. le baron de Mack.

« Tels sont les principes qui dictent la demande, que je fais à Votre Majesté, de me rendre à la liberté et à ma patrie. J'attends avec confiance sa décision, dans la pensée qu'elle sera conforme à l'humanité, à la justice et au droit des gens, invariablement observé jusqu'à ce jour par les gouvernements pour leur propre sûreté et pour la conservation de la société.

« J'ai parlé comme homme et comme citoyen, mais ma personne conserve en tous lieux le caractère sacré de représentant du peuple français.

« N. QUINETTE,

« Membre de la Convention nationale de France.

« Maëstricht, ce 11 avril 1793, l'an 2ᵉ de la République française. »

A Sa Majesté l'Empereur et Roi.

« Maëstricht, ce 16 avril 1793.

« François Lamarque, membre de la Convention nationale de France, convaincu que dans tous les gouvernements de l'Europe le droit des gens est inviolable et sacré, même pendant la guerre, croit, dans la position où il se trouve, devoir à Votre Majesté l'exposé suivant :

« Le 30 mars dernier, le soussigné fut chargé par un décret de la Convention nationale de se transporter, avec quatre de ses collègues, à l'armée française, qui se trouvait alors dans le département du Nord, d'y notifier au général Dumouriez qu'il était mandé à la barre, et de prendre ensuite avec le général Beurnonville, ministre de la guerre, des mesures relatives à l'organisation et administration de cette armée.

« Quatre des commissaires nommés, Camus, Bancal, Quinette et le soussigné, se rendirent au quartier général de Dumouriez, et lui firent connaître le décret de la Convention, en l'invitant à y obéir. — Dumouriez s'y étant refusé, les commissaires, après plusieurs représentations infructueuses, se virent forcés de lui déclarer qu'ils le suspendaient de ses fonctions ; mais dans le même instant ce général, qui avait éloigné de son quartier tous les soldats français, et rassemblé autour de lui un régiment de hussards et quelques-uns de ces officiers qui ne tiennent à aucune nation, se déclara rebelle et fit arrêter les quatre commissaires de la Convention nationale et le ministre de la guerre.

« Jusque-là le délit, quelque grand qu'il soit, n'intéresse que le gouvernement français, mais la suite est une violation manifeste du droit public qui lie, dans tous les temps, les nations civilisées, et qui même au milieu de leurs divisions et de leurs guerres doit être inviolablement conservé.

« A dix heures du soir, les quatre commissaires, le ministre et les autres citoyens français qui venaient d'être arrêtés avec eux, furent enlevés par ordre du même général, transportés par des chemins affreux hors du territoire français et livrés aux soldats de Votre Majesté.

« C'est par ces derniers qu'ils ont été conduits à Tournay, à Mons, à Bruxelles et enfin à Maëstricht, où ils sont actuellement détenus.

« Le soussigné, seul dans ce moment, n'hésite point à réclamer, au nom de tous, le maintien du droit des gens que l'Europe respecte et qui a été violé à leur égard.

« Il ne doute pas que Votre Majesté ne se hâte de condamner cette trahison horrible et sans exemple, par laquelle on voit un général français livrer à l'armée ennemie quatre membres de la Convention nationale et un ministre de France, *au moment où, revêtus de pouvoirs publics, ils remplissaient sur leur territoire des fonctions administratives intérieures.*

« Si un général autrichien, prussien ou hollandais, eût livré dans de semblables circonstances à l'armée française quelques ministres ou membres du conseil de Vienne, de Prusse ou des États de Hollande, personne ne doute que la Convention nationale de France n'eût déclaré à l'instant même qu'elle ne peut ni ne doit profiter de ce monstrueux avantage, qu'elle doit, au contraire, le rejeter avec horreur.

« Il importe, en effet, à tous les gouvernements qui veulent que le droit des gens soit respecté, de s'élever contre une conduite qui renverse ce droit, et qui, si elle était autorisée et imitée, pourrait être funeste demain à celui qu'elle favoriserait aujourd'hui.

« Nous ne sommes point prisonniers de guerre, puisque nous n'avons pas été pris les armes à la main, ni d'après les lois de la guerre.

« Nous ne pouvons pas être prisonniers d'État, puisque nous sommes étrangers aux gouvernements qui nous retiennent et que c'est par un Français et pour faits relatifs au gouvernement français que nous avons été arrêtés.

« Nous ne sommes pas non plus des otages, car la trahison ne peut pas en donner. Les otages seraient innombrables et il n'y aurait plus de sûreté nulle part, s'ils pouvaient se former ainsi [1].

« Nous n'avons donc contre nous que la force ; mais les

---

[1]. « Lorsque Camille, général romain, faisait la guerre aux habitants de Phalères, un maître d'école lui livra comme otages les enfants des principaux habitants de cette ville. Camille trouva cette action horrible. « Il y a, « dit-il, dans la guerre comme dans la paix, des règles et des lois pour les « gens de bien ; il ne faut pas devoir la victoire à des moyens honteux ; un « bon général doit compter sur sa propre vertu, et nullement sur la méchan- « ceté et sur la perfidie des autres. » En même temps, il renvoya libres les prétendus otages et ordonna que le traître fût ramené à Phalères par ceux mêmes qu'il avait livrés. »

nations de l'Europe sont trop sages pour faire de la force un droit.

« D'après ces principes, nous réclamons notre liberté au nom de la nation française, dont nous avons l'honneur d'être représentants, et au nom de la justice et du droit des gens qui doivent être sacrés pour tous les peuples.

« F. Lamarque,
« Membre de la Convention nationale de France. »

Ces lettres restèrent sans réponse. Les quatre commissaires prirent alors le parti d'adresser à l'empereur une protestation collective[1]; elle n'eut pas un meilleur accueil.

Aussitôt que l'arrestation des commissaires et du ministre avait été connue de l'empereur, le président du conseil aulique, comte de Wallis, avait écrit au prince de Cobourg pour lui donner l'ordre d'envoyer à Vienne les prisonniers. Voici en quels termes était conçue sa dépêche :

Sérénissime Duc, gracieux Seigneur !

« Sa Majesté m'a chargé de faire connaître à votre Altesse Sérénissime, par le courrier qu'expédie à Bruxelles le chancelier aulique néerlandais comte de Trautmannsdorf, l'ordre souverain de faire transporter de Maëstricht à Vienne, et sur-le-champ, sous une escorte sûre, les prisonniers livrés par le général Dumouriez.

« Seulement je prie Votre Altesse, comme le convoi aura à passer par l'Empire, de transmettre suivant les circonstances aux ministres respectifs les avis préalables nécessaires, afin que, sur aucun point du parcours, il ne se puisse produire la moindre complication.

---

1. Le rapport de Camus, en date du 23 nivôse an IV, donne cette protestation collective, ainsi que plusieurs lettres adressées par les commissaires au colonel Mack et aux États généraux de la république des Provinces-Unies, sur le territoire desquels les commissaires se trouvaient détenus à Maëstricht.

« J'ai l'honneur d'être, avec la déférence la plus absolue,
« De Votre Altesse Sérénissime,
« l'obéissant serviteur,
« Comte DE WALLIS.

« Vienne, le 10 avril 1793.

« A S. A. M. le Duc de Saxe-Cobourg, maréchal des armées. »

Le lendemain, le même comte de Wallis modifiait ainsi les ordres qu'il avait envoyés la veille :

« Très-Sérénissime Duc, gracieux Seigneur,

« Je trouve bon d'ajouter à la lettre que j'ai transmise à Votre Altesse hier, par ordre de Sa Majesté, relativement au transport des prisonniers, la demande si Votre Altesse, informée comme elle l'est des dispositions hostiles de la cour du Palatinat bavarois et de celles du ministère, ne juge pas utile d'effectuer le transport de ces prisonniers en évitant le passage par le territoire du Palatinat bavarois.

« Et je demeure avec la déférence la plus complète
« De Votre Altesse Sérénissime,
« l'obéissant serviteur.
« M., comte DE WALLIS. »

« Vienne, le 11 avril 1793. »

Les prisonniers restèrent à Maëstricht depuis le 11 avril jusqu'au 23 mai, jour où ils furent dirigés sur le fort d'Ehrenbreitstein et confiés pour cette translation au major de Bradatsch.

Les ordres du prince de Cobourg étaient devenus plus sévères, surtout en ce qui concernait les correspondances. On voulait se débarrasser de réclamations et de protestations auxquelles on ne savait que répondre.

Nous copions textuellement ces ordres[1] : « On permettra aux

---

1. Ils sont datés du 21 mai 1793, du quartier général de Quiévrain.

prisonniers, autant que leur santé l'exigera, de prendre l'air, et, en tant que cela est compatible avec les règles les plus strictes de la sécurité, de se visiter à tour de rôle, ainsi qu'ils l'ont fait à Maëstricht. On leur permettra aussi de se procurer avec leur argent des livres et autres objets inoffensifs. Mais, comme on a des motifs de leur interdire toute correspondance cachetée ou ouverte, le général aura à veiller à ce qu'ils ne puissent recevoir de lettres d'aucune sorte à moins qu'elles ne soient expédiées directement d'ici au général pour leur être transmises. Toute lettre quelconque ouverte ou cachetée, qu'ils voudront expédier par quelque voie que ce soit, leur sera rendue. J'en ferai autant s'il m'en arrivait ici émanées d'eux. Les prisonniers doivent êtres traités sévèrement, mais convenablement et sans qu'il leur soit fait la moindre offense. »

Le même jour, le 21 mai, le prince de Cobourg instruisait le comte de Wallis, à Vienne, de la résolution qu'il avait prise de faire transférer les prisonniers à Ehrenbreitstein par suite de la demande formelle du gouverneur de Maëstricht de l'en débarrasser.

Nous remarquons dans la lettre du prince de Cobourg le passage suivant :

«... J'ai hésité à envoyer ces prisonniers à Vienne, d'abord parce que leur transport entraînerait des difficultés et des dépenses considérables, ensuite parce que, suivant toute probabilité, on peut présumer que plus nous pèserons sur le sort de ces misérables (*dieser elenden Menschen*), plus les forcenés de Paris traiteront cruellement les précieux otages qu'ils ont au Temple, les comtes Auersperg et Leiningen, ainsi que les autres victimes qu'ils ont désignées comme contre-otages[1]. »

Ehrenbreitstein ne devait pas être la dernière étape des prisonniers. Au bout de six semaines, ils furent dirigés sur la

---

[1]. La Convention, en apprenant que ses commissaires avaient été livrés aux Autrichiens, avait ordonné que plusieurs officiers allemands, détenus comme prisonniers de guerre à Strasbourg, Metz et Châlons, fussent amenés à Paris et servissent de contre-otages. On avait choisi tous ceux qui, de près ou de loin, étaient présumés tenir au collège du Saint-Empire ou pouvaient avoir des liens de parenté avec le prince de Cobourg et les autres généraux de l'armée autrichienne.

Bohême. En route, Beurnonville tomba si dangereusement malade que force fut d'arrêter à Wurtzbourg tout le convoi et ensuite de séparer le général de ses compagnons d'infortune. Ceux-ci furent envoyés dans trois prisons différentes, mais subirent un traitement pareil, à savoir un mélange de rigueurs excessives et de précautions ridiculement vexatoires.

Camus et le secrétaire de Beurnonville, Villemur, furent envoyés à Kœnigsgrætz; Bancal et le domestique de Beurnonville, à Olmütz; Lamarque, Quinette et le secrétaire de la Commission, Foucault, au Spielberg.

Beurnonville, aussitôt qu'il fut rétabli, fut dirigé sur Olmütz, et, par une rigueur incompréhensible, Menoire, son aide de camp, qu'on avait laissé jusque-là auprès de lui, fut conduit à Kœnigsgrætz.

Relativement aux trente mois de captivité, que les victimes de la trahison de Dumouriez eurent encore à subir dans ces diverses prisons, nous renvoyons nos lecteurs au rapport de Camus. Qu'il nous suffise de rappeler que le 25 décembre 1795 (5 nivôse an IV) les quatre représentants du peuple, le ministre Beurnonville, ainsi que les officiers, secrétaires et domestiques qui avaient partagé leur sort, furent échangés contre l'orpheline du Temple, le dernier rejeton de la famille royale.

XI

CORRESPONDANCE DES GÉNÉRAUX ET DES MINISTRES AVEC L'EMPEREUR D'AUTRICHE.

(Voir page 403.)

Le général Clerfayt au comte de Metternich.

« 2 avril.

« Je m'empresse de faire part à Votre Excellence que le général Dumouriez m'a écrit ce matin, en m'envoyant comme prisonniers quatre envoyés de l'Assemblée conventionnelle, le général Beurnonville et son aide de camp. Ils étaient envoyés pour l'arrêter et le conduire à la barre. Il m'écrit qu'ils l'auraient laissé assassiner en chemin : il les a prévenus et fait saisir. Je les ai fait partir sous bonne escorte pour Mons, où est le prince de Cobourg, et j'ai fait mettre le scel sur leurs papiers.

« Le général Dumouriez m'écrit qu'il partira demain avec son armée pour détruire ceux qui s'opposent au bien général et rendre au *royaume* la paix et la tranquillité. Je m'empresse à faire part de cet événement intéressant à Votre Excellence, et je suis, etc.

« Clerfayt. »

Le comte de Metternich au comte de Trautmannsdorff.

« Bruxelles, 2 avril 1793.

« Monsieur le comte,

« La nouvelle que M. le comte de Clerfayt vient de me

transmettre aujourd'hui par estafette est trop importante pour que je ne m'empresse point de la porter à l'instant même de sa réception à la connaissance de Son Excellence. Cet événement semble prouver ce que l'on m'avait déjà fait pressentir, que M. Dumouriez avait deux grands objets en vue : de s'attacher à l'un ou à l'autre, d'après les circonstances dans lesquelles il se trouverait ; ou de régner sur la Belgique, le pays de Liége et la Hollande dans le cas où il parviendrait à consolider ses conquêtes ; ou d'opérer une contre-révolution en France, s'il éprouvait des revers considérables, son désir ardent de jouer un grand rôle ne lui permettant point d'autre alternative. Mais, d'un autre côté, cette ambition bien prononcée de M. Dumouriez me paraît exiger la plus grande attention ; il serait dangereux, sans doute, de se relâcher sur les mesures sérieuses qui doivent seules assurer la tranquillité de l'Europe. Pour ce qui concerne ce pays-ci, l'enthousiasme, que l'on a montré au retour de nos troupes pour l'autorité légitime, se soutient parfaitement, et je me propose de faire passer incessamment à la cour des détails fort intéressants sur cet état de choses.

« Je suis, etc.

« METTERNICH-WINNEBOURG. »

Le prince de Cobourg à l'empereur François II.

« Mons, 2 avril 1793.

« Au moment où Votre Majesté recevra ce rapport, Elle sera sans doute déjà informée, par le colonel Fischer et la relation du colonel Mack qu'on lui a remise, des grandes et importantes dispositions du général Dumouriez, si importantes pour la bonne cause [1].

« Depuis lors, le colonel Mack a eu une nouvelle entrevue avec le général Dumouriez et ses compagnons les plus intimes, mais il les a trouvés aussi fermes et inébranlables qu'avant.

---

1. Cette relation est celle de l'entrevue de Mack avec Dumouriez à Ath, qui eut lieu dans la nuit du 25 au 26 mars et que nous avons racontée en détail, page 309 et suivantes.

On lui a dit que Dumouriez lancerait ces jours-ci, le plus tôt possible, une proclamation adressée à son armée, dans laquelle il peindrait, avec des couleurs convenables, la Convention nationale et toutes ses horreurs, et que par là il s'efforcerait de stimuler et d'enflammer encore davantage le courage des soldats, d'ailleurs déjà très-bien disposés pour la bonne cause.

« Dumouriez apprit en même temps au colonel Mack que des commissaires envoyés par la Convention nationale étaient arrivés à Lille, pour lui retirer son commandement; que ces commissaires ont l'intention d'en finir avec lui criminellement, en le faisant assassiner ou en l'emmenant à Paris ; mais que déjà il avait pris ses mesures pour faire arrêter ces commissaires et nous les livrer.

« Par la lettre du général Dumouriez adressée au général Clerfayt, Votre Majesté verra que ce dernier événement a eu lieu en effet, et que le ministre de la guerre de Beurnonville se trouve parmi eux. Je les fais transporter tous sous bonne escorte à Maëstricht, et j'écris au gouverneur prince de Hesse de s'occuper du nécessaire.

« On a notifié aujourd'hui l'armistice des deux côtés, et j'ai d'autant moins hésité à y consentir qu'il n'y a plus de doute que Dumouriez a réellement déclaré la guerre à la Convention nationale. D'ailleurs, mon armée, fatiguée et comptant à peine trente mille hommes, a sérieusement besoin de quelque repos. Pendant ce temps l'armée alliée prusso-hollando-anglo-hanovrienne se rapprochera de moi, et nous déciderons la suite des événements selon ce qui se passera en France. Du reste, d'ici à six ou huit semaines il m'est impossible de me procurer mon artillerie de siége, et cependant j'en ai absolument besoin.

« Sous tous les rapports, la décision du général Dumouriez ne peut être qu'avantageuse pour la bonne cause, et c'est pour cela que j'ai fait tout au monde pour le fortifier dans son projet, et, s'il m'appelait à son aide et qu'il m'ouvrît les portes de la forteresse, je n'hésiterais naturellement pas un seul instant.

« Mais encore, en ce qui touche les opérations de Sa Majesté le roi de Prusse, j'espère que tout cela aura l'effet désiré. Dumouriez ne négligera rien pour mettre le général Custine dans ses intérêts, et une dame qui a beaucoup d'influence sur lui et qui est déjà d'accord avec Dumouriez, partira demain ou après-demain pour se rendre auprès de Custine afin de le convertir. Si elle réussit, il y a tout lieu d'espérer qu'il rendra spontanément ses conquêtes. Dans le cas contraire, il faudra qu'il marche avec une partie de son armée au moins contre Dumouriez, et alors la résistance à Mayence et dans les environs sera beaucoup moins opiniâtre. Mais, pour compléter ce concours heureux des événements, il faudrait que Sa Majesté le roi eût déjà passé le Rhin avec son armée, et qu'il eût commencé son mouvement sur Mayence.

« Cobourg.

« Mons, 2 avril 1793. »

Le comte de Metternich à S. Ex. M. le comte de Trautmannsdorff.

« Monsieur le comte,

« Votre Excellence a été informée par ma dernière lettre de l'événement extraordinaire auquel la conduite de M. Dumouriez a donné lieu ; je m'empresse de l'informer de la suite qu'il a eue jusqu'à présent. L'armée française s'étant mise en marche sur Paris, M. Dumouriez, avec M. l'Égalité fils, s'était ménagé une entrevue à Boussu avec M. le prince de Cobourg, en présence de Son Altesse Royale, monseigneur l'Archiduc; mais lorsque M. Dumouriez a voulu rejoindre son armée, il s'en est vu coupé par un détachement de gardes nationaux près de Condé ; ils l'obligèrent de regagner le territoire autrichien à Bury, après que son valet de chambre et un officier qui l'accompagnaient furent tués d'un coup de feu. M. Dumouriez a cependant trouvé moyen de joindre la seconde colonne de son armée ; mais, s'étant aperçu qu'elle était partagée d'opinions, il s'est déterminé à rentrer sur notre territoire en y attirant les troupes qui lui sont restées fidèles et dévouées à son nouveau système ; de manière que ce général, avec M. l'Égalité fils, qui a repris aujourd'hui le nom de duc de Chartres, se trouvent maintenant au corps d'armée de M. de Clerfayt renforcé par plusieurs régiments français qui arrivent en grand nombre ; M. le prince de Cobourg qui vient d'arriver à Mons m'a informé de ce nouvel état des choses ; et, comme M. le maréchal se rend encore aujourd'hui à Anvers pour assister à la conférence qui a lieu demain avec M. le stathouder, M. le duc d'York, l'ambassadeur d'Angleterre et le ministre de Prusse à La Haye, je n'ai que le temps de faire part à Votre Excellence du premier aperçu de cet événement, puisque M. le comte de Stahremberg m'a invité par courrier, au nom de M. le prince stathouder et des autres personnes qui se rendent à Anvers, d'assister aux conférences auxquelles se trouvera également M. de Valence, général français. Vous pouvez aisément vous persuader, monsieur le comte, que la tranquillité et le salut de l'Europe vont dépendre du développement de cette crise ; il m'est difficile en ce moment d'entrer dans tous les détails que les circonstances fournissent ; je n'en aurais pas moins à transmettre sur l'intérieur du pays, où j'ai déjà fait les premiers arrangements d'après les ordres de Sa Majesté renfermés dans mes instructions. En attendant que je puisse en faire part, je crois qu'il est de mon devoir d'informer du moins Votre Excellence que tout va parfaitement bien, et je porte en ce moment à sa connaissance deux gazettes des Pays-Bas qui rendent compte de mes démarches à l'égard du conseil de Brabant et de la conduite que j'ai tenue vis-à-vis du magistrat de Bruxelles. Un rapport, que je me propose de faire passer incessamment par courrier, informera Votre Excellence plus au long de toutes les opérations. Les événements se succèdent avec une si grande rapidité, qu'il me serait difficile d'en dire plus en ce moment. J'attends M. le comte de Mercy un de ces jours ; je suis désolé que ses arrangements ne lui permettent point de se rendre à Anvers ; j'avais cependant pris soin de l'informer de la conférence.

« Je suis avec respect, monsieur le comte, de Votre Excellence, le très-humble et très-obéissant serviteur.

METTERNICH WINNEBOURG.

« Bruxelles, le 7 avril 1793 [1]. »

---

[1]. Cette lettre arriva à Vienne le 16 avril.

L'empereur François II au prince de Cobourg.

« Le rapport que m'a fait le colonel Fischer envoyé par vous, relativement à l'entrevue avec Dumouriez, m'a préoccupé à ce point que je ne puis tarder d'une minute à vous transmettre mes instructions. J'espère de votre zèle pour le bien général, pour la cause du repos à restituer à l'Europe entière, de votre dévouement pour moi, et de vos nobles sentiments auxquels la conservation de votre si grande célébrité vous fait un devoir de veiller, — que vous suivrez ponctuellement ces instructions.

« La situation intérieure de la France est telle, que ce serait une véritable impossibilité politique de conclure la paix ou même seulement de consentir à des négociations préliminaires certaines. Tout ce qu'on pourrait dès lors entreprendre devrait tendre à gagner un homme important ou un parti, afin de s'assurer ainsi les voies et moyens nécessaires pour rétablir la paix plus facilement. Or, je vous laisse à vous-même le soin de juger si Dumouriez est cet homme, et si on peut avoir en lui la confiance qu'exigent de semblables et aussi délicates négociations. Dumouriez n'a-t-il pas honteusement trompé le duc de Brunswick par des négociations simulées, et n'a-t-il pas, après avoir ainsi gagné du temps pour rassembler une armée nombreuse, et après que les armées coalisées d'Autriche et de Prusse se sont trouvées affaiblies par cet incident si heureux pour lui, n'a-t-il pas, dis-je, rompu les négociations en s'excusant de ne pouvoir plus négocier, parce que la France venait d'être déclarée en république? Et c'est cependant lui qui a le plus fait pour qu'elle devînt république. Dumouriez, par sa présence à Paris, n'a-t-il pas encouragé le meurtre du roi, et n'a-t-il pas, au moment où il se préparait à attaquer vigoureusement la Hollande, et où, bien plus, il entrait déjà en Hollande, cherché à tromper lord Auckland par des négociations?

« Dumouriez veut donner pour prétexte, que grâce aux progrès victorieux de nos armes la contre-révolution naissante est entravée, et qu'il en pourrait résulter itérativement une union de la nation entière, union qui serait dangereuse pour nous. Or, ce qui prouve que ce n'est qu'un prétexte, c'est que ce sont précisément nos victoires qui ont rendu le courage aux royalistes, et qu'il est évident qu'une contre-révolution ne serait pour personne plus redoutable que pour lui et la faction orléaniste dont il est, lui, le véritable ressort moteur. Il est dès lors manifeste que Dumouriez n'a jamais été ni pu être sincère dans ses propositions, qu'il n'a jamais songé sérieusement à rétablir l'ancien régime (à moins que ce ne fût avec Orléans comme roi).

« Par les négociations commencées avec vous, Dumouriez semble avoir pour but de gagner du temps, afin de pouvoir anéantir par la force ses antagonistes à lui et ceux de son parti, puis d'empêcher le progrès de nos armes victorieuses et enfin de semer la défiance entre moi et mes alliés, par des négociations fréquentes avec lui et par notre inaction singulière. Il faut que Dumouriez ait de doubles intentions par rapport aux conditions actuelles en France, d'abord, d'opprimer et de supprimer les républicains ainsi que les partisans de l'ancienne maison royale, et secondement de mettre le duc d'Orléans sur le trône de France. Ces intentions se trouvent anéanties par nos instances. Il cherche donc à nous tromper par de feintes négociations sur les véritables intentions qu'il poursuit avec son parti.... »

(Il y a ici dans le manuscrit allemand une phrase complétement inintelligible.)

« ... Même une victoire moyenne remportée sur nous (Dieu veuille que ce ne soit pas!) ne pourrait plus le sauver avec son parti, et c'est ce qui le pousse maintenant à recourir à son ancien artifice. La conquête des trésors hollandais a été sa seule ressource. Or, il est obligé d'y renoncer désormais à tout jamais. Il ne lui reste donc plus qu'un seul moyen, et dont il s'est déjà servi deux fois avec tant de succès.

« Les deux Égalité, en faisant semblant de renier leur père, ont fait une gaminerie (*bubenstück*) convenue par ces gens-là entre eux, car je tiens de source certaine que tout ce qui s'est passé entre Égalité et ses fils a été entrepris par ordre du père.

« Je vous ai exposé tout cela le plus minutieusement qu'il m'a été possible, afin que vous voyiez bien la nécessité de mes demandes. Ces demandes sont : *Que vous ne vous laissiez aller,* sous aucun prétexte, sous aucune condition, ni par Dumouriez ni par qui que ce soit, à suspendre, fût-ce un seul moment, la poursuite de vos opérations militaires, et que tout au contraire vous vous efforceriez d'entretenir et d'augmenter, si possible, les appréhensions de l'ennemi ci-dessus mentionnées.

« Je vous prie donc de ne jamais donner à Dumouriez le plus petit espoir que vous arrêterez les opérations; mais, s'il renouvelle ses ouvertures, de vous borner à répondre : *que rien ne me serait plus agréable que de voir l'ordre rétabli en France directement par les efforts de la partie bien pensante de la nation; que je persiste en attendant dans les principes justes et modérés que j'ai fait connaître jusqu'à présent comme devant être introduits éventuellement dans la forme gouvernementale future, et que Dumouriez, quand il aura affirmé par des actes les principes louables qu'il a déclarés ici, pourrait compter pour lui et ses coadjuteurs sur mon assistance et ma bienveillance.*

« De plus je dois vous prier, si de semblables propositions vous sont faites dans l'avenir, d'en faire dresser chaque fois un procès-verbal circonstancié et de me l'envoyer sans retard. Au reste, je ne puis m'empêcher de vous témoigner ma pleine et entière satisfaction de la conduite sagace et circonspecte que vous avez tenue en ceci.

« Vienne, 8 avril 1793.

« FRANÇOIS. »

L'empereur François au prince de Cobourg.

« Vous aurez pu voir toute ma pensée sur l'affaire Dumouriez par la lettre que je vous ai fait parvenir par le colonel Fischer. Ce que m'apprend votre rapport du 2 de ce mois me prouve, il est vrai, que Dumouriez est parti pour Paris pour se protéger contre la faction républicaine; mais, comme dans sa lettre au feldzeugmeister de Clerfayt il n'explique point formellement si c'est Louis XVII ou le duc d'Orléans qu'il veut proclamer roi, force m'est toujours de douter de ses bonnes intentions à l'endroit de l'ancienne maison royale.

« Mais comme tout cela, quelque chose qui arrive à Paris, ne peut que nous être très-favorable, je ne puis que vous exprimer ma satisfaction pour tout ce que vous avez fait en cette affaire. Mais je vous prie d'avoir constamment l'œil le plus vigilant sur tout ce qui se passe à Paris. La grande confiance que j'ai en vous, d'une part, et que m'inspire votre circonspection habituelle, puis aussi la grande distance où nous nous trouvons fait que je dois me borner à vous recommander de faire tout ce que les circonstances exigeront, et de toujours m'informer sans retard de vos actes.

« Il va sans dire que, dans le cas où Dumouriez proclamerait roi le duc d'Orléans, il ne devra nous demander aucune espèce d'assistance. Il serait à désirer que nous pussions obtenir possession de l'une ou de l'autre des forteresses. Du reste, c'est encore une fois les circonstances qui décideront du plus ou moins de durée de l'armistice ; et, sous ce rapport aussi, je dois m'en rapporter à vous. Seulement je désire être informé minutieusement et rapidement de tout ce qui se passe.

« Vienne, 10 avril 1793.

« FRANÇOIS. »

L'empereur François au prince de Cobourg.

« Je vous ai fait connaître par ma lettre d'hier, qui a dû vous avoir été remise par le courrier baron Kleist, ma ratification de l'armistice conclu. Mais, comme les événements qui se passent en France sont tels qu'ils doivent nécessairement favoriser considérablement les opérations de mon armée, comme de plus, si le bruit qui se répand que cet armistice doit être prolongé se confirme, je m'exposerais au danger de voir les alliés profiter de la circonstance et conclure de leur côté un armistice qui nous nuirait, ou tout au moins, je risquerais qu'ils nous fassent le reproche de les avoir abandonnés, en les exposant seuls au choc des forces françaises, comme enfin il vous sera facile, si votre matériel de siége tarde trop longtemps à vous arriver, de vous procurer, en attendant, de l'artillerie hollandaise et anglaise, comme encore vous pouvez, pour vous renforcer, réunir à vous les troupes hollandaises, anglaises et hanovriennes, comme finalement Dumouriez doit être arrivé à Paris à l'heure qu'il est et que la confusion et la consternation doient avoir atteint maintenant le plus haut degré en France, je vous prie, à la réception de la présente, de déclarer immédiatement que, sur mon ordre, l'armistice sera rompu sur l'heure, puis de pénétrer aussi rapidement et aussi vigoureusement que possible sur le territoire français, et, s'il ne vous est pas possible d'attaquer tout de suite une forteresse importante, d'en emporter au moins une moyenne.

« La manière dont la France est tombée sur moi en me faisant la guerre ne me permet pas de considérer si Dumouriez a proclamé roi le duc d'Orléans ou Louis XVII. Le devoir qui m'incombe comme monarque me commande de tirer le plus grand avantage possible de la confusion qui existe chez l'ennemi. Je vous prie donc d'avancer en France avec toute votre circonspection, avec toute votre résolution, mais surtout d'occuper celles des forteresses qui forment, du côté de la France, la barrière des Pays-Bas.

« Vienne, 11 avril 1793.

« FRANÇOIS. »

Le baron de Thugut au général Wurmser.

« Très-noble comte de l'empire,

« Votre Excellence est sans doute déjà informée des propositions que Dumouriez a faites au prince de Cobourg. Elles consistent essentiellement en ceci, que, pour rétablir l'ordre à l'intérieur, il veut s'employer énergiquement avec ses troupes si, pendant ce temps, nous suspendions nos opérations de guerre. Le commandant en chef s'étant borné à transmettre purement et simplement cette proposition, il est arrivé dans l'intervalle, ainsi que Votre Excellence l'a sans doute déjà appris également, que Dumouriez, pour affirmer ses prétendues bonnes dispositions, a livré au prince de Cobourg avec tout ce qu'ils possédaient le ministre de la guerre français Beurnonville et quelques autres membres et employés de la Convention nationale qui étaient venus pour l'arrêter et, à ce qu'il prétend, pour le massacrer. A cette occasion, il a également donné au prince l'assurance qu'il allait se porter immédiatement, avec son armée, contre Paris et contre la Convention nationale, pour y humilier la faction qui domine et accomplir ses promesses.

« Quelque satisfaisante que soit cette résolution et quelque désirable qu'en soit la mise à exécution, puisqu'elle peut contribuer d'une manière ou d'autre au succès de nos entreprises, Sa Majesté persiste cependant dans la décision prise par Elle à notifier au prince, dès la première nouvelle annonçant les propositions faites par Dumouriez, décision portant que nonobstant cette déclaration favorable en apparence, nos opérations de guerre devront être reprises aussi rapidement que possible, et devront être poussées de tous les côtés avec toute la vigueur possible, attendu que Sa Majesté ne veut pas faire dépendre d'événements fortuits la continuation d'une campagne commencée si glorieusement, et considère bien plutôt, comme tout à fait favorable à la poursuite du but final, précisément ce moment où l'apparition de Dumouriez, entrant avec son armée dans l'intérieur du pays, doit nécessairement y porter au plus haut degré la confusion et la terreur.

« Sa Majesté a fait transmettre à Sa Majesté le roi de Prusse la résolution ainsi arrêtée. Elle ne doute pas que, de son côté, Sa Majesté prussienne ne voudra, elle aussi, se servir de ces circonstances favorables pour commencer rapidement ses entreprises. Je crois bon de notifier tout spécialement à Votre Excellence ces résolutions de Sa Majesté, afin que Votre Excellence puisse prendre les mesures voulues dans ce sens, non-seulement en ce qui touche les projets et entreprises ultérieurs, mais aussi dans les circonstances où il s'agira de ranimer l'activité du concours prussien, et de formuler en conséquence les représentations directes qu'il y aura lieu de faire au roi même.

« Comme il m'est personnellement agréable et souvent même utile d'entretenir une correspondance avec Votre Excellence, je la prie de m'envoyer de temps en temps, suivant que ses grandes occupations le permettront, des informations sur les choses les plus essentielles qui se passent là-bas, et de me communiquer ses idées relativement aux espérances possibles, aux moyens qui pourraient aider au succès de nos entreprises, et aux obstacles, s'il en existe.

« Votre Excellence m'obligera par là très-particulièrement,

et je m'efforcerai constamment et vivement de saisir toute occasion pour donner à Votre Excellence des preuves du véritable dévouement et du respect distingué, avec lesquels je demeure, de Votre Excellence

« L'obéissant serviteur, baron de THUGUT.

« Vienne, le 14 avril 1793. »

Rapport du prince de Cobourg à l'Empereur.

« Par mon dernier rapport, Votre Majesté a été informée de la démarche décisive que le général Dumouriez a osé entreprendre afin de rétablir l'ordre et la tranquillité dans sa malheureuse patrie et la sauver si la chose est possible.

« Le mémoire ci-joint contient la relation complète de tout ce qui s'est passé pendant les négociations, et fait connaître les suites qu'elles ont eues.

« Ces suites n'ont point eu, il est vrai, pour le rétablissement du repos en France, un résultat aussi favorable que le général Dumouriez croyait ou paraissait croire qu'elles auraient. Cependant, pour ce qui nous touche, il nous en reste toujours un avantage essentiel, inappréciable, c'est que, aidés par les projets et les démarches du général Dumouriez, nous avons pu marcher en avant à partir de Bruxelles et occuper une partie des Pays-Bas sans aucune perte, et que l'armée ennemie a perdu un général aimé et estimé d'elle par-dessus tout, et a perdu aussi plusieurs autres généraux, ainsi que diverses divisions d'infanterie de ligne, dont une partie a, ou bien passé chez nous, ou s'est dispersée en regagnant ses foyers. De plus, la haine entre l'infanterie de ligne et la garde nationale a considérablement augmenté. Enfin nous sommes devenus maîtres des camps importants de Maulde et de Bruille, et nous sommes mis à même de pouvoir bloquer Condé.

« Les proclamations dont il est question dans le mémoire du colonel Mack sont jointes à la présente.

« *A*. C'est la déclaration que le général Dumouriez a lancée la première dans son armée [1].

---

1. Voir cette déclaration, page 356.

« *B.* C'est une proclamation qui a suivi la première et qui était impérieusement commandée par les circonstances [1].

« Comme le concours réel, effectif et actif des puissances coalisées n'eût pas été facile à obtenir par correspondance, j'ai décidé qu'une conférence aurait lieu à Anvers où les questions principales seraient traitées verbalement entre les plénipotentiaires, les puissances belligérantes et leurs généraux respectifs.

« A cette conférence, qui a eu lieu le 8 et de laquelle je suis revenu avant-hier, étaient présents : le duc de York, le stathouder héréditaire, le prince héréditaire d'Orange, l'ambassadeur d'Angleterre lord Auckland, le ministre prussien comte Köhler, le lieutenant général Knobelsdorf, le plénipotentiaire impérial et royal ministre comte Metternich et le ministre impérial et royal à La Haye comte Stahremberg.

« On a fixé le nombre et l'espèce des troupes qu'il faut faire venir, l'époque de leur arrivée et leur emploi ultérieur.

« On a également parlé dans cette conférence de ce qui s'est passé avec Dumouriez, et, sur la demande de l'ambassadeur anglais, on a rédigé le mémoire ci-inclus du colonel Mack. Puis, indépendamment de l'armistice déjà dénoncé par moi, on a arrêté les termes d'une proclamation qui a été écrite et que je transmets sous l'annexe n° 4.

« Cobourg [2]. »

Très-respectueuse note.

« Dans la conférence d'Anvers, il m'est venu quelques doutes sur la situation actuelle des affaires, que je ne puis m'empêcher de soumettre ici aux hautes lumières et à la décision de Votre Majesté.

« Dès le premier moment, les négociations avec Dumouriez rencontrèrent parmi les ministres des trois cours alliées des objections. Ce ne fut que lorsque j'eus démontré les avantages

---

[1]. Le prince de Cobourg n'ose pas ici s'expliquer davantage sur sa déclaration du 5 avril, qu'il s'empressa d'ailleurs de rétracter le 9.

[2]. Ce rapport est sans date, mais évidemment il fut écrit le surlendemain de la conférence d'Anvers, c'est-à-dire le 10 avril.

évidents qui pouvaient et devaient en résulter pour nos opérations ultérieures, que l'on approuva mes mesures; je ne puis cacher à Votre Majesté que je fus surpris des sentiments et des opinions que je découvris à cette occasion. N'étant aucunement versé dans les mystères de la politique et le secret des cabinets, j'avais cru jusqu'à présent que le vœu des puissances coalisées était de rétablir en France la monarchie, l'ordre et la paix en Europe, de terminer cette guerre d'une manière prompte et honorable, pour mettre fin à tant de convulsions et de malheurs, attacher par là les peuples à leurs souverains, et les préserver du fléau terrible de l'anarchie et des révolutions. Je trouvai dans les conférences d'Anvers que je m'étais trompé. J'y vis que chacun ne pensait qu'à soi, et qu'on avait beaucoup moins en vue l'intérêt général que des intérêts particuliers.

« L'ambassadeur d'Angleterre, par exemple, donna clairement à entendre que ce n'était point là le but de sa cour, et que le retour de l'ordre ne l'intéressait pas du tout. Il démentit même, involontairement peut-être, la réserve connue de son caractère, pour annoncer avec beaucoup de vivacité que le vœu de l'Angleterre était de faire des conquêtes sur la France, et que ce pays-là devait être réduit à un véritable néant politique. Il alla même jusqu'à dire : « Chacune des puissances coalisées « doit chercher à faire des conquêtes et à garder ce qu'elle aura « conquis. » Puis, s'adressant à moi, il me dit, *Prenez toutes les* « *places frontières* de votre côté, et procurez-vous une bonne « barrière pour les Pays-Bas. Quant à l'Angleterre, je le dis « franchement, elle veut faire des conquêtes et elle les gar- « dera. » Ces propos et beaucoup d'autres de cette espèce m'ont suffisamment convaincu que les cours coalisées ne le sont que par des intérêts partiels et isolés, qu'on n'a en vue que son propre agrandissement et son avantage, que la forme du gouvernement en France est ce dont on s'occupe et se soucie le moins, et qu'on n'a d'autre véritable projet que celui de s'agrandir et de s'enrichir à ses dépens. Pour y réussir, la chose n'étant d'ailleurs pas aisée, on n'épargne ni les promesses ni les assurances pour encourager à des opérations hardies et décisives la puissance la mieux disposée ou la plus à même d'agir.

L'on se sert de ses succès pour suppléer à de faibles efforts. On prodigue les encouragements et les éloges pour mettre en avant une armée victorieuse et aguerrie, qui doit à la longue se fondre et s'affaiblir. L'on envisage tout cela comme offrant le double avantage de n'avoir plus que la moitié à faire, et d'avoir vu se diminuer les moyens d'une puissance dont on craignait l'agrandissement et les succès. L'anéantissement politique de la France intéresse vivement l'Angleterre, la Prusse et la Hollande : je ne crois pas me tromper, et tout a servi à m'en convaincre. Ces puissances craignent et veulent éloigner le rétablissement de la monarchie, qui augmenterait l'influence de l'Autriche. Les conséquences de ce système sont aisées à déduire.

« Il est indispensable que je sois instruit sur ces importants objets des intentions de Votre Majesté. Cette guerre ne ressemble à aucune autre. Je croirais qu'on devrait voir plus loin que le moment actuel. Les opérations militaires doivent marcher de front avec les combinaisons politiques et les dipositions du cabinet. Je désirerais être, en conséquence, positivement instruit du système adopté dans la crise actuelle des affaires : si l'on veut faire des conquêtes, s'ouvrir par là le chemin vers Paris, ou se procurer une barrière pour les Pays-Bas, s'arrêter à un certain point, marcher sans prendre aucun intérêt à la situation et à l'organisation politique de la France, en un mot quels sont les principes qu'on a adoptés et le but définitif qu'on se propose. Indépendamment de la nécessité absolue de faire marcher de concert les plans du cabinet et les opérations militaires, j'ai trop senti dans mes négociations avec Dumouriez, qui ne pouvaient être différées, combien il est pénible et délicat d'agir sans être au fait de ce qu'il est si important de savoir.

« J'ose donc réitérer à Votre Majesté mes pressantes et respectueuses instances, de vouloir bien nommer un ministre, chargé de ses pleins pouvoirs, qui soit auprès de moi, ou très-près dans le voisinage de l'armée.

« Cobourg. »

Mémoire succinct sur la négociation avec le général Dumouriez.

« L'armée autrichienne ayant forcé le général Dumouriez, par l'affaire décisive du 22 mars, de quitter son camp derrière Louvain et de se retirer au delà de Bruxelles, le maréchal prince de Cobourg marcha vers cette ville et se campa en deçà. Son armée n'était forte que de 30.000 hommes, et celle de Dumouriez lui était encore très-supérieure en nombre. Il fut donc décidé qu'on ne pouvait pas sans une grande témérité se porter en avant de Bruxelles, jusqu'à ce que le corps prussien du prince Frédéric de Brunswick nous eût joints, ou que le renfort de quelques bataillons et de deux régiments de cavalerie que nous attendions fût arrivé.

« Après que cette résolution fut prise, arriva un aide de camp du général Dumouriez, pour dire au maréchal prince de Cobourg que son général était décidé à mettre fin à toutes les calamités qui déchiraient sa malheureuse patrie, à rétablir la royauté constitutionnelle, à dissoudre la Convention nationale et à punir les scélérats de Paris. Il ajouta que le général souhaiterait que monseigneur le maréchal envoyât une personne affidée pour pouvoir s'expliquer plus amplement.

« Le colonel Mack fut envoyé chez Dumouriez, qui avait établi son quartier général à Ath, et campé son armée derrière la Dendre.

« Il lui accorda une entrevue particulière dans un cabinet écarté. Des officiers généraux et les plus fidèles à l'entour du général Dumouriez étaient présents à cette entrevue, et entre autres le lieutenant général Valence et le général Thouvenot. Le général Dumouriez commença par dire au colonel Mack qu'il ne pouvait plus être spectateur tranquille de toutes les horreurs qui se commettaient en France, qu'il voulait disperser cette criminelle Convention nationale, rétablir la royauté constitutionnelle, sauver le Dauphin, le proclamer roi et sauver les jours de la reine; mais que, pour qu'il pût faire tout cela avec sécurité et succès, il était nécessaire que le prince de Cobourg s'engageât à le laisser tranquille dans sa position derrière la Dendre, et, bien loin de l'attaquer, lui prêtât tout le secours qu'il pourrait lui demander.

« Pour bien comprendre la manière dont le colonel Mack envisagea cette proposition, il est nécessaire de se faire une juste idée de la force respective des deux armées et de la position où se trouvait la nôtre relativement à celle de Dumouriez. L'ennemi était très-supérieur en forces, il avait 40,000 hommes, nous en avions 30,000. Il occupait une position avantageuse derrière la Dendre, avait Anvers à sa gauche et Namur à sa droite. Il pouvait marcher à nous avec ses 40,000 hommes, non-seulement nous empêcher de pénétrer plus en avant de Bruxelles, mais nous attaquer avec avantage et nous forcer de nous replier, avec autant de pertes que nous avions eu d'avantages dans nos marches précédentes, l'ennemi ayant des places, plus de troupes, et pouvant les augmenter encore par la jonction du corps d'armée qu'il avait en Hollande; tandis que nous étions dans un pays ouvert, avec une armée fatiguée, manquant de beaucoup de choses, et n'ayant aucun renfort de quelque conséquence à espérer. Sous ce point de vue, la proposition de Dumouriez paraissait certainement très-avantageuse. Cependant le colonel Mack sentit d'abord que, si l'entreprise de Dumouriez sur la France n'avait pas le succès qu'il en attendait, il pouvait revenir sur nous, et qu'alors notre inaction tournerait tout entière à notre désavantage.

« Le résultat de ces différentes réflexions fut que le colonel Mack déclara à Dumouriez, d'un ton ferme et décidé, que le prince de Cobourg n'entamerait jamais avec lui une espèce de négociation tant qu'il resterait un seul Français dans les Pays-Bas, et qu'avant toute chose il était indispensablement nécessaire qu'il évacuât non-seulement tous les pays, mais aussi les places de Namur et d'Anvers et les deux forteresses de Bréda et Gertruydenberg, occupées encore par ses troupes. Le colonel Mack ajouta que, le prince de Cobourg ayant une armée victorieuse de 60,000 hommes, il en emploierait 40,000 pour l'attaquer de nouveau et le faire retirer derrière ses frontières, tandis qu'il en enverrait 20,000 pour couper toute retraite à ses troupes de la Hollande. Dumouriez répliqua au premier instant : « Mais je suis ici aussi fort que vous ; j'attends

« des renforts considérables en peu de jours, et je saurai me
« défendre, »

« Le colonel Mack ne lui répondit que par un geste significatif, que le prince de Cobourg en resterait invariablement à sa première résolution. Dumouriez réfléchit quelques instants, puis il lui dit : « Eh bien, les Pays-Bas ont toujours été la proie
« d'une bataille, j'en ai livré deux, j'ai eu le malheur de les
« perdre, et je m'accorde avec le prince de Cobourg de me
« retirer sur la frontière de la France et de donner mes ordres
« aux commandants des places fortes qu'elles soient évacuées
« sans délai. » Le colonel Mack lui déclara qu'en ce cas-là le prince de Cobourg ne le suivrait que jusqu'à la frontière, et y resterait pour voir d'un œil tranquille ses opérations sur Paris, et qu'il ne se mettrait pas en mouvement avant que d'être requis de sa part de marcher à son secours.

« Cette promesse réciproque ayant été solennellement donnée, le colonel Mack quitta Dumouriez pour en faire son rapport à M. le maréchal prince de Cobourg. Les jours suivants, Dumouriez remplit ses engagements, en évacuant entièrement les Pays-Bas, en nous cédant Anvers et Namur et à la Hollande Bréda et Gertruydenberg.

« Le soir, avant que Dumouriez se fût retiré entièrement au delà de la frontière, il demanda à son quartier général de Tournay une nouvelle entrevue avec le colonel Mack. Il lui dit que des commissaires étaient arrivés à Lille pour lui porter le décret de la Convention nationale en vertu duquel il devait se rendre à la barre, mais qu'il ferait arrêter ces scélérats, nous les enverrait, et préparerait sa marche sur Paris le plus tôt possible ; que son armée était d'accord avec lui. Il fut question aussi, dans cette entrevue, de la cession momentanée de quelques places-frontières et en général des destinées à venir de la France. Dumouriez exigea, comme une condition préalable, qu'aucune puissance étrangère, mais surtout les émigrés, ne devraient se mêler de l'organisation intérieure du gouvernement français ; il exigea aussi qu'en cas de malheur imprévu il aurait pour sa propre personne, ses généraux et officiers, un asile sûr chez nous et l'entretien analogue à leur grade, et que les troupes qui voudraient le suivre seraient prises à notre solde : ce que le prince de Cobourg, sur le rapport que le colonel Mack lui en fit, crut pouvoir accorder, en décidant que les troupes seraient à la solde de l'empire après avoir prêté serment de fidélité.

« Le lendemain de cette entrevue il se retira avec son armée dans les deux camps retranchés de Maulde et de Bruille et prit son quartier général à Saint-Amand. Nous marchâmes avec l'armée à Mons et à Tournay. Deux jours après, il nous livra les quatre commissaires et le ministre de la guerre Beurnonville, qui les avait accompagnés. Aussitôt après cette arrestation, il fit imprimer et répandre la proclamation ci-jointe, harangua son armée, régiment par régiment, et fit dire au prince de Cobourg qu'il la trouvait entièrement disposée à ce qu'il attendait d'elle, même les bataillons nationaux, dont il n'avait pas attendu tant de bonne volonté.

« Le même jour au soir, Dumouriez envoya un officier au prince de Cobourg, pour lui faire dire, qu'après midi, étant sorti à cheval avec sa suite, il rencontra un bataillon de troupes nationales, s'approcha pour savoir par où il marchait, et fut reçu par une décharge de mousqueterie de la plupart des soldats du bataillon, en sorte qu'il avait eu la plus grande peine à se sauver aux avant-postes autrichiens et au village de Bury, après avoir passé l'Escaut sur une petite barque au risque de sa vie. Dumouriez fit prier le prince de Cobourg de lui envoyer le plus vite possible le colonel Mack, à qui il dit, à son arrivée, que cette étrange aventure ne pouvait être que l'effet des insinuations des commissaires nouvellement arrivés à Valenciennes, qu'ils avaient trouvé moyen de faire parvenir à ses troupes un manifeste qu'ils avaient fait imprimer. Cependant le colonel Mack trouva déjà chez lui trois officiers arrivés, coup sur coup l'un après l'autre, de ses deux camps, pour le prier, de la part de son armée, de revenir sur le champ; que l'armée avait nouvellement assuré qu'elle voulait vivre et mourir pour lui, mais qu'il s'était la veille répandu un bruit sourd et lugubre, même dans quelques régiments de ligne, parmi les soldats, que leur patrie serait livrée à l'ennemi, et forcée de recevoir ses lois. Le général Dumouriez dit au colonel Mack qu'il s'en était déjà aperçu lui-même le jour précédent, et qu'il serait de la dernière importance de dissiper ces bruits causés et fomentés par les commissaires de Valenciennes, et, par cette raison urgente, il conjurait le prince de Cobourg de lui faire parvenir le plus tôt possible une proclamation signée de sa main, et en nombre suffisant d'exemplaires imprimés, de la nature de celle qui est jointe à ce mémoire, pour pouvoir tranquilliser les esprits faibles, agités et indécis. Le colonel Mack lui dit qu'il en ferait son rapport au prince de Cobourg. Ils se séparèrent le matin à trois heures.

« Dumouriez fut reçu dans son camp aux acclamations de toute son armée. Le maréchal se décida à accorder au général Dumouriez la proclamation qu'il avait demandée par les raisons suivantes :

« 1° Si Dumouriez réussissait, comme toutes les apparences le faisaient croire, il n'en pouvait résulter qu'un très-grand bien pour la cause des souverains; s'il ne réussissait pas, nous avions toujours l'avantage du nouveau désordre, de la division d'opinions, de partis, que son entreprise produirait dans son armée et en France, dont nous pourrions profiter.

2° Nous avions suivi depuis Bruxelles, lentement et restant toujours deux marches en arrière, l'armée de Dumouriez jusqu'à l'extrême frontière, n'ayant pas même assez des troupes pour nous soutenir vis-à-vis d'une armée plus forte en nombre et protégée par ses forteresses, si cette armée eût conservé son chef et son ensemble; aussi ne nous étions-nous portés entièrement jusqu'à la frontière que lorsque Dumouriez se trouva en guerre ouverte avec la Convention nationale, par les lettres qu'il avait écrites et par l'arrestation des commissaires et du ministre de la guerre. Cette proclamation ne pouvait donc pas être refusée à Dumouriez, puisque, sans elle, il était à craindre que son armée ne verrait plus en lui qu'un traître, s'assurerait de sa personne et élirait ou ferait nommer par les commissaires à Valenciennes un autre chef, et se présenterait à nous avec plus d'union et d'ensemble que jamais.

« 3° Si nous avions été en état d'entreprendre d'abord un siége, il eût fallu peut-être hésiter à donner cette déclaration, pour ne pas se lier les mains et perdre du temps; mais, n'ayant pas une seule pièce de siége, et rien moins qu'un nombre suffisant de troupes pour pouvoir l'entreprendre avec quelque apparence de succès, n'ayant pas même l'espoir d'avoir notre grosse artillerie et nos renforts avant six semaines, le cas était très-différent.

« 4° La perspective d'obtenir quelque place-frontière et d'y mettre nos troupes, pour la sûreté de notre armée et celle de Dumouriez, perspective que ce général nous faisait envisager comme certaine, et qu'on pouvait trouver vraisemblable, était également décisive et avantageuse; mais il la faisait dépendre uniquement de la déclaration qu'il demandait, assurant itérativement que cette cession momentanée ne pouvait jamais être regardée par lui, et ne devait passer en France que pour un *dépôt,* puisqu'il ne consentirait jamais, et se prêterait encore moins au démembrement de sa patrie, dans laquelle son vœu le plus cher et celui de son armée étaient de rétablir la royauté constitutionnelle.

« 5° Ces places-frontières couvraient en même temps les Pays-Bas et nous mettaient à l'abri de tout événement, et si même la cour de Vienne et les autres cours désavouaient la déclaration, le prince de Cobourg était toujours à même de tenir sa parole aux Français et d'obéir à son souverain. Il rendait les places qui lui avaient été confiées, en retirant toujours le profit clair d'en avoir acquis une connaissance exacte, ainsi que plusieurs autres facilités pour en faire le siége ensuite, qu'il pouvait se procurer sans compromettre sa parole. Dans ces entrefaites, l'armée de Dumouriez s'engagerait avec celle de la Convention nationale, ce qui pouvait encore être très-avantageux à nos opérations, et le prince de Cobourg pouvait recevoir, sur tous ces objets, les ordres de sa cour, même longtemps avant l'arrivée de son artillerie de siége et des troupes qu'il avait à attendre des puissances coalisées.

« Tous ces motifs réunis et la considération que l'occupation de ces places, quoique conditionnelle, pouvait être très-utile dans les négociations, si l'on trouvait bon d'en entamer, engagèrent le prince de Cobourg à envoyer, le lendemain au soir, cette déclaration à Dumouriez. Mais cette même nuit, il fut obligé de se sauver, et nous apprit que les inquiétudes et les soupçons que les commissaires de Valenciennes par leur manifeste et leurs émissaires avaient trouvé moyen de faire naître, s'étaient accrus visiblement, en sorte que déjà les canonniers déclaraient qu'ils voulaient quitter son camp pour se retirer à Valenciennes, que cet exemple avait été suivi d'abord par la plupart des bataillons nationaux et que, lorsque le général Dumouriez s'adressa à ses troupes de ligne pour leur dire qu'elles devraient engager et forcer ces factieux à faire cause commune avec elles, elles déclarèrent que, quoique disposées à marcher avec lui sur Paris pour y combattre les factieux et les régicides, pour rétablir la constitution de l'année 1789 et mettre le roi constitutionnel sur le trône, elles ne combattraient jamais contre des compatriotes et frères d'armes innocents.

« Il n'y avait plus de sûreté pour lui après cette déclaration des troupes de ligne. Il se sauva, la nuit du 5 au 6, avec plusieurs généraux et officiers; deux ou trois mille troupes de ligne le suivirent, et on apprit le lendemain que toutes les troupes des deux camps retranchés de Maulde et de Bruille les avaient entièrement quittés, et s'étaient jetées dans Condé, Valenciennes et Maubeuge, tandis que les grandes routes avaient été couvertes de plusieurs fuyards, disant qu'ils allaient chez eux, puisque le général Dumouriez les avait quittés. Le prince de Cobourg profita sur-le-champ de ces circonstances. Les camps retranchés de Maulde et de Bruille, qui auraient pu coûter beaucoup de monde s'il avait fallu les attaquer et les forcer, et qui sont cependant indispensablement nécessaires pour faire une entreprise quelconque sur une des forteresses françaises de ces environs, ont été d'abord occupés. L'armistice illimité qui avait existé a été levé, une seconde proclamation qui annulait la première a été rendue, toute l'armée a été campée et le blocus mis devant la forteresse de Condé, puisque tous les renseignements qu'on a été à même de se procurer s'accordent à dire que cette place n'était approvisionnée que pour peu de temps. »

Très-respectueuse note.

« J'ai appris à mon vif regret, par la note datée du 8 courant que Votre Majesté a daigné m'adresser, le mécontentement que lui ont causé mes négociations avec Dumouriez.

J'espère, toutefois, que les rapports que je lui ai transmis depuis lors auront non-seulement rassuré Votre Majesté, mais encore l'auront convaincue que nous avons tiré de ces négociations des avantages que je n'aurais pu obtenir, le cas échéant, qu'au prix de millions.

« Je ne puis m'empêcher d'exprimer à Votre Majesté (espérant qu'Elle accueillera mes aveux avec indulgence) la vive douleur que j'ai éprouvée en trouvant dans sa gracieuse note l'expression de la crainte que moi-même, ainsi que les personnes employées par moi, nous n'ayons apporté dans une affaire de cette importance la circonspection et la prudence nécessaires, et n'ayons, par conséquent, compromis ainsi le succès de nos opérations.

« Le mémoire rédigé par le colonel Mack, et présenté à Votre Majesté, lui aura probablement inspiré des sentiments plus favorables. Toutefois, je crois nécessaire d'y ajouter les observations qui suivent.

« Déjà, après le combat décisif de Louvain, du 22 de ce mois, j'ai examiné la question de savoir si je pouvais risquer de m'avancer seul avec une armée de 30,000 hommes, puisque, malgré mes représentations constantes et réitérées, malgré l'envoi de courriers expédiés souvent deux fois par jour, je n'avais point réussi à décider le corps prussien de Bois-le-Duc à se rapprocher de ma sixième aile seulement d'une étape.

« Je me suis, au contraire, assuré qu'on montrait peu de zèle à venir à notre secours et qu'on ne se souciait guère que l'ennemi pût rallier ses troupes néerlandaises et se jeter sur moi, avant que je ne parvinsse à me réunir au corps prussien qui, après l'évacuation complète des Pays-Bas par les Français, n'aurait, dès lors, plus eu aucun prétexte pour demeurer en Hollande.

« C'est pourquoi je ne fis avancer vers Louvain que des troupes légères, et que je ne passai devant cette place qu'après m'être assuré que l'ennemi avait quitté Bruxelles et avait effectué sa retraite sur Hall. Toutefois je ne dépassai pas la Montagne-de-Fer et je ne m'approchai de Bruxelles qu'après avoir acquis la certitude que l'ennemi avait reculé jusqu'à Ath.

« Le principal motif qui me détermina à m'avancer dans ces conditions jusqu'à Bruxelles, c'était que Bruxelles est capitale, mais rien ne m'aurait autorisé, dans ma pensée, à dépasser cette ville, si les offres de Dumouriez ne me fussent parvenues heureusement juste à point.

« Il n'y a pas à douter que Dumouriez, qui avait en Flandre bon nombre de magasins à sa disposition, n'eût assuré sa retraite dans les forteresses, et qu'il pouvait, couvert par Anvers, mouvoir tout à son gré ses troupes hollandaises sur Termonde et les rapprocher de lui, puis s'arrêter en deçà du Dender-Bach et renouveler l'attaque avec des forces supérieures.

« C'était donc pour nous un grand bonheur d'avoir effectué ainsi l'évacuation de l'autre moitié des Pays-Bas, d'Anvers et de Namur, moitié qui aurait bien pu nous coûter quelques milliers d'hommes, encore sans compter que le sort des batailles n'est pas toujours certain.

« Et ce bonheur nous le devons, Sire, à l'aveu que Dumouriez avait fait à table au colonel Mack, à travers les fumées du champagne, en présence de vingt à trente officiers, aveu d'où il résulte qu'il nous attribuait des forces considérables.

« Ainsi, Mack pouvait lui dire que j'irais l'attaquer avec 40,000 hommes et que je détacherais 20,000 hommes pour couper la retraite à ses troupes hollandaises, car l'occasion n'eût pas manqué pour cela, si j'avais eu 60,000 hommes à ma disposition au lieu d'en avoir 30,000.

« C'est seulement après que Dumouriez eut rempli sa promesse relativement aux places fortes de la Hollande et des Pays-Bas, et qu'il eut effectivement retiré son armée jusqu'à Mons et à Tournay, que je m'avançai avec toute la précaution possible, en allant d'abord de Bruxelles à Hall ; et je ne continuai ma route vers Mons et Tournay qu'après m'être assuré que Dumouriez était en guerre ouverte avec la Convention et qu'il n'y avait plus à compter sur une réconciliation avec elle.

« Votre Majesté connaît, par mes rapports, la suite de ces événements.

« Je crois positivement pouvoir me flatter de l'espoir que Votre Majesté ne doutera pas que je n'aie tiré tous les avantages possibles des désordres que suscitèrent, dans une partie de l'armée, les proclamations de Dumouriez et celles des commissaires de Valenciennes, ainsi que de la perturbation causée par sa fuite dans le reste de l'armée.

« J'occupai instantanément les camps de Bruille et de Maulde, le premier desquels offrant les plus grands avantages à une armée, en ce que le petit camp retranché de Maulde protége son aile gauche et la forteresse de Condé son aile droite, et qu'il est hors de doute que nous eussions dû sacrifier quelques milliers d'hommes pour prendre ce camp, qui nous est indispensable pour peu qu'on veuille entreprendre quoi que ce soit contre une forteresse.

« En même temps je bloquai la forteresse de Condé, ce que je n'aurais pu hasarder sans le concours des circonstances favorables que je dois à Dumouriez, puisque je n'avais toujours à à ma disposition qu'une armée de 30,000 hommes et que je ne pouvais, avant une huitaine, compter sur l'arrivée du corps prussien.

« J'aurais immédiatement aussi bloqué Valenciennes, qui était déjà à demi bloqué par Condé, et j'aurais occupé le camp de Famars, si j'eusse eu à ma disposition 20,000 hommes ou même 10,000 hommes de plus, avantage d'autant plus désirable que Valenciennes était mal approvisionnée en vivres et en munitions, ce qui nous donnait la certitude que, dans le cas où il eût fallu l'assiéger, le siége aurait été moins long et moins opiniâtre.

« Maintenant ces avantages sont perdus. Le camp de Famars est déjà occupé en forces par l'ennemi, qui travaille jour et nuit aux retranchements de ce camp.

« La communication avec Valenciennes est parfaitement ouverte, et, si nous voulons à l'avenir assiéger cette place, la prise de Famars nous coûtera nécessairement de plus grands sacrifices en hommes et en temps, qu'elle ne nous aurait coûtés si nous eussions pu agir comme j'ai dit plus haut.

« Si les Hanovriens, en dépit de mes instances et représentations réitérées, n'avaient pas aussi misérablement tardé à venir (Dieu sait pourquoi!), les grands avantages que nous offrait Valenciennes n'auraient pu nous échapper. Mais Votre Majesté sait, par le compte rendu du congrès d'Anvers, que je ne pouvais compter sur ces alliés avant la moitié de mai, et de même sur les Hollandais et sur les troupes hessoises payées par l'Angleterre.

« Jamais, je le répète encore une fois, je ne me serais déterminé à dépasser Bruxelles avant d'avoir appelé à moi tous mes renforts, et c'est ce que nous avons réussi à faire sans perdre un seul homme, à partir de Bruxelles jusqu'à l'extrême frontière ; de plus, nous avons occupé sans coup férir les camps de Bruille et de Maulde, et nous avons bloqué Condé, sans que cette opération nous ait coûté un seul homme. Enfin nous avons pris Anvers et Namur sans effusion de sang. Tous ces avantages, nous les devons exclusivement aux négociations de Dumouriez et à leurs conséquences, sans compter les avantages que nous obtenons par rapport à la constitution actuelle de l'armée de Dumouriez, et surtout par rapport à la personne même de ce général que nous gagnons et qui est (Votre Majesté daignera me croire sur ce point) le plus excellent général que les Français, notamment ceux de nos jours, aient pu avoir. Dumouriez était véritablement l'idole de ses soldats.

« Quant à la sincérité des intentions que m'a révélées Dumouriez, il l'a démontrée suffisamment par sa conduite, et le seul reproche que je pourrais lui faire, c'est d'avoir procédé avec trop de précipitation et trop d'assurance, et d'avoir négligé les règles de prudence et de circonspection.

« Mais j'assure à Votre Majesté que je n'avais jamais cru à l'infaillibilité des projets de ce général, de même que je n'avais jamais douté des avantages que mes opérations militaires devaient en tirer de toute manière.

« Ma position vis-à-vis de Dumouriez a été toute différente de celle qui existait l'année passée entre Dumouriez et le duc de Brunswick.

« Alors Dumouriez pouvait tout gagner en gagnant un peu de temps, et le duc de Brunswick pouvait tout perdre en perdant seulement quelques jours. Alors Dumouriez, tout en négociant, pouvait devenir l'idole de sa patrie.

« Mais cette fois-ci il savait déjà que les Jacobins demandaient sa tête, et que les commissaires avaient reçu l'ordre de le citer devant la barre de la Convention.

« Alors, le duc de Brunswick pouvait tout faire et devait tout faire.

« Mais aujourd'hui, passé Bruxelles, je n'aurais pu rien faire (à moins d'une témérité compromettante), d'ici à quelques semaines.

« Du reste j'avais réellement fait, jusqu'au premier mars, bien des choses qui peuvent excuser une interruption de quelques semaines.

« Dumouriez est un de ces hommes qui ont la manie de jouer un rôle, peu importe lequel : j'ai cru découvrir que du rôle qu'il allait jouer maintenant la cause des souverains tirerait beaucoup de profit, de même aussi que le repos de l'Europe ; de telle sorte que je ne doutais nullement que de tout cela il ne dût résulter de grands avantages pour mes opérations militaires.

« C'est pour cela aussi que je ne crus pas devoir lui refuser la proclamation qu'il m'avait demandée, car il était évident qu'il n'était pas possible de commencer le siége avant six semaines ; mais je pouvais bien dans l'intervalle attendre les ordres de Votre Majesté, et, dans le cas où cette affaire n'eût pas été approuvée, évacuer les places fortes que j'avais occupées, pour tenir ma parole, sans compromettre le moins du monde mes opérations, à moins qu'il ne se fût trouvé d'autre moyen de m'emparer de ces places et d'accomplir en même temps ma promesse. Si Dumouriez n'avait commis les fautes que j'ai exposées plus haut, je serais entré dans ces forteresses, et, quand même j'aurais été forcé de les abandonner, j'aurais maintenant l'avantage de les connaître et je n'aurais à coup sûr, tant que je les tenais, rien fait pour en améliorer l'état.

« D'après les circonstances que je viens d'exposer ici et d'après celles que j'ai déjà antérieurement fait connaître à Votre Majesté, je me flatte de pouvoir compter sur l'approbation bienveillante de Votre Majesté en tant qu'il s'agit de ces négociations. Je regrette seulement que la grande distance où je me trouve doive faire envisager à Vienne les objets tout autrement qu'ils ne sont réellement.

« Cela ressort par exemple de l'opinion qui y règne, que Dumouriez est toujours partisan des Jacobins et du duc d'Orléans, dont il était l'ennemi déclaré, il y a déjà plusieurs mois; de même aussi cette autre opinion, que les fils du duc d'Orléans participeraient à ces gamineries (*bubenstücke*), tandis que je puis assurer à Votre Majesté que le duc de Chartres, qui a passé avec Dumouriez, est un des hommes les plus vertueux et les plus intéressants, et qui a pleuré des larmes de sang sur les méfaits de son père.

« La distance où je me trouve, surtout en raison des questions politiques qui se présentent si souvent, m'a mis dans un extrême embarras, et je répète avec instance la demande que Votre Majesté daigne envoyer à l'armée ou près de l'armée un ministre muni d'instructions et de pouvoirs suffisants. »

L'empereur François à son frère l'archiduc Charles.

« Cher frère,

« J'ai reçu par Sternfeld, par lequel tu as envoyé la nouvelle de la prise d'Anvers, la réponse à la lettre que je t'avais fait parvenir par Wratislaw. Je te réponds maintenant par le colonel Fischer que je te renvoie. J'ai été charmé de voir que tu restes à l'armée jusqu'à ce que tu sois proclamé gouverneur. J'espère que cela doit être fait maintenant. Les hésitations du comte Metternich me contrarient d'autant plus que maintenant l'activité est plus que jamais nécessaire, afin de pouvoir profiter du zèle et de la bonne volonté de la nation.

« Prends donc, je t'en prie, aussitôt que tu seras nommé, possession du gouvernement près duquel nous avons placé, autant que possible, des hommes honnêtes et considérés; supplée par ton activité à la lenteur du comte Metternich; songe que tu peux, en ce moment, rendre à la monarchie des services que tu ne seras peut-être plus jamais à même de rendre dans l'avenir.

« Je te répondrai bientôt au sujet de tes charges à la cour et de Warnsdorf. J'ai encore un service d'amitié à réclamer de toi. Quand tu seras au gouvernement, fais-moi des rapports positifs et donne-moi des informations sur tout ce qui se passe, et, s'il arrive quelque chose d'important, n'hésite pas à envoyer des courriers et des exprès. Fischer m'a rendu compte des entretiens avec Dumouriez. Je ne me fie pas à cet individu, car il peut nous tromper avec ses paroles ; il sait comment mentir aux gens ; puis, quand il est ensuite au milieu du danger le plus pressant, il sait comment se tirer d'affaire. Aussi ai-je écrit au prince de continuer d'agir, nonobstant les négociations et comme si celles-ci n'existaient pas, et de déclarer ses intentions à Dumouriez, car alors on pourra voir s'il a des vues honnêtes. Dieu veuille qu'il ne nous trompe pas. J'attends avec une véritable impatience le moment de te voir à la tête du gouvernement. Sur ce, porte-toi bien, donne tous mes compliments à Warnsdorf et crois-moi pour la vie,

« Ton meilleur ami et frère,
« FRANÇOIS.
« Vienne, avril 1703 [1]. »

« Je profite du départ d'un courrier qu'on expédie au prince Cobourg, pour t'écrire aujourd'hui. L'événement étrange de la livraison de Beurnonville et de ses acolytes me paraît être un bon résultat de la loyauté récente de Dumouriez, et, ce qui vaudrait mieux, me paraît promettre la paix pour cette année encore...

« ..... Quant à ce que tu as fait avec Dumouriez, cela a été fait d'après les conseils et les désirs du prince Cobourg ; tu as donc eu raison de le faire. Mais comme frère, et parlant à toi seul pour que tu en fasses ton profit, il faut que je te dise que toute cette histoire de Dumouriez ne me plaît pas du tout, et, comme tu dois le savoir, j'ai immédiatement écrit au prince pour qu'il rompe avec lui. Les Français trompent avec de belles paroles, comme cela s'est déjà vu l'an passé, et nous n'en avons pas pris exemple. D'ailleurs, avec qui négocierons-nous en France, puisque personne n'y tient le pouvoir, et qu'il n'y règne ni une classe de la nation et encore moins un chef définitif? La déclaration du prince l'a rendu ridicule aux yeux de tout le monde, et semble, s'il m'est permis de dire cela, être rédigée

---

1. La date du jour manque, mais, d'après les lettres antérieures et postérieures de l'empereur François à son frère, et d'après les événements dont il y est parlé, on peut la considérer comme ayant été écrite du 12 au 15 avril.

par Dumouriez. Heureusement que Metternich et Stahrenberg ont réparé les choses par une contre-déclaration, ce qui a été le seul, mais, dans tous les cas, un mauvais expédient. J'interdis donc, par ce même courrier, au prince Cobourg de négocier davantage. Il agira et fera la guerre avec toute la fureur possible jusqu'à ce que survienne un changement en France qui nous permette de songer à la paix. Pour le reste, il laissera négocier les ministres qui ont déjà mes instructions à cet effet. Il y a une grande différence entre un général et un ministre. Tous les deux exigent des études spéciales et la pratique constante des affaires, qui sont de nature si complétement dissemblable. Pardonne-moi de t'avoir écrit tout ce bavardage, mais mon cœur s'est ouvert et tu peux t'imaginer la situation désagréable dans laquelle je me trouverais s'il me fallait d'ici désavouer le prince...

« Vienne, le 28 avril 1793. »

« ..... Une chose qui m'a vivement contrarié a été d'apprendre qu'on a délivré chez vous de nouveau à Dumouriez un faux passeport de la part du gouvernement; cela nous discrédite considérablement auprès des princes voisins et autres. Comme j'ai déjà, quand le fait s'est produit la première fois, admonesté le comte de Metternich par l'entremise de Trautmannsdorf, Metternich a considéré ma remontrance comme une offense personnelle, il a présenté à la conférence cette admonition avec une déclaration, et en a référé à Vienne en termes tranchants. Ces taquineries qui, pour dire toute ma pensée, ressemblent le plus naturellement du monde aux radotages des vieilles blanchisseuses, quand elles se produisent parmi des chefs qui doivent servir ensemble, nuisent considérablement au service...

« Luxembourg, 25 juillet 1793. »

Mémoire justificatif sur la négociation faite avec Dumouriez[1].

« Le maréchal prince de Cobourg n'avait reçu de S. M.

---

1. Ce mémoire justificatif ne porte pas de date, mais d'une de ses phrases il résulte qu'il a été écrit six semaines après les événements, c'est-

l'empereur aucun plein pouvoir qui l'autorisât à entamer, encore moins à conclure des arrangements ou des négociations politiques avec les généraux ennemis et les autres agents de l'autorité en France. Tout ce qu'il a été dans le cas de faire à cet égard, il l'a fait de son chef, et d'après la conviction où il était qu'un général d'armée, séparé par une grande distance de son souverain, peut quelquefois dans cette guerre, qui sous tous les rapports est si extrêmement différente de toutes les autres, saisir une circonstance imprévue et profiter d'un instant décisif; il y est même obligé, s'il peut opérer par là un changement avantageux dans la situation politique et militaire des affaires, au lieu de le laisser échapper à jamais, pour rester dans les bornes que l'intérêt seul de son souverain et des puissances coalisées l'avait engagé de franchir. Après plusieurs affaires sanglantes, et où le sort des armes fut disputé par l'ennemi avec beaucoup d'habileté, d'acharnement et de valeur, le général Dumouriez se trouvait avec son armée derrière la Dendre, ayant des forces encore très-supérieures aux nôtres, étant en possession de la citadelle d'Anvers et de Namur, ayant un corps de 12,000 hommes en Hollande et étant maître de Bréda et de Gertruydenberg. Les revers de l'armée de Belgique lui avaient fait perdre du terrain, mais ne l'avaient encore, eu égard à la supériorité des forces, que médiocrement affaibli. Elle avait encore une excellente position; elle était presque d'un tiers plus forte que la nôtre, elle était appuyée par des forteresses, elle avait ses derrières libres et une retraite sûre. Dumouriez, dont le génie entreprenant est fertile en ressources, dont l'ascendant sur son armée était connu, pouvait marcher à nous avec ses 40,000 hommes : nous en avions à peine 30,000 à lui

---

à-dire vers le 15 mai. Nous en donnons des fragments considérables. Les parties que nous avons retranchées racontent les faits qui se trouvent relatés dans les mémoires précédents, et forment par conséquent double emploi avec eux.

Par la correspondance de l'empereur François, on voit qu'il avait été fort mécontent des négociations entamées avec Dumouriez, et surtout de la proclamation du 5 avril signée du prince de Cobourg. Ce mémoire est destiné à démontrer à l'empereur que le prince n'a pas commis les fautes qu'on lui impute.

opposer. Non-seulement il pouvait nous empêcher de pénétrer plus avant de Bruxelles, mais nous forcer de nous replier avec autant de pertes que nous avons eu de succès. L'ennemi pouvait, outre les avantages mentionnés ci-dessus, se renforcer des troupes qu'il avait en Hollande; tandis que notre armée, fatiguée par tant de marches, de batailles et d'affaires successives, affaiblie même par nos succès, manquant encore, vu la célérité que nous avions mise dans nos opérations, de beaucoup de choses qui n'avaient pu nous joindre, et n'ayant point d'artillerie de siége ni de longtemps aucun renfort de quelque conséquence à espérer, se trouvait dans un pays ouvert, sans appui, entièrement réduite à ses propres forces, et ne pouvant rien hasarder sans risquer entièrement sa sûreté, la campagne qui venait de s'ouvrir, la réputation de ses armes et les Pays-Bas. »

Ici le mémoire entre dans le détail des négociations ouvertes avec Dumouriez, et ne fait que répéter ce qui a été dit dans les mémoires précédents.

« ... S'élevait alors la question de savoir s'il convenait plus ou moins à S. M. l'empereur et aux puissances coalisées que la royauté constitutionnelle fût rétablie en France. Voici en peu de mots sous quel point de vue cette proposition délicate et intéressante fut envisagée :

« Différentes circonstances très-convaincantes prouvaient que la première constitution que s'était donnée la France, quoiqu'elle eût pour base l'usurpation et de grandes erreurs politiques, avait encore pour elle les regrets, l'assentiment et le suffrage de la plus grande partie de la nation. Or on ne pouvait de bonne foi se dissimuler que la nation n'entrât pour beaucoup dans cette guerre, et en général dans les déterminations publiques. On savait que la grande majorité des opinions politiques est contre la royauté absolue et la Convention nationale; on savait que les Français, dont cette première constitution paraît encore être l'idole, n'obéissent qu'avec crainte et avec horreur aux décrets tyranniques de la faction qui règne aujourd'hui. On croyait pouvoir supposer que les moyens les plus prompts de rétablir l'ordre et de faire cesser cette anarchie, cet oubli de tous les principes, cette violation de tous les droits, qui eût pu à la longue influer sur l'existence des trônes comme sur le sort des particuliers, pouvaient, pour le premier moment, être regardés comme utiles et véritablement avantageux. On croyait, n'ayant pas alors de notions précises, que c'était là le grand but, le grand objet de la sollicitude des souverains. On se dit alors : Si c'est en donnant les mains avec prudence à ces propositions qu'on peut sauver les jours de la famille royale ; si c'est un moyen de ramener l'armée à un roi, qui, s'il en redevient le chef suprême, saura bien tôt ou tard s'en servir avec succès pour relever son trône et l'affermir ; si c'est le rétablissement de la première constitution qui peut seul ramener l'ordre et la paix ; s'il est possible alors d'en rectifier avec le temps les imperfections et les nombreux défauts ; si la dignité et les revenus d'un roi, même constitutionnel, peuvent produire aisément dans des mains habiles des modifications successives ; si une monarchie limitée dans un pays, dont la guerre, l'anarchie et les déprédations ont épuisé les ressources, ouvre un accès facile à l'influence du dehors ; si l'on compte aussi pour quelque chose la fin de tant de convulsions et de malheurs, la sûreté, la vie de tant de milliers de particuliers et de soldats, la cessation du bouleversement affreux qui déchire la France et reflue sur toute l'Europe, d'une guerre dispendieuse et sanglante qui absorbe les finances des souverains et retombe sur leurs peuples, dont il importe tant qu'ils continuent à être aimés ; si enfin l'on considère que cette opération salutaire s'achemine et se consomme par un général qui parle en son propre nom, prévient d'avance qu'il n'a ni autorisation ni pleins pouvoirs, ne compromet par conséquent en rien ni l'opinion ni la dignité des souverains, et leur laisse, quand les difficultés seront levées et les premiers avantages bien décidément obtenus, l'entière liberté de confirmer ce qu'on a promis ou d'y faire les modifications nécessaires, de s'y refuser ou d'y souscrire ; si tout cela ne peut être contesté, se dit-on alors pour peu qu'on veuille entrer dans l'état des choses et la combinaison des circonstances, on peut prendre un parti qui y soit analogue et donne quelque chose à l'état actuel des affaires et à la crise des événements.

« Voilà quelles furent les réflexions d'après lesquelles on se détermina à entrer en pourparlers avec Dumouriez, et les premières bases des négociations entamées avec ce général. »

Ici encore Cobourg revient sur des faits déjà connus par les mémoires précédents; puis il passe à l'exposé des motifs qui l'engagèrent à donner à Dumouriez la proclamation qu'il demandait. Ces motifs ont été exposés *in extenso*, page 403. Le mémoire se termine ainsi :

« Examinée en détail, même sévèrement analysée, cette proclamation ne paraît pas être de nature à faire une sensation aussi fâcheuse que celle que l'on dit avoir été produite dans les cours intéressées à cet objet.

« Encore une fois, il paraît que, pour bien juger de cette pièce, il faut se placer au point où l'on en était, avant que l'on sût que l'entreprise de Dumouriez n'aurait pas un grand succès. Si la déclaration eût entraîné toute l'armée, eût-on blâmé la déclaration? Si nous étions dans Valenciennes, Lille ou Condé, maîtres pour longtemps de ces places, et, suivant la tournure des négociations, maîtres peut-être d'y rester pour toujours, eût-on trouvé de l'inconvénient à s'en être procuré l'entrée de cette manière ?

« Si l'on avait eu à combattre une nation assez unie d'intérêts et d'opinions, et une armée dans les mêmes principes, aurait-on refusé une déclaration qui tendait pour le moment actuel à rétablir la monarchie? Et, pour remonter plus haut, si l'on se fût trouvé avec des forces inférieures et une armée fatiguée dans un pays ouvert et sans places fortes, vis-à-vis d'un ennemi établi dans une position avantageuse ayant presque le double de monde et maître de quatre forteresses, eût-on refusé d'entrer en négociation, s'il promettait de se retirer, de tout évacuer et de tout rendre ?

« Enfin ce Dumouriez, qu'on n'a jamais pu aimer et estimer, mais qu'on a craint et admiré longtemps, qu'on aurait acheté à tout prix, qu'on aurait détaché à tout prix de la cause si criminelle et si dangereuse qu'il défendait si bien, fallait-il refuser de se l'attacher et de l'enlever à la soi-disant

République française, quand, au lieu de payer si cher sa défection, c'était lui qui la payait par les plus grands sacrifices, et qu'on gagnait à la fois la moitié des Pays-Bas, quatre forteresses, de grandes espérances, l'armée française et Dumouriez?

« Quant à la promesse de rétablir la première Constitution, outre que le prince de Cobourg ne parlait ici qu'en son propre nom, et qu'après avoir obtenu les avantages, la cour de Vienne et les autres puissances coalisées restaient toujours complètement en droit et en mesure de mettre à cette concession telle restriction que la politique, les circonstances, leurs volontés ou nos succès pouvaient y poser; outre tout cela, dis-je, Dumouriez avait positivement répondu aux objections qu'on lui fit à cet égard : qu'il ne pouvait absolument pas *dans le premier moment* parler aux Français d'une autre forme de gouvernement que la première Constitution; que la masse de ses compatriotes ne voulait que cela; que non-seulement il ne réussirait pas en tenant un autre langage, mais qu'il risquait tout, ainsi que son armée, s'il ne posait pas cette Constitution pour base de toutes ses entreprises. Le colonel Mack lui parla de la noblesse et lui demanda ce que cette malheureuse et respectable portion de la nation française deviendrait. Il répondit : « N'ayez pas peur que je l'oublie; mon but est bien de la rétablir, mais il faut encore attendre quelque temps. Elle est perdue à jamais, et moi et mon armée avec elle, si l'on en fait mention *dans ce moment-ci. Quelque temps encore,* et elle n'aura pas à se plaindre.

« Quant à la promesse particulière de ne pas vouloir faire de conquêtes, et de regarder les places-frontières comme un dépôt qu'on s'engageait à rendre, cette condition, que Dumouriez faisait envisager comme base essentielle de nos premiers succès, a été expliquée ci-dessus; d'ailleurs, quoi de plus facile que de désavouer, modifier, éluder une mesure du moment, prise en son nom par un général d'armée qu'on pouvait toujours regarder et même déclarer comme n'ayant pas eu de pleins pouvoirs et d'autorisation de son souverain, et comme n'ayant agi que d'après sa propre impulsion et les circonstances du moment? Alors on retournait au point d'où l'on était parti, et l'on n'avait encore non-seulement rien perdu, mais beaucoup gagné.

« La proclamation du 9 avril a annulé celle du 5. On fit camper l'armée sur le territoire de l'ennemi, on investit Condé. Tout cela se fit sans perdre un homme et sans le moindre délai. On ne fit rien de plus alors, puisqu'à présent, à l'heure où ceci s'écrit, c'est-à-dire *six semaines après,* on n'a pas encore, malgré le changement de circonstances, été complétement en mesure de rien entreprendre et qu'on a dû se borner à repousser avec avantage les attaques de l'ennemi. Qu'a-t-on perdu par conséquent à ces négociations? Et ensuite est-il bien prouvé, bien démontré, que sans elles nous fussions où nous sommes?

« Toutes ces considérations ont paru si claires et si évidentes à milord Auckland, ambassadeur d'Angleterre à La Haye, qu'il a dit et écrit, lorsqu'il a été instruit de tout ce qu'il est indispensable de savoir pour porter un jugement équitable sur cet objet, que dans des circonstances semblables on n'eût pu mieux faire.

« Le maréchal prince de Cobourg n'a rien vu dans tout l'ensemble de cette négociation, de ces manifestes et de ces événements, qui pût être désavantageux ni à sa cour ni aux puissances coalisées, rien qui compromît leur dignité ou pût ternir la gloire de leurs armes.

« L'événement a prouvé que Dumouriez n'avait pas assez connu sa nation et son armée, mais il n'a pas prouvé qu'on eût dû refuser des avantages qui, en grande partie, ont été *réellement* obtenus.

« Le maréchal se serait cru très-coupable de les avoir négligés.

« Il a agi d'après sa propre conviction, et d'après la combinaison des circonstances; il avoue qu'il a besoin de relire les ordres qui lui sont parvenus depuis, pour se persuader qu'il n'a commis que des fautes. »

XII

STATISTIQUE DES TROUPES QUI ÉMIGRÈRENT AVEC DUMOURIEZ.

(Voir page 414.)

Les historiens varient sur l'effectif des troupes qui suivirent la fortune de Dumouriez.

Au premier moment la rumeur publique, même en France, porta cet effectif à des chiffres considérables. Un document d'apparence officielle contribua à entretenir ces exagérations. Le *Moniteur* donna (n° 111), sans commentaire et ainsi qu'il suit, la nomenclature des bataillons et régiments passés avec Dumouriez aux Autrichiens :

« Berchiny (hussards) : Colonel général (hussards), Bourbon (dragons), les chasseurs des Cévennes, un bataillon de volontaires, le 25ᵉ régiment d'infanterie, les chasseurs braconniers, la compagnie des tireurs d'Égra, de Givet et un escadron des chasseurs volontaires de Santerre. »

Cette liste avait été, paraît-il, envoyée aux journaux par un officier belge au service de France, nommé Ransonnet; mais, dès qu'il en eut connaissance, le général en chef, Dampierre, déclara que le citoyen Ransonnet, « d'un civisme et d'un courage connus, avait été trompé, » et que les troupes émigrées ne s'élevaient pas à plus de six ou sept cents hommes [1].

---

1. Voir la lettre de Dampierre au *Moniteur*, n° 114; le citoyen Ransonnet devint l'un des meilleurs généraux de division de l'Empire; il fut tué à Essling, le 21 mai 1809.

Dumouriez, dans ses mémoires, porte à huit cents cavaliers et à huit cents hommes d'infanterie l'effectif des troupes qui suivirent sa fortune. Il n'exagère que de moitié.

Ce sont les pièces de la comptabilité autrichienne qui vont nous apprendre la vérité et nous donner des détails intéressants sur l'organisation provisoire qu'avaient reçue les corps français.

A Monsieur le commissaire supérieur des guerres de Eberen.

« Je me serais certainement appliqué à devancer l'ordre que m'a transmis votre lettre du 6, si la chose avait été heureusement possible.

« En ce qui touche le corps de troupes disséminées dans leurs cantonnements et peu habituées à l'ordre, tout ce que j'ai pu obtenir en fait de renseignements à partir du 4 de ce mois, se résume comme suit :

« Le 8, j'ai appris la formation de l'infanterie ;

« Le 10, celle du régiment de Bourbon, composé de dragons et de chasseurs à cheval ;

« Hier, c'est-à-dire le 11, j'ai pu vérifier l'effectif du régiment de cavalerie, composé de cuirassiers et hussards.

« Je vous transmets le tableau de revue de ces trois formations sur lesquelles

L'infanterie compte........	458	hommes
Les dragons de Bourbon....	215	»
L'autre régiment de cavalerie	209	»

« A cette occasion, j'ai pu constater enfin que, sur le premier régiment de hussards passés parmi nous, cent cinquante hommes ont déserté ou ont été débauchés vers la fin du mois dernier, avec les selles et l'équipement.

« Le tiers de l'infanterie n'a ni fusils, ni gibernes, ni cartouches par conséquent. Les hommes prétendent qu'ils ont été désarmés par nos avant-postes.

« L'infanterie et la cavalerie (celle-ci, les dragons et les cuirassiers, est fort bien montée, à l'exception de l'escadron de chasseurs) ne pourront pas, d'ici à quelque temps, faire un service utile, attendu qu'ils manquent généralement d'objets d'habillement et d'équipement.

« Le maréchal de camp Thouvenot, qui se trouve en ce moment au quartier général, s'appliquera vraisemblablement à faire un rapport oral sur les conditions de son corps de troupes.

« Pfeffer.

« Leuze, le 12 mai 1793. »

Au comte de Wallis, président du Conseil aulique supérieur de la guerre, à Vienne.

« A la suite des conférences tenues avec le général français Dumouriez, passé chez nous, on lui a donné aussi l'assurance que les officiers d'état-major et régiments qui le suivraient seraient, autant que le permettront les circonstances, entretenus par nous jusqu'à ce que l'occasion se présente, en avançant dans l'intérieur de la France, de les entretenir sur leur propre territoire. En effet, tout l'état-major général français et une partie d'infanterie, de chasseurs, de cuirassiers, dragons et hussards ont passé chez nous et ont requis leur entretien.

« Afin de commencer cette affaire avec tout l'ordre voulu, j'ai, dès le 6 avril, délégué le commissaire des guerres Pfeffer auprès du général Dumouriez, et lui ai remis les 10,000 fl. nécessaires pour l'entretien des officiers et des troupes.

« Dumouriez, quant à sa personne, n'a point reçu d'argent comptant, mais il a vendu son équipage et s'entretient sur son argent à lui appartenant. Le commissaire des guerres Pfeffer a reçu l'ordre de se rendre à Leuze où il se trouve encore, d'y régler la question des troupes, de les payer sur leur pied usuel, puis de m'envoyer ici les états d'effectif et de solde à payer afin qu'ils soient soumis à la sanction supérieure. Malgré tout l'empressement et toute l'activité déployée par ce commissaire pour débrouiller l'effectif et les soldes attribuées à chacun des hommes de cette nation, arrivés à un extrême degré de désordre, et professant des principes très-versatiles, il n'a pu réussir qu'hier seulement à finir son travail et à me l'envoyer.

« ... Comme tous ces hommes-là, et surtout les officiers de l'état-major général, ne peuvent être simplement abandonnés à leur sort sans préjudice pour nous, qu'il faut évidemment les entretenir, et que les circonstances peuvent changer un jour, je prélèverai les sommes nécessaires sur les fonds de l'Empire et je ferai entretenir les hommes sur le pied établi pour l'armée impériale. Quant aux simples soldats, comme quelques-uns de ces hommes sont en haillons, je leur ferai donner des uniformes français pris dans ceux que nous avons conquis, et qu'on ne peut d'ailleurs pas employer *pro ærario*.

« En ce qui touche leur habillement définitif, j'enverrai ultérieurement un projet dans ce sens.

« Je suis, etc.,

« COBOURG.

« Au quartier général de Quiévrain, 19 mai 1793. »

Les pièces présentées par le colonel Pfeffer à l'appui de sa *comptabilité* nous fournissent, avec toute l'exactitude possible, le nombre et la composition des débris de régiments émigrés avec Dumouriez et réunis au camp de Leuze sous les ordres du général de Ruault.

Les dragons de Bourbon — 215 hommes — avaient un colonel (le baron de Martha), deux lieutenants-colonels, un lieutenant-colonel surnuméraire et 24 officiers;

Les hussards de Berchiny — 209 hommes — avaient un colonel (Nordmann), deux lieutenants-colonels et 30 officiers;

L'infanterie — 459 hommes — avait pour colonel un maréchal de camp (Second), deux lieutenants-colonels et 55 officiers.

En dehors de cet effectif, il y avait au camp, à titre de supplémentaires, cinq maréchaux de camp, Vouillers, Thouvenot, de Neuilly, de Bannes, Dumas; quatorze officiers supérieurs; deux commissaires supérieurs des guerres, Soliva et Beauvalon, et un médecin en chef, Menuret.

Le taux des traitements alloués aux divers officiers de l'armée de Dumouriez fut ainsi réglé :

1 maréchal de camp	15,000 l.
1 adjudant général	6,000
2 adjudants	2,400
2 — supplémentaires	1,800
1 commissaire supérieur des guerres	11,594 l. 16 s. 3 d.
1 secrétaire d'état-major	1,200
1 payeur	2,916
1 médecin	6,000
1 lieutenant-colonel à la suite	2,700

La somme que l'état-major et les troupes coûtèrent du 6 au 30 avril est résumée ainsi par le commissaire-ordonnateur Pfeffer :

Les généraux, y compris leur état-major	7,148 l. 17 s. 5 d.
L'infanterie	13,371 5 11
Dragons-chasseurs	6,943 12 10
Cuirassiers et hussards	9,057 3
Ensemble	36,320 l. 19 s. 2 d.
Équivalant en monnaie de l'Empire à	14,202 fl. 36 kr.

La question de savoir à qui, de l'Empire ou de l'Empereur, incomberait la dépense des troupes émigrées souleva de nombreuses difficultés. Elle donna lieu notamment aux deux lettres suivantes du prince de Cobourg, qui renferment des détails intéressants : 1° sur la destination ultérieure qu'on voulait donner à ces troupes; 2° sur les promesses formelles que le prince avait faites au général français et qu'il tenait à remplir avec une scrupuleuse fidélité.

*A S. Ex. le comte de Mercy-Argenteau, ministre de S. M. I.
et R. A.*

« Au quartier général de Herin, ce 15 juin 1753.

« Le maréchal prince de Cobourg reçoit du Conseil aulique de guerre une intimation qu'il s'empresse de communiquer à S. Exc. M. le comte de Mercy-Argenteau.

« Sa Majesté l'Empereur, d'après la dépêche ci-dessus énoncée du conseil de guerre, lui a fait savoir que S. Exc. M. le comte de Mercy-Argenteau était chargé, de la part du monarque, d'essayer s'il ne serait pas possible d'engager l'Angleterre à transporter toutes les troupes et tous les officiers qui sont passés avec M. Dumouriez dans les provinces de la France qui sont actuellement en insurrection.

« En cas que la chose ne fût pas possible, l'intention de Sa Majesté est, l'état de la caisse de l'Empire n'étant pas suffisant pour pourvoir aux dépenses qui y sont proprement attachées, que les 883 hommes de divers régiments français qui sont passés avec M. Dumouriez fussent pris à la propre solde de S. M. l'Empereur, et qu'on n'en conservât qu'exactement autant d'officiers qu'il en faut pour cette quantité de troupes, renvoyant le général Thouvenot, ainsi que les autres officiers qui, d'après le principe ci-dessus, ne seraient pas indispensablement nécessaires.

« M. le maréchal de Wallis, président du Conseil de guerre, ajoute que comme cet objet repose en partie sur une négociation ministérielle, il va se concerter là-dessus avec la chancellerie d'État, se réservant de me faire connaître le résultat ultérieur de cette concertation.

« Le maréchal prince de Cobourg, en communiquant littéralement à S. Ex. M. le comte de Mercy-Argenteau cette dépêche du Conseil aulique de guerre, a l'honneur de le prévenir qu'il désirerait sur cet objet délicat être instruit de la manière dont il envisage qu'il fût possible de concilier l'exécution des ordres suprêmes de S. M. avec les égards qu'on doit à la parole qu'on a donnée à des généraux et à des officiers qui ont pris un parti d'après cet engagement solennel, à la situation malheureuse où ils seraient réduits par cette violation d'une promesse précise et non équivoque, et enfin aux suites fâcheuses qui, si ces gens-là étaient absolument sans ressources, pourraient, sous différents rapports, en résulter pour les intérêts véritables de S. M. et de la cause commune.

« Il reste d'ailleurs à observer que la caisse de l'Empire ayant été chargée jusqu'ici du payement et de la solde de ce rassemblement, et y ayant suffi, il ne paraît pas nécessaire de le mettre à la charge de la caisse de S. M.

« Cobourg. »

Au comte de Wallis, à Vienne.

« Quartier général de Hérin, 20 juin 1793.

« Je me suis entendu avec le commissaire général des guerres, baron de Riedheim, au sujet de l'entretien sur les fonds de l'Empire des troupes et officiers passés parmi nous avec Dumouriez, et je me suis arrangé avec le ministre d'État, comte de Mercy-Argenteau, en ce qui touche le renvoi du général français Thouvenot et des autres officiers superflus de l'état-major français. Le baron de Riedheim m'a dit que l'on pouvait d'autant plus entretenir ces officiers pendant quelque temps sur les fonds du trésor de l'Empire, que, par la suite, on pourra imputer ces dépenses sur la part à payer par la cour de Prusse. Le trésor serait ainsi dispensé de faire une dépense que les officiers français regardent eux-mêmes comme une avance jusqu'au moment où ils auront l'occasion de rentrer dans leur patrie d'une manière convenable et y recevoir leur arriéré de solde. C'est pour cela que je les fais payer sur le pied français.

« Le comte de Mercy-Argenteau déconseille d'autant plus le renvoi du général Thouvenot et des officiers français, que ce renvoi ferait une sensation pénible parmi ceux des officiers ennemis qui seraient peut-être disposés encore à passer chez nous, et serait de plus une transgression évidente de la promesse qui leur a été faite. Ce qui précède vous permettra de conclure que je suis forcé de m'en tenir à la décision déjà prise, et de conserver, tant que les circonstances le permettront, les officiers en question sous ma protection et à la solde du contingent impérial.

« Cobourg. »

Il ne paraît pas que les troupes du camp de Leuze aient fait campagne sous une dénomination particulière. Leur petit nombre les fit probablement incorporer dans d'autres corps; car, à partir de la fin du mois de juin, il n'en est plus question dans la correspondance du prince de Cobourg avec le cabinet de Vienne.

XIII

NOTICE SUR LES GÉNÉRAUX ET OFFICIERS

QUI JOUÈRENT UN RÔLE DANS LES ÉVÉNEMENTS
DU 1ᵉʳ AU 5 AVRIL 1793.

(Voir page 403.)

Nos recherches pourraient paraître incomplètes si nous ne donnions des renseignements sommaires sur la destinée des généraux et officiers, qui ont figuré à un titre quelconque dans les deux derniers livres de ce volume. Pour plus de clarté, nous les avons divisés en plusieurs catégories :

1° Généraux arrêtés avant le 1ᵉʳ avril, c'est-à-dire antérieurement à la rébellion de Dumouriez ;

2° Généraux et officiers arrêtés comme complices de Dumouriez ;

3° Généraux qui ont suivi la fortune de Dumouriez et ont émigré avec lui ;

4° Généraux et officiers livrés par Dumouriez aux Autrichiens ;

5° Généraux et officiers qui se sont déclarés contre Dumouriez et sont restés fidèles au parti républicain.

PREMIÈRE CATÉGORIE.

GÉNÉRAUX ARRÊTÉS AVANT LE 1ᵉʳ AVRIL 1793.

LANOUE avait près de soixante ans en 1793. Il était colonel depuis 1771, maréchal de camp depuis 1783 ; lieutenant général depuis février 1792. Le 10 mars 1793, à la suite de l'échec d'Aldenhoven, il fut mandé à la barre de la Convention. Il y comparut le 28, et fut renvoyé au tribunal révolutionnaire (le *Moniteur* contient *in extenso* son interrogatoire). Si peu de charges s'élevaient contre lui que le tribunal rendit le 10 mai une ordonnance de non-lieu. Il ne reprit pas de service.

STENGEL avait 50 ans en 1793. Il était né dans le Palatinat et était sous-lieutenant au régiment d'Alsace dès 1760. Il fut fait maréchal de camp le 13 septembre 1792. Sa qualité d'étranger ameuta contre lui tous les démagogues, Marat, Robespierre, Ruhl, Turreau, le dénoncèrent à l'envi comme le principal coupable de l'échec d'Aldenhoven. Traduit devant le tribunal révolutionnaire, il fut acquitté le 16 mai 1793 ; mais il resta suspendu de ses fonctions jusqu'en nivôse an III. Envoyé à l'armée d'Italie, il y commandait la cavalerie, lorsque Bonaparte vint en prendre le commandement; deux mois après, il tombait glorieusement sur le champ de bataille de Mondovi.

MIRANDA, né en 1754, à Caracas, dans l'Amérique du Sud, fut fait maréchal de camp au commencement de 1792 et lieutenant général le 9 octobre de la même année. Arrêté le 26 mars 1793, il fut conduit à Paris et demanda à paraître à la barre de la Convention pour se disculper. Voici la lettre qu'il écrivit à cette occasion ;

« Paris, le 4 avril 1793, l'an 2ᵉ de la République.

« Citoyen président,

« Ayant été appelé par deux décrets de la Convention nationalle à la barre pour y être entendu en justification de ma conduite et en réponse à des inculpations militaires dont il me sera facile de démontrer l'erreur ou l'injustice; ayant attendu chaque jour, depuis le 29 mars, sans que la gravité et la multitude des affaires qui sont survenues m'aient permis d'obtenir le moment si désiré par moi; réfléchissant d'ailleurs que la connaissance des faits que je me proposais de donner à la Convention nationale et dont j'avais instruit quelques-uns de ses membres devient encore intéressante depuis que la conjuration a éclaté dans toute sa noirceur, je prie la Convention nationale de me renvoyer à ses comités militaire et de défense générale pour y être entendu et le rapport lui en être fait.

« J'offrirai cette dernière réflexion à la justice de la Convention nationale : celui que Dumouriez a victimé parce que, de son ami, il devint son antagoniste dès l'instant qu'il le reconnut conspirateur, est encore accusé et détenu.

« Votre concitoyen, MIRANDA. »

Renvoyé devant le tribunal révolutionnaire, il comparut le 12 mai ; son procès dura cinq jours et se termina par un acquittement. Suspect, à raison de ses anciennes relations avec Pétion et quelques autres girondins, il ne recouvra sa liberté qu'après le 9 thermidor. Dégoûté de la liberté qu'il était venu chercher en France et qui ne lui avait valu que misère et proscription, il retourna en Amérique, où il est mort.

HARVILLE, né le 23 avril 1749, comptait, en 1793, plus de vingt-cinq ans de service et était lieutenant général depuis le 6 février 1792. Il commandait la ville et le château de Namur lors de la retraite de Dumouriez et s'apprêtait à les défendre vigoureusement, lorsqu'il reçut l'ordre formel du général en chef de se retirer sur Maubeuge; il ramena toute son artillerie, douze cents malades et six mille sacs de blé. Quelques bateaux chargés de vieux matériel étant tombés, par la négligence des gens du pays, entre les mains de l'ennemi, les représentants du peuple, Hentz et Laporte, qui étaient à Mézières à vingt-cinq lieues de là, le firent arrêter et conduire à Paris. Sur le rapport de Lecointre, fait au nom du comité militaire, Harville fut déféré au tribunal révolutionnaire. Mais Fouquier-Tinville trouva les charges si peu graves qu'il déclara qu'il lui était impossible de traduire le prévenu devant le tribunal. L'affaire, renvoyée devant le Comité militaire, fut l'objet d'un nouveau rapport de Camille Desmoulins qui conclut tout à fait en faveur d'Harville. Mais celui-ci ne put obtenir sa mise en liberté et resta en prison jusqu'au 9 thermidor. Il fut réintégré dans son grade par décret du 28 ventôse an III. Il fit, de l'an III à l'an X, les campagnes de Sambre-et-Meuse, de Rhin et Moselle et d'Italie. Il fut fait sénateur en l'an XI et mourut pair de France en 1815.

Bouchet, né à Besançon en 1731, avait fait les campagnes de Flandre de 1747 et 1748, commandé en 1761 le génie à la défense de Belle-Ile. Il fut employé aux Iles-sous-le-Vent de 1763 à 1766, et nommé lieutenant général du génie en 1791. Hentz et Laporte le firent arrêter en même temps que le général Harville, pour avoir fait travailler aux fortifications de Namur le jour même de l'évacuation de cette place : « Ce qui évidemment, disait l'arrêté des représentants, était une preuve de connivence avec l'ennemi, puisque ces réparations ne pouvaient profiter qu'à ceux qui allaient occuper Namur. » Bouchet répondait avec beaucoup de raison qu'il avait fait continuer les travaux jusqu'à la dernière heure pour ébruiter le moins possible la nouvelle de la retraite des Français ; qu'au reste les travaux qui faisaient l'objet de l'accusation n'avaient eu rien d'utile. Il fallut plus de quinze mois pour faire rendre justice au malheureux Bouchet. Enfin un arrêté du Comité de salut public en date du 30 messidor an II, provoqué par Carnot, vint mettre fin à sa longue détention. Il est mort en l'an X, sans avoir repris de service.

DEUXIÈME CATÉGORIE.

GÉNÉRAUX ET OFFICIERS ARRÊTÉS COMME COMPLICES DE DUMOURIEZ.

Lescuyer, maréchal de camp, était âgé de cinquante ans en 1793 ; il comptait à cette époque trente ans de service. Traduit devant le tribunal révolutionnaire, il obtint trois remises successives pour faire entendre plusieurs témoins qui se trouvaient à Valenciennes, dans ce moment assiégée par les Autrichiens. Il espérait que le général Ferrand lui viendrait en aide et s'empresserait de témoigner que, dans tous les événements de la journée du 2 avril, le grand prévôt de l'armée du Nord n'avait fait que suivre ses indications. Mais le général déclina toute solidarité, et, après avoir contribué à compromettre le malheureux Lescuyer, le laissa se débattre avec le tribunal révolutionnaire, qui le condamna à mort et le fit exécuter le

14 août 1793 (*Bulletin du tribunal*, n°s 42, 43 et 81). Voici la correspondance échangée à ce sujet entre Lescuyer et Ferrand :

Le général de brigade Lescuyer au général Ferrand, commandant à Valenciennes.

« A l'hôtel de la Force, ce 7 mai 1793, an 2e de la République une et indivisible.

« Citoyen général,

« Vous n'avez point oublié ma translation dans les prisons de Paris où je suis détenu maintenant, à l'effet d'y être interpellé sur tous les motifs qui se sont trouvés insérés dans une lettre dont vous avez eu connaissance et que j'ai ensuite, de concert avec vous, envoyée à Dumouriez.

« Je n'ai donc agi que d'après vos conseils tendant à faire échouer les infâmes projets du traître et perfide Dumouriez.

« Vous vous rappellerez aussi sans doute, général, l'ordre que vous m'avez donné, signé de votre main, à l'effet de m'autoriser à faire sortir de la ville de Valenciennes et à l'endroit que vous m'aviez vous-même indiqué, un détachement de gendarmerie nationale pour se rendre et pour surveiller les quatre hussards, qui étaient les créatures de Dumouriez, décidés à servir ses projets ; il fallait donc tromper leur vigilance ; vous vous rappellerez également, général, l'ordre que vous avez donné, ainsi que le commandant temporaire, au maître des postes aux chevaux de Valenciennes, et portant défense de fournir des chevaux à qui que ce fût, pas même aux députés, sans une permission expresse de vous.

« Qui pourrait croire, général, que d'après la conduite la mieux réfléchie, que nous avons tenue ensemble, tant pour nous préserver de la fureur de Dumouriez que pour garantir la ville de Valenciennes de sa fureur et de sa férocité, je me trouve aujourd'hui personnellement exposé à une procédure criminelle devant le tribunal révolutionnaire. Ce tribunal ne peut m'en imposer, puisque non-seulement j'ai pour moi la pureté de mon cœur, mais encore des témoins irréprochables qui sont en état de déposer la vérité de tous les faits ci-dessus, et je suis convaincu, général, que vous vous empresserez à me rendre toute la justice qui m'est due.

« On me soupçonne d'avoir voulu flotter entre deux eaux; que dans le cas où Dumouriez aurait eu les forces nécessaires j'aurais servi ses projets, et, dans le cas contraire, que je serais resté dans l'inaction.

« Vous sentez, général, d'après la conduite que j'ai tenue, combien cette assertion est calomnieuse; je m'en réfère et référerai toujours aux sentiments d'honneur qui vous caractérisent et qui m'ont décidé à vous donner mon entière confiance.

« Il m'est bien facile de détruire l'erreur dans laquelle on est tombé, puisque je n'ai point attendu cette décision et que j'ai remis, moi, au citoyen Bellegarde, l'ordre qui m'autorisait à m'assurer de sa personne, en ayant même refusé le reçu qu'il m'en a offert. Ce fait important ne peut être désavoué, puisque j'en avais conféré et fait confidence à son intime ami Aubert, comme à vous vingt-quatre heures avant.

« Comme je présume qu'il y aura une commission rogatoire à l'effet de vous interroger sur les lieux, ou bien un ordre pour que vous vous transportiez au tribunal révolutionnaire à l'effet de déposer la vérité, dans l'un et l'autre cas, je suis fort tranquille sur la conduite que votre équité et votre conscience vous dicteront.

« C'est dans ces sentiments et ceux du plus tendre, sincère et respectueux dévouement, que je vous embrasse fraternellement, mon général,

« Le général de brigade, LESCUYER.

« Je vous prie, mon général, d'offrir mon hommage à la citoyenne votre épouse dont les vertus me sont également connues. »

Le général Ferrand au général de brigade Lescuyer.

« Valenciennes, le 13 mai 1793, l'an 2ᵉ de la République française.

« J'ai reçu votre lettre, citoyen général, écrite à l'hôtel de la Force le 7 de ce mois; vous vous trompez à quelques égards dans l'exposé que vous me faites. Je vais vous rappeler ce qui s'est passé entre vous et moi, relativement à l'ordre que vous me présentâtes pendant la nuit de la part du traître Dumouriez.

« Vous êtes venu chez moi à 2 ou 3 heures après minuit avec le commissaire Beauvallon ; étant entré dans ma chambre à coucher, vous renvoyâtes mon domestique, vous me demandâtes où logeait le député Bellegarde; après vous avoir indiqué sa demeure, vous me demandâtes ma façon de penser à l'égard de la situation actuelle; je répondis que je pensais comme je l'avais toujours fait, que j'étais toujours dans les sentiments d'un républicain. Vous vous tournâtes alors du côté du commissaire Beauvallon : « Et vous, Beauvallon ? » — Il vous répondit : « Je dors et vais me coucher. » — Vous reprîtes alors la parole et me dîtes que vous portiez un ordre du général Dumouriez qui m'enjoignait de vous donner main-forte, lorsque vous la requerriez.

« Vous me dites aussi que vous aviez ordre d'arrêter le député Bellegarde. Je vous répliquai : « Pourquoi celui-là et non les autres ? » Alors vous me dites : « Est-ce qu'il y en a d'autres? Quels sont-ils? « Réponse de ma part : « Lequinio et Cochon. — Où logent-ils? » me demandâtes-vous. Répondu : « Chez la veuve Fiseaux. »

« Comme vous étiez entré dans la place nuitamment, à mon insu, craignant que vous n'eussiez des forces avec vous, en outre que l'armée était corrompue en partie, je crus qu'il était instant d'user de feintise afin de sauver la République et les députés. C'est pourquoi je signai l'ordre que vous me présentâtes de la part du traître pour vous fournir main-forte.

« Je vous proposai d'envoyer cette force armée hors de la ville sur la route de Paris, et que je défendrais au maître de la poste aux chevaux d'en donner à qui que ce fût sans ma permission.

« Rappelez-vous bien que vous ne m'avez pas fait part que vous eussiez des hussards au dehors de la place, dont vous me parlez dans votre lettre.

« Vous ne m'avez pas non plus communiqué la lettre dont vous me parlez. Je ne vous cache pas que je fis prévenir les députés de ne pas sortir de la ville.

« Après avoir réfléchi, vous verrez que je ne pouvais pas me conduire autrement dans cette circonstance, voulant sauver la place et les députés, n'étant pas sûr de la façon de penser de tous ceux qui m'entouraient. Je suis persuadé que votre démarche était pure. La vérité n'est qu'une ; en la faisant connaître à vos juges, ils sauront l'apprécier, et la loi vous rendra à la liberté.

« Le général de division commandant la place de Valenciennes, FERRAND. »

MIACZINSKI, maréchal de camp, était âgé de quarante-deux ans en 1793. Il avait été longtemps mêlé aux négociations de la Pologne avec la Suède et la Bavière et était entré au service de France le 25 juin 1792, en qualité de maréchal de camp.

Dans le cours de notre récit, nous avons fait grand usage de la procédure intentée contre Miaczinski devant le tribunal révolutionnaire. Nous avons même donné plusieurs pièces extraites de ce dossier (pages 370 et 372). Nous nous bornerons donc à mettre sous les yeux de nos lecteurs la lettre que Miaczinski adressa de Lille, le 3 avril, au président de la Convention et par laquelle il espérait racheter sa vie.

Le citoyen maréchal de camp Miaczinski au citoyen président de la Convention nationale.

« Ce 3 avril 1793.

« L'assemblée des représentants d'un peuple libre, citoyen président, a dû recevoir, par un courrier, l'événement malheureux qui vient d'arriver aux commissaires, vos collègues, ainsi qu'au citoyen ministre. Le général Dumouriez, le 2, à huit heures du matin, m'avait envoyé un ordre dans lequel il avait voulu, ainsi que le brave général Duval, m'associer à son crime. Le général Duval étant prévenu par le colonel Saint-Georges, à qui j'avais communiqué la lettre, je me suis porté sur Lille avec une partie de la division que je commandais. J'ai arrêté la troupe hors de la ville et je me suis rendu avec mon escorte à l'hôtel de ville. J'ai remis la lettre de Dumouriez sur la table ; j'ai renouvelé le serment de fidélité, de n'obéir qu'à la loi ; j'ai donné ordre sur le champ à ma division (se concertant avec les membres du district) de faire camper toute ma troupe sous les murs de la ville ; par cette conduite, j'avais sauvé près de quatre mille hommes qui *oront* pu être corrompus et passé à l'armée de Dumouriez.

« Je ne suis ni politique ni intrigant ; je ne connais que combattre les ennemis de la République ; c'est mon devoir ; ce sentiment est dans mon cœur.

« MIACZINSKI. »

Cette soumission tardive ne sauva pas Miaczinski. Traduit le 25 avril devant le tribunal révolutionnaire, il sollicita une remise qui lui fut accordée. Son procès commença le 7 mai et dura onze jours ; il fut condamné à mort le 18. Ayant déclaré qu'il avait à faire d'importantes révélations pour le salut de la République, il obtint un sursis de trois jours. Ses révélations ne portèrent sur rien de bien important et tendirent seulement à compromettre la probité de Lacroix, l'un des commissaires de la Convention. Ce fut un motif de plus pour faire hâter son exécution, qui eut lieu le 22 mai à midi. Miaczinski mourut très-courageusement après avoir crié tout le long de la route : Vive la Nation, vive la République. (Voir le *Bulletin du Tribunal révolutionnaire*, nos 18, 26, 37, 38, 39 et 40.)

DEVAUX (Philippe) était, en 1793, colonel adjudant général ; il fut traduit au tribunal révolutionnaire le lendemain du jour où son compagnon d'infortune, Miaczinski, montait sur l'échafaud. Son procès ne dura qu'un jour, il fut condamné à mort et exécuté le 23 mai. (Voir le *Bulletin du Tribunal révolutionnaire*, nos 40, 41 et 42.)

TROISIÈME CATÉGORIE.

GÉNÉRAUX QUI ONT SUIVI LA FORTUNE DE DUMOURIEZ ET ONT ÉMIGRÉ AVEC LUI.

LIEUTENANTS GÉNÉRAUX.

VALENCE avait été promu au grade de général de division le 20 août 1792 et nommé général en chef de l'armée des Ardennes le 12 octobre suivant. Il rentra en France en l'an IX, reprit du service et fut nommé sénateur le 31 décembre 1807 et mourut pair de France en 1821.

MARASSÉ était né en 1726 ; il avait donc 67 ans en 1793. Maréchal de camp en 1780, il fut promu au grade de général de division le 7 septembre 1792. Il n'était pas auprès de Dumouriez dans les journées des 1er au 5 avril. Il avait commandé la place d'Anvers et rentrait avec l'armée de Hollande. Apprenant les événements de Saint-Amand, il ne voulut pas franchir la frontière et revint trouver Dumouriez à Bruxelles. Fort attaché à son général en chef, il fut mêlé aux intrigues que celui-ci noua en Belgique dans le courant de 1793 (voir la note XIV). Par les ordres du gouvernement autrichien, Marassé fut interné à Temeswar, en Hongrie. Il y mourut en 1803, sans avoir revu sa patrie.

Le duc de CHARTRES (Louis-Philippe) était colonel propriétaire du 14e dragons depuis le 21 novembre 1785 ; il fut nommé maréchal de camp le 7 mai 1792, et lieutenant général le 11 septembre suivant. Au seuil même de l'exil, il se sépara de Dumouriez, se réfugia en Suisse et se déroba à toutes les recherches dans le collége de Reichenau, près Coire, où il enseignait l'histoire et la géographie. Après bien des vicissitudes, il rentra en France en 1814 et fut élu roi des Français en juillet 1830. Tous les partis s'accordent aujourd'hui à reconnaître que les dix-huit années de son règne doivent être comptées parmi les plus prospères dont nous ayons joui depuis la Révolution.

MARÉCHAUX DE CAMP.

VOUILLERS comptait 37 ans de service en 1792. Il fut fait maréchal de camp le 22 juillet de cette année. Il commandait l'avant-garde de l'armée de Dumouriez et l'accompagna dans sa fuite. Mêlé en Belgique aux intrigues de son général en chef, il fut, à la fin de 1793, interné par ordre du gouvernement autrichien à Temeswar, en Hongrie, et y resta jusqu'en 1808. A cette époque, il rentra en France, où il mourut en 1821.

MATHIEU DUMAS DE SAINT-MARCEL était né à Montpellier en 1755. Sous-lieutenant en 1773, il fit toutes les campagnes de l'Inde de 1781 à 1785, fut nommé colonel du régiment d'Auvergne en 1791 et maréchal de camp le 5 septembre 1792. De retour en France en 1800, il entra dans l'administration civile comme inspecteur général des douanes et conserva ce poste pendant tout le temps de l'Empire. A la fin de 1813, il se jeta avec sept cents douaniers dans Maubeuge et défendit cette place contre le duc de Saxe-Weimar jusqu'au moment où le gouvernement de la Restauration fut régulièrement établi. Il est mort le 1er mai 1826. Il était frère du lieutenant général Mathieu Dumas qui siégea à plusieurs reprises dans nos assemblées législatives.

Ruault était âgé de quarante-neuf ans en 1793. Colonel en 1786, il fut nommé maréchal de camp le 30 novembre 1792. Comme Marassé, il faisait partie de l'armée de Hollande; comme lui, il alla retrouver, à Bruxelles, Dumouriez qu'il n'avait pas vu depuis un mois. Il est mort en 1809, sans avoir repris du service.

Debannes avait cinquante ans en 1793. Il était lieutenant-colonel du 71e régiment depuis le 5 février 1792, colonel du même régiment depuis le 14 janvier 1793 et maréchal de camp depuis le 8 mars. Il rentra en France sous l'Empire. Son âge l'empêcha de reprendre du service, mais il fut président du collége électoral de la Haute-Loire en 1810 et mourut en 1818.

Berneron était encore un vieux soldat qui comptait plus de trente ans de service en 1793. Il était maréchal de camp depuis le 8 mars. Mêlé aux intrigues que Dumouriez noua en Belgique dans le cours de l'année 1793, il fut mis en prison pendant quelque temps; nous n'avons pu savoir ce qu'il devint par la suite.

Levasseur de Neuilly était né le 17 mars 1743. Dès l'âge de dix-sept ans, il était entré dans les gendarmes. Il était lieutenant-colonel le 20 avril 1788, colonel le 23 novembre 1791, maréchal de camp le 3 février 1793. Nous l'avons vu jouer un rôle important dans les événements de Valenciennes et de Condé. Après avoir hésité entre le parti conventionnel et son affection pour Dumouriez, il suivit la fortune de ce dernier; mais nous perdons sa trace au camp de Leuze et nous ne savons ce qu'il devint après que ce camp eut été dissous.

Second avait fait toutes les guerres d'Amérique, puis était passé au service de la Hollande et ensuite de la Russie. Il eut ainsi occasion de faire la campagne contre les Turcs. Rentré en France, il fut, sur la recommandation du général La Fayette, nommé colonel en 1791. Segond fut l'un des chefs du camp de Leuze, où l'on réunit les troupes qui avaient émigré avec Dumouriez. Mais ces fonctions lui furent bientôt retirées sur la dénonciation suivante que celui-ci envoya à Cobourg :

« Bruxelles, le 9 juin 1793.

« Mon prince,

« Parmi les officiers passés avec moi se trouve un M. Segond, que j'avais fait maréchal de camp, deux jours avant mon passage, pour le récompenser du faux zèle qu'il montrait pour la bonne cause ; il commandait alors un très-beau bataillon de chasseurs, et je croyais être sûr de lui et de son bataillon. Il s'était même chargé d'attaquer brusquement et de surprendre Valenciennes. Non-seulement il n'a rien exécuté de ce qu'il avait promis avec beaucoup de jactance, mais il a empêché que le trésor de plus de deux millions en numéraire, qui était resté à la garde de son bataillon, ne nous arrivât, non-seulement en n'exécutant pas, mais en empêchant d'exécuter les ordres qu'il avait reçus pour amener le trésor.

« Depuis mon arrivée à votre armée, j'ai appris qu'il avait même écrit alors aux commissaires de la Convention résidants à Valenciennes pour les avertir d'envoyer reprendre ce trésor, qu'il avait fait rester à Fresnes, près Condé.

« Votre Altesse pourra se procurer des détails plus étendus sur cette conduite criminelle par le général Thouvenot, d'après les dépositions du régiment Bourbon-Dragons.

« Cet officier me paraît douteux, et je crois devoir avertir Votre Altesse du danger qu'il peut y avoir à le conserver à la solde avec la troupe française qui est à Leuze.

« De nouveaux détails qui me sont revenus sur sa conduite factieuse, sur la méfiance qu'il inspire à ses camarades, m'engagent à vous en donner avis, pour que vous puissiez, mon prince, le faire rayer du contrôle des troupes françaises, en lui faisant signifier de quitter ce cantonnement. Il ne faut pas, dans un si petit nombre d'hommes, en conserver dont les sentiments soient douteux.

« J'ai l'honneur d'être, avec le plus tendre et le plus respectueux attachement,

« Mon Prince,
« De Votre Altesse,
« Le très-humble et très-obéissant serviteur,
« Le général Dumouriez. »

Le prince de Cobourg fit aussitôt droit à la requête de Dumouriez. Quatre jours après, il écrivait au général Ruault, commandant le camp de Leuze, la lettre suivante :

« Au quartier général de Hérin, ce 13 juin 1794.

« Le maréchal prince de Cobourg a appris qu'il se trouve parmi les officiers passés avec M. Dumouriez un M. Segond, qui avait été fait maréchal de camp deux jours avant cette époque, et s'est alors conduit directement d'une manière opposée au parti qu'a pris M. Dumouriez et le reste de l'armée française qui se trouve à Leuze. M. de Ruault aura donc à le rayer incessamment du contrôle des troupes françaises, en lui faisant signifier de quitter ce cantonnement et les Pays-bas.

« Cobourg. »

Depuis cette époque, nous avons perdu les traces de Segond, qui ne paraît pas être rentré en France.

Thouvenot (Pierre) était né à Toul le 9 mars 1757. Il était sous-lieutenant d'artillerie en 1780, et fit les campagnes de 1782 et 1783 aux Iles-sous-le-Vent. Il était colonel-adjudant général en 1792, lorsque Dumouriez se l'attacha comme chef d'état-major et lui accorda toute sa confiance. Arrêté par ordre du gouvernement autrichien en juillet 1793, il fut conduit à Nuremberg. De là, il se réfugia dans le duché de Brunswick et y resta jusqu'en 1800. Autorisé, à cette époque, à rentrer en France, il demanda immédiatement du service et fut désigné pour faire partie de l'expédition de Saint-Domingue. A raison des services éminents qu'il y rendit, il fut fait général de brigade en vendémiaire an XI ; revenu en France avec les débris de l'expédition, il fit, à la grande armée, les campagnes de 1805, 1806 et 1807, passa en Espagne en 1808, et y resta jusqu'à la fin de l'Empire. En 1813, il fut fait général de division et baron.

Soliva, né le 17 mars 1738, était depuis 1756 dans le commissariat des guerres. En janvier 1793, il fut nommé administrateur en chef de l'armée des Ardennes. Depuis sa sortie de France avec Dumouriez, il nous a été impossible de retrouver ses traces.

Beauvallon était né le 17 mars 1727 et comptait plus de vingt-cinq ans de service, lorsqu'il accompagna Dumouriez dans sa défection. Depuis cette époque, nous n'avons pu recueillir aucun renseignement sur lui.

QUATRIÈME CATÉGORIE.

GÉNÉRAUX ET OFFICIERS LIVRÉS PAR DUMOURIEZ AUX AUTRICHIENS.

Beurnonville était lieutenant général depuis le commencement de 1792. Comme les quatre commissaires de la Convention, il resta trente mois dans les prisons de la coalition; comme eux aussi, il fut échangé contre la fille de Louis XVI, le 5 décembre 1795. A peine avait-il été livré aux Autrichiens par Dumouriez, qu'il était dénoncé à la Convention comme un traître par Dubois-Crancé et Robespierre (13 avril); bien lui en prit de n'être plus à leur portée, car on le dévouait à l'échafaud au moment où il affirmait son amour pour la patrie par une rude et longue captivité. Rentré en France, il fut employé aux armées, devint ambassadeur en Prusse, sénateur. La restauration le fit maréchal de France.

Pille fut élu lieutenant-colonel du premier bataillon de la Côte-d'Or au moment de la première réquisition. Il était adjudant général lorsqu'il fut arrêté, le 2 avril, au camp de Bruille par ordre de Dumouriez. Rentré en France six semaines après, ainsi que nous le verrons plus bas, le ministre de la guerre, Bouchotte, le nomma un de ses adjoints. Lorsque les ministères furent absorbés par le Comité de salut public, Pille resta à la tête de la commission spécialement chargée du mouvement des troupes et devint de fait ministre de la guerre. Dans les annuaires officiels, il est inscrit en cette qualité du

10 prairial an II à brumaire an IV. Il fut plus tard nommé inspecteur général aux revues et créé comte sous l'Empire.

Chérin était le fils du fameux généalogiste de la cour de Louis XVI et avait succédé à son père très-peu de temps avant la Révolution. L'abolition des titres ayant rendu son emploi inutile, il partit avec la première réquisition en qualité de sous-lieutenant de volontaires; il était adjudant général lorsque Dumouriez donna l'ordre de l'arrêter avec Pille. Chérin avança rapidement, devint chef d'état-major de Hoche, puis de Masséna. Il fut nommé, en fructidor an V, général de division et commandant de la garde constitutionnelle des Conseils. Deux ans plus tard, Chérin tombait glorieusement sur le champ de bataille de Zurich.

Les noms des volontaires livrés aux Autrichiens sont ainsi indiqués dans une lettre du lieutenant général, comte de Welderen, gouverneur de Maëstricht et dans le rapport de Camus, p. 58 :

Lecointre, capitaine de canonniers;

David, lieutenant au 2me bataillon de Saône-et-Loire;

Montigny, Dubois, Luquet, Leblond, sergents-fourriers au même bataillon;

Charve, canonnier au 1er régiment d'artillerie.

Le prince de Cobourg, auquel on les avait livrés comme des assassins, les envoya à Maëstricht, après leur avoir fait mettre les fers aux pieds et aux mains.

La Convention s'émut à plusieurs reprises du sort de Lecointre et de ses compagnons. Par ordre du Comité de salut public, le ministre des affaires étrangères, Lebrun, écrivit au prince de Cobourg la lettre suivante :

« Paris, le 30 avril 1793.

« Monsieur, par un décret de la Convention nationale dont vous trouverez la copie ci-jointe, le Conseil exécutif provisoire de la République française a été chargé de réclamer la liberté du citoyen Lecointre, capitaine des canonniers du 1er bataillon de Seine-et-Oise, actuellement détenu dans votre armée comme prisonnier de guerre. Les circonstances qui ont accompagné l'arrestation de cet officier ne vous laisseront aucun doute sur la justice de cette réclamation. Voici le fait :

« Le 2 de ce mois, le perfide Dumouriez fit porter, par une ordonnance de son quartier général de Saint-Amand, au citoyen Lecointre une invitation de se rendre auprès de lui pour prendre communication d'une lettre que le général supposait avoir reçue du citoyen Lecointre père; le fils, ayant reçu le même soir le billet du général, se rendit le lendemain au quartier général, d'où il fut enlevé et livré par Dumouriez au général autrichien.

« Ce qui distingue, Monsieur, les nations civilisées des hordes sauvages, c'est que, même au milieu des horreurs de la guerre, elles reconnaissent des lois qu'un usage constant des peuples a sanctionnées. Si ces lois étaient méprisées, l'Europe retomberait bientôt dans la barbarie d'où elle n'a été tirée que par les efforts d'un grand nombre de générations.

« Vous honorez trop, Monsieur, les armes dont vous faites profession, pour ne pas rendre hommage à cette vérité. Lecointre vous a été livré par la trahison la plus atroce. Attiré dans les filets d'un général perfide par le sentiment le plus cher à la nature, par la tendresse filiale, et en même temps par son obéissance aux ordres de son chef, il ne peut être considéré comme prisonnier de guerre. Je puis vous le dire avec la franchise d'un républicain : sa détention serait un opprobre pour l'armée que vous commandez.

« Ce n'est pas à votre indulgence, c'est à votre justice que j'en appelle. Le peuple français, et c'est en son nom que j'ai l'honneur de vous écrire aujourd'hui, ne connaît pas les sollicitations; il demande ce qui lui paraît juste, il le demande avec énergie, et en cas de refus il connaît le droit des représailles. Quelque terrible qu'en soit l'exercice, le blâme retombera sur ceux qui les auront provoquées; la postérité impartiale en jugera.

« Si des succès passagers pouvaient éblouir les ennemis de la France, ils devraient se souvenir qu'ils les ont principalement obtenus par la trahison de quelques généraux. Les exploits de la dernière campagne attestent l'énergie et les ressources du peuple français. De nouveaux succès pourront lui rendre sa supériorité, lorsque les armées seront purgées de tous les traîtres. Je ne sais où le portera alors la juste indignation contre des ennemis qui, abusant d'un moment de prospérité, auront foulé aux pieds tous les droits de la guerre et donné à une armée victorieuse l'exemple funeste de ne consulter que son ressentiment.

« Je n'insisterai pas davantage, Monsieur, sur l'illégalité de la détention du citoyen Lecointre. Comme ministre des affaires étrangères, je suis chargé de vous demander le renvoi de ce prisonnier, et, en cas de refus, de vous déclarer que le peuple français usera de tous les moyens qui sont en son pouvoir pour venger cette infraction gratuite des droits de la guerre, et qu'il en rendra responsables ceux qui auront nécessité cette juste vengeance. J'aime à croire, Monsieur, qu'après avoir mûrement pesé les suites fâcheuses qu'entraînerait cette détermination, vous rendrez justice aux motifs d'humanité qui ont engagé le conseil exécutif provisoire à vous prévenir des intentions du peuple français, et que vous prendrez toutes les mesures qui dépendront de vous pour ne pas ajouter de nouvelles calamités à la guerre actuelle.

« J'ai l'honneur d'être, avec une considération distinguée,
  « Monsieur,
« Votre très-humble et très-obéissant serviteur.

« Lebrun. »

Cette lettre émut Cobourg ; il ordonna de faire revenir des prisons de Maëstricht Lecointre ainsi que ses compagnons d'infortune, et daigna même prescrire quelques égards en leur faveur. Comme ils ne pouvaient faire la route à pied à raison de leur longue détention, est-il dit dans la lettre du gouverneur de Maëstricht, ou plutôt à raison des traitements inhumains dont ils avaient été l'objet, on fut obligé de les reconduire en voiture. Cobourg, qui voulait bien rendre les prisonniers de peur de représailles, mais qui tenait à injurier la République et ses défenseurs, écrivit en les renvoyant la lettre suivante, dont l'insolence n'a pas besoin d'être signalée.:

Au général Dampierre.

« Il m'est parvenu, il y a quelques jours, une lettre de M. Lebrun de Paris, dans laquelle il m'adresse de longs raisonnements et de longues menaces pour m'engager à rendre la liberté au capitaine Lecointre. Comme je n'ai pas l'honneur de connaître M. Lebrun, et qu'en qualité de général d'armée je ne corresponds qu'avec les généraux ennemis, je vous prie, Monsieur, de vouloir bien lui répondre en mon nom que sur les détails qu'il m'a donnés sur un objet dont la multitude d'affaires beaucoup plus importantes m'avaient empêché de m'occuper, et d'après les recherches que j'ai faites à cet égard, je donnerai des ordres pour que le capitaine Lecointre soit reconduit avec égard aux avant-postes français. Non-seulement je ne fais aucune difficulté de rendre cet officier, mais je suis prêt aussi à renvoyer avec lui cinq autres personnes parmi lesquelles est un lieutenant-colonel. On me les avait remis comme des assassins ; je vous abandonne le soin de les récompenser ou de les punir... »

Pille et ses sept compagnons d'infortune furent rendus aux avant-postes français le 14 mai. Trois mois après, les six volontaires de Saône-et-Loire paraissaient à la barre de la Convention pour recevoir chacun un brevet de sous-lieutenant et une indemnité pécuniaire. Malheureusement toutes nos recherches pour savoir ce que ces six officiers et le capitaine Lecointre sont devenus ont été infructueuses.

CINQUIÈME CATÉGORIE.

GÉNÉRAUX ET OFFICIERS QUI SE SONT DÉCLARÉS CONTRE DUMOURIEZ ET SONT RESTÉS FIDÈLES AU PARTI RÉPUBLICAIN.

Pour mettre plus d'ordre dans la nomenclature des généraux et officiers compris dans cette catégorie naturellement de beaucoup la plus nombreuse, nous rangerons les personnages, non d'après leur grade, mais d'après les événements auxquels ils furent mêlés.

1° ÉVÉNEMENTS DE LILLE.

Duval avait trente-cinq ans de service en 1793 ; il fut nommé le 23 mars 1792 colonel du 6ᵉ dragons; le 7 septembre 1792, maréchal de camp; le 3 janvier 1793, lieutenant général. Suspect à raison de ses anciennes liaisons avec Dumouriez, il fut suspendu de ses fonctions par Bouchotte en septembre 1793, et ne reprit plus de service. Il mourut en l'an XI à Montreuil.

Saint-Georges, né à la Guadeloupe le 25 décembre 1745, avait organisé à ses frais, mais avec subvention du gouvernement, en vertu de la loi du 7 septembre 1792, la Légion franche des Américains du Midi, qui devint bientôt le 13ᵉ chasseurs. Il s'en fit naturellement nommer colonel. Durant la Terreur, il fut arrêté et ne fut mis en liberté que le 9 thermidor. Il rentra dans la vie privée et mourut à l'âge de cinquante-quatre ans, le 12 juin 1799.

Dumas (Thomas-Alexandre) était dragon de la reine en 1786. Saint-Georges le prit pour son lieutenant-colonel lorsqu'il organisa la Légion des Américains du Midi. Le 30 juillet 1793, Dumas fut nommé général de brigade, et le 3 septembre de la même année, général de division. Il fut un instant général en chef de l'armée des Pyrénées-Occidentales, puis des Côtes de Brest. Lors de l'expédition d'Égypte, il fut fait prisonnier par des corsaires barbaresques, rentra en France en l'an X et y mourut en 1806, à Villers-Cotterets.

Macdonald (Alexandre). Nous nous dispenserons de faire la biographie de cet homme célèbre. Nous nous bornerons à indiquer les grades qu'il occupa pendant les années 1792 et 1793.

17 juin 1792, aide de camp de Beurnonville ;

12 novembre 1792, aide de camp de Dumouriez ;

1ᵉʳ mars 1793, colonel du 2ᵉ régiment d'infanterie ;

26 août 1793, général de brigade.

Nous avons retrouvé les deux pièces suivantes, toutes deux relatives à la part que prit Macdonald à l'affaire de la Madelaine :

« Nous, représentant de la nation, député par la Convention nationale aux armées du Nord et des Ardennes, sur la demande qui nous a été faite par le général La Morlière du citoyen Macdonald actuellement colonel du 2ᵉ régiment d'infanterie pour adjudant général de son armée, et d'après le compte avantageux qu'il nous a rendu des services et des talents dudit citoyen, qui s'est porté le premier à un acte de vrai civisme après la trahison de Dumouriez en arrêtant lui-même son complice Devaux, nous autorisons le général La Morlière à prendre pour adjudant général le citoyen Macdonald, le chargeons de le faire remplacer sur le champ dans son emploi de colonel dudit 2ᵉ régiment par le citoyen Bournet, lieutenant-colonel dudit régiment, nommé provisoirement adjudant général par le général Dampierre, et de faire exécuter de suite le remplacement à ce corps conformément aux lois militaires.

« GASPARIN.

« Lille, 13 avril 1793. »

ARMÉE DE LA RÉPUBLIQUE UNIE AUX LILLOIS.

Macdonald, chef de demi-brigade, au citoyen Félix, adjoint au ministre de la guerre pour la 6ᵉ division.

« Quartier général du faubourg de la Madelaine,
le 15 avril 1793.

« J'ignore, mon cher Félix, les raisons qui engagent les commissaires de la Convention nationale à me faire adjudant général et à donner le 2ᵉ régiment à Bournet; celui-ci se plaint qu'on lui fait un passe-droit. Je ne quitterai cependant pas le régiment à moins de passer dans un autre. Mais, pour être adjudant général, je refuse net. Ils n'ont rien à me reprocher, ils ont pris des informations sur ma conduite qu'ils ont trouvée CONFORME (*sic*). Avant que le traître ne se démasquât, j'avais énoncé mon opinion sur la singulière démarche que l'on nous avait fait faire d'Orchies à Lille; j'ai arrêté moi-même le complice Devaux, quoique mon ami; c'est moi qui ai organisé et formé le camp de la Madelaine.

« En voilà trop long, vous verrez la conduite que j'ai tenue; tout est à l'impression,

« MACDONALD. »

NOTES. 575

° ÉVÉNEMENTS DE VALENCIENNES ET DE CONDÉ.

FERRAND était un vieux militaire qui avait été fait général de brigade le 8 mars 1793. Il fut nommé général de division, au moment même où, après la défection de Dumouriez, les Autrichiens investissaient Valenciennes. Il défendit vigoureusement cette place. Ce ne fut qu'après un siége de trois mois et un bombardement de quarante-trois jours, qu'il se rendit prisonnier de guerre avec toute sa garnison. Traduit au tribunal révolutionnaire, il fut acquitté, mais ne recouvra sa liberté qu'après le 9 thermidor. Sous le consulat, il fut, pendant dix-huit mois, préfet de la Meuse-Inférieure.

DAVOUT. Nous n'avons pas l'intention de refaire une biographie qui vient d'être si bien faite par M. de Chénier, neveu d'André Chénier : *Histoire de la Vie militaire, politique et administrative du maréchal Davout, duc d'Auerstædt, prince d'Eckmuhl.* Nous préférons donner quatre pièces authentiques qui montrent quel cas on faisait, en 1793, des services du jeune officier bourguignon, et quelles difficultés éprouvaient les officiers les plus distingués par leur courage et leur civisme, s'ils avaient le malheur d'appartenir à ce qu'on appelait alors la caste nobiliaire.

Les représentants du peuple près l'armée des côtes de la Rochelle réunis en Commission centrale d'Angers.

« Sur l'observation faite par un membre de la Commission, que le ministre de la guerre, ayant tardé trop longtemps à employer dans cette armée, ainsi qu'il en avait été requis par le Comité de Salut public de la Convention nationale, le citoyen Louis Davout, lieutenant-colonel du troisième bataillon de l'Yonne et chef de brigade dans l'armée du Nord; de concert avec le citoyen Ronsin, adjoint du ministre, il lui avait écrit de se rendre sans délai auprès de la Commission pour être, par elle et par le citoyen Ronsin, employé en qualité d'adjudant général, dans le cas où le ministre ne lui en aurait point encore donné l'ordre; qu'il vient d'arriver à l'instant et qu'il demande à être mis promptement en activité.

« Considérant que le citoyen Davout (Louis) a donné, en plus d'une occasion, des preuves non équivoques de patriotisme et de courage, et notamment en poursuivant avec vigueur dans sa fuite le traître Dumouriez, ce que la Convention nationale a reconnu en décrétant que le bataillon qu'il commandait avait bien mérité de la patrie; considérant aussi que ses talents militaires lui ont valu plusieurs succès l'année dernière en attaquant différents postes autrichiens, que dans une armée nouvellement organisée, telle que celle des côtes de la Rochelle, il est essentiel d'avoir des agents militaires qui aient déjà beaucoup d'expérience dans le métier des armes, arrêtent que le citoyen Louis Davout sera employé provisoirement en qualité d'adjudant général chef de brigade dans l'armée des côtes de la Rochelle et que le général en chef Biron est invité à lui faire connaître promptement à quelle brigade il peut être attaché.

« BOURBOTTE, RICHARD, président, L. TURREAU, A. GOUPILLEAU, TALLIEN, P. CHOUDIEU.

« A Angers, le 8 juillet 1793. »

Louis Davout à Bouchotte, ministre de la guerre.

« Le conseil exécutif provisoire, par un arrêté pris dans le courant de juillet de cette année, m'ayant nommé général de division auprès de l'armée du Nord, je déclare que je ne puis accepter cette place, parce que j'ai été noble. Je donne, par la même raison, ma démission de ma place d'adjudant général chef de brigade, à laquelle j'avais été promu par les représentants du peuple près de l'armée des côtes de la Rochelle, étant chef du troisième bataillon de l'Yonne qui était à l'armée du Nord.

« Je vous prierai, citoyen, de me donner un reçu du contenu de la présente lettre,
« Louis DAVOUT.

« Paris, le 29 août 1793, l'an II de la république une et indivisible. »

Le ministre de la guerre à Louis Davout.

« J'ai reçu, citoyen, votre lettre du 29, par laquelle vous

déclarez que vous ne pouvez accepter le grade de général de division, auquel le conseil exécutif provisoire vous avait nommé, parce que vous avez été noble ; vous donnez par la même raison votre démission de la place d'adjudant général chef de brigade à l'armée des côtes de la Rochelle, à laquelle vous avez été promu par les représentants du peuple près l'armée du Nord, étant chef de bataillon au troisième de l'Yonne. La manière distinguée dont vous vous êtes conduit dans ce bataillon, le républicanisme et l'énergie que vous y avez développés contre le traître Dumouriez qui n'a échappé que par hasard au feu que vous avez fait faire sur lui, tout nous faisait espérer que vous pouviez rendre de bons services à la patrie dans ce moment. Mais vous avez pensé que l'opinion générale et le vœu des sociétés populaires, fortement prononcées pour l'exclusion des ci-devant nobles des premières fonctions militaires, ne vous permettaient pas, quant à présent, d'inspirer dans l'armée le degré de confiance nécessaire pour y être aussi utile que vous le désireriez. Je me rends avec beaucoup de regrets à la résolution que vous avez prise de vous retirer chez vous, en applaudissant à votre projet de vous y livrer à l'étude militaire et à la pratique des vertus civiques, jusqu'à ce que le souvenir de votre origine ne soit plus un obstacle à la confiance publique, qui vous est due personnellement. Vous pouvez vous présenter au bureau des fonds, première division de la guerre, à M. Gustetibre, à qui j'ai donné ordre pour vous rembourser de votre transport de l'armée du Nord à celle des côtes de la Rochelle et retour.

« *Nota.* Le ministre a accordé 1,000 fr. »

Tureau, représentant du peuple près les armées des Alpes et d'Italie, au citoyen Pille, commissaire du mouvement des armées de terre.

« L'an II de la République, le 20 vendémiaire.

« Tu te rappelles sans doute, citoyen, qu'avant mon départ pour l'armée d'Italie je t'ai entretenu du citoyen Davout, ancien lieutenant-colonel du troisième bataillon de l'Yonne, et ton camarade de guerre à l'armée du Nord. Carnot, à qui j'ai remis les notes les plus avantageuses sur son compte, m'a dit qu'il était au nombre des citoyens mis en réquisition, et que son intention était de l'employer à l'armée des côtes de Cherbourg; ne perds pas un instant à rappeler à Carnot cette affaire qu'il m'a assuré être terminée. Sous tous les rapports, Davout, que tu connais, a des droits acquis à l'honneur de la réquisition; ces droits sont révolutionnaires, et tant qu'il y aura un ci-devant noble dans les armées, celui-ci, qui n'a eu que le malheur de la naissance sans avoir jamais exercé les droits iniques qu'elle assurait, qui en était au contraire la victime, ne doit pas être condamné à une inactivité nuisible à la chose publique qu'il peut défendre, et injuste pour lui. Si Carnot n'a point encore assuré sa destination, dis-lui que la seule crainte de Davout serait d'être employé dans une armée où il n'aurait pas une grande activité.

« Je crois avoir oublié dans les notes recueillies sur son compte, son adresse; la voici : — Davout, à Ravières, par Ancy-le-Franc, département de l'Yonne.

« Je n'ai pas besoin d'exciter d'avance ta sollicitude sur cette affaire, qui, je le répète, tient beaucoup plus à l'intérêt de la République qu'à celui de l'individu.

« Vois Carnot, vois Delmas; ce dernier connaît particulièrement Davout; communique-leur ma lettre et fais avec eux disparaître toutes les longueurs qui pourraient exister.

« Je t'embrasse et te salue fraternellement.

« TUREAU. »

3° CAMP DE BRUILLE.

ROSIÈRES avait été au service de la Belgique pendant tout le temps des troubles de 1787 à 1789. Il était alors lieutenant-colonel dans la légion de Maillebois. Pour obtenir un grade de plus, il passa au service de Belgique en 1792 et fut le président de la députation bruxelloise qui vint à la barre de la Convention demander l'annexion. Après les événements d'avril 1793, il fut nommé au commandement de la place de Douai; mais il fut bientôt suspendu de ces fonctions comme ayant un fils émigré. Il mourut à Paris en 1808.

KERMORVAN comptait, en 1793, vingt-cinq ans de service. Il passa comme maréchal de camp, en novembre 1792, au service de Belgique. Suspendu en août 1793, il ne reprit pas de service et mourut en 1817.

DAVESNE, né à Roulers en Belgique, avait été mêlé aux troubles de 1787 à 1789. Ces troubles apaisés, il s'était fait amidonnier dans sa ville natale. Aussitôt après l'invasion de la Belgique en novembre 1792, il avait été employé dans les remontes, puis nommé général de brigade le 19 février 1793, et, peu de temps après les événements d'avril, général de division. Lorsqu'il commandait dans la Flandre maritime, il encourut la disgrâce du représentant du peuple Duquesnoy, qui prit contre lui l'arrêté dont la teneur suit :

« Le représentant du peuple Duquesnoy, informé que le général de division Davesne, au lieu de faire exécuter les ordres du général en chef dans l'expédition qui devait avoir lieu dans la Flandre maritime, y a mis, par mauvaise foi ou ineptie, des entraves très-préjudiciables au succès des armes de la République :

« Considérant qu'une faute de cette nature ne peut rester impunie.

« Arrête que le général Davesne est suspendu de ses fonctions, qu'il sera mis en arrestation et conduit dans la ville d'Arras ; que le général Souham prendra provisoirement le commandement des troupes depuis Dunkerque jusqu'à Douai.

« Beaumont, le 7e jour du 2e mois de l'an 2e de la République française une et indivisible.

« DUQUESNOY. »

Davesne fut renvoyé au Tribunal révolutionnaire. Là encore Duquesnoy se porta son accusateur et le fit condamner à mort. Davesne fut exécuté le 16 ventôse avec deux autres lieutenants généraux qui n'étaient pas plus coupables que lui, Chancel et O' Moran.

CHANCEL servait depuis 1769. Il fut nommé général de brigade le 3 février 1793 et général de division le 11 septembre suivant. Mais, deux mois après, il fut accusé par le représentant du peuple Duquesnoy d'être resté inactif au moment du déblocus de Maubeuge. Traduit au Tribunal révolutionnaire, il fut condamné à mort et périt le 16 ventôse an II.

Pinon était, avant la Révolution, valet de chambre du roi. En septembre 1792, il rejoignit l'armée de Dumouriez comme commandant en chef de la section armée de la Fontaine-Montmartre. Le 26 janvier 1793, il était lieutenant-colonel ; le 15 mai de la même année, adjudant-général ; le 22 thermidor an III, général de brigade. Il prit sa retraite en l'an XI.

4° CAMP DE MAULDE.

Leveneur était né en 1746, et avait déjà trente ans de service en 1793. Il avait été nommé général de division en juin 1792. A la suite des événements d'avril 1793, il fut suspendu de ses fonctions et gémit longtemps dans les prisons de la Terreur.

Nous donnons ici deux pièces qui nous paraissent intéressantes autant par les événements qu'elles précisent que par le nom de Hoche qui s'y trouve mêlé.

« Paris, le 2 mai 1793, an 2° de la République.

« Citoyen ministre,

« Une proclamation, émanée de vous, ordonne le départ instantané de Paris à tous les officiers venus des armées. Je vous prie dans cette circonstance de me donner ou un congé d'un mois dont j'ai besoin pour rétablir ma santé, ce que j'ai déjà nombre de fois demandé, ou un ordre pour rester à Paris jusqu'à ce que le Conseil exécutif, auquel je suis renvoyé par un arrêté du Comité de salut public, ait prononcé à mon sujet. Enfin, de quelque manière que ce soit, il est nécessaire que je sois mis à l'abri d'être arrêté, comme je ne manquerais pas de l'être en vertu de votre proclamation de ce jour.

« J'ai avec moi ici mon aide de camp Hoche, lieutenant au 58° régiment. Sa personne m'est absolument nécessaire ; je demande également pour lui que vous vouliez bien lui donner l'ordre ou la permission de rester avec moi jusqu'à la terminaison de mon affaire.

« Le général de division, Leveneur. »

Pétition présentée le 6 germinal an III.

« Le citoyen Alexis Leveneur, général de division des armées de la République, suspendu par un ordre injuste et arbitraire de l'ex-ministre de la guerre, Bouchotte, demande à votre justice la levée de sa suspension et sa réintégration dans son grade. Celui qui, depuis le commencement de la Révolution, n'a cessé de la servir et de dévouer sa personne et sa fortune pour elle; qui, depuis le commencement de la guerre en 1792 jusqu'au 26 juillet 1793, époque de sa suspension, a toujours combattu pour elle à la tête des divisions et armées de la République; qui a pris d'assaut, lui soixantième, les forts de Namur; qui a combattu avec gloire à Nerwinde en commandant la droite de l'armée qui fut victorieuse, puis le 22 mars 1793 protégea la retraite de l'armée française en combattant depuis quatre heures du matin jusqu'à sept heures du soir, vérité incontestable malgré les calomnies de Dumouriez; qui a été arrêté par ce traître pour être conduit à Cambrai pour l'avoir, dès le 3 avril, dénoncé à la Convention à laquelle il dépêcha Hoche, son aide de camp; qui a couru les plus grands dangers pour se sauver des mains de ce scélérat et rester fidèle à la République, ainsi qu'il a été reconnu par un décret du Comité de salut public du 24 avril 1793 dont il est porteur; il n'est pas juste, dis-je, que le général, que toute l'armée des Ardennes honore de sa confiance, reste plus longtemps dans les liens d'une flétrissure imméritée, qui a été suivie de quatorze mois d'arrestation injuste. Le citoyen Leveneur, jaloux de l'estime de ses concitoyens, demande avec empressement que cette justice lui soit rendue. — Et vous ferez justice.

« Alexis Leveneur, ci-devant général de division. »

Stetenoffen était né à Vienne en 1739; il comptait trente ans de service en 1793 et était maréchal de camp depuis le 12 octobre 1792. Ce fut lui qui détermina la retraite de Dumouriez au camp autrichien par une dernière démonstration faite le 5 avril au soir sur Rumegies et racontée dans la lettre suivante :

*Aux citoyens commissaires de la Convention nationale
à Valenciennes.*

« Rumegies, 11 heures du soir, 5 avril 1793.

« Citoyens,

« Le général Dumouriez ayant aujourd'hui abandonné son armée et tous les régiments de ligne s'étant successivement mis en marche pour Valenciennes, j'ai assemblé les différents chefs de corps qui se trouvent sous mes ordres pour voir le parti que nous avions à prendre. Au moment que nous délibérions, il est arrivé une lettre du général Thouvenot au colonel du 67e qui l'engageait à mener le trésor de l'armée à Tournay. Nous avons clairement aperçu alors que nous étions vendus, et de suite je me suis determiné à faire ma retraite sur Condé, craignant ne pouvoir l'effectuer assez vite sur Valenciennes par l'engorgement prodigieux qui se trouvait sur cette route.

« Le 3e régiment de dragons qui, d'après les ordres du général, avait ramené à l'armée le trésor que les grenadiers de ce régiment avaient amené sans ordre, continueront à l'escorter, et je me flatte qu'ils le rendront en France intact. Prenez des mesures pour qu'on vienne à sa rencontre à midi.

« STETENOFFEN. »

Malgré sa conduite dans cette circonstance mémorable, Stetenoffen fut suspendu de ses fonctions par le Conseil exécutif en juin 1793 ; il fallut toute l'influence de Carnot pour le faire maintenir dans ses fonctions au camp de Cassel. Voici le certificat que Carnot lui délivra :

« Nous, représentant du peuple près l'armée du Nord, certifions que le général Stetenhoffen nous a toujours paru animé des sentiments du plus pur civisme, qu'il a maintenu de toutes ses forces la discipline et le bon ordre parmi les troupes qu'il a commandées ; qu'il jouit de l'estime des citoyens en général et de la confiance du soldat et que, dans l'attaque de Furnes, seule occasion où nous avons eu lieu d'observer sa conduite dans l'action, il a déployé toute la bravoure qu'on peut attendre d'un bon militaire et toute la prudence que doit avoir un bon général.

« Bergues, le 18 juin 1793.

« L. Carnot. »

Réintégré dans son commandement, Stetenoffen fut nommé général de division le 15 frimaire an II; peu de temps après il fut mis à la retraite et mourut en 1809.

Songis (Charles-Louis-Didier) était, en 1793, lieutenant-colonel d'artillerie; il sauva le matériel de siége lors de la retraite devant Maëstricht, il le sauva encore dans la journée du 5 avril. Sa belle conduite fut récompensée par la délivrance du brevet dont la teneur suit :

« *Au nom de la République française,*

« Nous, Henri Dampierre, général en chef de l'armée du Nord, en vertu des pouvoirs qui nous ont été donnés par le Pouvoir exécutif de la République, avons nommé et établi le citoyen Charles-Louis-Didier Songis, lieutenant-colonel d'artillerie, sous-directeur du parc de l'armée du Nord, au grade de colonel d'artillerie, directeur du parc de l'armée des Ardennes.

« Ordonnons qu'il soit reconnu en ladite qualité et qu'il jouisse des honneurs et émoluments attachés à ladite place jusqu'à ce que son brevet lui ait été expédié par le Pouvoir exécutif.

« Au quartier général de Bouchain, le 11 avril 1793.

« Le général en chef de l'armée du Nord,

« Dampierre. »

« Nous, commissaires de la Convention nationale aux places-frontières de Nord, attestons que le citoyen Didier Songis a beaucoup contribué à ramener le parc d'artillerie, qui était à Saint-Amand et sous les ordres de l'infâme Dumouriez, à Valenciennes.

« Bouchain, ce 11 avril, an 2e de la République.

« Bellegarde, Charles Cochon, Lequinio. »

L'artillerie a compté dans ses rangs deux frères qui ont illustré le nom de Songis. L'aîné (Charles-Louis-Didier) était né en 1752. Le second (Nicolas-Marie) était né en 1761. Celui-ci eut une carrière moins longue mais plus brillante. Général de brigade en floréal an VII, général de division le 16 nivôse an VIII, il fut fait par l'Empereur premier inspecteur général d'artillerie et comte de l'Empire. Il mourut en 1810. L'aîné était général de division depuis le 2 fructidor an II. Il fut mis à la retraite en l'an IX et mourut seulement en 1836. Ce fut lui qui se trouvait au camp de Maulde en avril 1793. Le second était alors employé à l'armée des Alpes.

DAMPIERRE. Nous n'avons pas à retracer la brillante carrière de ce général dont le nom couronne cette notice. Elle se trouve dans toutes les biographies. Nous nous contenterons de citer les dates de ses promotions. Né le 20 août 1756, entré au service en 1772, il était lieutenant-colonel le 25 juillet 1791; maréchal de camp le 7 septembre 1792; lieutenant général le 8 mars 1793. Nommé commandant en chef de l'armée du Nord le 10 avril 1793, il fut tué le 8 mai suivant aux avant-postes.

XIV

DUMOURIEZ EN EXIL.

(Voir page 417.)

Dumouriez arriva le 5 avril au soir à Tournay, et se rendit, dès le 6, au quartier général de Cobourg. Il y fut très-bien reçu par Mack et par le prince, qui se disposaient à partir pour la conférence d'Anvers; ils emmenèrent avec eux le général Valence afin qu'il donnât au besoin les explications que pourraient désirer les diplomates réunis à cette espèce de congrès improvisé[1]. Le premier soin de la conférence fut de faire rétracter à Cobourg sa première proclamation[2] et de la remplacer par une toute contraire :

« La déclaration que j'ai donnée de mon quartier général de Mons, le 5 avril, y faisait-on dire au chef des armées impériales, est un témoignage public de mes sentiments personnels pour ramener le plus tôt possible le calme et la tranquillité en Europe... Maintenant que les résultats de cette déclaration sont si opposés aux effets qu'elle devait produire et qui ne prouvent que trop combien les sentiments qui l'ont dictée ont été méconnus, il ne me reste qu'à la révoquer dans toute son

---

1. Assistaient à cette réunion le stathouder de Hollande et son fils, le prince d'Orange; le comte de Stahremberg, envoyé de l'empereur; le comte Keller, ministre du roi de Prusse; le général de Knobelsdorff, le comte de Tauentzien, officiers prussiens; le duc d'York; lord Auckland, ambassadeur d'Angleterre près la cour de La Haye; le prince de Cobourg et le comte de Metternich.

2. Voir page 402.

son étendue et à déclarer formellement que l'*état de guerre* qui subsiste entre la cour de Vienne, les puissances coalisées et la France, se trouve dès à présent malheureusement rétabli...

« Je me vois forcé par l'empire des circonstances d'annuler complétement ma déclaration susdite. Il n'en subsistera plus que l'engagement inviolable, que je renouvelle avec plaisir ici : que la discipline la plus sévère sera observée et maintenue par nos troupes sur le territoire français et que toute contravention sera punie avec la dernière rigueur[1]. »

Cette nouvelle déclaration était la violation formelle des engagements pris avec Dumouriez et ses compagnons d'armes. Aussi, dès que le prince est de retour à son quartier général, Dumouriez va le trouver et le prévient qu'il ne peut demeurer un instant de plus auprès de lui, puisqu'il semblerait par sa présence sanctionner ce revirement complet d'opinion.

Une pareille démarche était conforme au programme que s'étaient tracé Dumouriez et les généraux qui avaient approuvé ses projets, car tous avaient déclaré qu'ils voulaient coopérer à la régénération de la France et non à son démembrement. Pourquoi Dumouriez ne persista-t-il pas toujours dans cette ligne de conduite? Pourquoi écrivit-il les lettres que nous donnerons plus loin?

Dumouriez se rend immédiatement à Bruxelles et y fait imprimer sa seconde proclamation au peuple français[1]. Dans cette pièce il affirme que son unique dessein est de rétablir la royauté constitutionnelle. Général sans armée, il parle comme s'il était encore à la tête de ses troupes et s'il pouvait dicter des lois à la France. Il ne fait aucune allusion à la dernière proclamation de Cobourg et s'en réfère « à la déclaration aussi noble que franche par laquelle le respectable commandant de l'armée autrichienne annonce que les impériaux entreront sur le territoire français, non comme des conquérants qui veulent dicter des lois, mais comme des alliés

---

1. La proclamation du 9 avril se trouve *in extenso* au *Moniteur* du 25 avril, n° 115.

2. Cette proclamation a été insérée au *Moniteur* du 1er mai, n° 121.

généreux qui viennent aider les bons citoyens à détruire l'anarchie. »

Le 16, il quitte Bruxelles et se dirige vers la Suisse, dans l'espérance chimérique d'y trouver les régiments, anciennement au service de France, encore tout formés, et prêts à sa voix à pénétrer dans les provinces du sud-est pour y faire une diversion puissante.

Il avait envoyé en avant son aide de camp, Montjoye, afin qu'il pût lui rendre compte du véritable état des choses dans les cantons helvétiques. Celui-ci le retrouve à Stuttgard et lui annonce qu'il doit renoncer aux espérances dont il s'est bercé. D'un autre côté le grand-duc de Wurtemberg lui fait dire qu'il ne peut le recevoir et qu'il lui serait fort obligé de ne pas rester trop longtemps dans ses États.

Le 2 mai, Dumouriez est de retour à Bruxelles et va trouver le comte de Metternich pour lui remettre en mains propres l'original d'une nouvelle déclaration qu'il date de Francfort, 20 avril, et qu'il fait imprimer et placarder sur tous les murs de la capitale du Brabant. Par cette déclaration, Dumouriez annonce « qu'il n'a jamais eu de liaison ni avec la faction d'Orléans, si tant est qu'il ait jamais existé une faction semblable, ni avec le prince connu sous le nom de Philippe-Égalité, qui en est le prétexte. » Il avoue « qu'il a estime et affection pour l'aîné des fils de ce prince qui a parfaitement servi en Champagne et en Belgique, mais qu'il est sûr d'avance que, bien loin d'aspirer jamais à monter sur le trône de France, il fuirait au bout de l'univers plutôt que de s'y voir forcé. »

Le comte de Metternich témoigne à Dumouriez son très-vif mécontentement de son retour en Belgique et encore plus de la manière bruyante dont il manifeste sa présence dans ce pays. Il écrit aussitôt au comte de Trautmannsdorf, ministre de l'empereur à Vienne, pour lui raconter la conversation qu'il a eue avec le général fugitif. Sa lettre, que nous avons eue sous les yeux, est remplie de détails « sur les insinuations astucieuses que Dumouriez lui a faites, afin de lui démontrer que le véritable intérêt de sa cour est de se séparer de la coalition. » Elle se termine par l'assurance que les mesures les plus promptes et les plus énergiques vont être prises pour faire enlever les placards et débarrasser la Belgique de l'audacieux qui vient ainsi compromettre le gouvernement impérial et le mêler à des démêlés peu dignes de lui.

Dumouriez, édifié par la réception que lui a faite le comte de Metternich, juge prudent de ne pas prolonger son séjour à Bruxelles. Dès le 4 mai, il se réfugie à Mergentheim, petite ville de Franconie dépendant de l'électorat de Cologne.

C'est de là qu'il écrit au colonel Mack la lettre suivante :

« Je suis errant comme Ulysse. Tout le monde m'a déconseillé d'aller en Suisse. On m'a donné avis qu'il était parti de Paris des Brutus par différentes routes, notamment par Genève et par Bâle; j'ai pris le parti de rebrousser chemin à Stuttgard. Je suis revenu ici, où j'ai loué une maison avec un petit jardin; il y a de la promenade et pas un Français, que ceux qui m'y joindront. Nous serons en tout sept ou huit, quand ma parente m'aura rejoint[1]. J'attendrai ici les événements; donnez-moi, quand vous le pourrez, des nouvelles de ceux qui vous intéressent.

« *Terminez bien vite votre campagne. Si une fois Valenciennes est pris, tout est dit, parce que vous pouvez éviter Bouchain et vous porter sur Cambrai, qui ne peut pas tenir.*

« Il est fâcheux que vous ayez donné autant de temps aux anarchistes pour se renforcer et reprendre courage. Les Prussiens vont bien lentement aussi du côté du Rhin; ils se sont laissé prendre quelques canons au Rhintgitz par la garnison de Cassel.

« Je ne peux point me mêler de cette guerre, et je suis bien sûr que ma délicatesse à cet égard ne me rend que plus estimable à vos yeux et à ceux de S. A. le prince de Cobourg, à qui je vous prie de présenter mes hommages les plus respectueux et les plus tendres.

« Quand elle sera finie, quand je n'aurai plus les mêmes motifs, je serai fort aise, si l'occasion se présente, de témoigner à S. A. Mgr l'archiduc, à Mgr le prince de Cobourg, à l'armée impériale, mon estime et ma reconnaissance dans la première guerre qui pourra troubler encore le repos de l'Europe, qui,

---

1. C'est ainsi que Dumouriez désignait Mme de Beauvert, sa maîtresse.

malheureusement, ne sera pas de longue durée à ce que je prévois.

« En attendant, je vais me reposer ici ; je vous embrasse, mon cher général, et vous aime de tout mon cœur,

« Le général DUMOURIEZ. »

Le 14 mai, Dumouriez adresse une autre lettre à l'archiduc Charles :

« Je suis errant sans savoir où je pourrai terminer mon odyssée. Je suis établi à Mergentheim. Partout on m'objecte une ordonnance très-rigoureuse, quoique prudente, qui regarde toute la nation française. Je viens de prendre la liberté d'écrire à S. M. l'Empereur pour solliciter une exception que j'ose croire avoir méritée. J'ai tant de confiance, monseigneur, dans les bontés et l'estime que vous m'avez témoignées, que je supplie Votre Altesse Royale de vouloir bien ou me donner un asile dans les Pays-Bas, ou obtenir de S. A. Mgr l'Électeur de Cologne de me laisser tranquille à Mergentheim, où je peux, dans la solitude, écrire mes mémoires, qui pourront être utiles.

« En me refusant un asile dans l'Empire, on semblerait avoir une condescendance timide pour cette criminelle Convention nationale qui m'a proscrit, et certainement cette réflexion est bien éloignée de la conduite et des succès de l'Empereur. Quel que soit mon sort, quelque part que je sois obligé de me retirer, si on me confond avec les émigrés, je me rappellerai toujours avec le plus tendre intérêt votre accueil obligeant ; je ferai toujours des vœux pour votre bonheur et votre gloire, trop heureux si je pouvais personnellement y contribuer. C'est la plus forte ambition qui me reste après le rôle que j'ai joué. Je désirerais, en me rapprochant de Votre Altesse Royale, pouvoir lui donner des preuves du profond respect et du tendre attachement avec lesquels... »

L'archiduc Charles répond d'une manière fort évasive :

« Je ne saurais m'expliquer en ce moment sur l'asile que vous désireriez obtenir dans ces provinces. Ne pouvant rien prendre sur moi à cet égard, je demanderai les ordres de l'Empereur, et en attendant je m'intéresserai auprès de l'Électeur de Cologne, pour que Son Altesse Royale veuille agréer que vous continuïez votre séjour à Mergentheim. Je serai charmé que la résolution de ce prince puisse être conforme à ce que vous désirez. »

Au même moment Dumouriez recevait de l'électeur de Cologne une lettre où le refus absolu de le tolérer dans ses États était accompagné de reproches amers et de compliments ironiques, qui reflétaient parfaitement les sentiments des émigrés vis-à-vis du promoteur de la guerre européenne :

« Bonn, le 16 mai 1793.

« J'ai reçu, monsieur, votre lettre du 12, et j'ai été fort étonné d'apprendre que vous êtes encore à Mergentheim. J'avais espéré que vous rendriez justice aux ménagements que j'avais mis, en ordonnant à mon stadthalter de vous engager à choisir un autre domicile ; mais il paraît que vous cherchez, par votre lettre, une explication ultérieure de mes sentiments, que je ne veux tarder de vous donner. La France, travaillée dans son intérieur par différentes factions sans principes, ne m'inspirait dans le commencement que de la pitié, qu'une faction de scélérats a su transformer par ses forfaits en horreur. J'avais considéré ce qui se faisait comme un moment de démence, et, quoique moi-même et l'ordre teutonique, dont la direction m'est confiée, y souffrent des pertes considérables, je les ai regardées comme un cas de malheur, et me flattais de revoir un nouvel ordre de choses s'établir au moment de la résipiscence. Tout esprit d'ordre et de gouvernement était bouleversé en France, mais tout le reste de l'univers était tranquille, et ce n'est que par vous, monsieur, et votre ministère, qu'on est redevable d'avoir entraîné la plus grande partie de l'univers à se mêler de ces malheureuses affaires. C'est vous qui avez le premier décidé en France de porter les armes dans un pays étranger, d'attaquer les voisins et de chercher à y étendre les fléaux qui la déchiraient dans son sein. Le sang versé, les impositions et vexations cruelles qu'entraîne une guerre aussi générale et désastreuse pour la France que pour tout l'univers retombent sur vous, comme premier auteur et moteur de ces calamités ; et la manière distinguée et brillante dont vous avez commandé l'armée ne peut faire oublier les maux que vous avez causés à l'humanité. Je ne parle point de la façon dont vous avez quitté l'armée française. Mon jugement, dirigé uniquement comme celui d'un particulier par les sentiments d'honnêteté, de loyauté et de probité, pourrait ne pas convenir, et je suis charmé pour vous que vous ayez pu prendre comme marque d'estime la curiosité des peuples de voir l'auteur de leurs malheurs et l'objet de leurs craintes. Ce ne sont pas vos principes, mais les circonstances qui ont changé, et, si les grandes puissances croient que vous puissiez leur être utile ou que vous croyez qu'elles vous soient redevables, je vous assure que pour moi, comme simple particulier chargé de l'administration de quelques contrées qui m'ont voulu élire pour leur chef, je ne puis penser de même ni me mettre en relation avec vous, mais je dois plutôt réitérer les ordres donnés à mon stadthalter d'accélérer votre départ. C'est avec ces sentiments que je suis, etc. »

Dumouriez, au reçu des injonctions de l'électeur de Cologne, prend le parti de retourner à Bruxelles. Il annonce cette résolution à son ami Mack :

« Mergentheim, le 21 mai 1793.

« J'ai besoin de votre amitié, mon cher général, et je la réclame avec la confiance que vous méritez à tous égards.

« J'ai été obligé, comme vous le savez, de renoncer au projet d'aller en Suisse. Montjoye, que j'avais envoyé d'avance, me mande que la neutralité de la plupart des cantons est si favorable aux Français-républicains, qu'au moins me ferait-on le mauvais compliment de me retirer; il me mande d'ailleurs que ce ne pourrait être que par la cour de Vienne qu'on obtiendrait peut-être le rétablissement des régiments suisses, qui étaient à la solde de France.

« En conséquence, j'ai tenté de m'établir dans différentes villes, et partout on m'a opposé la terrible ordonnance de l'Empire contre les Français : je viens de recevoir l'invitation la plus formelle et réitérée de l'électeur de Cologne de quitter Mergentheim, et je prends le parti de retourner dans les Pays-Bas.

« Je pars ce soir, je ne m'arrêterai nulle part, et je serai à Bruxelles presque aussitôt que ma lettre. J'emploierai les bontés de S. A. R. Mgr l'Archiduc Charles, ou pour me donner un asile, ou pour me donner un passe-port double, dont l'un ne soit pas sous mon nom, car ma célébrité est une gêne terrible et même un malheur en ce moment.

« Je sens que je serais incommode peut-être, et moi-même mal à mon aise, près des armées à Bruxelles, ou dans une ville quelconque des Pays-Bas, environné d'émigrés, peut-être de patriotes déguisés, d'assassins et d'espions. Je crois pouvoir faire quelque chose de plus utile et qui ait un but.

« Je voudrais me rendre en Angleterre, sous un nom italien ou flamand. De Londres je saurais mieux ce qui se passe en France. J'apprends qu'il se fait à Bayeux, en Normandie, un rassemblement général de députés de plusieurs départements. C'est le noyau d'une assemblée légale qui peut abattre la Convention nationale et les Jacobins. Je voudrais être à portée de suivre les mouvements de cette assemblée, ce que je peux faire utilement, ayant commandé douze ans en basse Normandie et y étant aimé.

« Le vrai moyen d'abréger la guerre, par conséquent de diminuer les dépenses et la consommation des hommes, c'est de parvenir à détruire les Jacobins et la Convention nationale, les premiers comme des monstres ennemis du repos du genre humain, la deuxième comme une troupe d'assassins du roi et d'insensés, avec lesquels aucune puissance ne peut traiter, parce qu'on ne peut pas les regarder comme les représentants de la nation française. Ainsi, la guerre durera tant qu'il y aura une Convention nationale ; c'est donc elle qu'il faut détruire pour le bien de toute l'Europe, et c'est l'objet de la troisième proclamation que je fais imprimer à présent. Je serais plus à portée en Angleterre de faire passer en France des pièces intéressantes pour ouvrir les yeux de mes malheureux compatriotes, et de concourir ainsi aux efforts des puissances coalisées, pour faire cesser une anarchie qui peut devenir fatale à l'Europe entière, si la guerre dure plus d'une campagne.

« J'arriverai à Bruxelles sous cinq ou six jours. Je me sers du passe-port du capitaine Baptiste pour éviter la curiosité et les articles de gazette. Je vous prie de m'adresser votre réponse, *sous enveloppe*, à M. de la Sonde, rue de Ruysbrouk, derrière les Jésuites, à Bruxelles. Je vous embrasse de tout mon cœur, en vous priant d'assurer Mgr le prince de Cobourg de mon tendre respect, et de m'aider auprès de S. A. R. l'Archiduc Charles, pour obtenir le passe-port que je désire pour l'Angleterre. »

Le 26 mai, Dumouriez est de retour à Bruxelles. Il se hâte de rappeler au prince de Cobourg ses engagements et de lui demander aide et protection.

« Monseigneur, depuis la lettre que j'ai eu l'honneur d'écrire le 14 à Votre Altesse, j'ai éprouvé tant de difficultés pour l'asile que j'ai choisi à Mergentheim, que je n'ai pas été tenté de faire de nouveaux essais, et que j'ai cru plus sage de revenir dans les Pays-Bas.

« J'ai écrit le 21 au général Mack et je ne doute pas qu'il ne vous ait montré ma lettre, comme je le désire; je vous demande, à cet égard, et sur ma conduite éventuelle, vos conseils que j'exécuterai comme des ordres; vous savez combien ma confiance est entière en vos bontés. Comme vos victoires occupent tous vos moments, j'écrirai au général Mack plus en détail. *Permettez-vous que j'insiste sur l'utilité de la diversion, par le côté du Cateau-Cambrésis? Ce flanc de l'ennemi doit se trouver entièrement découvert par sa nouvelle défaite.*

« J'ai l'honneur d'être, avec le plus tendre attachement, de Votre Altesse, monseigneur, le très-humble et très-obéissant serviteur,

« Le général Dumouriez. »

Cobourg s'empresse d'écrire en même temps à Dumouriez et au comte de Metternich; à Dumouriez pour décliner sa compétence dans une affaire qui regarde exclusivement le comte de Mercy-Argenteau; à M. de Metternich pour lui demander de le débarrasser à tout prix de cet hôte incommode, « de cet homme inquiet et dangereux, capable de tout oser pour reparaître sur la scène et jouer de nouveau un rôle » (expression d'une autre lettre du prince de Cobourg).

Au général Dumouriez à Bruxelles.

« Au quartier général d'Hérin, 28 mai 1793.

« Monsieur, j'ai reçu la lettre que vous m'avez fait l'honneur de m'écrire en date d'hier. Étant dans ce moment-ci accablé d'occupations, je me borne, monsieur, à vous écrire très à la hâte, que vous vouliez bien, pour tout ce qui concerne les directions personnelles que vous désirez obtenir, vous adresser à S. Exc. M. le comte de Mercy-Argenteau à Bruxelles, qui a été mis à même par les dispositions de ma cour de déterminer, sur les lieux, tous les objets de cette nature, dont je ne suis pas à portée de connaître avec autant d'étendue et de détail.

« J'ai l'honneur d'être avec beaucoup de considération,

« Cobourg. »

A monsieur le comte de Mercy-Argenteau.

« Au quartier général d'Hérin, 28 mai 1793.

« Je reçois dans cet instant, monsieur le comte, une lettre du général Dumouriez, datée de Bruxelles du 27 et qui par conséquent, comme Votre Excellence le sentira aisément, n'a pu que me surprendre désagréablement. Je viens la prier avec instance de vouloir bien voir M. Dumouriez le plus tôt possible et de le détourner d'une manière sûre et positive du projet qu'il peut avoir de venir à l'armée. Je lui réponds en deux mots de s'adresser pour sa direction personnelle à Votre Excellence.

« La situation des choses, ce qui a été écrit et ce qui a été fait, est trop connue d'elle, pour que j'aie besoin d'insister sur l'indispensable nécessité d'éloigner M. Dumouriez de l'armée, et même, s'il est possible de le faire d'une manière convenable, de l'engager à choisir son séjour hors du pays. Je m'en rapporte à cet égard avec la plus grande confiance à la prudence et à la fermeté de Votre Excellence.

« Cobourg. »

Dumouriez signale son retour à Bruxelles par une nouvelle

publication; cette fois c'est une brochure de 22 pages in-8°, contenant une lettre du général au président de la Convention et une troisième proclamation à la nation française. M. de Metternich la fait saisir chez les libraires et entre les mains des colporteurs. La police autrichienne s'était surtout émue d'un passage dans lequel le transfuge déclarait qu'il n'emploierait jamais ses talents pour démembrer la France. « Ce qui, écrivait M. de Metternich à M. de Trautmannsdorf (1er juin 1793), pourrait faire croire aux Français que les puissances veulent faire éprouver un démembrement à leur pays, opinion qui, loin de désarmer l'ennemi, ne peut que lui donner un plus grand acharnement et le porter à une plus grande résistance. »

Le comte de Trautmannsdorf, aussitôt qu'il apprit la nouvelle équipée du général français, approuva fort la conduite de M. de Metternich dans cette circonstance et l'engagea « à se débarrasser de cet intrigant et à le mettre hors d'état de nuire, en s'assurant de sa personne. » Mais il lui recommanda également d'éviter tout esclandre à cause de l'intérêt presque universel que Dumouriez avait su inspirer dans les Pays-Bas, où il était regardé comme ayant sauvé le pays du pillage.

M. de Mercy-Argenteau et M. de Metternich n'avaient pas dissimulé à Dumouriez leur désir de le voir quitter définitivement les Pays-Bas; aussi favorisèrent-ils son départ pour l'Angleterre, qui eut lieu vers le 10 juin. Dumouriez voulait ouvrir une négociation avec M. de Gaston, qu'il supposait généralissime des troupes vendéennes; puis, saisir la première occasion pour passer en France, notamment en Normandie, où il avait jadis commandé et où il espérait, comme il le disait à M. de Metternich, « ajouter encore quelques pages à l'histoire de sa vie. »

Dumouriez ne fut pas admis à séjourner en Angleterre; le 23 juin il était de retour à Ostende. De là il écrivit de nouveau au prince de Cobourg, son protecteur naturel, puisqu'il avait pris avec lui des engagements directs et positifs : « Je suis sur une frégate anglaise en attendant votre réponse. Je demande à me retirer à la campagne, ou à Leuze près des troupes françaises qui m'ont suivi. Je ne puis me retirer ni en Angleterre, ni en Suisse, ni en Hollande, ni en Allemagne. Cependant on me doit asile et protection. »

Cobourg envoya aussitôt à Dumouriez une lettre évasive et à M. de Metternich une recommandation timide. Voici les deux missives du prince :

A Monsieur Dumouriez.

« Hérin, ce 26 juin 1793.

« Monsieur, je sens tout ce que votre situation a de pénible. Il ne l'est pas moins pour moi d'être dans le cas de vous dire qu'il ne dépend pas de moi de vous accorder ce que vous demandez. C'est le ministre de Sa Majesté dans ce pays qui est dans le cas de décider sur l'asile que vous désirez d'y obtenir, et, comme vous avez écrit à Bruxelles, la réponse que vous en recevrez peut seule vous déterminer sur le parti que vous avez à prendre.

« Recevez, monsieur, l'expression de mes regrets de ce que je ne puis rien vous écrire de plus consolant et celle des sentiments de considération avec lesquels j'ai l'honneur d'être,

« Cobourg. »

A Son Excellence le comte Mercy-Argenteau.

« Au quartier général de Hérin, 26 juin 1793.

« J'ai l'honneur de communiquer ci-jointe à Votre Excellence la copie de la lettre que je viens d'écrire à M. Dumouriez, en réponse à celle que je reçois de lui aujourd'hui par courrier et dont il me marque qu'il envoie une copie à S. A. R., à Votre Excellence et à M. le comte de Metternich.

« Je prie Votre Excellence de vouloir bien examiner et calculer dans sa prudence ce qu'il y a à faire pour M. Dumouriez et comment on peut le tirer du mauvais pas où il se trouve, la circonstance étant trop délicate pour que je puisse plus rien faire à cet égard.

« Cobourg. »

M. de Metternich crut devoir fermer les yeux sur le retour de Dumouriez; il lui fit délivrer un passe-port sous le nom de

Dupérier[1] pour la Suisse et l'Allemagne. Mais le vainqueur de Jemmapes ne pouvait se résoudre à s'éloigner du pays qui avait été le théâtre de ses exploits et qui l'était maintenant de ses intrigues. Il se cacha dans une campagne des environs de Bruxelles et se mit en correspondance avec ses amis et ses agents ordinaires.

A la fin de juillet, les armées coalisées s'étant emparées de Valenciennes et de Condé, après un siége long et difficile, le prince de Cobourg déclara « qu'il prenait possession de ces deux villes au nom de Sa Majesté impériale et royale, qu'il garantissait toute sûreté aux habitants paisibles des pays conquis. » Cette proclamation émut tous les Français qui se trouvaient en Belgique, à quelque opinion qu'ils appartinssent. En une nuit les murs de Bruxelles furent couverts de placards, où l'on invitait « les émigrés français à prendre les armes pour empêcher le démembrement de leur infortunée patrie, démembrement qui était près de s'effectuer comme celui de la malheureuse Pologne, par les puissances coalisées. »

Quels étaient les auteurs et les propagateurs de ces affiches? Il fut impossible de le savoir. Mais Dumouriez et ses amis étaient coutumiers du fait; ils avaient adressé depuis trois mois plusieurs appels à l'opinion publique. Aussi la police autrichienne, leur attribuant cette nouvelle production, se mit-elle à les traquer avec la plus grande ardeur.

Bientôt furent arrêtés les généraux Marassé, Thouvenot, Berneron, et avec eux un sieur Tort de la Sonde, le confident le plus intime de Dumouriez, l'agent le plus actif de ses intrigues[2]. La police rechercha aux environs de Bruxelles

---

1. C'est à ce faux passe-port que fait allusion l'Empereur François II dans sa lettre du 25 juillet 1793, que nous avons donnée p. 540.

2. Tort de la Sonde pourrait être pris pour type de ces intrigants de bas étage qui ont besoin de se mêler à toutes les intrigues et savent échapper à toutes les poursuites. Il était né à Peyrignac (département du Lot), et avait 56 ans en 1793. Dans sa jeunesse (1777), il avait encouru la peine du blâme prononcée contre lui par le parlement de Paris, pour avoir faussement accusé le comte de Guines, ambassadeur de France à Londres, dont il était secrétaire, de l'avoir fait jouer pour son compte sur les fonds publics. Cette peine consistait à entendre à genoux, dans la salle du conseil, la sentence dont on était frappé. Après cette triste aventure, Tort de la Sonde

Mme de Beauvert, chez laquelle on pouvait croire que s'était réfugié l'ex-général en chef de l'armée française[1]. Mais celui-ci s'était mis hors de portée à Luttersforstz, petite ville du pays de Juliers, à une lieue des frontières de la Gueldre autrichienne. Le comte de Metternich voulait adresser une réquisi-

---

était venu s'établir à Bruxelles; il avait été mêlé aux troubles qui éclatèrent dans les Pays-Bas, sous le règne de Joseph II. C'est à cette époque qu'il se lia avec Dumouriez, qui, lui aussi, appartenait à la diplomatie interlope. Lors de l'occupation de la Belgique par les Français, pendant l'hiver de 1792-1793, il devint un personnage important et reçut chez lui le général et certaine personne qui le touchait de près. Arrêté en juillet 1793, il invoqua en vain les droits que lui donnait, comme résidant depuis longtemps en Belgique, *la joyeuse entrée,* espèce d'ancienne charte du Brabant. Il resta deux ans prisonnier dans la citadelle d'Anvers ; c'est là que les Français le trouvèrent. Mais le régime républicain ne lui fut pas plus favorable que le régime impérial ; on lui fit son procès comme accusé de conspiration contre l'État et de complicité avec Dumouriez. Il fut traduit en juin an III devant une commission militaire; celle-ci l'acquitta du fait d'émigration et le renvoya devant le tribunal révolutionnaire de Paris pour purger l'accusation d'avoir été le complice de Dumouriez. La section de ce tribunal, faisant fonction de jury d'accusation, prononça en sa faveur, le 14 brumaire an V, une ordonnance de non-lieu ; mais le Directoire exécutif, auquel il avait été signalé comme un aventurier de la pire espèce, rendit deux arrêtés, en date des 16 pluviôse et 19 germinal an IV, en vertu desquels, sous prétexte de la découverte de nouvelles pièces, Tort de la Sonde fut traduit devant le tribunal criminel de la Dyle séant à Bruxelles. Il fut encore acquitté. Depuis cette époque nous perdons sa trace et nous ne pouvons apprendre à nos lecteurs comment finit cet intrigant émérite.

1. M. de Metternich avait donné ordre de conduire Mme de Beauvert au Starenberg, prison ordinaire des femmes de mauvaise vie. On était déjà bien loin de l'époque où le prince de Cobourg délivrait à cette dame un passe-port ainsi conçu :

A monsieur le général major de Mikovini à Bruxelles.

« Quartier général, Mons, le 2 avril 1793.

« Mme Bauvert allant à Bruxelles en compagnie de M. de la Sonde, et qui est munie d'un passe-port de moi, a la permission de rester à Bruxelles aussi longtemps qu'il lui plaira de rester, et je prie le brigadier général d'avoir pour elle toute la considération possible et de l'assister en toutes choses de son mieux.

« COBOURG. »

tion au comte de Nesselrode, chef de la régence de Juliers ; mais il en fut dissuadé par le prince de Cobourg, le comte de Mercy-Argenteau et l'archiduc Charles, qui tous trois furent d'avis que les engagements pris personnellement quatre mois auparavant avec Dumouriez devaient détourner le gouvernement autrichien d'en user violemment à son égard. Quant aux généraux arrêtés, on voulait d'abord les relaxer avec injonction de ne pas remettre les pieds dans les Pays-Bas, ni dans aucun des États héréditaires. On se ravisa bientôt et on prit contre eux des mesures plus rigoureuses. Thouvenot fut interné à Luxembourg, Marassé et Berneron à Temeswar, en Hongrie. Peu après on se saisissait du célèbre Baptiste, au moment où il revenait d'Angleterre à Ostende, porteur de lettres de Mme de Beauvert pour Dumouriez. Baptiste était un trop mince personnage pour que le prince de Cobourg, auquel on en avait référé pour savoir s'il y avait lieu de maintenir cette arrestation, s'intéressât à son sort; aussi écrivit-il la lettre suivante à l'officier chargé de la garde du prisonnier :

Au capitaine Straube, aide de camp du général de Fabry.

« Pont-sur-Sambre, 14 octobre 1793.

« Je reconnais volontiers l'utile service que vous avez rendu à la cause générale en faisant arrêter le domestique suspect de l'ex-général Dumouriez. Il est bon qu'il se trouve aux mains de la police et vous aurez à l'y laisser, puisque d'ailleurs le gouvernement du pays a à statuer sur ces sortes de gens.

« COBOURG. »

Dumouriez, affligé d'avoir compromis inutilement ses amis, se résolut à quitter définitivement la Belgique. Il erra pendant plusieurs mois, obligé de cacher son nom, voyageant souvent à pied, évitant les grandes villes où il aurait pu être reconnu. Il s'arrêta d'abord à Berne, où il écrivit ses mémoires, puis à Hambourg, où il les fit imprimer. C'est de cette dernière ville que sont datés les écrits politiques qu'il fit successivement paraître, et notamment sa réponse au rapport de Camus.

Après une inaction de six années, Dumouriez se remit à

courir le monde. Il alla d'abord à Mittau présenter ses hommages au comte de Provence qui, depuis la mort de son neveu, avait pris le titre de roi de France. Il n'eut guère à se louer de la réception qui lui fut faite. Ce qui l'exaspéra surtout, ce fut de se voir qualifié de simple maréchal de camp dans cette cour microscopique. En vain fit-il observer qu'il avait reçu le titre de lieutenant général des mains de Louis XVI. On lui répondit que le prince ne pouvait reconnaître les nominations faites depuis la Révolution. Outré d'être si froidement accueilli là où il espérait être reçu à bras ouverts, il se rendit à la cour de Paul Ier, et s'offrit pour opérer un débarquement en Normandie avec 40,000 Russes.

Éconduit après de brillantes promesses, il songea à rentrer en France en profitant comme tant d'autres du coup d'État du 18 Brumaire. Il adressa au premier consul une lettre que nous croyons devoir donner *in extenso* :

« Hambourg, le 3 novembre 1800.

« Citoyen consul,

« Dans le temps où je fus chargé par le gouvernement qui existait en France du commandement d'une partie des armées françaises, je vis tous les nuages de la révolution, que moi-même j'avais provoqués, sur une atmosphère qui tantôt présentait à mes yeux un rayon de lumière, tantôt ne laissait entrevoir que la plus profonde obscurité.

« Quel était le parti que j'avais à prendre au milieu des différentes factions qui sans cesse étaient renaissantes, où l'homme craignait de se rendre compte à lui-même de sa façon de penser et d'agir ; dans un temps où le crime servait de base à toutes les actions et où je voyais sur le penchant de la ruine un gouvernement dont j'étais de bonne foi l'ami et que je voulais soutenir dans ses droits et ses intérêts, en épargnant le sang des défenseurs qui m'étaient confiés ?

« Je ne rappellerai pas ici tout ce que j'ai fait à l'appui de mes premières assertions, je vous observe, citoyen consul, que je n'ai pas démérité de l'indulgence nationale et que la patrie n'a aucun reproche à me faire dans toutes les affaires auxquelles l'empire des circonstances a donné lieu ; je défie la calomnie d'envenimer ma conduite à Jemmapes. Je me suis montré comme soldat, et c'est en vain que l'on m'a accusé de favoriser un parti. Il n'en est et n'en sera jamais aucun pour moi qui ne s'accorde avec le pays *qui me vit naître.*

« J'ai fait ce que j'ai dû et ferai encore ce que je dois, si le gouvernement veut, par un trait de sa bienfaisance et de sa générosité, permettre mes observations.

« Elles sont simples; les voici.

« A Jemmapes, le gouvernement m'ordonna, d'après la position que je tenais devant l'ennemi, d'attaquer; je formai mes plans et, après le combat le plus opiniâtre, je restai vainqueur et la République victorieuse. De là, citoyen consul, vous qui connaissez si bien les chances de la guerre, la victoire qui m'enchaînait à elle porta mon armée toujours invincible à de nouvelles conquêtes, et, sans coup férir, la Belgique fut conquise.

« Je me croyais tranquille possesseur de cette intéressante contrée, je pensais être à l'abri de tous les orages politiques et militaires. Mais, la révolution suivant toujours son cours, après différentes phases irrégulières et sanglantes, ne me présentant aucune idée de bonheur pour mon pays, je me trouvai dans la cruelle alternative ou d'être regardé comme parjure ou traître à la patrie, ou comme son défenseur. Je ne vous le dissimulerai pas, citoyen consul et à vous Français, que jamais il n'est entré dans mon âme de trahir le pays qui m'avait honoré de sa confiance; mais j'y fus forcé, vous le savez, et ce doit être mon excuse, si vous êtes juste, comme je ne puis en douter; car qu'ai-je fait? Ce que la raison, l'intérêt, la politique et les circonstances exigeaient. Je l'avoue, j'ai pris quelque chose sur moi-même, n'étant pas sûr du gouvernement.

« Si, après mes conquêtes, j'eusse eu la faiblesse de retourner dans le sein de ma patrie, un criminel échafaud m'attendait et il eût été environné des lauriers des braves que je commandais. C'en était fait alors, et la France restait en proie aux factions qui l'ont dévorée, jusqu'au moment heureux où son génie a rappelé le héros qui la sauva.

Vous avez fait, citoyen consul, ce que j'aurais fait si mes talents et mes moyens me l'eussent permis. Mais, regardant toujours le gouvernement qui pouvait m'atteindre, j'avais à respecter ses ordres; craignant ses injustices, j'ai sauvé ma personne, versant des larmes sur ma patrie que j'étais forcé d'abandonner; mais il appartenait à vous, et aux hommes probes dont vous avez su vous environner, de la sauver.

« Je n'examine pas tous les traits qui caractérisent le gouvernement actuel, dont vous avez été un des premiers fondateurs; je sais à quel péril cet heureux changement pour la France vous a exposé; je m'applaudis qu'il ait conservé des jours aussi précieux, n'ayant de vous à attendre que de la justice; elle vous a dicté le rappel d'un homme qui planta dans l'Amérique l'arbre de la liberté et qui ne put dans son pays être en sûreté sous ses rameaux.

« Pourquoi, citoyen consul, et vous tous Français, pourquoi me rejetteriez-vous de votre sein? Je vous demande à être jugé; je comparaîtrai devant le tribunal qui me sera indiqué et j'y paraîtrai en homme et je me montrerai Français.

« C'est devant ce même tribunal que je demande avec instance à être jugé; mais il me sera permis de lui observer que toutes les erreurs, que tous les crimes n'ont pas été de moi, mais bien de l'ancien gouvernement; je n'ai pas besoin d'amis, ni de protecteurs; ma conduite seule et mes pièces justificatives feront mon apologie; d'elles dépend mon sort, que je remets entre les mains du gouvernement, persuadé que jamais il n'abusera de ma confiance.

« Avant de terminer ma lettre, citoyen consul, j'ai encore à démentir une calomnie, un fait de la plus haute importance et qui n'a pas peu contribué à l'oubli dans lequel vous m'avez laissé.

« On m'a accusé d'avoir favorisé le parti d'Orléans; jamais il ne fut le mien! je n'ai vu que celui de la patrie, à laquelle je me suis voué depuis l'écroulement du trône.

« Les enfants de Philippe d'Orléans n'étaient que de simples soldats dans mon armée; ce n'est pas pour eux que j'ai versé mon sang, il appartenait à la République; Jemmapes ne fut pas pour leur gloire, mais pour celle de la France.

« Quelles prétentions ai-je pu avoir d'une famille proscrite, dont la mère était reléguée en Espagne, dont le père porta sa tête coupable sur un échafaud mérité. J'ai combiné dans le sang-froid de la réflexion ce qui pouvait le mieux convenir au gouvernement ; j'ai vu d'Orléans impuissant, je vois la République dominante, et je vois maintenant l'aurore du bonheur de mon pays sous celui qui a eu la fermeté, la sagesse de rappeler dans son sein des enfants égarés. Ne pourrais-je donc pas jouir de la même faveur, moi qui n'ai rien fait pour cette mère patrie, mais qui réclame son indulgence ?

« Mes titres seront ceux que le gouvernement me vouera ; trop heureux je serai, si je puis conserver le glorieux titre de Français, que je n'ai perdu que depuis que je fus contraint par des fureurs révolutionnaires à l'abandonner. J'ose espérer, citoyen consul, que vous jugerez cette lettre avec cette justice qui forme votre auguste caractère.

« DUMOURIEZ. »

Le premier consul ne daigna pas répondre à cette lettre. Il avait une haine particulière contre Dumouriez. On sait que des rapports erronés de police ayant signalé la présence du général à Ettenheim, ce fut un des motifs qui exaspérèrent le plus Bonaparte contre l'infortuné duc d'Enghien et amenèrent la catastrophe de Vincennes.

Pendant ce temps, Dumouriez était retiré en Angleterre, où il avait été appelé par le ministère lui-même après la rupture de la paix d'Amiens. Une pension de trente mille francs lui fut assurée et vint s'ajouter à une autre de six mille qu'il recevait déjà de l'empereur François. Il ne cessait de faire des plans de campagne pour la coalition ; tantôt il les adressait au gouvernement anglais, tantôt au gouvernement autrichien. Le 9 septembre 1805, il écrivait à son ancien ami, le général Mack, la lettre suivante.

« Gunnersbury Lodge, Acton, Middlesex par Londres,
le 9 septembre 1805.

« Je vous ai écrit le 30 avril, mon cher général, une lettre que j'apprends avoir été interceptée et que par conséquent vous n'avez jamais reçue ; je vous l'avais écrite par une suite de ma confiance dans notre ancienne amitié, dont Frohberg m'avait rapporté les assurances de votre part en revenant de Vienne en Angleterre. J'entrais dans plusieurs détails relatifs à la guerre inévitable dont je voyais votre maître menacé; je vous mettais au courant des marques de bienveillance qui m'avaient été accordées, il y a quatre ans, par votre auguste souverain, sans que je les eusses sollicitées, mais que je devais à l'estime de Monseigneur l'Archiduc Charles, avec qui j'ai continué depuis plusieurs années par voie tierce une correspondance qu'il a daigné trouver intéressante. Je vous parlais d'un mémoire militaire, que j'ai envoyé à ce grand homme d'après son désir et dont il a paru content; je vous mandais quelques-unes de mes réflexions sur la manière de conduire la guerre en Italie. En un mot ma lettre était un épitome de ma correspondance avec lui. Je m'adressais à votre amitié et votre estime, sur lesquelles je compte fermement, pour vous prier de mettre, sous les yeux de Sa Majesté Impériale et de son frère, mon désir d'être appelé auprès d'eux dès que la guerre éclaterait. Je vous réitère cette prière comme votre frère d'armes et votre ami. Soyez mon interprète, dites-leur qu'ayant accepté la pension dont l'Empereur m'a honoré, je me suis déclaré son serviteur et son sujet; que c'est un engagement que j'ai pris de lui consacrer mon expérience, mon zèle et ma vie; que, quoique cette pension soit viagère et sans condition, j'ose la regarder comme un engagement mutuel et me croire en droit de réclamer l'emploi des faibles talents qu'il a daigné récompenser par cette faveur; qu'elle deviendrait une disgrâce et que je me croirais obligé d'y renoncer, si j'étais regardé comme un pensionnaire inutile et par conséquent à charge.

« Je conçois que, tant que la guerre n'est pas déclarée, l'Empereur ne peut pas appeler à Vienne un proscrit occupé, depuis deux ans en Angleterre où il a été appelé, à des plans de défensive contre la menace d'une invasion. *Mais ma proscription même, mes travaux en Angleterre très-connus de Bonaparte, sa haine personnelle très-méritée de ma part, l'influence de mon nom, qui n'est pas oublié en France et qui, depuis la mort de Pichegru et l'exil de Moreau, me met seul en opposition avec lui dans l'esprit de l'armée française; toutes ces circonstances réunies présentent d'assez fortes raisons politiques pour m'appeler à Vienne.*

« Il n'y a rien de gênant dans la manière de m'y faire venir. Sa Majesté Impériale peut me donner le grade de feldzeugmeister, que vous aviez vous-même arrangé pour moi en 1793, *si elle juge pouvoir m'employer activement dans ses armées, où je pourrais être utile, surtout en Italie, si j'étais chargé de la diversion d'un corps mobile partant de la Dalmatie, que je regarde comme le moyen le plus offensif de cette guerre, et sur laquelle depuis plusieurs mois je ne cesse point d'insister dans ma correspondance.*

« Ou, si l'Empereur craignait d'exciter la jalousie en m'employant activement et en me donnant le grade dont nous étions convenus en 1793, que vous pouvez témoigner que je n'ai refusé alors que par une délicatesse que Monseigneur l'Archiduc Charles, le prince de Cobourg et vous avez approuvée alors; il pourrait m'appeler à Vienne, sans aucun grade, en m'accordant la pension viagère, le traitement attaché à ce grade qui est je crois de dix mille florins, que je mangerais dans ses États et dans les faubourg de Vienne, à portée de recevoir ses ordres à tout moment. Cette charge ne serait pas longue sur ses finances, puisque j'ai près de 67 ans, mais comme j'ai une vieillesse forte, vigoureuse et sans inconvénients, il pourrait tirer de moi encore quelques années de bons services.

« Je jouis ici d'un traitement de 1,200 liv. st. (12,000 fl.), de la confiance et de la considération; ce n'est donc ni par mécontentement, ni par légèreté, que je montre le désir le plus vif d'être appelé à Vienne, mais parce que je me regarde comme le serviteur et le sujet de l'Empereur, et que j'aimerais mieux n'être plus honoré de ses bienfaits que d'être inutile et à sa charge. Ce n'est donc point une demande frivole que je fais par votre organe, mon cher général, elle n'est pas vague, voici les objets sur lesquels elle porte :

« 1° Pendant que je commandais les Français, j'ai ébauché un système de guerre fondé sur une tactique très-simple, dont la principale force est l'amalgame des cinq armes dont les armées sont formées, infanterie pesante, infanterie légère, cavalerie pesante, cavalerie légère et artillerie. Je n'ai pas eu le temps, dans deux campagnes rapides et dangereuses, de perfectionner ce système. Cependant, au milieu de la précipitation de ces mouvements, légèrement expliqués et mal compris, je suis parvenu à donner aux troupes françaises une supériorité qui les a rendues redoutables à l'Europe. Depuis que je les ai quittées, j'ai travaillé depuis douze ans plus méthodiquement à ce système et *c'est contre elles que je voudrais qu'il fût employé pour le salut de l'Empire dont je suis le pensionaire et le sujet.*

« Si Monseigneur l'archiduc vous a communiqué mon mémoire militaire du mois de juin 1803, il vous aura suffi pour voir le développement de mon système, surtout dans la formation des armées en division et dans leur emploi ; en un mot dans toute la seconde partie. Mais, si on adopte une partie de mon système, il comprend des détails qui demanderaient des volumes et les longueurs d'une lente correspondance que ma présence abrégerait infiniment. Car, en huit jours de travail avec vous, j'aurais levé toutes les objections et avancé l'exécution.

« 2° *J'ai des idées assez vastes sur la conduite de la guerre d'Italie, par une diversion partant de la Dalmatie, que je regarde comme le pivot de cette guerre et le seul moyen de renverser ce royaume naissant qui renversera la maison d'Autriche et l'Orient, si on tarde à réunir ses efforts.* Tous les mémoires sur cet objet ne valent pas deux heures de conversation avec l'Empereur, les archiducs et vous.

« 3° J'insiste encore sur l'utilité morale de mon séjour à Vienne relativement aux Français eux-mêmes, dès le moment où la guerre sera déclarée.

« Si ces trois motifs, bien présentés par vous, paraissent à l'Empereur et à mon protecteur l'Archiduc d'une utilité assez réelle, pour me rappeler à Vienne dès que la guerre sera commencée, soit avec un grade qui puisse *m'activer*, soit à titre de pensionnaire et de sujet, voici, je crois, ce qu'il y a à faire. Vous pouvez m'écrire sous l'enveloppe du comte de Staremberg, ambassadeur de l'Empire, pour me communiquer la volonté et les ordres *de mon souverain*. En ce cas il faudrait en même temps mander à cet ambassadeur qu'il notifiât mon départ au ministre d'ici : 1° parce que cela mettrait de la confiance, dont on pourrait tirer parti relativement à des combinaisons sur les coopérations militaires en Italie; 2° parce que je ne peux pas quitter, comme un fugitif ou un homme léger et sans conséquence, un pays où je suis traité avec confiance, noblesse et considération. Si on prenait le parti de m'appeler, il serait à souhaiter que ce fût assez tôt dans le mois d'octobre pour que les mers du Nord fussent encore praticables ; sans quoi, je serais obligé de faire un très-long détour par la Méditerranée et d'arriver par Trieste.

« Dans tous les cas, quelque parti que prenne Sa Majesté Impériale à mon égard, j'ose exiger de votre amitié sur laquelle je compte toujours, que vous m'accuserez réception de cette lettre, que je vous prie de regarder comme une preuve du tendre attachement et de la parfaite estime avec lesquels je serai toute ma vie, mon cher général, votre serviteur et ami.

« DUMOURIEZ. »

La campagne de 1805, commencée à la fin de septembre, finit le 2 décembre par le coup de foudre d'Austerlitz. Mack enfermé dans Ulm avait capitulé, dès le 19 octobre, entre les mains de Napoléon. Dumouriez, parti presque aussitôt que sa lettre, était débarqué à Stude le 21 septembre; mais, voyant les événements marcher plus vite que ses prévisions, il alla en Silésie se réfugier chez les frères Moraves. Lorsqu'il apprit les désastres de l'armée autrichienne, il se retourna vers la Prusse et lui offrit ses services[1]. Il les offrit également à la Suède, à l'Espagne et au Portugal ; mais ses démarches furent infructueuses comme celles qu'il avait faites à Vienne, à Saint-Pétersbourg, à Berlin. Plus que septuagénaire, Dumouriez revint se fixer près de Londres et renonça enfin à jouer le rôle actif qu'il avait ambitionné vainement depuis le commencement de son exil. Il mourut, le 23 mai 1823, à Turvillepark, comté de Buckingham. Les restes de cet infatigable aventurier reposent dans l'église de Henlay.

1. Voir la lettre de Dumouriez au baron de Hardemberg dans les *Mémoires tirés des Papiers d'un homme d'État* (tome XIII, note 20).

TABLE DES MATIÈRES

DU TOME SIXIÈME.

LIVRE XXVI.

LE COMITÉ DE SURETÉ GÉNÉRALE.

		Pages.
I.	Renouvellement du comité de sûreté générale.	1
II.	Démission de Kersaint et de Roland.	11
III.	Destitué du ministère, Pache est élu maire de Paris.	16
IV.	Le comité de sûreté générale viole la liberté individuelle, — la liberté de la presse, — l'inviolabilité parlementaire	21
V.	La question des subsistances	32
VI.	Le prix du pain maintenu à un taux moindre à Paris que dans les départements	40
VII.	Émeute du 25 février. — Pillage des épiciers.	46
VIII.	Poursuites ordonnées contre les pillards et contre Marat.	55
IX.	Embarras financiers	63

LIVRE XXVII.

LA COALITION EUROPÉENNE.

I.	Situation de l'Europe vis-à-vis de la République	70
II.	Meurtre de Basseville à Rome.	73
III.	Déclaration de guerre à l'Angleterre et à la Hollande	77
IV.	État déplorable des armées.	83
V.	Désorganisation de l'administration militaire.	85
VI.	Projet de conquête de la Sardaigne.	91
VII.	Attaque contre Cagliari avortée.	100
VIII.	Expédition de la Magdeleine. — Premières armes de Bonaparte.	108
IX.	Rupture de Bonaparte avec Paoli	114

LIVRE XXVIII.

L'INVASION DE LA HOLLANDE.

I.	Discussion sur l'organisation de l'armée	119
II.	Lois des 24 et 26 février qui règlent cette organisation.	126
III.	Création de 800 millions d'assignats.	130
IV.	Décret du 31 janvier convoquant les assemblées primaires en Belgique.	133
V.	Annexion des provinces belges et du pays de Liége.	142
VI.	Dumouriez envahit la Hollande.	146
VII.	Décret du 2 mars rendu en prévision de la conquête de la Hollande.	150
VIII.	La coalition reprend l'offensive. — Évacuation de Liége. . . .	153
IX.	Retour de Dumouriez. — Il rétablit l'ordre à Bruxelles	157
X.	Il écrit à la Convention la lettre du 12 mars.	162

LIVRE XXIX.

LA CONJURATION DU 9 MARS.

I.	Nouveaux débats sur le renvoi des fédérés.	171
II.	Rapport de Lacroix sur les revers de l'armée en Belgique. — Discours de Robespierre et de Danton	176
III.	La Convention envoie des commissaires dans les sections. — Le tribunal révolutionnaire décrété en principe.	182
IV.	La nuit du 9 au 10 mars.	189
V.	Les conjurés impuissants. — L'Assemblée délivrée.	194
VI.	Barère endort la Convention sur ses périls.	199
VII.	Robespierre trace le programme de la Terreur.	203
VIII.	Discussion sur l'organisation du tribunal révolutionnaire	211
IX.	Rédaction définitive du décret du 10 mars.	219
X.	Danton demande que l'on puisse prendre les ministres au sein de l'Assemblée.	225
XI.	La section Poissonnière et son drapeau à fleurs de lis	230
XII.	Discours de Vergniaud, 13 mars.	238
XIII.	Inanité des poursuites ordonnées contre les conjurés	244

LIVRE XXX.

L'INSURRECTION VENDÉENNE.

I.	Lyon en mars 1793	249
II.	La question religieuse dans les départements de l'Ouest.	254

III. Plaintes et réclamations des campagnes vendéennes. 260
IV. Soulèvement général du 10 au 15 mars. 268
V. Représailles républicaines 273
VI. Séance du 18 mars. — Rapport de Barère. 278
VII. Décret de proscription contre les insurgés. 282
VIII. Organisation du tribunal révolutionnaire. 289
IX. Organisation de la police. 293

LIVRE XXXI.

L'ARRESTATION DES COMMISSAIRES DE LA CONVENTION.

I. Dumouriez reprend le commandement de l'armée de Belgique. . 297
II. 18 mars. — Bataille de Neerwinde. 301
III. Entrevue de Danton et Lacroix avec Dumouriez. 303
IV. Mack envoyé au quartier général français par le prince de Cobourg 307
V. Conversation de Dumouriez avec Proly, Pereyra et Dubuisson. . 316
VI. Le comité de défense générale renouvelé. Discours de Danton et de Robespierre. 320
VII. Les commissaires de la Convention dans les départements du Nord invitent Dumouriez à venir les trouver à Lille. 328
VIII. Dumouriez mandé à la barre de l'Assemblée. — Nomination des commissaires chargés de signifier le décret. 333
IX. Conférence des anciens et des nouveaux commissaires à Lille . . 337
X. Arrivée des commissaires aux bains de St-Amand. 339
XI. Dumouriez refuse d'obéir au décret 344
XII. Les commissaires sont livrés aux Autrichiens. 348

LIVRE XXXII.

LA FUITE DE DUMOURIEZ.

I. Proclamation de Dumouriez à l'armée et aux administrateurs du département du Nord 353
II. Tentative sur Valenciennes. 358
III. Elle échoue. 363
IV. Tentative sur Lille. Arrestation de Miaczinski. 369
V. Proclamation de Dumouriez au peuple français. Sa visite au camp de Bruille. 376
VI. Sa visite au camp de Maulde 384
VII. Arrêtés des représentants en mission à Lille et à Valenciennes contre Dumouriez. 388

VIII. Dumouriez poursuivi par les volontaires de l'Yonne. 395
IX. Déclaration obtenue du prince de Cobourg. 404
X. Dumouriez revient aux camps. Sa fuite 407
XI. Parallèle entre Lafayette et Dumouriez. 415

NOTES,

ÉCLAIRCISSEMENTS ET PIÈCES INÉDITES.

I. *Lettres confidentielles de Dumouriez.* 421
   Dumouriez à Pétion, 29 novembre 1792 421
   Beurnonville à Cochon-l'Apparent, 10 janvier 1793 422
   Biron à Pache, 11 janvier 1793 424

II. *Pièces concernant Sémonville, ambassadeur de la République française auprès de la Porte.* 427
   Lettre de Sémonville à Paoli, 15 novembre 1792 428
   Adresses marseillaises en faveur de Sémonville, 3 mars 1793. . . 428

III. *Documents sur la phalange marseillaise et l'expédition de Sardaigne* 433
   Premier rapport du commandant d'Hilaire-Chanvert, 29 janvier 1793. 435
   Lettre du maréchal de camp Casabianca au ministre de la guerre, 25 janvier. 436
   Lettre du commissaire-ordonnateur Bertin au ministre de la marine, 26 janvier. 438
   Deuxième rapport d'Hilaire-Chanvert. 439
   Lettre du général Lapoype au général Biron, 21 mars. 442
   Lettre du représentant Lacombe-Saint-Michel au Conseil exécutif, 24 juillet. 444
   Lettres du lieutenant-colonel Sailly au ministre de la guerre, 5 et 14 mars. 446
   Lettres des représentants Delcher, Lacombe et Salicetti au même, 13 mai. 448
   Extrait d'une lettre au même, de Delcher, 24 mai. 449
   Lettre de Sailly au même, 14 juin. 450

IV. *Documents sur l'expédition de la Magdelaine.* 453
   I. Lettre de Paoli au ministre de la guerre, 10 mars 1793 . . . 453
   II. Essai sur la conduite de Cesari Colonna, 1er mars 455
   III. Lettre de Colonna à Quenza, 25 février 459

TABLE.

IV. Déclaration du commandant et des officiers de la *Fauvette*, 28 février........................ 460
V. Déclaration des officiers de différents corps, 28 février.... 462
VI. Déclaration des officiers du 52ᵉ d'infanterie, 1ᵉʳ mars.... 463
VII. Lettre de Paoli au ministre de la guerre, 8 avril....... 465

V. *Procès-verbaux des assemblées de Bruxelles et d'Ostende, dans lesquelles fut votée la réunion de ces villes à la République française*.................... 467
    Procès-verbal de l'assemblée de Bruxelles, 25 février 1793.... 467
    Procès-verbal de l'assemblée d'Ostende, 3 mars......... 470

VI. *Manifeste de la section Poissonnière*............. 473
    Discours du citoyen Faro, 7 mars................ 473

VII. *Le prétendu assassinat de Léonard Bourdon*......... 477
    Lettre du maire d'Orléans, 22 mars 1793............ 479
    Lettre des représentants Lesage et Beauprey-Duval, 11 mai... 479
    Rapport de Noël (des Vosges), 19 mai.............. 480
    Les neuf Orléanais condamnés à mort, 12 juillet........ 482
    Pétition des citoyennes d'Orléans, 13 juillet.......... 483

VIII. *Lettres de Lacroix à Danton*................ 485
    Lettre du 25 mars 1793..................... 485
    Lettre du 28 mars........................ 489

IX. *Tentative de négociation auprès de Dumouriez*....... 491
    Plan de négociation, février 1793................ 491
    Note au prince de Cobourg................... 494
    Note de Mercy-Argenteau, 21 mars............... 496
    Extrait d'une lettre du baron de Breteuil, 19 mars....... 497

X. *Captivité des commissaires de la Convention et du ministre de la guerre*......................... 499
    Lettre de Beurnonville au pouvoir exécutif, 4 avril 1793.... 500
    Protestation de Quinette, 11 avril................ 502
    Protestation de Lamarque, 16 avril............... 504
    Dépêche du comte de Wallis à Cobourg, 10 avril........ 507
    Lettre du même au même, 11 avril............... 508
    Extrait d'une lettre de Cobourg à Wallis, 21 mai........ 509
    Délivrance des prisonniers, 5 nivôse, an IV........... 510

XI. *Correspondance des généraux et des ministres avec l'Empereur d'Autriche*....................... 511
    Le général Clerfait à Metternich, 2 avril 1793.......... 511

Le comte de Metternich au comte de Trautmannsdoorff, 2 avril. 511
Le prince de Cobourg à l'empereur François II, 2 avril. 512
Metternich à Trautmannsdorff, 7 avril 514
François II à Cobourg, 8 avril 516
Le même au même, 10 avril 518
Le même au même, 11 avril 519
Le baron de Thugut au général Wurmser, 14 avril. 520
Rapport du prince de Cobourg 522
Très-respectueuse note du même 523
Mémoire sur la négociation avec Dumouriez 526
Très-respectueuse note. 532
Lettres de l'empereur François à l'archiduc Charles, avril 538
Mémoire justificatif sur la négociation avec Dumouriez 540

XII. *Statistique des troupes qui émigrèrent avec Dumouriez* 547
    Pièces de la comptabilité autrichienne. Le colonel Pfeffer au commissaire de Eberen, 12 mai. 548
    Cobourg au comte de Wallis, 19 mai. 549
    Compte de Pfeffer 550
    Lettre de Cobourg à Mercy-Argenteau, 15 juin 551
    Du même à Wallis, 20 juin. 553

XIII. *Notice sur les généraux et officiers qui jouèrent un rôle dans les événements du 1er au 5 avril 1793.* 555
    1re CATÉGORIE. — Généraux arrêtés avant le 1er avril 555
    Lanoue, — Stengel, — Miranda. 555
    Lettre de Miranda à la Convention. 4 avril. 556
    Harville, — Bouchet. 557

    2e CATÉGORIE. — Généraux et officiers arrêtés comme complices de Dumouriez. 558
    Lescuyer, — sa correspondance avec Ferrand, mai. 559
    Miaczinski, — sa lettre à la Convention, 3 avril 562
    Philippe Devaux. 563

    3e CATÉGORIE. — Généraux qui ont suivi la fortune de Dumouriez et ont émigré avec lui. 563
    Lieutenants généraux : Valence, — Marassé, — duc de Chartres. 563
    Maréchaux de camp : Vouillers, — Mathieu Dumas. 564
    Ruault, — Debannes, — Berneron, — Neuilly, — Segond . . . 565
    Dénonciation de Dumouriez contre Segond, 9 juin 566
    Pierre Thouvenot 567
    Soliva, — Beauvallon 568

4ᵉ CATÉGORIE. — Généraux et officiers livrés par Dumouriez aux Autrichiens. 568
Beurnonville, — Pille, — Chérin, — Lecointre. 568
Noms des officiers livrés. — Ils sont réclamés officiellement par Lebrun, 30 avril. 569
Lettre de Cobourg à Dampierre. 572

5ᵉ CATÉGORIE. — Généraux et officiers qui se sont déclarés contre Dumouriez et sont restés fidèles au parti républicain . . . 572
1° ÉVÉNEMENT DE LILLE : Duval, Saint-Georges, Dumas, Macdonald. 573
Lettres de Gasparin et de Macdonald, 13 et 15 avril. 573
2° ÉVÉNEMENTS DE VALENCIENNES ET DE CONDÉ. — Ferrand, Davout. 575
Certificat de civisme délivré à Davout par le commissaire central d'Angers, 8 juillet. 575
Davout au ministre de la guerre Bouchotte, 29 août. 576
Acceptation par celui-ci de sa démission. 576
Lettre du représentant Tureau sur la remise en activité de Davout, 20 vendémiaire an II 577
3° CAMP DE BRUILLE. — Rosières. 578
Kermorvan, — Davesne. — Arrêté des représentants Duquesnoy contre Davesne, an II; — Chancel, — Pinon 579
4° CAMP DE MAULDE. — Leveneur. 580
Lettre au ministre et pétition de Leveneur, mai 1793 et 6 germinal an III 580
Stetenoffen, — sa lettre du 5 avril aux commissaires 581
Certificat de Carnot en sa faveur, 18 juin. 582
Songis, — brevet à lui délivré le 11 avril par Dampierre et les commissaires. 583
Dampierre. 584

XIV. *Dumouriez en exil*. 585
Sa déclaration du 20 avril 1793 587
Ses lettres à Mack et à l'archiduc Charles, 4 et 14 mai 588
Lettre de l'électeur de Cologne chassant Dumouriez, 16 mai. . 590
Lettre de Dumouriez à Mack, 21 mai. 591
Lettre du même à Cobourg, 26 mai. 593
Réponse de Cobourg et lettre du prince à Mercy-Argenteau, 28 mai 594
Saisie de la troisième proclamation de Dumouriez à la nation française. 595

Lettres de Cobourg à Dumouriez et à Mercy-Argenteau, 26 juin . 596
Poursuites contre Tort de la Sonde, Baptiste etc., juillet 1793. . 597
Lettre de Dumouriez au premier consul, 3 novembre 1800. . . . 600
Lettre du même à Mack, 9 septembre 1805. 603

ERRATA.

Page 288, note, ligne 6. Au lieu de : au dans le, lisez : *dans le.*
Page 296, ligne 24. Au lieu de : de la l'échafaud, lisez : *de l'échafaud.*
Page 299, note, ligne 1. Au lieu de Grammont, lisez : *Gramont.*

Dans le texte des livres xxxi et xxxii, ainsi que dans les notes des mêmes livres, au lieu de Clairfayt, lisez *Clerfayt.*

ARIS. — J. CLAYE, IMPRIMEUR, RUE SAINT-BENOIT, 7.

www.ingramcontent.com/pod-product-compliance
Lightning Source LLC
Chambersburg PA
CBHW060403230426
43663CB00008B/1377